U0857429

普通高等教育“十一五”国家级规划教材

齐涛　主编

中国通史教程　近代卷

本卷主编　郭大松　戴鞍钢

（第五版）

山东大学出版社

图书在版编目(CIP)数据

中国通史教程:近代卷/齐涛主编;郭大松,戴鞍钢分主编.
—5版.—济南:山东大学出版社,2015.3
ISBN 978-7-5607-2023-4

Ⅰ.中…
Ⅱ.①齐…②郭…③戴…
Ⅲ.中国-近代史-高等学校-教材
Ⅳ.K20

中国版本图书馆CIP数据核字(1999)第24313号

责任编辑:马　新
封面设计:张　荔

出版发行:山东大学出版社
社　址　山东省济南市山大南路20号
邮　编　250100
电　话　市场部(0531)88364466
经　销:山东省新华书店
印　刷:山东临沂新华印刷物流集团有限公司
规　格:720毫米×980毫米　1/16
20印张　366千字
版　次:2015年3月第5版
印　次:2015年3月第12次印刷
定　价:30.00元

版权所有,盗印必究

凡购本书,如有缺页、倒页、脱页,由本社营销部负责调换

五版前言

《中国通史教程》初版于1999年6月,并于当年秋季投入教学使用。与以往的通史教材相比,这套教材重在体现研究性学习与能力培养的主旨,试图做到给教师留下发挥的空间,给学生留下思考的空间,摆脱那种面面俱到、陈陈相因的固有模式。基于此,教材中的各卷均采用上、下编结构:上编立足于断代,以重大历史事件和重点制度、文化为主线,勾勒不同时代的历史进程;下编则选取贯穿不同时代的若干重大历史问题,进行比较深入的分析与讨论。为便于同学进一步的学习,每章之后均有"导读"、"思考与讨论"。

教材投入使用后,我们又组织进行了教学大纲的修订、师资的培训、教与学诸环节的改革,并举办了若干次教学研讨与教学观摩。与此同时,我们充分认识到,随着时代与学术的进步,任何教材都处在不断的落伍之中。因此,自教材使用之日起,有关的编写人员即开始了新的修订。在修订过程中,我们充分听取了任课教师和学生的意见,从体例的完备、内容的完善到新的学术成果的吸收都做了相应的努力。2001年6月,这套教材的第二版正式面世。鉴于一些院校图书资料的局限性,为把研究性学习与能力培养落到实处,在第二版出版的同时,我们又组织编写了《中国通史教程教学参考》,包括了学习过程中需要掌握的学术动态、基本资料以及学术范文,作为课堂讨论和课下自修用书。让人高兴的是,自教材面世至今,在编写人员与有关各校任课教师的共同努力下,我们初步达到了预期的效果。在2001年,该套教材荣获山东省优秀教学成果一等奖;当年5月,又获得了全国优秀教学成果二等奖。目前国内已有百余所高校陆续选用这套教材或指定为考研参考教材。

面对不断增加的使用者以及国内史学界对这套教材的日益关注,我们唯一的选择就是不断修订、不断完善,紧随时代与学术的进步。2004年,我们又着手组织了第三版的修订,邀请了北京大学的赵世瑜教授,复旦大学的戴鞍钢教授,南京大学的张生教授,与前二版的主要主持者山东师范大学的郭大松教授、聊城大学的李泉教授、鲁东大学的俞祖华教授等分别主持了各卷的修订工作。此次修订,达到了"立足学术前沿,提升学术水准"的目的。2008年,这套教材被教育部确定为普通高等教育“十一五”国家级规划教材。我们深知，这是对这套教材提出了更高的要求。为此，我们又组织了第四版的修订，修订的重点是增强教材的针对性，与高中新课改后的高中历史教材与历史教学进行衔接。

自兹至今，又是六年有余。六年来，随着我们国家经济与社会的进步，史学研究也取得了明显进展。为了充分吸收史学研究的新成果、新观点，我们又对这套教材进行了第五次修订。通过不断修订，不断完善，使其继续立足学术前沿，为历史学科的发展和高校历史教学做出应有的贡献。

齐　涛

2014 年 12 月于山东大学

目　录

下　编

导论

《中国通史教程·近代卷》分上、下两编。上编涵盖一般近代史教材所述“近代通史”部分内容，但要简约一些，而体例上则有若干新意。除一般近代史所述内容外，每章开头先概略介绍本章基本线索或主题思想，末尾加“导读”和“思考与讨论”作为附录。“导读”介绍一些学习和研究中国近代史所必读的基本史料和论著，并对部分重要史料和论著略作评介；“思考与讨论”列出一些题目，供教师和学生教学过程中开展课堂讨论和课后思考提高之用。下编选取了有关中国近代历史全局的几个专题，介绍学术界各该专题的研究概况和有代表性的主要学术观点，每个专题作为一章，各章末尾亦与上编一致，加“导读”和“思考与讨论”作为附录，形式、内容和目的要求与上编同。我们希望通过这种方式，改变现在文科教学流行的教师讲、学生记的单一教学模式，压缩教师授课时间，留给学生较多的读书自学和思考讨论问题的余地，充分调动教师和学生两方面的积极性和主动性，提高学生的口头、笔头表达能力，从一个侧面推动素质教育的开展。

严格说来，中国近代史始于1840年的鸦片战争，止于1949年中华人民共和国成立。因为在这一历史时期中，中国半殖民地半封建社会虽有变化，但始终没有彻底改变，这已为史学界所公认。但是，目前高等院校历史学专业的课程设置，大多习惯上又把自1840年鸦片战争的爆发至1919年五四运动的勃兴，作为近代史，而把“五四”以后至中华人民共和国的成立这一段历史称作“现代史”。这是以中国革命性质为界标划分的，前一段是旧民主主义革命时期，后一段因领导阶级和指导思想的变化，称为“新民主主义革命时期”。我们仍沿用现行习惯做法，将这部教材的内容限定在1840年至1919年间。

1840～1919年短短八十年的中国近代史，波澜壮阔，内容丰富繁杂，是一部苦难和抗争、屈辱与奋进的交响曲。在这一历史时期里，一方面，外国资本帝国主义侵略中国，把一个独立的封建的中国，逐步变成了半殖民地半封建的中国；外国资本帝国主义和本国封建主义的掠夺、奴役和压榨，给中国人民带来了无尽的灾难，严重阻滞着中国社会生产力的发展。另一方面，面对外来侵略，中国社会各阶级、阶层在不同的历史发展阶段，都以自己力所能及的方式，为维护国家主权、求得民族独立不断地起而抗争；先进的中国人更为摆脱落后挨打的局面，争得社会进步和国家富强，而勇于求索，不懈奋斗。结果，又使中国避免了沦为殖民地的厄运，封建制度渐趋瓦解，旧社会母体中孕育了新的生机和希望。

基于以上认识，本教程上编把近代八十年的历史分为六章叙述：

第一章“鸦片战争和中国近代史的开端”，内容不是很多，但却十分重要。鸦片战争是中国历史的转折点，在中国编年史上具有特殊的地位。这场战争打乱了中国自然发展的历史进程，强制性地结束了古老帝国闭关而治的时代，开启了中国半殖民地半封建社会的历史。学习这一章，应重点了解鸦片战争爆发的原因和中国失败的必然性；中国军民的反侵略斗争；第一批不平等条约对中国社会的重大影响；中国思想文化领域的新动向；中国社会统治阶级的整体状况和资本主义世界性扩张的必然趋势。

第二章“太平天国及第二次鸦片战争”，所述历史大致处在中国近代历史发展的第二个时期。太平天国既是中国旧式农民战争发展的高峰，也是旧式农民战争的终结，其前期的成功与后期的失败，有诸多值得考虑的原因和应予注意的历史经验教训。第二次鸦片战争，对中国社会的影响更大，震动更强烈。学习这一章，应重点了解太平天国农民战争爆发和前期胜利进军的原因；太平天国的纲领性文件《天朝田亩制度》；受西方文化影响的洪仁玕与《资政新篇》；第二次鸦片战争爆发的原因及这场战争对中国社会的影响与危害；太平天国后期的斗争及其失败的原因和历史意义。

第三章“中国资本主义的产生和外国侵略的加深”，叙述中国近代史发展的第三个时期的内容。在这一时期中，洋务派倡导并主持了旨在“求强”、“求富”的洋务运动，中国大地上产生了资本主义这一新的生产关系，同时引起了思想文化领域的相应变化。几乎与此同步，西方列强在对华扩张中实行“合作政策”，通过不同方式不断扩大其在中国的政治、经济势力，而清朝统治者虽然认识到外国侵略者是中国的“长久之患”，但却既无力拒绝列强的共同侵华要求，又不能成功地抗击大规模的武装入侵，致使中国半殖民地化程度进一步加深。同时，洋务运动正值“清末灾害群发期”的巅峰阶段，中国“求富”、“求强”的早期现代化在外患和天灾的双重扰动下步履维艰，而中西激荡的时局又为中国救灾事业的新发展提供了重大历史契机，深远影响了此后中国救灾机制的演进路径。学习这一章，应重点了解洋务运动的目的、主要内容、性质和历史作用；中国无产阶级和资产阶级的产生及其特点；反映新兴民族资产阶级利益和要求的早期维新思想即改良思想及其主要代表人物；中国边疆危机的产生原因和主要内容；一系列新的不平等条约特别是《马关条约》对中国社会的重大影响和危害；“清末灾害群发期”与中国救灾事业新发展的内容、意义和影响。

第四章“戊戌变法和义和团运动”,叙述近代中国历史发展第四个时期的两个各具特色的爱国救亡运动。事实上,甲午战争中国的败北,战后帝国主义阴谋瓜分中国的狂潮,造成了空前严重的民族危机,凡有血气之华夏子孙莫不悲愤交集,筹谋雪耻救亡之策,因而差不多同时开始兴起维新派发动和领导的维新变法运动,以农民为主体的义和团反洋教反帝国主义的爱国运动,以孙中山为代表的资产阶级革命派发动和领导的辛亥革命。只是由于资产阶级革命派此时十分弱小,这一时期尚处在积蓄力量的阶段,而戊戌维新和义和团运动则因得到统治阶级不同派别的支持,先期相继进入高潮。这两大运动的高潮期呈前后兴替的格局,但最终都失败了,它们从不同角度对近代中国社会造成了十分深广的影响,其中有很多经验教训值得深思。学习这一章,应重点了解中日甲午战争后的民族危难形势;维新派的变法维新思想和主要活动;戊戌变法的爱国性及进步性;变法失败原因和历史教训;义和团运动的爱国主义性质和历史地位;统治阶级不同派系与变法维新和义和团运动的关系;《辛丑条约》对中国社会的重大影响。

第五章“辛亥革命”,所述历史处在中国近代历史发展的第五个时期。在这一时期里,由于义和团运动的失败,帝国主义列强进一步加强对中国的政治控制和经济扩张,并不断在中国的东北、西藏以及长江流域展开新的争夺势力范围的激烈争斗,造成了20世纪初中国空前严重的民族灾难。而在义和团运动中遭到沉重打击和削弱的清政府,一方面屈从帝国主义意旨,对外处处妥协退让,对内严酷镇压人民的反帝反封建斗争;另一方面又试图通过推行改革新政,挽救和维护自己的统治,客观上促进了中国资本主义的发展,造就了广大的新式知识分子群,并为资产阶级提供了日益广阔的活动舞台。同时,由于“庚子赔款”和推行“新政”急需大笔资金,清政府又加紧搜刮,极大地加重了人民的负担,促使社会矛盾日趋激化。帝国主义的侵夺和封建统治阶级的压榨,导致中国资产阶级和各阶层民众掀起了各种形式的爱国运动和反封建斗争。以孙中山为首的资产阶级革命派正是在这样的历史条件下,迅速发展壮大起来,几经磨难,终于推翻了清王朝,建立了资产阶级共和国。虽然辛亥革命果实最终落到了袁世凯手里,但这次革命终于结束了中国延续两千多年的封建君主专制制度。学习这一章,应重点了解义和团失败后中国空前深重的民族灾难;清政府为挽救统治危机所推行的“新政”改革;资产阶级、小资产阶级知识分子是怎样由爱国走上革命道路的;资产阶级民主革命思想的广泛传播和革命团体的纷纷出现;资产阶级领导的爱国运动的主要内容及其历史意义;中国同盟会的纲领;辛亥革命的伟大历史功绩和中国民族资产阶级不能领导民主革命取得彻底胜利的根本原因;辛亥革命时期中国思想文化领域的新思潮、新变化。

第六章“中华民国北京政府前期的中国社会”,叙述的是八十年中国近代历史的最后一个发展时期的内容。在这一时期，中国民族资本主义有了进一步的发展，国内政治舞台上交织着集权专制与民主、帝制与共和、毁法与护法的激烈斗争。同时，中国人民继续反对帝国主义侵略和蚕食我国边疆的斗争，而先进的中国人则进一步探索救国救民的真理，在思想文化领域发起了新文化运动，并受俄国十月革命的影响，把这一运动逐步推进为广泛学习和宣传马克思列宁主义的运动。学习这一章，应重点了解和掌握袁世凯、段祺瑞是如何建立集权统治的；资产阶级革命派继续进行斗争并最终失败的事实及原因；英、俄侵略中国边疆和中国人民的反侵略斗争；中国资本主义的进一步发展和无产阶级的成长壮大；新文化运动的主要内容及其历史意义。

下编选取了关系近代中国历史全局的六个重要专题，意在集中补充上编的不足，便于学生掌握近代史学界一些基本的重大问题的主要学术观点。教师在教学过程中，可根据各校图书资料和学生的具体情况，灵活安排各专题所述内容。例如，可将有些专题的内容提到全部课程之前，或掺入上编某章的具体问题之中，并非一定要按次序循规矩依次讲授。

本卷是集体合作的成果，初版(1999 版)分工如下：导论，郭大松。上编：第一章，赵慧峰；第二章，李宏生；第三章，张礼恒(一至四)、林吉玲(五至九)；第四章，王林(一至六)、郭大松(七至十二)；第五章，曹立前(一至八)、郭大松(九)、于建胜(十至十三)、李伟(十四)；第六章，李伟。下编：第一、四章，王志华；第二、三章，孙占元；第五、六章，汲广运。全书由郭大松拟订编写提纲，由郭大松、孙占元主持编写，并统一审稿、定稿。

此后，随着改革开放形势的发展和学术研究的不断进步，我们分别于 2001 年、2004 年、2008 年进行过增补和修订。2008 年至今，六年过去了，学术研究又有不少新成果问世，很多研究领域日益彰显出学者们追求真理的勇气和力量。遵循本教材一贯秉持的原则，为了较及时地反映学术界研究的新进展，同时尽量弥补以往的缺憾，我们在第四版的基础上对某些内容进行了修订和增补。

本次修订工作，全书依然由郭大松、戴鞍钢主持修订，统一进行审稿、统稿；最后由齐涛进行审定。具体分工情况如下：导论，郭大松。上编：第一章，杨芳、刘本森；第二章，刘本森；第三章，李光伟；第四章，刘本森、郭大松；第五章，于建胜、郭大松；第六章，李伟、李光伟、郭大松。下编：第一、二章，李光伟；第三章王志华；第四章，孙占元；第五章，张德明。

因编者水平所限，书中缺点和错误在所难免，恳请学界同行及广大师生提出批评意见，以期使本教材与时俱进，不断得到改进。

上　　编

第一章 鸦片战争和中国近代史的开端

在中国编年史上，1840～1842年的鸦片战争是一个非同寻常的标志。它结束了东方古老帝国闭关锁国的时代，开启了中国半殖民地半封建社会的历史。

正当满清统治者自东北纵马入关，建立起中国最后一个封建王朝，并在铁犁牛耕的小农经济的原野中踯躅不前的时候，西方以英国为首的资产阶级率先冲破中世纪的樊篱，跨入了以工业文明为标志的资本主义时代。

牟利的欲望驱使掌握资本和先进科技的资产阶级在全球范围内不断地迅速扩张。地大物博、颇富市场潜力的封建中国，成为以英国为首的西方资产阶级进行资本扩张垂涎已久的目标。

由于自给自足的封建自然经济的顽强抵抗，尤其是清政府的闭关政策的封堵，英国资产阶级长期通过外交途径为其资本扩张打开中国大门的努力始终未能奏效。于是，鸦片利益集团利用走私鸦片这种特殊商品来扭转英国在中英正常贸易中的巨大逆差，牟取了惊人的暴利；同时，也给中国社会造成了巨大的伤害，终于令清朝统治者不能再等闲视之了。在严禁派的吁请下，清政府实施禁烟，林则徐承担了禁烟钦差的重任，在广州实行严厉的禁烟措施，英国资产阶级以此为借口，悍然发动了侵略中国的战争，学术界习惯上称之为“鸦片战争”。

鸦片战争是英国在资本扩张规律支配下，为打开中国广阔的商品市场和扩大原料产地而借鸦片问题发动的侵略战争。英国船坚炮利，有备而来，战争中有它的优势；中国在本土作战，地广人众，并非百无一利。但清朝封建社会制度的腐败和经济、科学技术的落后，导致中国在鸦片战争中失败。

战后英国等西方列强强迫清政府签订的《南京条约》、《黄埔条约》、《望厦条约》等一系列不平等条约，像一条无形的锁链，将中国拉入了半殖民地半封建社会，中国社会经济和思想领域开始发生明显变化，中国人民在遭受外国资本主义及本国封建主义的压迫和剥削的同时，也将反帝反封建的双重责任担在了肩上。

伴随殖民势力而来的西学东渐之风，资本主义入侵所引发的中国有志之士的先后觉醒，使近代中国在血雨腥风中开始孕育新时代的曙光。可惜的是，这一曙光当时还过于微弱，远不足以冲破封建漫漫长夜的封锁。战后由于统治阶级整体对世界大势和资本扩张本质的茫昧无知，未曾把来自西方的挑战看成是空前未有的深重长久之患，依然昏聩懵懂，致使中国社会于鸦片战后启动近代化进程时踌躇徘徊了近二十年。

一、鸦片战争前的中外大势

1840～1842年的鸦片战争，是由英国挑起的旨在打开中国门户的殖民侵略战争。英国远在西欧，中国地处东亚，是近世资本主义的风涌潮动、辟地拓疆将两个相隔大海重洋的国家推上了刀兵相向的战场。

17世纪上半叶，资本主义开始凸现于人类历史的发展进程。资产阶级以政治革命起航，赖工业革命扬帆，在近代历史长河中飞流直下，领尽风骚。它在“不到一百年的阶级统治中所创造的生产力，比过去一切世代创造的全部生产力还要多，还要大”[①]。英国是当时资本主义世界的佼佼者。

1640年，英国第一个在国内开始了向封建势力夺取统治权力的资产阶级革命，以超然的姿态率先踏上了资本主义的发展轨道。开始于18世纪中叶的工业革命，至19世纪初已基本完成，工业生产突飞猛进地向前发展。从1770年至1841年的70年间，英国棉纺织业的用棉量增加了100倍。1835年，其年产生铁102万吨，煤3000万吨，工业产量占当时世界总产量的一半。1840年，英国对外贸易已占世界贸易总额的25%。与此同时，英国资产阶级积极对外扩张，通过1652～1654年、1665～1667年和1672～1674年的三次英荷战争，取代荷兰一跃而为海上强国；再经二十多年锲而不舍的较量，打败了不可一世的拿破仑帝国，将大英帝国的势力范围扩展至北美、南洋，以无可争议的实力树立起自己世界霸主的地位。

1789年的资产阶级革命，为法国资本主义的发展扫清了道路。19世纪30年代以后，机器生产由纺织业逐渐推广到其他生产领域，生产力的解放为法国经济的发展注入了加速剂，“七月革命”之后，法国迅速发展为仅次于英国的工业强国。

18世纪70年代开始独立建国的美国在资本主义的跑道上虽起步较晚，却势头不凡。1805年机械纺纱的纱锭只有4500枚，1825年即增至80万枚，1840年棉纺织业拥有纱锭已达228万枚；1850年，其铁路线已长达15000公里，稳居世界之首，发展速度之快令世人注目。随着实力的增强，其独占拉美、谋求全球扩张的野心亦日益膨胀起来。

---

① 《马克思恩格斯选集》第1卷，人民出版社1972年版，第256页。

俄国长期处在封建农奴制统治之下，比西欧国家落后得多，但资本主义经济已经产生，并逐步发展。由于经济力量不足，俄国资本主义发展初期，即通过侵吞周围弱小国家的领土，掠夺它们的财富来补充自己，因而显得特别贪婪残暴。

欧美资本主义的发展是与暴力和掠夺联系在一起的。由于资本主义的发展需要日益广阔的市场和充足的原料，因而寻求新的商品销售市场和原料产地、开拓更为广阔的殖民地便成为资本主义国家继续存在和发展的前提条件。

神秘的东方对于冒险猎奇的西方人始终有着巨大的诱惑，尤其是拥有灿烂文化和发达封建经济的中国，更因《马可·波罗游记》等走马观花式的描述，成为西方人神往的地方；近世以来，原有的渴望加之资产阶级追逐利益的物欲煽扬，使中华帝国成为西方肩负资本扩张历史使命的殖民者们众目睽睽的目标。

从 16 世纪葡萄牙踏波东来，到鸦片战争前夕，先是葡萄牙、西班牙、荷兰，继之为英国、法国、美国，三百年间，西方各国以殖民掠夺、商品贸易、鸦片走私等各种手段，尝试打开中国门户的途径，过程虽漫长曲折，却从未放弃过。19 世纪以来，随着资本主义国家社会基本矛盾的日益尖锐化及世界一体化潮流的加剧，中国大门的叩关之声也愈益紧迫。此时的英国，由于其在资本主义世界中无可争议的老大身份和地位，便充当了向东方地大物博但却走向衰落的中华帝国扩张的急先锋。

不过，在鸦片战争前近一个世纪的时间里，面对幅员辽阔的东方大帝国，英国资产阶级曾不断试图通过外交途径，打开中国市场的大门，开拓对华贸易。

1781 年，英国政府任命加茨喀特为访华大使，目的是扩大对华贸易活动范围。使团费用由东印度公司负担，12 月 21 日使团乘坐“卫斯达”号兵舰启航，但因加茨喀特在来华的途中病逝而返航。

1791 年底，英国乘乾隆帝八十寿辰之机，派马戛尔尼使团来华，英国海军为此调派安装有 64 门大炮的“狮子”号军舰为大使座舰；东印度公司派遣“印度斯坦”号载运显示英国高度文明的礼品，使团带有大批的科学技术人员，配有卫队，意在引起中国对英国的重视。使团来华的目的是改善广州贸易状况和争取进入广州以外其他各地的贸易。由于中英双方在觐见礼仪上的冲突和当时中国政府的闭关政策，英国扩张贸易的要求被清政府拒绝了。

1816 年，英国政府又派出阿美士德使团，目的是“将东印度公司的贸易建立在一个安全的基础上面，能托庇皇帝的保护，不受地方当局（指广州政府）的侵害”[1]。8 月，阿美士德使团到达北京，同样是因为拒绝在觐见问题上做出让步，而以失败告终。

---

① 马士:《远东国际关系史》，上海书店出版社 1998 年版，第 47 页。

从17世纪到1833年，英国在远东的通商权由东印度公司垄断。随着工业革命的进展，英国开始逐步推行自由贸易政策。19世纪初，英国工商业迅速膨胀，加上拿破仑封锁欧洲大陆，英国的自由商人借机要求政府取消公司的垄断权，允许与中国和印度自由贸易。1813年，英政府准许商人与印度自由贸易，但东印度公司仍得垄断中英商业贸易二十年，为此，英国自由商人和东印度公司的斗争持续不断。1833年，英国取消东印度公司对华贸易专卖权。公司解散前夕，两广总督李鸿宾曾要求英国政府另派人管理英商在华贸易，于是英政府便任命律劳卑为管理英国对华贸易总监督，取代东印度公司大班们对贸易和商人所行使的一切管理和管辖权。

律劳卑来华的主要目的之一，便是要查明把英国对广州的贸易“扩大到中国的其他部分领土是否切实可行”[①]。为此，英国外相巴麦尊训令其到广州后，以公函直接通知总督（此前，公司大班均对总督上禀帖，由行商转递，总督则用谕批），要求增加通商口岸，议定商约。但警告其“必须特别小心谨慎，以免激起中国政府的恐惧或触犯它的偏见，并且不要因匆忙试图扩大交往的机会，而使现有的交往机会甚至遭到危险”，一定要使“中国当局相信英国国王真诚希望培养同中国皇帝的最友好关系”。[②] 巴麦尊还特别提醒律劳卑按照中国“英国军舰不得驶过虎门”的规定，因此律劳卑乘坐的巡洋舰“不应在珠江面停泊”[③]。

1834年，律劳卑到达澳门，乘兵舰到虎门外后，改船驶入黄浦江，于25日到达广州，26日于广州城外投递公函，要求谒见总督。两广总督卢坤已知此次来的“夷目”地位异于大班，但仍以“天朝制度，疆吏从不与外夷通达书信”[④]为由。要求律劳卑将公函改为禀帖，照旧由行商转递。律劳卑认为英国非中国藩属，交涉当用平等的公函，拒改函为禀。卢坤以律劳卑擅至广州，不守法度（此前，大班驻澳门，到广州需领取护照，得到清政府的允许），令行商劝其退出广州，到澳门等候命令，遭拒绝后遂命“封舱”，停止了中英贸易。适逢律劳卑染疾，加上英国商人也因停止贸易而遭到一定的损失，9月21日，律劳卑退出广州。卢坤奏称将其“押逐出口”[⑤]。10月11日，律劳卑病逝于澳门。

律劳卑在华期间，一直留意中国的外交和外贸政策。他认为，中国当局没有

---

① 胡滨译：《英国档案有关鸦片战争资料选译》（上），中华书局1993年版，第2页。

② 胡滨译：《英国档案有关鸦片战争资料选译》（上），第2页。

③ 胡滨译：《英国档案有关鸦片战争资料选译》（上），第3页。

④ 中国台湾“中央研究院”近代史研究所编刊：《近代中国对西方及列强认识资料汇编》第1辑第1分册，1972年版，第89页。

⑤ 中国台湾“中央研究院”近代史研究所编刊：《近代中国对西方及列强认识资料汇编》第1辑第1分册，第97页。

与英国政府建立贸易的意愿，通过外交手段谋求扩大贸易是“在他们的政府面前低声下气”，除了“羞耻和屈辱之外，一无所获”①。他还注意到了清朝衰弱的国势，建议英国政府采取“迅速的和强有力的行动”②，即以武力解决中英贸易问题。除此之外，“通过其他方式与他们谈判，将是白白的浪费时间”③。

律劳卑死后，德庇时和罗白生先后担任驻华监督，均很快去职。1836年，查理·义律开始担任驻华监督，英国政府仍未放弃以外交的手段谋求扩大对华贸易的努力。义律重新把公函改为禀帖，由行商转递总督，意欲使总督认识到他的身份和地位，以谋求“与总督直接进行正式联系的权利”和驻在广州的权利④，结果仍是失败。从此，英国对华方针开始转变，加上鸦片问题交涉冲突的激化，中英之间的战争遂不可避免。

综观鸦片战争前英国的对华扩张，虽不乏侵略的用心，但同时也想通过外交途径达到目的。遗憾的是，清政府昧于世界大势，坚守所谓的“天朝定例”，对英国提出的要求不加选择，一概拒绝，表现出异常顽固的封闭态度。“处在世界资本主义迅速上升的时期，中国不可能长期地把自己孤立起来”；“以英国为首的资本主义国家必然要把中国拉进世界市场，那是毫无疑问的”。⑤

正当西方资本主义迅猛发展、在世界范围内大肆扩张的时候，统治中国的清王朝却走上了急剧衰败的下坡路。

本来，举世公认中国是世界四大文明古国之一，有着悠久的历史和灿烂的文化。在鸦片战争前数千年的时间里，勤劳勇敢的中华民族创造了绚丽多姿的古代文明。直到明朝前期，中国在世界文明发展史上始终都名列前茅。

大约自16世纪开始，西欧各国相继由封建社会向资本主义社会发展。中国封建社会内部虽然也出现了资本主义生产关系的萌芽，但同封建自然经济相比，就好像汪洋大海中几座若隐若现的孤岛，微不足道。在封建自然经济条件下，广大农民不但进行农业劳动，生产自己需要的农产品，而且从事家庭手工业生产，制作自己需要的大部分手工业品。土地作为主要生产资料，大部分为贵族、官僚所占有，直接从事生产的农民只有很少或根本没有土地，他们的劳动果实，一半以上要用来交纳高额地租和各种捐税。封建统治阶级从农民手里剥削来的财富，则大都挥霍享乐消耗掉了。小农业和家庭手工业相结合的封建自然经济，极大地阻碍着生产的发展和社会的进步。中国自明朝中期以后开始落后于西方。

---

① 胡滨译：《英国档案有关鸦片战争资料选译》(上)，第17页。
② 胡滨译：《英国档案有关鸦片战争资料选译》(上)，第17页。
③ 胡滨译：《英国档案有关鸦片战争资料选译》(上)，第24页。
④ 胡滨译：《英国档案有关鸦片战争资料选译》(上)，第126页。
⑤ 丁名楠：《帝国主义侵华史》第1卷，人民出版社1972年版，第15页。

鸦片战争爆发前夕，中国仍然是一个封建国家，处在清朝满汉地主阶级统治之下，在经济、政治、军事、文化等各个方面都已衰败颓废，江河日下，进入"日之将夕"的衰世。

政治上，封建专制发展到登峰造极的程度，皇帝朝纲独断。从中央到地方，官吏昏庸，政风腐败。如有人所言：清朝大小官吏除富贵而外，不知国计民生为何事；除私党而外，不知人才为何物。高官要员广收贿赂，"见黄金则喜"；下级官吏，对上阿谀逢迎，贿赂公行，对下严刑酷法，无情搜刮老百姓的钱粮。乾隆宠臣和珅个人的非法所得共计 4 亿两白银，而当时清政府的财政总收入每年才不过 4000 万两。"三年清知府，十万雪花银"的谚语，是对当时吏治败坏、无官不贪现象的生动写照。

经济上，清朝前期社会经济恢复和发展的局面好景不长，土地兼并日益激烈，各种赋税多如牛毛，导致社会危机迅速加剧。皇室、贵族、各级官僚、大小地主纷纷通过强占、购买和高利贷等手段巧取豪夺，兼并土地。皇帝本人就是最大的地主，根据 1812 年的统计，皇帝直接或间接掌握的土地高达 83 万顷。皇帝的宠臣和珅拥有 8000 余顷的土地，道光年间的大官僚琦善则占有土地 25600 余顷。而占全国人口 80%以上的农民，却仅占全国耕地的 10%左右。土地是农民赖以生存的主要生产资料，失去土地农民便陷入了衣食无着的境地。地主依仗手中的土地，对农民的地租剥削十分严重，不但地租率高达 50%以上，而且农民在正赋之外，还要承受层层官吏的各种加派和敲诈勒索，致使阶级矛盾日益尖锐，社会动荡不宁。

军事上，军制落后，军备废弛。道光年间，清王朝虽然拥有 22 万八旗兵和 66 万绿营兵，但战斗力却相当弱。一方面，由于官兵长期养尊处优，组织松弛，纪律涣散，军官只知吞饷肥私，不理营务，兵卒则掠民劫财，疏于操练。另一方面，在武器装备上也十分落后，弓箭、刀矛等冷兵器仍然是军队的主要装备，火绳枪、滑膛炮等老式火器尚属稀见之物。至于"沿海水师，率皆老弱无用"，所用战船，不过为"薄板旧钉"制成，"遇击即破"①。

思想文化方面，清朝统治者为了维护封建专制统治，推行文化专制高压政策。他们不但大力宣扬孔孟之道，严格规定科举考试程式和命题内容，而且大兴文字狱，逼迫读书人不问现实，不闻政事，或埋头在故纸堆里做学问，或按照统治者的规定，攻读朱熹集注的"四书"，专习八股文和试帖小楷，一心一意科举成名。结果绝大多数知识分子不但对中国以外的情况毫无所知，甚至完全不懂中国自己的历史，真正成了清朝统治者的顺民。这是中国当时知识分子的悲哀，也是清

① 黄爵滋：《敬陈六事疏》，《黄爵滋奏疏许乃济奏议合刊》，第 47～48 页。

王朝乃至中华民族的悲剧。无怪有人怀着激愤的心情,呼唤“天公”降生有为之士,改革黑暗沉寂的局面,以挽救江河日下的清王朝。然而,这时的清朝统治阶级顽固昏聩,妄自尊大,根本没有而且也不可能认识到自己所面临的危险。

外有生性贪婪、疯狂扩张的殖民者,内则整个帝国满目疮痍、朽败不堪,中国正面临着空前的危机和挑战。

二、鸦片走私及其危害

商品输出曾经是资本主义国家进行殖民扩张的敲门砖,但鸦片战争以前这块敲门砖在中国未能发生效力。一方面,清政府实行“闭关”政策,把海外贸易限制在广州一口,规定外国商人一切商务活动均需通过少数特许的“行商”(即“十三行”)之手,对进出口贸易进行严格的限制。清政府这一政策既有考虑自身安危、防范外来侵略的因素,同时也是它昧于世界大势、妄自尊大在对外关系上的表现,闭关政策在使中国与世隔绝的同时,也严重阻碍了西方工业品的输入和销售。另一方面,中国自给自足的自然经济,亦以其不假外求的天性,对外来商品进行着顽强的抵抗。以鸦片战争前居对华贸易首位的英国为例,虽然它输入中国的棉毛制品工艺精湛、价格低廉,但在中国却极少有人问津。而与西方工业品在中国备受冷落的情形形成鲜明对照的是,中国出口英国的商品诸如生丝、茶叶等却极为畅销。因此,在正常的中英贸易中,中国位居出超,十分地主动和从容。1781～1790 年间,中国销往英国的商品中,仅茶叶一项即达 9600 万元。而 1781～1793 年十几年中,英国输入中国的全部工业品仅 1600 万元,只及茶价的 1/6。为了弥补贸易上的逆差,英国不得不每年运送几百万银元到中国。19 世纪,从广州流入的白银,每年在 100 万两至 400 万两之间。直到 19 世纪二三十年代,仍每年保持在二三百万两以上。这显然不是唯利是图的英国资产阶级踏波东来的初衷。为了扭转对华贸易上的劣势,英国殖民者尝试过多种方法,如曾企图通过谈判方式冲击中国的闭关政策,于 1793 年、1816 年先后两次派使团来华,向清政府提出有关开放市场的要求等等,鸦片走私是他们在多方努力均告失败之后找到的一条有效途径。

鸦片亦称“大烟”,系由罂粟的液汁提炼而成,原产于南欧及小亚细亚,后传至阿拉伯、印度及东南亚等地,其最初被人们所接受是作为一种口服的药材,具有强烈的麻醉功能和较好的止痛、止咳等功效。我国在唐朝时曾作为药材从阿拉伯输入少量鸦片。明末,从南洋传入吸食之法,由于其强烈的麻醉性,一旦成瘾,难以戒绝,危害健康和生命。16 世纪,窃据澳门的葡萄牙人首先从海外贩卖鸦片到中国,但输入量不大,1729 年以前,每年约 200 箱。英国自 18 世纪 70 年代开始向中国贩运鸦片。1757年,英国东印度公司征服了印度鸦片的主要产地孟加拉,开始竭力发展对华鸦片贸易。1773年,英印殖民政府确立了鸦片侵华政策,东印度公司取得了鸦片专卖权,不久又获得了鸦片的制造权。这样,东印度公司一手包揽、垄断了从强迫印度农民种植罂粟到加工制造鸦片,直至在加尔各答市场公开拍卖给走私商人的整个过程。鸦片最终由走私商人偷运到中国。在东印度公司的蓄意经营下,输入中国的鸦片数量逐年增加。1773年以前,每年不超过1000箱(每箱50公斤或60公斤),1800年以后逐年增加,1828年时已达11154箱。1834年,由于取消了东印度公司对华贸易的垄断权,对华贸易完全转到英国私人企业手里,所以这一年在"鸦片贸易史上,标志着一个时代"[①]。从此,英国鸦片贩子打着"自由贸易"的旗号,开始了更加猖狂地向中国偷运鸦片的时期,鸦片输入中国的数量也在急剧攀升。1838年至1839年间,年均输入中国鸦片高达35500箱。除英国之外,美、俄等国也先后向中国输入了一定数量的鸦片。据不完全统计,外国侵略者在鸦片战争前40年间,共向中国走私鸦片多达42.7万箱,总价值3亿元以上。

鸦片是一种昂贵而又使人堕落的毒品,罪恶的鸦片走私给殖民者带去的是暴利,而给中国社会带来的却是无比严重的危害。

第一,改变了中国在对外贸易中的优势地位,使白银大量外流,百姓负担加重,清政府收入减少。鸦片作为一种特殊商品大量输入中国,打破了中英贸易的原有格局,中国由出超国变成入超国,导致了白银的大量外流。据统计,1821年至1840年间,中国流向域外的白银至少在1亿元以上。鸦片战争前夕,情况更加严重,保守估计,每年至少有1000万两白银弥补因鸦片走私而造成的贸易赤字。白银外流带来了一系列问题。一是造成银贵钱贱。1794年,1两白银值铜钱1000文;到1838年,则值1600～1700文。银钱差价如此波动,势必扰乱清代的货币秩序。二是无形中加重了劳动人民的负担。由于农民和手工业者平时出卖劳动所得换回的是铜钱,而清政府规定交纳的各种赋税却必须折成白银,银钱比价增大,使农民和手工业者实际上等于要多负担60%的赋税。三是由于银价上涨,各省拖欠的赋税日益增多,致使清政府国库空虚,财政拮据。

第二,鸦片泛滥,中国社会有限的购买力大量被鸦片吸收,造成了城乡工商业的凋敝,摧残了资本主义萌芽的成长。封建的中国本来就缺乏发展工商业的条件,鸦片贸易又大量吸纳了人们对一般商品的购买力,致使商业普遍萧条和衰落,本已停滞的社会经济急剧衰败。

第三,腐蚀了清王朝的官僚机构,加重了政治上的腐败。由于中国政府明令

① 《马克思恩格斯选集》第2卷,第27页。

禁止鸦片入口，鸦片走私只能通过武装偷运或贿赂地方官弁方式实现。鸦片的泛滥正是各级官吏贪赃枉法的结果，正如马克思所说："浸透了天朝的整个官僚体系和破坏了宗法制度支柱的营私舞弊行为，同鸦片烟箱一起从英国的趸船上偷运进了天朝。"[①]

第四，摧残了中国人的心灵和肌体，破坏了社会生产力。鸦片久食上瘾，慢慢使人骨瘦如柴、精神萎靡，如同废人，直至死亡，对人的身心健康危害极大。英国人孟哥马利·马丁坦言："同鸦片贸易比较起来，奴隶贸易是仁慈的；我们没有摧残非洲人的肉体，因为我们的直接利益要求保持他们的生命；我们没有败坏他们的品格，没有腐蚀他们的思想，没有扼杀他们的灵魂。可是，鸦片贩子在腐蚀、败坏和毁灭了不幸的罪人的精神世界以后，还折磨他的肉体。"[②]当时吸烟的阶层极其广泛，从贵族、官僚、书吏到一般百姓，甚至和尚、道士、宫廷太监，皆不乏手握烟枪、吞云吐雾者。据 1835 年的调查，全国吸食鸦片的人数已有 200 万人。如此芸芸众生遭受烟毒的侵蚀，鸦片对国民素质的影响和对生产力的破坏是可以想见的。

总之，烟毒的泛滥，引起了令人关注的一系列关系国计民生的重大问题。如何对待鸦片？怎样处置走私？无可回避地摆在了统治者的面前。

三、林则徐的禁烟与备战措施

清政府久为鸦片问题所困扰，时禁时弛。早在 1729 年，清廷就颁布了第一道禁烟诏令。乾隆、嘉庆、道光年间，也都曾多次颁布过鸦片禁令，但均遭鸦片走私者的破坏及腐败官吏的粉饰欺蒙，而使有关规定形同虚设。终于，鸦片问题积重难返。

鸦片泛滥，受害最深的是以农民为主体的广大劳动群众，他们坚决要求禁烟。在人民群众自发的禁烟浪潮的推动下，面对鸦片侵略给封建统治造成的巨大威胁和压力，19 世纪 30 年代，清政府围绕鸦片问题展开了激烈的争论。

1836 年，太常寺少卿许乃济上奏朝廷，认为自嘉庆朝以来，惩办吸食鸦片的刑法日渐加重，但吸食者却越来越多。禁令只会被胥吏作为牟利的工具，而且"法愈峻则胥役之徒贿赂愈丰，棍徒之计谋愈巧"。因此，他建议取消鸦片禁令，允许公开买卖，代表了弛禁派的观点，得到了首席军机大臣穆彰阿、直隶总督琦善以及部分广东官吏和士绅的支持。在弛禁派的喧嚣声中，1838 年 6 月 2 日，

① 《马克思恩格斯选集》第 2 卷，第 26 页。

② 转引自《马克思恩格斯选集》第 2 卷，第 23～24 页。

鸿胪寺卿黄爵滋在上道光皇帝的《请严塞漏卮以赔国本折》中痛陈鸦片的严重危害，主张实行严禁政策。他认为过去鸦片屡禁不止，根源在于官吏贪赃枉法，致禁令成具文，建议改变方式，用"重治吸食"的办法替代查禁走私，限吸食者一年为期戒绝，逾期未戒者，平民处以极刑，官吏加等治罪，子孙不准参加科举考试。如此严刑峻法，则吸食者绝，鸦片走私不禁而禁。道光皇帝命盛京、吉林、黑龙江将军及各省督抚就黄爵滋的严禁主张，复议上奏，湖广总督林则徐、两江总督陶澍等在复奏中明确表示赞赏。

林则徐（1785～1850 年），字少穆，福建侯官（今福建福州）人。1811 年中进士，历任道员、按察使、布政使、东河河道总督、巡抚，以干练廉明名重于时，民间有"林青天"之誉。他提倡经世之学，主张严禁鸦片，在湖广总督任内，于辖区内厉行禁烟，卓有成效。1838 年 7 月和 9 月，他接连两次上奏道光皇帝，极力支持黄爵滋的严禁主张，认为欲根绝鸦片烟毒，非严刑峻法难以奏效。在 9 月的奏折中，他痛切指出：鸦片问题"若由泄泄视之，是使数十年后，中原几无可以御敌之兵，且无可以充饷之银"[①]。道光皇帝阅后，大为震动，诏令林则徐进京晋见，并于 1838 年 12 月 31 日命其为钦差大臣，节制广东水师，驰往广州查禁鸦片。

林则徐受命后，轻车简从，于 1839 年 3 月抵达广州。踏上这片各色人物鱼龙混杂、民族矛盾一触即发、鸦片烟毒云蒸雾绕的土地，林则徐首先发布告示，向中外人士宣告他此行专为禁烟而来，"若鸦片一日未绝，本大臣一日不回，誓与此事相始终，断无终止之理"[②]，表示了他根绝鸦片烟毒的决心。同时在要求禁烟的广州人民群众的鼓舞和支持下采取了一系列的禁烟措施。

其一，注意查看民情，认真调查研究，充分利用人民群众的禁烟热情。广州长期为唯一对外通商口岸，深受殖民势力的骚扰和烟毒的危害，人民群众反对鸦片走私的情绪和禁烟要求异常强烈。林则徐作为皇帝的钦差来此专职禁烟，更使群情激昂。他们积极配合林则徐的行动，协助地方政府调查装载鸦片的趸船和鸦片贩子的姓名、住址等情况，为禁烟提供了大量信息，做了较为充分的准备。

其二，收缴外国鸦片贩子的烟土并重治吸食之徒，从正本和清源两方面入手，推进禁烟运动的开展。依据广州鸦片走私和吸食的有关情况，林则徐制定出"将已来之鸦片，速缴到官，未来之烟土，具结示断"的禁烟方针，责令烟贩将趸船上所存鸦片一律造具清册，听候收缴，并每人签名出具一份中英文甘结，保证"嗣后来船永不敢夹带鸦片，如有带来，一经查出，货尽没官，人即正法"。对违犯上述规定的鸦片贩子，则一律实行镇压。在清源的同时，林则徐还限令国内吸食鸦

① 《林则徐集·奏稿》（中），中华书局 1965 年版，第 601 页。

② 《林则徐集·公牍》，中华书局 1965 年版，第 59 页。

片者必须在规定的时间内上缴吸烟用具，从断绝需求方面保证禁烟工作的顺利进行。在邓廷桢等人的有力配合下，收缴烟土烟具的工作卓有成效。据统计，截至1839年5月12日，广东共捕获烟贩1600名，缴获鸦片461500两，烟枪2700多枝，烟锅300多口。[①]

其三，会同两广总督邓廷桢、广东水师提督关天培等人，严惩破坏禁烟的侵略分子。英国驻华商务监督义律蓄意破坏中国的禁烟，他从澳门赶到广州商馆，一面指使被林则徐传讯的鸦片贩子颠地逃跑，一面挑唆外商拒绝具结和缴烟。对此，林则徐下令封舱，停止中英贸易，并派兵围守商馆，撤退中国雇员，断绝趸船与商馆之间的交通，使义律阻挠禁烟的阴谋破产，英、美鸦片贩子不得不缴出所有鸦片。

最后，毅然销毁所有收缴的鸦片，表明了中国人民反抗外来侵略和维护民族尊严的决心。1839年6月3日，林则徐于虎门海滩地势较高处挖了两个前设涵洞、后通水沟的池子，将所缴鸦片悉数运来，先由沟道车水入池，撒盐成卤，而后将鸦片烟徐徐投入，再将石灰抛入池中，致使鸦片自燃变成渣末，退潮时起开涵洞，焚毁的鸦片随潮出海。至6月25日，所有鸦片焚销净尽。中国禁烟运动取得了重大胜利。

在禁烟斗争中，林则徐的基本政策是："鸦片必要清源，而边衅亦不容轻启。"虎门销烟后，林则徐当即宣布开放中英正常贸易。尽管如此，侵略者仍然蓄意扩大事态，恶化中英关系，为他们发动武装侵略制造借口，并不断向中国水师进行挑衅。面对英国侵略者的挑衅，林则徐在禁烟的同时，采取积极措施，以防随时可能发生的大规模武装入侵。

首先，想方设法加强防御力量。林则徐初到广州，原以为凭借正义的力量和严厉的措施，禁绝鸦片问题不会特别麻烦。但几经较量，他发现在鸦片的背后还有更可怕的东西，即西方侵略者的坚船利炮和勃勃野心。为防患于未然，他下令增修虎门炮台，加固虎门海口武山、横档山之间江面最狭处设置的两道横江木排铁链，购置或仿制西洋大炮。同时，会同关天培等人，加强训练和提高水陆官兵的作战能力。

其次，广泛发动群众。林则徐深受传统"民为邦本，本固邦宁"思想的影响，相信"民心可用"。他招募渔民、疍户丁壮5000人，编为水勇，授以火船，精练夜袭火攻之法。宣布"如英夷兵船一进内河，许以人人持刀痛杀"。

再次，注意了解国外情势。长期闭关锁国，使人们对西方几乎没有什么了解，不仅皇帝、大臣们对国外情况茫然无知，即使是身处广州的封疆大吏也未注

---

① 《林则徐集·奏稿》(中)，第654页。

意经常来往于此的各外国人情形。林则徐初来广州时,对国外情势的认识和了解并不比其他文武大臣高明。但他很快便敏锐地觉察出与之打交道的侵略者有别于自己以往对蛮夷的印象。于是,在举世蒙昧混沌之中,林则徐最先睁开眼睛,开始探寻外面的世界。他组织专人翻译外国的书籍和报纸,编成《四洲志》草稿。经常向能接触到的境外之人了解他们国在何方,方圆几许,路程远近等。对敌情的了解和研究,使他产生了一些合乎实际的战略思想,例如,他不把中外正常贸易和鸦片走私混为一谈,能将当时主要的侵略者和其他西方资本主义国家区别对待,以孤立和打击最主要的敌人,懂得学习敌人的"长技"武装自己的军队,等等。

四、反对英国侵略的战争

鸦片贸易曾为英国资产阶级带来惊人的暴利。1813 年,每箱成本为 237 卢比的鸦片,在印度市场的拍卖价是 2428 卢比,利润高达 9 倍。许多鸦片贩子以此暴富,并得以加官晋爵,可谓一本万利。英印政府也从鸦片税收中获得大宗的财政收入。中国一旦禁烟成功,势必会掐断这些人的滚滚财源。因此,当 1839 年 8 月初林则徐在广东收缴和销毁鸦片的消息传到英国后,立即引起英国工商业资产阶级和鸦片贸易集团一片战争喧嚣。他们竞相致书英国政府,要求"采取断然的处置,强有力的手段"[①],用武力打开中国的大门,"将对华贸易置于安全的、稳固的、永久的基础之上"[②]。实际上,就是要用侵略战争变中国为英国资产阶级的原料生产基地和商品倾销市场。1837～1838 年,英国正面临第二次经济危机的困扰。这一时期,英国工商业萧条,大批企业倒闭,大量商品积压,失业现象十分严重,国内工人运动一浪高过一浪。为摆脱困境,转嫁危机,英国资产阶级对外扩张的欲望十分强烈。鸦片战争作为其扩张战略的一次具体行动,动机是由来已久的,林则徐的厉行禁烟只不过是为他们提供了一个将久有的蓄谋变成现实的借口。正像英国某些城市,如伦敦、曼彻斯特、格拉斯哥、利物浦等地商会所叫嚷的,中国的禁烟运动,"给了我们一个战争的机会。这对英国是很有利的,因为这可以使我们终于乘战胜之余威,提出我们自己的条件,强迫中国接受。这种机会也许不会再来,是不能轻易放过的"[③]。1839 年 9 月底,英国外交大臣

① 中国史学会主编:《中国近代史资料丛刊·鸦片战争》(以下简称《鸦片战争》)第 2 册,上海人民出版社 1957 年版,第 640 页。

② 《英国蓝皮书》,《鸦片战争》第 2 册,第 634 页。

③ 《英国蓝皮书》,《鸦片战争》第 2 册,第 661 页。

巴麦尊召见逃回英国的鸦片贩子查顿等人，商讨拟定包括侵华舰艇的数量、陆军人数及必要的运输船只等具体内容在内的战争计划。1839 年 10 月 1 日，英国召开内阁会议，讨论武装侵略中国的问题，作出了“派遣一支舰队到中国海去”的决定。战争的阴影自欧洲蔓延至东亚，中国被掩映在其中。

1840 年 2 月，英国政府任命乔治·懿律和查理·义律作为同清政府交涉的正、副全权代表，并任命懿律为侵华英军总司令。4 月，议会以微弱多数通过了支付军费案，派兵侵略中国。6 月，16 艘兵船、4 艘武装汽船、28 艘运输船、4000 余名士兵、540 门大炮组成的英国“东方远征军”相继从印度、开普敦等地到达中国广东海面，第一次鸦片战争正式开始。至 1842 年 8 月，战争结束，第一次鸦片战争持续 26 个月，前后经历了三个阶段。

第一阶段，自英军封锁珠江口始至 1841 年 1 月下旬清政府对英宣战之前，历时七个月。

在这一阶段中，英军执行外相巴麦尊的指示，在广东“不必进行任何陆上的军事行动”，“有效地打击应当打到接近首都的地方去”。① 于是留下少量兵力封锁珠江口之后，舰队北上攻打舟山。② 北犯英军在厦门受挫之后，终于攻下了准备不足而又寡不敌众的定海。

本来，从全局看，以中国之大，定海一地的得失并不会必然导致中国的战败。然而虚骄的清政府却因此张皇失措。妥协派乘机抬头，攻击林则徐禁烟行为过激、措施失当。这种谣言深深影响了本不具备抗战到底决心和勇气的道光皇帝。他一面下令对林则徐等人进行查办；一面采取所谓“羁縻”政策，派琦善前往天津海口与英军谈判。8 月，英军北上天津，抵达白河口，递交巴麦尊给清政府的照会，提出赔款、割地、通商等无理要求。在得到琦善的满意答复后，于 9 月中旬暂退广州。

道光皇帝于 9 月 17 日任命“退敌”有“功”的琦善为钦差大臣，赴广东继续办理中英交涉；同时将林则徐、邓廷桢等以“办理不善”的罪名予以革职。在道光皇帝“羁縻”政策指导下，两江总督伊里布与懿律签订了浙江停战协定。受命赴广东与英交涉的琦善，则在抵达广州后，一反林则徐所为，以解除自己的武装取悦英国侵略者，致使英军气焰嚣张，于 1841 年 1 月突袭大角、沙角炮台得手，副将陈连升父子（土家族）及土家、苗族等守台官兵 600 余人全部壮烈殉国。义律（懿

① 转引自严中平《英国鸦片贩子策划鸦片战争的幕后行动》，载《近代史资料》1958 年第 4 期。

② 然而，时人将其理解成林则徐为“该夷所畏忌”。随后的《道光洋艘征抚记》、《夷氛纪闻》、《中西纪事》“皆谓林则徐在广东防备严密，英军无隙可乘，遂北犯定海。他们把后来广东战事的失败，归结于林则徐的去职；他们将各地战事的受挫，归结于当地没有林则徐”。由此“一个林则徐不可战胜的神话”诞生了。（参见茅海建《天朝的崩溃——鸦片战争再研究》，三联书店 2005 年版，第 142～143 页）

律因病回国，义律接任全权代表）向琦善提出了所谓的《穿鼻草约》，并于 1 月 20 日单方面予以公布，内容包括割让香港、赔偿烟价及恢复广州通商等。1 月 25 日，英军占领香港岛，要与琦善谈判签订《穿鼻草约》，但此时琦善自感处境不妙，未敢再谈签约之事，谈判终止。

第二阶段，自 1841 年 1 月 27 日清政府对英宣战始，至 1841 年 5 月 27 日《广州和约》订立止，历时四个月。

琦善等人的妥协活动，激起了广大民众的极大不满。1840 年底，浙江定海的士绅、渔民、船户和商人散发传单，反对撤兵，要求抵抗。一些读书士子也投书官府，要求收复定海。广州人民则强烈反对割让香港，许多正直的官员皆上书要求罢免琦善，重新启用林则徐和邓廷桢，继续抗战。在朝野抵抗情绪的冲击下，特别是在 1841 年 1 月 27 日大角、沙角炮台失守的消息传到北京后，道光皇帝见定海尚未收复，又有新地沦陷，盛怒之下，下诏对英宣战。随后，又将琦善革职拿问，命祁埙为两广总督、裕谦赴浙江代伊里布为钦差大臣，令御前大臣、宗室奕山为靖逆将军，户部尚书隆文、湖南提督杨芳为参赞大臣，调集各省军队 17000 人开赴广东。

然而，道光皇帝虽然一怒宣战，却无抗战到底的决心和实际有效的抵抗措施。奉命奔赴广州主持军事的奕山、杨芳等人昏庸无能，遇敌即溃，虽有关天培等少数官兵的拼死英勇抵抗，却不能扭转中国的被动失败。在虎门沦陷、广州被围的情势下，奕山终于向侵略者屈膝乞和，与英军签订了《广州和约》，内容包括向英军交付广州赎城费 600 万元、商馆损失 30 万元，清军退出广州城等条款。战争第二阶段结束。

第三阶段，自 1841 年 8 月英军再度进攻厦门始，至 1842 年 8 月 29 日《南京条约》签订止，历时一年。

1841 年 4 月，英国政府接到义律关于《穿鼻草约》的报告，认为远没有达到这次侵华的目的，改派璞鼎查为全权代表，进一步扩大侵华战争。

1841 年 8 月，璞鼎查率军袭击厦门，9 月底再犯定海。总兵葛云飞、王锡朋、郑国鸿（回族）等率 5000 守军浴血奋战六天六夜，全军将士壮烈殉国，定海再次陷落。接着，英军进攻镇海，两江总督裕谦（蒙古族）誓死抵抗。但扼守城外的浙江提督余步云贪生怕死，临阵脱逃。英军缘梯登城，总兵谢朝恩战死，裕谦力战不支，投水自尽。10 月 10 日，镇海陷落。13 日，宁波也被英军攻占。

浙东半月时间连失三城，清政府极为惶恐。道光皇帝为挽回败局，匆忙再次大举调兵遣将，赶赴前线御敌。11 月 18 日，派协办大学士、宗室奕经为扬威将军，侍郎文蔚和副都统特依顺为参赞，征调数省军队近 2 万人，赶赴浙东收复三镇。

奕经和奕山、杨芳等人一样昏庸荒唐。离京之后，奕经一伙人一路上游山玩水，寻欢作乐，四个月才到达前线。接着，便在根本未做任何认真筹划的情况下，仓促出击，希冀侥幸取胜，邀功请赏，于 1842 年 3 月上旬，兵分三路收复三城，结果不仅未能如愿，反而又失慈溪。奕经仓皇逃回杭州，从此不敢言战，力主求和。

在中华民族与资本帝国主义这一近代中国社会主要矛盾双方的激烈较量中，以道光帝为首的统治集团对待英国入侵的态度是复杂多变、难以一言道明的。一方面，处于封建末世的清王朝劣势昭然，难与西方列强抗衡，因而表现出相当的软弱性与妥协性；另一方面，出于本能，不甘心统治崩溃，而又在一定时期表现出某种抵抗。只是因为这种抵抗未能立足于人民战争之中，因而十分脆弱，也是不会坚持始终的。浙东战役的连续失利，道光皇帝彻底丧失了抵抗的信心，从此一意主和。1842 年 4 月，他命耆英为钦差大臣，和伊里布一起到浙江向英国侵略者乞和。但是，由于此时英国侵略者认为尚未到迫使清政府彻底屈服的时候，拒绝和谈，继续大举进犯长江中下游地区。1842 年 5 月，英军攻占海防重镇乍浦。6 月 16 日进攻长江口的门户吴淞口。年近七旬的老将、江南提督陈化成坚守西炮台，孤军奋战，身受 7 处重伤，壮烈殉国。上海、宝山相继失守。英军沿长江继续西犯，7 月 21 日全力攻镇江。副都统海龄（满族）指挥驻防旗兵 1500 人，殊死抵抗，终因寡不敌众，守军全部战死，镇江失守。

8 月上旬，英国舰队兵临南京城下，道光皇帝失魂落魄，密谕耆英加紧求和。8 月 29 日，耆英全权代表清政府，在南京下关江面的英舰“皋华丽”号上，按照英国提出的全部侵略条款，签订了《南京条约》。第一次鸦片战争至此结束。

第一次鸦片战争以清政府的失败而告结束。这场战争，从性质上说，在英国方面，是英国资产阶级在资本扩张规律的支配下，为了打开中国广阔的商品市场和扩大原料产地，而借鸦片问题发动的一场侵略战争；在中国方面，则是一场为了反对罪恶的鸦片贸易，捍卫民族独立和国家领土主权完整而进行的自卫战争。英国虽然当时处在资本主义上升时期，工业发达，军事装备先进，军队素质高，但可动员的兵力有限。侵华初期，仅调集了 4000 人，后期最多时也不过 15000 人，且其中有些还是从各殖民地搜罗来的，真正用于攻战的仅 7000 余人。他们远离本土作战，军需物资供应困难，兵士不服水土。而中国虽然处在封建社会末期，但疆域广阔，拥有八旗、绿营军队近百万人，有 4.1 亿勤劳勇敢的人民和分布广泛的丰富自然资源，而且在本土作战，进行正义的自卫战争，理应得到广大人民的支持，可以随时组织难以计数的地方武装，兵员充足，物资供应便利。凡此种种，表明中国在鸦片战争中假如知己知彼、战略战术得当，并非全无胜算。但是历史是无情的，中国毕竟失败了。中国战败的根本原因在于清朝封建社会制度的腐败和经济、科学技术的落后，在于清朝统治集团的昏庸愚昧。战争的失败，使中国人民从此步入了苦难的历程，也促使中国人民开始觉醒和奋起。

五、近代中国第一批不平等条约的订立

第一次鸦片战争开始了中国人民落后挨打的苦难历程，造成的后果是极其严重的，战后西方国家强迫清政府与之订立的第一批不平等条约，即是历史的见证。

1842 年 8 月 29 日，中英《南京条约》签订。该条约共 13 款，主要内容是：

(1)割让香港。香港自此沦为英国殖民地，成为英国对华侵略的重要基地。

(2)五口通商。规定中国开放广州、厦门、福州、宁波、上海五处为通商口岸，英国可以在五口派驻领事。从此，中国东南沿海门户洞开，外国资本主义侵略势力蜂拥而至。

(3)中国赔偿鸦片烟价 600 万元、商欠 300 万元、兵费 1200 万元，三项共计 2100 万元。这是对中国人民的无耻掠夺。

(4)协定关税。条约规定，居住五口的英国商民缴纳进出口货税，“均宜秉公议定则例”，破坏了中国的关税自主权，为外国资本主义向中国倾销商品和掠夺原料提供了方便。

(5)废除公行制度。条约规定，英国商民在华贸易无须与例设公行打交道，可以任意与华商直接交易，从此便利了西方列强在中国培植买办势力。

因为有关关税税率、开埠通商等一些问题，《南京条约》未及商订，为此双方继续在广东谈判。1843 年 10 月，璞鼎查又强迫清政府与之签订了中英《五口通商章程》、《五口通商附粘善后条款》(即《虎门条约》)，作为《南京条约》的补充。这两个条约的内容有：

(1)领事裁判权。《五口通商章程》规定，中国人与在华英人打官司，英人如何定罪，“由英国议定章程、法律发给管事官照办”。这项规定严重地侵犯了中国的司法主权。

(2)片面最惠国待遇。《虎门条约》规定，中国将来“有新恩施及各国，亦应准英人一体均沾，用示平允”。这条规定日后被侵略者广为援引，给中国造成极其严重的危害。

(3)降低关税。《五口通商章程》附带的《海关税则》，把中国的海关税率大幅度压低到 5%～6%。这极大地削弱了中国海关对民族经济的保护作用，有利于西方资本主义各国对中国的经济侵略。

(4)租地及居住权。《虎门条约》规定，英国人可以在通商口岸租赁土地、房屋，永久居住。这是对中国行政主权的公然侵犯，也为近代租界这种国中之国现象的出现埋下了伏笔。

鸦片问题作为这场战争的导火线，在《南京条约》及其附件中全然未被提及。因为清朝官吏认为，在他们已向璞鼎查承诺无论外国商船是否载有鸦片，中国政府一概不会查问，也不采取任何行动的情况下，其实无明文写入条约的必要。

中英《南京条约》签订后，美国也于1844年7月3日在澳门附近的望厦村强迫清政府订立中美《望厦条约》，除根据利益均沾的原则取得了英国在《南京条约》中所规定的各种特权外，还获得了《南京条约》没有或没有明确规定的以下权利：(1)扩大了领事裁判权的范围。条约规定不仅美国人和中国人之间的民刑案件，甚至美国人之间、美国人与其他外国人之间的民刑诉讼，都要由美国领事审理，"中国官员不得过问"。(2)进一步加强了"协定关税"权。条约规定："倘中国日后欲将税例更变，须与合众国领事等官议允。"(3)美国兵船可任意在中国各港口"巡查贸易"。(4)美国人有权在通商口岸租地建楼，建立教堂，开设医院等。

不甘落后的法国于1844年10月迫使清政府签订了《黄埔条约》，共36款。根据这个条约，法国除取得英、美已经得到的全部侵略特权外，又特别规定法国人可以在通商口岸建造礼拜堂及坟地等，"倘有中国人将佛兰西礼拜堂、坟地等触犯毁坏，地方官照例严拘重惩"。这实际上是迫使清政府开始放弃了对天主教的禁令，并承担保护外国传教士及其财产的责任。1846年，法国又获得了在各通商口岸自由传教的权利。援引片面最惠国待遇条款，西方各国基督教随后也取得了同样的权利。从此，外国传教士在大炮的保护下，随鸦片、商品之后，不断涌入中国。

在美、法迫使清政府订约前后，比利时、瑞典、挪威等西方国家也争相前来要求订约，清政府抱着所谓"一视同仁"的原则，一律允准。同时，葡萄牙还乘机窃取了中国对澳门的管辖权。沙俄则趁机在我国西北和东北地区大肆进行侵略扩张，相继占领了中国西北和东北地区的大片领土，并于1851年强迫清政府签订了《伊犁塔尔巴哈台通商章程》，取得了在伊犁、塔城等地免税贸易和享有领事裁判权等经济、政治特权。

上述所有不平等条约，是外国侵略者套在中国人民身上的沉重锁链，给近代中国造成了极大的危害，产生了深远的影响，将中国强行卷入了世界资本主义的旋涡。

六、鸦片战争对中国社会的影响

鸦片战争连同屈辱的1840年，使几代中国人始终有着刻骨铭心的记忆。因为它对中国社会造成的影响是如此的广泛，又是那样久远。鸦片战争是中国由封建社会逐渐沦为半殖民地半封建社会的历史转折点，它使中国社会性质开始发生根本性的变化。

政治上，鸦片战争前，中国是独立自主的封建国家，清政府可以行使全部主权；鸦片战争后，中国的领土主权、关税主权、司法主权、领海主权都遭到了破坏，从一个独立自主的主权国家开始沦为不完全独立自主的国家。

五口通商后，英国驻上海首任领事巴富尔有意曲解《五口通商附粘善后条款》中关于允许英人在通商口岸租地建屋的条款，迫使苏松太道宫慕久于1845年11月29日公布了《上海租地章程》，后来划定830亩土地，租与英国人，作为建筑房屋和居住之用。这就是最初的英租界。1848年，英租界面积扩大至2820亩。此后，美、法两国援例在上海设立美租界和法租界。起初，清政府还保有租界内的行政、司法等主权。后来，英、法、美三国领事在租界内擅立殖民政权"工部局"、公董局，实行一套完全独立于中国之外的行政机构和法律制度，使中国政府失去了在租界内的主权。以后列强各国把这种租界制度逐渐推行到广州、厦门等通商口岸。

战后，英国还凭借治外法权先后在厦门、香港等地开设卖人行，设置囚禁华工的牢房和牢船，收买雇用大批歹徒在通商口岸的繁华街区，或在云、贵、川、陕等内地僻壤，大肆拐骗和捕掠华工。从1847年到1874年间，由澳门、汕头、香港、厦门、广州等口岸运往古巴一地的华工人数就达14万以上。出洋华工在极为恶劣的条件下，为19世纪英、美、法等资本主义国家的经济发展做出了巨大的牺牲和贡献。

经济上，鸦片战争前，中国是一个自给自足的封建自然经济占统治地位的国家；鸦片战争后，西方资本主义国家不断向中国倾销商品，收购土特产品及工业原料，逐渐破坏了中国自给自足的自然经济基础，中国被强行拉入了世界资本主义体系。在东南五口通商地区，由于外国机制棉纺织品的大量涌入，中国传统的手工棉纺织业面临破产。如上海及其附近的松江、太仓、苏州一带，手工纺织业历来比较发达，但自上海开埠后，洋纱、洋布源源而来，这一带手工棉纺织业很快衰落下去，出现了"无纱可纺"的现象。其他通商口岸地区及诸如冶铁、制针、制靛等手工业部门也都开始出现类似情形。与此同时，欧美各国还从中国大量收购丝、茶等土特产品，中国的丝、茶等农产品的出口日益增多，逐步改变了一些地区农村的生产结构，人们纷纷放弃粮食生产，转而植桑养蚕、种植茶叶。中国丝、茶等农副业生产和出口贸易，开始走上了依赖外国资本的道路。

在阶级结构和阶级关系、社会主要矛盾和中国人民肩负的任务等重大问题上，也发生了显著变化。鸦片战争前，中国社会主要是封建地主阶级和农民阶级两大传统敌对阶级。战后，在通商口岸英、美等国开设的企业中产生了第一批产业工人，尽管人数不多，但却是中国新的生产力的代表者。同时，各通商口岸地区出现了一批为外国商行推销商品和收购土货的买办商人，他们与地主阶级和外国侵略者都有着不同程度的联系和利害关系。这些人已开始在社会乃至政治舞台上显露头角。凡此都显示了中国社会自鸦片战争后阶级结构和阶级关系的明显变化。而随着西方资本主义势力的入侵和阶级结构、阶级关系的变化，中国社会的主要矛盾则由战前农民阶级与地主阶级的矛盾，变成为帝国主义和中华民族、封建主义同人民大众的矛盾。中国人民肩负的任务，战前主要是反对封建地主阶级的统治，战后则担负了反对外国资本主义和封建主义的双重任务。中国历史进入了民族民主革命时期。

七、鸦片战争前后中国思想文化领域的新动向

鸦片战争前大约一百年间，统治中国学术思想界的主要是宋学和汉学。宋学家标榜程、朱，专讲纲常名教、性命义理，自居孔孟"正学"的地位，成为钳制人们思想的工具。汉学原本较宋学实际而富有生气，曾于经学、史学、文字、音韵、舆地、历算等方面取得过一定的成绩，但随着清代文化专制主义的盛行，绝大多数汉学家畏祸不敢议论时政，遂把精力逐渐转向对古代典章、文字的训诂考据上。汉学终于也走上了墨守故训、厚古薄今、脱离现实的褊狭之途。

鸦片战争前半个世纪清朝封建统治的严重危机，西方资本主义不同方式的频频叩关，特别是中国在鸦片战争中的失败，促使中国人从历史沉睡中醒来。一些较为开明的知识分子初步认识到汉学及宋学的繁琐空疏，无以济世。内忧和外患推动着他们把眼光投向现实，发扬"经世致用"的传统，引起思想文化领域发生了某些新变化。

"经世致用"思想在中国源远流长。早在春秋战国时期社会大变动中兴起的儒墨诸家，"其所著书，大者以治天下，小者以为名用，盖未有空言无事者也"，已将经世之学的种子植根于中国文化的土壤。此后，这种精神一直是历代知识分子治学的指导思想。鸦片战争前后的经世思想应时代与社会的要求而倡兴并被赋予了新的时代内容，其代表人物有龚自珍、林则徐、魏源、姚莹、徐继畬、梁廷枏等。他们的思想及主张，无不是围绕鸦片战争前后的中国社会问题有感而发，代表了战后中国社会的新思潮。综观这些人的言行和思想文字，大致可概括为以下几个方面：

第一，鞭挞封建末世的社会批判思想。鸦片战争前后，中国社会已面临严重的封建末世危机，作为直面现实的勇士，经世派思想家对此毫不掩饰，大胆揭露危机，一针见血地批判时弊。这方面龚自珍最为突出。他揭示封建末世的危机，剖露官僚政治的黑暗腐败，并预言社会变乱即将发生，期待祖国的生机勃兴和社会变革风雷的到来。

第二，反抗外国侵略的爱国思想。外患日急是19世纪三四十年代中国社会所面临的最严重的问题，经世派思想家汲取中华民族爱国主义的思想精华，为捍

卫国家主权,维护民族独立,自始至终坚持了反对侵略、抗敌救国的立场。林则徐从严禁鸦片开始,成为经世派反抗外国侵略的一面旗帜。他认为禁烟问题,有关国家民族命运和国计民生,力主禁烟到底。鸦片战争爆发后,在尚未被道光帝革职之前,他身体力行,积极抗战;即使在含冤遭贬、被遣戍新疆之时,其爱国热忱和反对侵略的意志亦未稍衰。魏源、梁廷枏、夏燮等人也极力主张严禁鸦片、抗敌救国,并对弛禁派及妥协派予以深刻的揭露和抨击。在鸦片战争结束后,魏源首先写出了系统记述鸦片战争史实的《道光洋艘征抚记》一书,梁廷枏、夏燮先后分别著《夷氛闻记》、《中西纪事》,记述鸦片战争经过,揭露清政府昏庸腐败,称颂中国军民的反侵略斗争,反映了他们反对外来侵略的爱国思想。

在反侵略思想的驱动下,经世派还特别注重对西方情况的介绍及对祖国边疆问题的研究,写出了一批有关西方各国情势及边疆问题的著作。魏源依据林则徐的《四洲志》及其他中外文献资料编著而成的《海国图志》,综述各国史地、科技、政治制度、风俗民情,论说中国应当采取的对外政策,提出了"师夷长技以制夷"的著名口号,初版50卷,后增为100卷,是近代中国人了解西方的"创榛辟莽"之作。姚莹撰写的《康辅纪行》,既对西藏的地理、历史、政治、宗教、风俗习惯等作了考察,也对英、俄等国的情况作了探讨。认为要抵抗外国侵略,必须了解敌情,知己知彼,才能立于不败之地。徐继畲的《瀛寰志略》也是当时系统介绍世界史地知识的名著。其中对亚洲、欧洲和北美洲的介绍尤为详细,对中国人很少了解的南美洲、大洋洲和非洲也都有所记述。该书还以赞誉的口吻评介了欧美民主政治制度,具有时代进步意义。梁廷枏的《海国四说》(《耶稣教难入中国说》、《合省国说》、《兰仑偶说》、《粤道贡国说》合刊),对世界各国史地、政治、经济、文化、风俗民情等均有简要记述,其中对美国的资产阶级民主政治制度介绍尤多,适应了鸦片战争后中国了解西方的需要,开阔了人们的视野。此外,张穆的《蒙古游牧记》和何秋涛的《北徼汇编》(即《朔方备乘》)等,也通过对蒙古及东北地区的研究,提醒人们关注边事。

第三,主张向西方学习的开明思想。鸦片战争将中国置于西方世界的双重挑战面前。面对侵略者但也是先进的西方,经世派的态度是冷静的,在主张抵抗侵略的同时,并不排斥学习西方的长技,林则徐是近代"睁眼看世界的第一人",魏源则因其所提出"师夷长技以制夷"的著名口号,成为当时倡导学习西方的著名代表人物。经世派对西方先进科技和资产阶级民主制度的认同,迈出了近世中国融入世界发展主流的第一步,这是一种更高层次的觉醒。

八、统治阶级整体依然昏聩懵懂

鸦片战争时期主张开眼看世界、“师夷长技以制夷”的有识之士，在当时中国社会只是凤毛麟角，整个统治阶级依然昏聩懵懂，根本不了解鸦片战争与资本扩张之间的必然联系和本质关系，甚至视《南京条约》为可永保天下太平的“万年和约”，沉湎于“天朝上国”的美梦中欣然自得。从某种意义上说，这种状况不仅导致了鸦片战争悲剧的重演，而且迟滞了中国近代化进程近二十个年头。

人类社会的发展是一个不断从低级到高级，从分散和相互隔绝到日益频繁往来、不可避免相互联结为一个整体的过程。中世纪以前，这个过程十分缓慢。步入近代以来，这一过程迅猛加速，资本的扩张性是这一迅猛加速过程的不竭动力。“资产阶级在它的不到一百年的阶级统治中所创造的生产力，比过去一切世代创造的生产力还要多，还要大。”[①]资本之所以成为资本，缘于其具有无限的扩张性，它必须而且只有在运动中增值，才能成其为资本。资本的本性驱使掌握资本的资产阶级“奔走于全球各地”，驱使“它必须到处落户，到处创业，到处建立联系”[②]。人类社会处在这一发展阶段，“过去那种地方的和民族的自给自足和闭关自守状态”，必将“被各民族的各方面的互相往来和各方面的互相依赖所代替”。先行一步的西方资产阶级，要“迫使一切民族——如果它们不想灭亡的话——采用资产阶级的生产方式”，“它要按照自己的面貌为自己创造出一个世界”。[③] 本来，资本扩张是人类社会生产力发展的必然，是商品市场经济的产物，不以人的意志为转移，世界任何国家或民族对此都应持欢迎态度，积极面对并投身于资本扩张的历史大潮。但是，资本扩张自始就分为两种不同形式：其一是通过平等协商、各取所需达成的扩张，是为和平互利性扩张，推动人类社会发展，促使文明进步，值得提倡；其二是以武力胁迫单方面进行的扩张，是为强力的侵略性扩张，在扩大文化交流融合的同时，又为人类尤其是被侵略国家和民族带来灾难，应予谴责。鸦片战争，正是英国资产阶级按照自己的面貌创造世界而进行世界性扩张过程中的一个步骤，是强力的侵略性扩张。《南京条约》等不平等条约的内容，既反映了英国发动这场战争的真实目的，也充分显示了其强力侵略性扩张的本质。

然而，小生产汪洋大海孕育且长期闭关锁国沉睡在“天朝上国”美梦中的清朝

① 《马克思恩格斯选集》第1卷，第256页。

② 《马克思恩格斯选集》第1卷，第254页。

③ 《马克思恩格斯选集》第1卷，第255页。

统治阶级,却无法了解资本的本质,认识不到鸦片战争与资本主义扩张的关系,他们把《南京条约》视为“永相和好”、“永息兵端”的“万年和约”;陶然于中外商民“安靖,市肆闾阎,恬喜乐业”的战后国内局势[①];基于“西洋各国,以通商为性命”,“而中国之所以控制而羁縻之者,惟在通商”[②]的浅薄认识,忙着从事与各国“妥议税饷章程”、裁减海关陋规等怀柔外夷的“善后首务”[③],以为如是就可“中外相安”、“海疆永靖”[④],外夷从此“自当俯首帖耳,歌咏皇仁,不复有弄潢池之事矣”[⑤]。

本来,早在鸦片战争期间,道光帝和一些督抚曾急于学习和掌握西方军事技术,并着手购买或仿造西式船炮。战后由于整个统治阶级对当时世界大势和资本扩张本质的茫昧无知,未曾把来自西方的挑战看成是空前未有的深重长久之患,依然以“天朝上国”恩泽天下的姿态,一心一意设法如何巩固和局,魏源“师夷长技以制夷”的主张根本无人理睬。甚至当法、俄等国出于其自身的利益考虑,主动建议帮助清政府掌握这些西方长技时,也都遭到了清朝统治者的断然拒绝。如法国人曾以“中国虽与英夷息兵通商,为和好究不足恃”为由,建议清政府“必须自为防备,方无后患,尤须结好外国,庶有事可资辅助”,并要求互派公使时,被清政府“当即折以定制,正言复绝”,认为这是“显系假慕义助顺之名,为希宠观光之计,而又欲中国遣使聘问,妄自尊崇,转以有益中国为词,冀我俯就,其用意甚为巧黠”[⑥]。当法人建议中国政府“派官赴伊国,学习修船铸炮水战兵法,万一将来英夷再有滋事,不难制胜”[⑦]时,也被一口回绝。俄国曾建议中国派人到他们那里学习修船铸炮技术,同样被清政府以“不必多生事端”为由而坚拒。清政府在鸦片战后很快自动放弃了学习西方先进技术的机会。

清政府不但看不到近代化改革的必要性和急迫性,而且还力图继续阻隔中国与世界的联系。英国曾根据条约数次提出“入城”的要求,甚至因此一度导致中英局势紧张,但清政府因坚信英国为求通商,决不会“毁裂和议”[⑧],违约拒绝。在接到英国要求与西藏定界通商并威胁“前往天津,及可起争端”来文后,耆英还

---

① 中国史学会主编:《中国近代史资料丛刊·第二次鸦片战争》(以下简称《第二次鸦片战争》)第1册,上海人民出版社1978年版,第29页。

② 中国台湾“中央研究院”近代史研究所编刊:《近代中国对西方及列强认识资料汇编》第1辑第1分册,第456页。

③ 《第二次鸦片战争》第1册,第13页。

④ 《第二次鸦片战争》第1册,第23页。

⑤ 中国台湾“中央研究院”近代史研究所编刊:《近代中国对西方及列强认识资料汇编》第1辑第1分册,第456页。

⑥ 《第二次鸦片战争》第1册,第72页。

⑦ 《第二次鸦片战争》第1册,第75页。

⑧ 《第二次鸦片战争》第1册,第117页。

认为"该夷虽犬羊成性，然嗜财好利，计算甚工，似不遽舍五口通商重利，因此别生事端"，建议清政府答以"即驶往天津，所请亦不能允准"，定能使英夷妄念"渐消"①。第二次鸦片战争前，英、美、法三国出于经济扩张的需要，都提出了修约的请求，这也本该是清政府力争取消《南京条约》中不平等条款的机会。可清政府却坚持《南京条约》是万年和约，认为"虽有十二年后公平酌办之说，原恐日久情形不一，不过稍有变通，其大段断无更改，固有万年和约之称"②。害怕修约会影响到华夷"永相和好"的局面，因此便采取了所谓"坚守成约，严词晓谕，杜其奸萌"③的立场。英国当然不会像清政府想象的那样恭顺，满足于"只能在帝国的边境上贸易"④，当其扩张要求屡遭拒绝后，便开始考虑进行"新的打击"。巴麦尊狂妄地声称："中国人在对唯一能使他们信服的论据——大棒论据退却以前，就不仅应该看到这根大棒，而且应该感到这根大棒确实打在自己的背上。"⑤于是，为资本扩张服务的战争又重新酝酿起来。

【导　读】

1. 毛泽东：《中国革命和中国共产党》，《毛泽东选集》第 2 卷，人民出版社 1991 年版。文章科学地分析了中国的历史和现状，指出了殖民地、半殖民地、半封建社会的特点及其主要矛盾，系统地阐明了中国新民主主义革命的对象、任务、动力、性质、前途和转变等问题，是学习中国近代史的基本经典文献。

2. 中国史学会主编：《鸦片战争》（1～6 册），上海神州国光社 1954 年第 1 版，上海人民出版社 1962 年再版。该书收集中外资料 150 余种，270 余万字，是有关第一次鸦片战争的基本史料。

3. 文庆等编：《筹办夷务始末》（道光朝），故宫博物院 1930 年影印出版。收道光朝有关资本主义侵华、中国对外关系等大量原始文件，为研究鸦片战争时期中外交涉的重要资料。

4. 广东省文史研究馆选译：《鸦片战争史料选译》，中华书局 1983 年版。该书系从英文期刊《中国文库》（*Chinese Repository*）中选译 58 篇资料汇集而成。《中国文库》是美国传教士裨治文于 1832 年在广州创办的，对鸦片走私、中国的

---

① 《第二次鸦片战争》第 1 册，第 337 页。

② 中国台湾"中央研究院"近代史研究所编刊：《近代中国对西方及列强认识资料编》第 1 辑第 1 分册，第 36 页。

③ 中国台湾"中央研究院"近代史研究所编刊：《近代中国对西方及列强认识资料编》第 1 辑第 1 分册，第 33 页。

④ 《第二次鸦片战争》第 6 册，第 14 页。

⑤ 《第二次鸦片战争》第 6 册，第 18 页。

禁烟、鸦片战争的过程及战后中国人民继续自发抗英斗争等，均有记述。

5. 萧致治主编：《鸦片战争史——中国历史发展中第三次社会大变革研究》，福建人民出版社 1990 年版。

6. 茅海建：《天朝的崩溃——鸦片战争再研究》，三联书店 1995 年版。

7. 丁名楠等：《帝国主义侵华史》第 1 卷，人民出版社 1961 年版。

8. 胡绳：《从鸦片战争到五四运动》，人民出版社 1981 年第 1 版，1997 年再版。参阅该书第 1～4 章。

9. 李侃等：《中国近代史》，中华书局 1994 年第 4 版。

10. 范文澜：《中国近代史》上册，新华社晋绥分店 1947 年出版。此后读书出版社、三联书店、新华出版社、人民出版社等再版多次。参阅该书第 1、2 章。

11. 翦伯赞主编：《中国史纲要》，人民出版社 1995 年版，参阅该书下册第 9 章第 1、2 节。

12. 白寿彝主编：《中国通史纲要》，上海人民出版社 1980 年版，参阅第 10 章第 1 节。

13. [美]马士著、张汇文等译：《中华帝国对外关系史》第 1 卷，上海书店出版社 2006 年版。

（以上第 7～13 所列书目，为本教程基本参考书目，以下各章均不再重复列出）

【思考与讨论】

1. 试述第一次鸦片战争的历史背景。
2. 试评闭关政策。
3. 简述三元里人民抗英斗争的历史意义。
4. 概述鸦片战争的三个阶段。
5. 简析领事裁判权。
6. 中国在第一次鸦片战争时期丧失了哪些领土主权？
7. 试析清政府在第一次鸦片战争中失败的原因。
8. 为什么说鸦片战争是中国近代史的开端？
9. 鸦片战争后中国社会思想文化领域发生了哪些变化？
10. 试述鸦片战争对中国社会的影响。
11. 鸦片战争后，中国近代化进程为什么迟滞了近二十年？

第二章

太平天国及第二次鸦片战争

太平天国及第二次鸦片战争期间，正值中国近代历史发展的第二个时期。在这个时期中，国内阶级矛盾与由外国资本主义侵华引起的民族矛盾日趋尖锐、激化，并因此而发生了以太平天国为中心的各族人民反清起义和农民战争。同时，继第一次鸦片战争之后，又发生了以英、法为首的外国资本主义侵略者发动的第二次鸦片战争，以及那拉氏（慈禧太后）、奕䜣等策动的辛酉政变等重大历史事件。由于清政府与英、法、俄、美等侵略者签订了第二批不平等条约，并且清朝统治者开始联合外国侵略者共同镇压人民的反抗斗争，因而促使中国社会半殖民地化的程度又加深了一步。

太平天国兴起于 1851 年的金田起义，到 1853 年定都天京（南京），再到 1864 年失败，前后历经 14 年之久。太平天国以武装斗争开路，以拜上帝教为精神支柱，创建了与清王朝对峙的天京政权，颁布了《天朝田亩制度》这一改造社会的理想蓝图和纲领，掀起了中国历史上规模空前巨大的一场农民战争，对中国近代历史进程产生了重大影响。在太平天国进行斗争的整个过程中，以 1856 年天京事变，即太平天国领导集团内部争权夺位、相互残杀、发生严重分裂为标志，明显地区分为前、后两个阶段（或前、后两个时期）。天京事变和石达开带兵出走并别树一帜，使太平天国元气大伤，从此它在军事上由战略进攻转入战略防御，政治上由盛而衰，迅速走上失败的道路。

1856 年是外国资本主义侵略者开始发动又一次侵华战争即第二次鸦片战争的年份。这次战争以英、法为首，借口“亚罗号事件”和“马神甫事件”挑起，俄、美两国趁火打劫，积极参与，从而形成了英、法、俄、美侵华集团。这次战争至 1860 年结束，其结果便是《天津条约》、《北京条约》等一系列新的不平等条约的签订。值得指出的是，沙俄在第二次鸦片战争过程中，采取狡诈手段，乘机攫取了中国大片领土，获得了巨大的侵华“实利”。较之第一次鸦片战争，这次战争给中国社会造成了更为重大的影响和更为严重的危害。

面临太平天国农民战争和第二次鸦片战争的双重打击，清朝统治阶级的传统政治结构和统治方式开始发生明显变化。在镇压农民战争和反清起义过程中，具有汉族官僚地主地方实力派色彩的湘、淮军势力应运崛起，并左右政局，举足轻重。新的政府机构——总理各国事务衙门应运而生，得以设立。第二次鸦片战争刚刚结束不久，在1861年11月，则发生了清朝统治集团内部的权力更迭事件——那拉氏联合恭亲王奕䜣等人，夺取了清王朝的最高统治权力，史称“辛酉政变”(又称“北京政变”、“祺祥政变”)。经过这次政变，清政府的内外政策方向均有新的调整。

一、太平天国起义爆发的社会背景

1. 尖锐激化的社会矛盾

第一次鸦片战争后的十年间，由于外国资本主义入侵，中国开始跌入半殖民地半封建社会。根据《南京条约》，1842年至1845年之间，清政府向英国侵略者付出了2100万元的战后赔款，再加上7000万元的战费消耗，使得清政府财政更形支绌。为了支付巨额赔款，解决财政困难，道光皇帝发出命令：“所有各省着赔、分赔、摊赔、代赔”各款，“着各省督抚河督于所属实缺司道府厅州县各员……勒限催追完交”①。上述一大笔财政负担，完全转嫁到人民群众头上。因此，战后十年间，清朝统治阶级对农民群众和其他生产者的压榨空前加重。仅地丁税一项，从1841年到1849年就增加了330多万两，较之战前已增加到3倍以上。

此外，外国资本主义侵略者还通过大量贩卖鸦片和倾销洋货等手段，对中国人民进行经济掠夺。鸦片战争后，鸦片走私进口不但没有禁止，反而更加泛滥。1850年，鸦片进口已增加到52925箱。由于鸦片进口不断增加，从1843年到1846年四年之间，中国流出的白银计3900万～4700万银元；1847年到1848年间，每年约计流出1000万银元。② 银贵钱贱的问题更为严重，加上地主、豪绅、官僚等剥削阶级分子因吸食鸦片而增加花销，额外对人民进行搜刮，因而进一步加重了广大劳动群众的负担。与此同时，外国资本主义侵略者凭借第一批不平等条约规定的种种特权，向中国大量倾销纺织品和其他工业制品，从而使通商口岸及其附近地区一些传统手工业，主要是手工纺织业受到摧残，许多小生产者的处境更加困难了。如苏州、松江一带的手工织布业，因“洋布盛行……是以布市销减，蚕棉得丰岁而皆不偿本，商贾不行，生计路绌”③。广东顺德一带的织布手

① 王先谦：《东华录》(道光朝)卷五八，第4页。

② 参见彭泽益《鸦片战后十年间银贵钱贱波动下的中国经济与阶级关系》，载《历史研究》1961年第6期。

③ 包世臣：《致前大司马许太常书》，《安吴四种》卷二七。

工业也因洋布“贱售，女工几停其半”[①]。

总之，鸦片战争后，外国资本主义侵略者通过清朝封建政府和地主阶级的手，掠夺中国人民，榨取中国人民的血汗，因而给广大劳动群众带来了新的灾难，其结果就是促使原来已经尖锐的阶级矛盾更加尖锐，日趋激化。清朝统治者不但未能采取有力措施缓解这种矛盾，反而变本加厉地压迫、剥削人民群众，造成了土地集中急剧发展、城乡失业流亡人口大量增加、社会动荡、民穷财尽的局面。

在政治上，清王朝的统治更加腐败黑暗。作为政治腐败的一个突出表现，就是吏治的腐败不堪，官僚、贵族奢侈无度，贿赂公行。据一个自称“官声”不错的官僚自述：他做陕西督粮道，用银 17000 余两，以打通关节；做四川臬司，用银一万三四千两；做贵州藩司，用银 11000 多两；做河南藩司，用银一万二三千两。[②]类似贿赂现象，在官场比比皆是，京官自军机大臣以下，率皆如此。正如太平天国起义时在一篇檄文中所说：“（清朝）又纵贪官污吏，布满天下……官以贿得，刑以钱免，富儿当权，豪杰绝望！”[③]吏治不修，再加财政拮据，致使河工废置，民生疾苦无人问津，各种灾害肆虐民间。太平天国起义前，由于黄河失修，汛期多次决口，沿黄地区几乎无年不淹。地方志中常有“大水漂没田庐无算”、“饥民成群”、“哀鸿遍野”等记载。南方各地也是水、旱、风、雹、虫等害频繁发生，瘟疫流行，长江还发生了百年未遇的特大水灾，致使大批农民和城镇居民颠沛流离，无家可归。“村村饿殍相枕藉，十家九室无炊烟”，正是当时广大农民群众悲惨生活的真实写照。残暴腐朽的封建统治和广大群众日益恶化的生活境遇，空前加剧了封建主义和人民大众之间这个主要矛盾尖锐、激化的程度，从而达到不可调和的地步，终于造成了以太平天国农民反清斗争为中心的人民大起义的总爆发。

2. 日益高涨的人民反清斗争

鸦片战争后，各地人民反清斗争连年不断，此起彼伏，为太平天国农民起义的爆发和农民战争的发展创造了十分有利的条件。

在北方，以捻军、幅军为主体的武装斗争遍及山东、河南和安徽。1847 年至 1848 年间，“沂、曹间号幅匪、捻匪者，所在蜂起，北至赵、魏，南及淮、徐，沂之兰山尤盛”[④]。这些被统治者称作“幅匪”、“捻匪”的群众武装，聚众起事逐年增多，活动地域不断扩大。

在南方，具有反清传统的天地会、斋教十分活跃。天地会主要活动于长江中

---

① 郭汝诚、冯奉初：《顺德县志》卷三。

② 参见张集馨《道咸宦海见闻录》，中华书局 1981 年版，第 271 页。

③ 中国史学会主编：《中国近代史资料丛刊·太平天国》（以下简称《太平天国》）第 1 册，上海人民出版社 1957 年版，第 162 页。

④ 傅怀祖：《灌园未定稿》，《捻军资料别集》，上海人民出版社 1958 年版，第 44 页。

下游及华南诸省，其支派名目较多；斋教在明清之际流行于福建、浙江、江西等省，后来转入湖南、四川、湖北等地。嘉庆年间白莲教起义失败后，其教徒遂以青莲教名义活动，与斋教渐趋合流，成为华中地区重要反清秘密会社。鸦片战争后，南方较大的反清武装起义主要有：

1843 年 7 月，湖南武冈曾如炷率众武装阻止地主运米出境，饥民纷集附从。清知州徐光弼带兵镇压，被饥民击杀。

1844 年 5 月，湖南耒阳杨大鹏聚众抗捐抗粮，发展到武装攻城，杀伤清军，致使全省震荡。同时，台湾嘉义县爆发洪协、郭崇高起义，聚集两千余人，多次击败围剿的清军。

1845 年 8 月，广州附近各县天地会蜂起举义，劫富济贫，打击清军，聚众数万人，对清朝地方当局构成严重威胁。

1846 年 11 月，王宗献在湖南东安县起义，竖旗造械，反击清军围剿。

1847 年，瑶民雷再浩与汉人李世德结拜棒棒会。10 月，在湖南新宁黄背峒起义，向广西全州进军，湘桂边境燃起了武装抗清的烈火。起义失败后，其余部仍在两省边境潜伏活动。

1848 年初，湖南道州李魔王起义，率众转进广西灌县。此年，陈阿贵在广西武宣发动起义。

1849 年，长江中下游各省被灾，农民逃亡，沿江各地多处发生骚动。湖南新宁李沅发率众起义，攻克新宁县城，杀死县令，进入广西。同年，凌十八率众在广东信宜起义。

到 1850 年，群众反清斗争不仅遍及南方各省，而且几乎扩展到全国各地。据《清实录》披露的材料，1842～1850 年间，全国发生的较具规模的群众反清斗争事件近百次。这些斗争有力打击、削弱和牵制了清王朝的统治力量。

3. 特殊的地区环境

广西是掀起太平天国起义风暴的地区，这里具有特殊的地区环境。

鸦片战争后，广西是全国阶级矛盾最尖锐的省区之一。这里土地比较贫瘠，境内多丘陵，加之外省移民较多，至太平天国起义前夕，人均占有土地仅为 1.1 亩，远远低于全国的 1.78 亩。在封建地主阶级残酷剥削下，地租率达到收获量的 6～7 成，再加官府的横征暴敛，致使广大自耕农、佃农无以为生，甚至倾家荡产，变成无业游民。其中有不少人加入了天地会等秘密会社，他们与鸦片战争后清政府在两广裁撤的大量兵勇结合起来，形成一支雄厚的起义力量。自 1845 年邓立奇、钟敏和在藤县赤水圩发动天地会起义始，此后广西全境多次爆发规模不等的天地会武装抗清斗争，所谓“以后贼风日甚一日，官兵不能擒制，土匪因之蜂起”[①]。在斗争过程中，天地会军逐步形成了三个较大的武装斗争中心：湘桂边境的雷再浩、李沅发军，西江流域的艇军，南宁、太平地区的张嘉祥、颜品瑶军。1848 年陈阿贵起义后，由广西中部转战北部，使中、北部两个天地会活动中心得以联结起来。广泛、激烈、持续不断的天地会武装斗争，正是广西社会阶级矛盾日益尖锐、激化的突出表现，也为太平天国起义提供了有利时机和良好的群众基础。

太平天国起义爆发之前，广西封建统治力量较为薄弱，给天地会和太平天国的武装起义提供了有利条件。广西有绿营兵 23000 人，土兵 14000 人，共计 37000 名常备军。主力集中在柳州、桂林和左、右江两镇，尚需担负一定的边防任务。余下额兵驻屯各州县，为数很少，难以对付大股或多股并起的起义军冲击，并且清军内部极为腐败，各地驻军互不相顾，难以统一部署和指挥，不能形成一支较为集中的打击力量，这就为农民起义活动的开展提供了较大的空间。此外，广西地方统治当局，面对群众起义纷纷而起的危机形势，自知不能凭借本省兵力、财力加以镇压，却唯恐如实奏报会遭到道光皇帝和朝廷大臣的斥责，因而采取了因循敷衍、得过且过以粉饰太平的对策，致使其下级地方官吏如法炮制，大多对天地会及其他反抗活动持消极、放任态度。有人揭露说：“州县欲绳之以法，则恐生他变，欲据实上陈，则规避处分而畏于时忌，逮酿成大患，则破败决裂，不可复治。”[②]这种情形表明，广西地方统治力量已经难以遏制势如决堤的人民起义洪流，太平天国起义的爆发势所必然。

二、洪秀全和金田起义

1. 金田起义前洪秀全的经历和思想

洪秀全（1814～1864 年），广东花县官禄㘵人。小名火秀，族名仁坤，后改名秀全。农民家庭出身，自幼家境贫寒。7 岁入塾读书，“五六年间，即能熟诵‘四书’、‘五经’、《孝经》及古文多篇，其后更自读中国历史及奇异书籍，均能一目了然。读书未几即得其业师及家庭之称许，其才学之优俊如此”[③]。16 岁失学后劳作于田间，18 岁为本村塾师，此后在家乡一带任教多年。读书及任教期间，曾先后数次赴广州应考秀才，但均未中试。据载，他在 1837 年第三次科考失败后，于

---

① 《藤县志》(同治七年)卷二一。

② 龙启瑞：《粤西团练辑略序》，《经德堂文集》卷二。

③ 《太平天国起义记》，《太平天国》第 6 册，第 830 页。

“悲苦失意之中”大病40余日，病中精神异常，时有梦幻。曾梦见一“披金发，衣皂袍，巍然坐于最高之宝座上”的老人在天庭接见了他，并赠以宝剑，命其“斩除鬼魔”。他在病中赋诗道：

手握乾坤杀伐权，斩邪留正解民悬。
眼过西北江山外，声振东南日月边。
展爪似嫌云路小，腾身何怕汉程偏。
风雷鼓舞三千浪，易象飞龙定在天。

他还在高天上遇到孔子，孔子遭到老人的斥责，“谓其于经书中不曾清楚发挥真理，孔子似自愧而自认其罪”。病中他又常说：“我是太平天子，天下钱粮归我食，天下百姓归我管。”“有人称之为皇帝者则色然喜；但如有人呼其为疯子者，彼则笑而答云，你才是真的疯狂了，还叫我做疯子吗？”[①]洪秀全因科考失败而忧愤成疾，并借生病来发泄他对黑暗社会的不满，同时又在思想上酝酿着成就一番帝王之业的抱负。

1843年，洪秀全最后一次考试落第，从此他的思想和行为均发生了新的转折。他与表兄李敬芳等研读了《劝世良言》，从中受到启发，并与冯云山、洪仁玕等人创建拜上帝教，定制“斩妖”剑，撤除孔子牌位，只拜上帝，不拜其他神鬼佛仙，并向村民进行宣传，结果遭到乡亲反对，失去教职。1844年，洪秀全和冯云山等人离家到广东各地及广西传布拜上帝教，以图“唤醒世人”。进入广西后，他们先在贵县展开活动，此后，冯云山只身前往桂平紫荆山区开展传教工作，洪秀全转回广东，进行理论创作。1845年至1847年间，洪秀全先后写成拜上帝教宣传品《原道救世歌》、《原道醒世训》、《原道觉世训》等，并于1847年3月与洪仁玕一起到广州拜见美国传教士罗孝全，进一步研读《圣经》，丰富了基督教宗教知识，发展了他的宗教政治思想。

洪秀全最初的基督教知识主要来源于《劝世良言》[②]。《劝世良言》为梁发所编。梁发是英国传教士马礼逊的门徒，皈依基督教，并成为第一位华人牧师。他于1832年将《圣经》一些章句加以摘选，编成此书。该书着重宣扬拜上帝，敬耶稣，认上帝为独一真神，反对崇信其他偶像邪神，并号召人们皈信上帝，死后灵魂可升入天堂，得享永福永乐，而避免因不信上帝罚入地狱，永远受苦。要求人们在世上应“安贫乐忧”，“遵从王章法度”，忍受悲苦的生活，不要造反等。洪秀全接受了《劝世良言》中所宣扬的上帝为独一真神而具有无上权威等神学观念，摒

① 《太平天国起义记》，《太平天国》第6册，第840～843页；《洪仁玕自述》，《太平天国》第2册，第848页。

② 《劝世良言》，载《近代史资料》1979年第2期。以下引文均出于此，不再详注。

弃了其中消极处世的说教，并将自己当作上帝在人间的代表，力图以上帝的权威来解决社会的黑暗和人间的不平问题，带领人们去创建一个理想的太平世界。这在他的初期作品中集中反映出来①：

《原道救世歌》：提出天父上帝为独一真神，具有创造世界万物的无上权能，人人应崇拜天父上帝，并在上帝面前人人平等，君王亦不得垄断这种平等崇拜上帝的权利。它说："普天之下皆兄弟，灵魂同是自天来，上帝视之皆赤子"，"何得君王私自专！"文中表现了对封建君主专制和不平等人际关系的憎恨，反映出下层人民群众在政治上要求平等的愿望。

《原道醒世训》：愤怒斥责"所爱所憎，一出于私"的"相陵相夺相斗相杀"的黑暗社会，提出了建设一个理想美好世界的设想。文中认为"天下多男人，尽是兄弟之辈，天下多女子，尽是姊妹之群"，因此人们不应"存此疆彼界之私"，"起尔吞我并之念"，而应当共同携手"挽已倒之狂澜"，变"陵夺斗杀之世"为"公平正直之世"，实现"天下一家，共享太平"的大同理想。他相信"乱极则治，暗极则光，天之道也。于今，夜退而日升矣"。现实的罪恶世界即将终结，美好的人间天国就要实现。

《原道觉世训》：这可以说是一篇指出了战斗目标的政治檄文。文中提出了与上帝相对立的"阎罗妖"这一概念。认为"阎罗妖"是世间一切罪恶的根源，说它"乃老蛇妖鬼也，最作怪多变，迷惑缠捉凡间人灵魂。天下凡间我们兄弟姊妹所当共击灭之惟恐不速者也"。它是一切邪恶势力的代表，其实就是人间一切统治者、剥削者的化身，击灭它就是要扫除为非作歹的人间统治者和剥削者，即扫除"阎罗妖"的"妖徒鬼卒"。因此，该文又斥责了世间古往今来的所有皇帝，说只有上帝才有资格称皇帝，世间自秦始皇以来僭称皇帝者，是"自干永狱之灾也"，实际上是说包括清朝皇帝在内，均应打倒。

恩格斯说："对于完全受宗教影响的群众的感情说来，要掀起巨大的风暴，就必须让群众的切身利益披上宗教的外衣出现。"②上述作品，在宗教外衣下面，反映出洪秀全由道德救世进而对封建统治者实行反抗的政治图谋，包含着广大人民群众要求改变黑暗社会现状和追求美好生活的迫切愿望，因而具有较强的感染力和号召力，它为太平天国起义奠定了理论基础。

1847 年 8 月，洪秀全到达紫荆山区与冯云山会合。桂平紫荆山区一带，地理形势十分险要，它位居浔、黔、郁三条河流的交汇处，群山环抱，林深草密，加上

---

① 洪秀全的初期作品《原道救世歌》、《原道醒世训》、《原道觉世训》，均见《太平天国》第 1 册，第 87～98 页。以下引文均出于此，不再详注。

② 《马克思恩格斯选集》第 4 卷，第 251 页。

群众基础较好，被清政府诬为“最易藏奸”之地。出紫荆山就是金田、江口平原，盛产米粮，商旅云集，富室大户集中，物质条件比较优越。因而，经过冯云山多年的艰苦工作，拜上帝教首先在这里获得了迅速的发展。到1847年上半年，紫荆山区的信徒已达3000多人，形成了一个统一的组织，被远近称为“拜上帝会”。洪秀全到达后，立即与冯云山制定了拜上帝会的各种宗教仪式和“十款天条”，去进一步发动、组织群众。此年10月，洪秀全、冯云山等率领会众前往象州捣毁甘王庙，从此威名大振。拜上帝会到处破坏庙宇偶像，引起了当地封建地主阶级势力的仇视和恐惧。他们认为拜上帝会结盟聚会，践踏社稷神明，不从朝廷法律。1848年1月，桂平县地主恶霸王作新调集团练逮捕了冯云山、卢六等人。洪秀全闻讯后，赶赴广州设法营救。这时拜上帝会失去了主持人，敌人乘机叫嚣，要铲平拜上帝会，会众人心不稳，发生了动摇和混乱。在这紧要关头，种山烧炭出身的拜上帝会骨干杨秀清于4月假托“天父上帝”下凡附体，传言群众，安定人心。贫苦农民出身的萧朝贵也伪托天兄耶稣附身。杨、萧代“天父”、“天兄”传言的权力，在洪秀全归来后得到了承认，这在当时对维系拜上帝会组织起了积极作用。

1848年冬，冯云山在拜上帝会众的积极营救下出狱。出狱后，即往广东寻找洪秀全。1849年7月，洪秀全与冯云山重新返回紫荆山，并于1850年春、夏之交由桂平移居平南县山人村。这时广西全省到处发生天地会领导的群众反抗斗争，拜上帝会的力量也迅速扩大了。以紫荆山为中心，西至贵县，东到平南、藤县，南起陆川、博白，北迄武宣、象州以及广东的信宜、高州、清远等地，都有许多人参加了拜上帝会。其基本群众多是汉、壮、瑶等族的贫苦农民，一些矿工、运输工人，还有一些小贩、挑夫以及农村失意知识分子也参加进来。拜上帝会形成了以洪秀全为首的领导核心，其核心成员还有冯云山、杨秀清、萧朝贵、韦昌辉和石达开。1850年9月初，洪秀全发布“团营”令，号召各地会众到金田村集中，整编队伍，积极准备武装起义。

2. 金田起义与永安“封王建制”

拜上帝会在金田集中，震动了清政府。署广西巡抚劳崇光急忙调兵1000多人前往桂平，会同当地清军进行镇压。1850年12月底，拜上帝会众在平南思旺圩击溃清军，迎接洪秀全、冯云山等回到金田，这在太平天国史上称为“迎主之战”。1851年元旦，拜上帝会众又同前来围剿的清军在金田村前蔡村江口展开激战，大败清军，杀副将伊克坦布等300余人。这两次胜仗，揭开了太平天国武装斗争的序幕。

1851年1月11日，正值洪秀全38岁生日，拜上帝会群众齐集金田村犀牛岭古营盘上，“恭祝万寿起义，正号太平天国元年”。轰轰烈烈的太平天国农民战争从此正式开始了。

金田起义后，洪秀全立即颁布简明军纪五条：遵条命；别男行女行；秋毫莫犯；公心和傩（睦），各遵头目约束；同心合力，不得临阵退缩。① 太平军全体将士蓄发易服，以示同清朝统治者势不两立。这时，太平军已实行从两司马到军帅一套比较完整的军事编制，并已建立了圣库制度，规定参加起义的人，不得私藏财产，"将田产屋宇变卖，易为现金，而将一切所有缴纳于公库，全体衣食俱由公款开支，一律平均"②。太平军从金田出发，首先占领交通要道江口镇，天地会罗大纲、苏三娘等率几千人投入太平军，声势更加壮大。清政府急忙派前两江总督李星沅为钦差大臣，湖南提督向荣为广西提督，集中两广、云贵、湖北、福建兵勇共1万多人向太平军围攻。太平军英勇奋战，在大湟江口大败清军。3月，太平军转而西进，入武宣县境。洪秀全在武宣东乡即位称天王，建立军师和五军主将制度，封杨秀清为左辅正军师，领中军主将；萧朝贵为右弼又正军师，领前军主将；冯云山为前导副军师，领后军主将；韦昌辉为后护又副军师，领右军主将；石达开为左军主将。5月，李星沅围堵太平军受挫，忧惧而死，清政府又派大学士赛尚阿为钦差大臣，调重兵3万多人围攻太平军。太平军主动撤离东乡，进击象州，又从象州转攻桂平，冲破敌军的围攻，挥军东进平南。9月，太平军在平南官村的战斗中取得了空前的大胜利，向荣部队1万多人被击溃。太平军乘胜前进，一举攻克了永安州城（今广西蒙山），这是起义以来占领的第一座重要城市，大大鼓舞了全军的斗志。

太平军在永安实行休整，颁行了天历，制订各种制度。12月17日，洪秀全颁布封王诏令：封杨秀清为东王，萧朝贵为西王，冯云山为南王，韦昌辉为北王，石达开为翼王，西王以下各王俱受东王节制。又封秦日纲为天官丞相，胡以晃为春官丞相，其余有功将士也分别授予各种官职，太平天国中央政权组织初步形成，史称永安"封王建制"。太平天国建立了各项体制，初步具备了立国的规模，进一步巩固了金田起义以来的斗争成果，大大提高了太平军的战斗力，为太平天国的出省作战和迅速发展打下了基础。

三、定都天京和北伐西征

1. 胜利进军与定都天京

1852年4月4日，经过半年多的休整，太平军从永安胜利突围。6月3日，

① 参见《天命诏旨书》，《太平天国》第1册，第63页。

② 《太平天国起义记》，《太平天国》第6册，第870页。

攻克全州。在全州战役中，南王冯云山中炮牺牲于水塘湾。接着太平军出省作战，进入湖南，于6月12日攻克道州，8月17日再克湘南重镇郴州。进入湖南不久，太平天国以东王杨秀清、西王萧朝贵名义发布了《奉天讨胡檄布四方谕》、《奉天诛妖救世安民谕》、《救一切天生天养上帝子女中国人民谕》等三篇檄文①，申明太平军的宗旨是“上为上帝报瞒天之仇，下为中国解下首之苦”，建立“同享太平”的理想社会。檄文痛斥满洲贵族入主中原残害人民的滔天罪行，揭露了清王朝腐朽黑暗的统治，号召“各省有志者”、“名儒学士”、“英雄豪杰”，“各各起义，大振旌旗”，“同心戮力，扫荡胡尘”。檄文中还直接斥责清朝皇帝，说：“今满妖咸丰……大叛逆皇上帝，天所不容，所必诛者也。”太平军攻克道州、郴州之际，大批湖南群众加入太平军，在道州还有一千余掘煤工人参加进来，组成“土营”，增强了太平军的攻城力量。到9月中旬，太平军人数“已逾十万”②。9月11日，西王萧朝贵率军攻打省城长沙，不幸中炮负伤，后不治身亡。洪秀全于郴州获悉萧朝贵战死的消息后，亲率大军，于10月13日开抵长沙。经过与凭坚据守的清军反复搏战，太平军主动撤出长沙城围，避实就虚，于12月攻克益阳，连下岳州（今湖南岳阳），缴获大量军火、船只，益阳、岳州一带大批船户参加了起义军。从此太平天国便有了一支强大的水师。

1852年12月17日，太平军从岳州启程，顺江东下，直捣武汉。有人形容太平军乘胜进军的情形说：“千舡健将，两岸雄兵，鞭敲金镫响，沿路凯歌声。”③所过城乡，清军望风披靡。12月下旬，太平军连克汉阳、汉口，1853年1月12日黎明，一举攻占武昌，击毙湖北巡抚常大淳。这是太平天国起义以来攻克的第一座省城，影响巨大。广大群众踊跃参加太平军，形成了继湖南之后的又一次扩军高潮。有人估计，当时太平军的总人数已达50余万④。

1853年2月9日，太平军撤离武汉，进军南京。大军阵容雄壮，势不可挡。有人形容说：“帆幔蔽江，衔尾数十里……行则帆如叠雪，住则樯若丛芦。炮声遥震，沿江州邑，无兵无船，莫不望风披靡。”⑤此后，太平军冲破两江总督陆建瀛设在湖北东部老鼠峡一带的长江防线，接连攻克九江、安庆、芜湖等地，直逼南京城下。3月19日，太平军于清晨攻破南京外城，首先由仪凤门（北门）涌入城内，斩清朝钦差大臣、两江总督陆建瀛。20日黎明，再克满城（内城），斩江宁将军祥厚等，胜利占领南京这一江南重镇。不久，天王洪秀全进入南京城，并改南京为天

---

① 《太平天国》第1册，第159～167页。

② 《贼情汇纂》，《太平天国》第3册，第291页。

③ 李汝昭：《镜山野史》，《太平天国》第3册，第5页。

④ 参见《贼情汇纂》，《太平天国》第3册，第296页。

⑤ 《贼情汇纂》，《太平天国》第3册，第141～142页。

京，正式在此建都。攻克南京后，太平军分兵东下，一支由江北向东推进，相继攻占江浦、仪征、扬州；一支沿江东下，克复镇江，与天京形成犄角之势。

自金田起义后，太平天国经过两年多的时间，路经六省，由 1 万人左右发展到号称百万的大军（实际战斗人员约 20 万），横扫东南半壁江山，沉重打击了清王朝的反动统治，终于建立了一个与清王朝对峙的农民政权，取得了辉煌的战果。太平天国之所以能够在不长的时间里，胜利进军，并取得如此重大的战果，其主要原因在于：金田起义后，太平天国领导集团比较团结，决策正确，指挥得法，广大将士英勇善战，因而能够连战皆捷；同时，太平天国进军过程中，纪律严明，坚决打击封建势力，保护人民群众的利益，因而得到了沿途广大人民群众的响应和支持，这是太平军能够迅速取得辉煌战果的重要原因；此外，太平天国起义后和进军途中，清朝统治者猝不及防，或疏于防范，以及负责镇压和与太平军对阵的清朝官员、将领们，多半是腐朽无能、畏敌怯阵的对手，也为太平军屡获胜仗提供了有利条件。

在进军江南和定都天京的决策上，太平天国领导集团曾有过不同的战略构想。占领南京后，经过太平天国领导人的一番讨论，终于形成了定都天京的统一认识。太平天国定都天京，是金田起义以来太平天国农民战争发展的必然趋势和重大战果，它意味着太平军流动作战状态的基本结束，开始了具有战略基地依托的作战方式，并且随着天京政权建设的进一步完善，使太平天国的影响更加扩大，为这场农民战争的深入发展提供了重要的政治与军事前提。另一方面，定都天京于推翻清王朝之前，也暴露了太平天国领导者保守偏安的思想倾向，加之他们缺乏进行长期武装斗争的准备，在定都天京后制定和实施了不少错误决策，因而给太平天国的前途投下了越来越大的阴影。

2. 北伐西征及其得失

太平天国定都天京后不久，1853 年 3 月底，新任命的钦差大臣向荣便率清军尾随太平军到达南京郊外，扼守孝陵卫，号称“江南大营”。4 月，清朝另一钦差大臣琦善又督兵万余驻扎扬州附近，号称“江北大营”。面对清军的包围监视，天王洪秀全、东王杨秀清等太平天国领导人，一面调整和建立政权机构，完善和颁行各种典章制度，一面着重考虑军事方面的发展，并决定主动出击，进行北伐和西征。

1853 年 5 月，北伐军统帅林凤祥、李开芳等奉命率军两万多人，经过在天京编队，从浦口登陆北上，进行北伐。北伐军的战略目标，是攻取清朝的老巢——北京，推翻清政府。其进军的原则规定：“师行间道，疾趋燕都，无贪攻城夺地縻时日。”[1]北伐军出发时，还奉命先“到天津扎住”，然后由天京“再发兵来”[2]，会攻北京。这支屡经战阵的精锐部队，出江苏，过安徽，入河南，渡黄河，攻怀庆，挺进山西，折而东下直隶，奇袭临洺关，锋芒所向，势如破竹，锐不可当。10月13日，前锋迫近保定，10月底打到了天津西南数十里的杨柳青。清廷大震，北京戒严，城内官绅纷纷外逃，咸丰帝奕䜣也吓得准备逃往热河。清政府急忙调集最精锐的军队，由僧格林沁、胜保等亲贵重臣率领，前往防堵北伐军。天津地区的官僚、地主、富商也自动组织起团练武装，阻挡北伐军的进攻。清军联合团练开放运河水，将西郊四野漫没，隔断了太平军进攻通道，凭险据守。北伐军前锋与守城的人接仗后，未能取胜，北伐军便在独流、静海一带驻扎下来，等待天京再派援军北上会合。时至隆冬，将士大部分是南方人，不习惯北方严寒气候，又缺乏棉衣、粮食和武器，再加上清军四面围攻，斗争十分艰苦，兵力损耗很大。经过三个月艰苦卓绝的反复战斗，1854年2月初，北伐军撤离独流、静海，突围南下，经大城、献县到达阜城据守，北伐军主要领导人之一吉文元于阜城战死。

1854年2月，在洪秀全、杨秀清得知北伐军受挫消息后，急派曾立昌、陈仕保、许宗扬率7500余人增援北上，援军由安庆出发，从皖北突入山东。4月13日，北伐援军攻破临清州城，但未能继续北上与阜城北伐军会合，反而被动南撤，致使全军在山东境内大部被歼。5月，企图与援军会合的北伐军从阜城突围，到达阜城东南的连镇据守，林凤祥坐守连镇，李开芳率马队1000多人进入山东高唐州。这时，天京又派秦日纲等率军再次增援北伐，但该军至舒城杨家店兵败而回，此后天京再未派军北援。这样，北伐军在极为艰难的条件下孤军作战，已陷入绝境。1855年3月，连镇北伐军粮米断绝，兵士饥饿得不能举刀矛，营地最后被僧格林沁攻破，坚守阵地的将士们宁死不屈，“半死刀枪之下，半死运河水中”[3]。林凤祥受伤被俘，后于北京就义。李开芳由高唐率部突围，至茌平县冯官屯再次被围。5月，清军引运河水灌入冯官屯，太平军更难坚守阵地，终遭失败，李开芳也被俘遇害。

北伐军经过两年的浴血奋战，驰驱六省，转战5000里，连克数十州县，深入反动统治的心脏地区，给清政府以沉重打击和极大威胁，鼓舞了北方人民的反抗斗争，也给长江流域太平军的活动造成有利条件。但由于太平天国领导战略上的失误，在未能消灭敌人有生力量和做好应有准备的情况下，匆忙派孤军深入到

---

① 《清史稿·洪秀全传》(校订稿)，见张守常《〈清史稿·洪秀全传〉一段文字的校刊》，《太平天国学刊》第3辑，中华书局1987年版。

② 故宫博物院明清档案部编：《清代档案史料丛编》第5辑，中华书局1978年版，第167页。

③ 陈思伯：《复生录》，载《近代史资料》1979年第4期。

清朝统治比较巩固、军事力量比较雄厚的京畿地区，加上北伐军远离天京，得不到后方的有力支援，又没有主动、充分地去发展群众斗争，因而最后陷于失败。

太平天国在进行北伐的同时，又派兵西征。西征的战略目标在于配合北伐，乘虚进击天京西线清军薄弱防区，进而夺取并控制长江中上游，筹集人力物力，确保天京，继续发展壮大自己。1853 年 5 月，天京派胡以晃、赖汉英、曾天养等率船千余艘溯江西上，进攻安徽、江西。6 月，西征军攻克安庆，由胡以晃留守，赖汉英、曾天养率军继续西进，下彭泽、湖口等城镇，于 6 月下旬进围南昌。9 月，西征军撤南昌之围，攻下九江。此后，西征军分兵两支：一支在胡以晃、曾天养率领下，以安庆为基地，经略皖北，先后攻下集贤关、桐城、舒城。1854 年 1 月攻克了皖北重镇庐州(今安徽合肥)，安徽巡抚江忠源投水自杀，太平军占领了安徽的大部地区。另一支西征军在韦俊率领下从九江出发，挺进湖北，向田家镇进攻，清军大败，太平军乘胜克蕲州、黄州，第二次占领汉口、汉阳，不久退守黄州。1854 年 2 月，皖北战场上的胜利之师进入湖北，同石祥贞、韦俊、林绍璋诸军在黄州大败清军，清湖广总督吴文镕兵败而亡。西征军乘胜三克汉口、汉阳，进围武昌。6 月，再克武昌。攻克武昌之前，石祥贞、林绍璋等率领一部分西征军南下湖南，连克岳州、湘潭、靖港，但却遇到了曾国藩所率湘军的顽强抵抗。1854 年四五月间，湘军与太平军在靖港、湘潭展开激战。靖港湘军水师几乎全军覆没，曾国藩骇极，投水寻死，被随从捞起。但在湘潭的七天激战中，太平军失利。7 月，湘军攻陷岳州。8 月，太平军老将曾天养在城陵矶与湘军悍将塔齐布遭遇，不幸牺牲。10 月，武昌、汉阳相继失守，西征军停泊在汉水的大批船只也被烧毁，长江上游的水上优势从此转到敌人手里。

1855 年 1 月，湘军反扑九江，西征军处于严重不利地位。太平天国派石达开、罗大纲等大军西援。西征援军到达江西湖口后，采取坚壁固守，用小部袭扰、寻机歼敌的策略，与敌人相持一个多月，并引诱湘军水师 120 余只轻舟进入鄱阳湖，然后在湖口设卡筑垒，把敌人行动不便的大船截留在长江江面，使敌船难以配合作战。2 月，太平军突袭湘军水师，湘军大败。与此同时，林启容等人固守九江，多次挫败强敌的进攻，有力地配合了湖口的战斗。湖口之役的胜利，扭转了西征军湘潭战后连续败退的局面，从此乘胜西进，全面反攻。秦日纲、陈玉成等向湖北黄梅、广济一线猛攻。4 月，太平军第三次攻克武昌。9 月，又在金口、汉阳一带大败清军。年底，石达开从湖北移军江西，仅三个月中，就席卷了赣南赣北，到 1856 年 3 月间，江西八府 50 多个州县都落入太平军手中。曾国藩困守南昌，处于“呼救无从”、“魂梦屡惊”的窘境。至此，湖北东部，江西、安徽的大部分地区都为太平军所控制。

历时三年的西征取得了重大胜利，太平军控制了武昌、九江、安庆三大重镇，巩固了太平天国政权,扩大了太平天国的地盘,形成了太平天国与清王朝南北对峙的政治局面,为这场农民战争的继续发展创造了有利的条件。但在西征过程中,太平天国的水师精锐损失很大,优势丧失,对尔后长江流域的战局也带来了消极影响。

与西征的胜利相关联,当西征军在江西大捷时,太平天国领导集团又在天京外围组织了一场激烈的破围战。1856 年 4 月,秦日纲率陈玉成、李秀成等攻破江北大营大小营垒 120 多座,清军望风而逃。6 月,太平军回师镇江,大破清营七八十座,江苏巡抚吉尔杭阿自杀。此后秦日纲等又与由安徽回师的石达开 2 万人会合,一举摧毁清军江南大营,其残敌逃往丹阳,钦差大臣向荣自缢而死(一说病死)。清军直接包围天京的江北大营和江南大营先后被击溃,暂时解除了天京的肘腋之患,太平天国这时在军事上达到了全盛时期。

四、《天朝田亩制度》

1. 基本内容

1853 年太平天国定都天京后,约在此年冬天,以天王洪秀全"旨准颁行诏书"的形式,颁布了《天朝田亩制度》这一纲领性的文件。它全文约 3000 字,核心内容是解决农民的土地问题,同时对政治、经济、军事、思想和文化等社会生活的各方面都作为制度加以规范,设计了理想社会的蓝图。

《天朝田亩制度》主要包括土地制度、生活物资的分配制度、农村的社会组织制度、各级职官的保举与黜陟制度、教育与司法制度等五个方面的内容。

土地制度是《天朝田亩制度》的核心内容。其中不仅规定了划分土地质量的等级标准,并且规定了土地分配的原则和方法。它把田亩按其产量多少,分为三级九等。它的划分标准是:

> 凡田分九等:其田一亩,早晚二季,可出一千二百斤者,为尚尚田;可出一千一百斤者,为尚中田;可出一千斤者,为尚下田;可出九百斤者,为中尚田;可出八百斤者,为中中田;可出七百斤者,为中下田;可出六百斤者,为下尚田;可出五百斤者,为下中田;可出四百斤者,为下下田。①

《天朝田亩制度》规定土地分配的原则是:

> 凡天下田,天下人同耕。此处不足,则迁彼处,彼处不足,则迁此处。凡天下田,丰荒相通。此处荒,则移彼丰处,以赈此荒处。彼处荒,则移此丰处,以赈彼荒处。务使天下共享天父上主皇上帝大福,有田同耕,有饭同食,有衣同穿,有钱同使,无处不均匀,无人不饱暖也。

---

① 《天朝田亩制度》全文见《太平天国》第 1 册,第 319~326 页。以下引文均出于此,不再详注。

由上述文字可以看出，它是在“皇上帝”的名义下，取消了土地的私有。从“凡天下田，天下人同耕”，“凡天下田，丰荒相通”来看，它意味着土地公有，或者说是土地国有，实际上是剥夺了封建地主阶级的土地所有权，即否定了封建地主土地所有制，以求实现中国贫苦农民两千年来所向往的不饥不寒、丰衣足食的理想生活。

关于田地的分配方法，《天朝田亩制度》规定：

> 凡分田，照人口不论男妇。算其家口多寡，人多则分多，人寡则分寡，杂以九等。如一家六人，分三人好田，分三人丑田，好丑各一半。

又以16岁为界限，在这个年龄之下的，分田减半：

> 凡男妇，每一人自十六岁以尚受田，多逾十五岁以下一半。如十六岁以尚，分尚尚田一亩，则十五岁以下减其半，分尚尚田五分；又如十六岁以尚，分下下田三亩，则十五岁以下减其半，分下下田一亩五分。

上述规定说明，《天朝田亩制度》是在否定地主土地所有制的前提下，按照人口多少和土地等级的均匀搭配，以平均主义为原则，将土地分配给广大农民群众，并且妇女也同样享受分田的权利，这无疑体现了广大贫苦农民要求获得土地的强烈愿望。同时，这种明确、具体的平分土地给农民的方法，在中国历代农民战争史上也是前所未见的。

关于生活物资的分配制度，是《天朝田亩制度》中与平分土地直接相关的一项重要制度，它规定：

> 凡当收成时，两司马督伍长，除足其二十五家每人所食可接新谷外，余则归国库。凡麦豆苎麻布帛鸡犬各物及银钱亦然。盖天下皆是天父上主皇上帝一大家，天下人人不受私，物物归上主，则主有所运用，天下大家，处处平匀，人人饱暖矣。

除上述对生活物资平均分配的概略方针外，又对生活物资的管理和分配办法具体规定：

> 凡二十五家中，设国库一，礼拜堂一，两司马居之。凡二十五家中，所有婚娶弥月喜事①俱用国库，但有限式，不得多用一钱。如一家有婚娶弥月（喜）事，给钱一千，谷一百斤，通天下皆一式，总要用之有节，以备兵荒。凡天下婚姻，不论财。

此外，“鳏寡孤独废疾”者，“皆颁国库以养”。

在农村的社会组织制度方面，太平天国按照太平军的军队编制进行了改组，即以军、师、旅、卒、两司马为编制，全军所辖为13156家。其中构成一军的个体

---

① 喜事：此处指丧事。

细胞是家庭，而其组织则是以两司马所统的25家为基层单位，一切民、财、生产、文教等事都以“两”为对象。在生产上规定：“凡天下树墙下以桑，凡妇蚕绩缝衣裳。凡天下每家五母鸡，二母彘，无失其时”，“凡二十五家中陶冶木石等匠俱用伍长及伍卒为之，农隙治事”。在军事上规定：“每军每家，设一人为伍卒。有警，则首领统之为兵，杀敌捕贼；无事，则首领督之为农，耕田奉尚”，实行寓兵于农的制度。

在各级职官的保举与黜陟方面，《天朝田亩制度》规定，无论是朝内官、军中官，还是地方乡官，每年一保举，三年一升贬。对于那些有特殊大功勋或大奸不法情事的内外诸官，则准许不时保升奏贬，不拘年限。

关于教育与司法制度，规定每25家设一礼拜堂，礼拜堂又兼学校。“其二十五家中，童子俱日至礼拜堂，两司马教读旧遗诏圣书、新遗诏圣书及真命诏旨书焉。凡礼拜日，伍长各率男妇至礼拜堂，分别男行女行，讲听道理，颂赞祭奠天父上主皇上帝焉。”除了两司马负责所辖25家的教育外，还规定师帅、旅帅与卒长各定期到其所统属的两司马礼拜堂“讲圣书，教化民，兼察其遵条命与违条命及勤惰”。在司法上，规定每军设“典刑法”官二人，一正一副，以师帅、旅帅兼任。不过，民间凡有民刑讼事，开始还是由两司马调整，如不能平息，则逐级复审，直到天王“降旨主断，或生或死，或予或夺，军师遵旨处决”。对于民事刑事生死案件的处理，力求持重谨慎，以免地方官草菅人命。

以上五种制度互相联系而又互相区别，其中土地制度正如《天朝田亩制度》的名称所显示，是各种制度所依托的基础。

2.《天朝田亩制度》的思想渊源、性质和意义

土地制度是《天朝田亩制度》的核心内容，与此密切相关的生活物资的分配制度是它的一项重要内容，从其平分土地的原则及方法和“通天下皆一式”的生活物资分配办法来看，集中体现了中国农民阶级固有的平均主义思想，它是千百年来历代农民群众平等、平均思想的进一步发展，可以说农民的平均主义思想造就了《天朝田亩制度》。同时，中国古代儒家典籍中所保留的大同、均平等思想亦被《天朝田亩制度》加以吸收。例如，它其中的生产模式就直接套用了《孟子·梁惠王上》篇中的“五亩之宅，树之以桑”，“鸡豚狗彘之畜，无失其时”等词句。而在《天朝田亩制度》对理想社会所设计的蓝图中，完全是一幅没有“陵夺斗杀”、处处“均匀”、人人“饱暖”的美好景象，这不能不说是对中国传统思想中“大同”、“均平”理念的继承和发扬。此外，《天朝田亩制度》也借鉴和吸纳了西方基督教的一些思想资料。其中土地公有、生活物资的分配制度，就与《新约·使徒行传》中保留的若干社会平等、财产均分的内容极为相似。其中的上帝观和礼拜堂等，则更是显明受到基督教影响的例证。

《天朝田亩制度》所提出的平分土地方案，是农民阶级对封建地主土地所有制的否定。它反映了当时广大贫苦农民强烈地反对地主阶级残酷剥削和大肆兼并土地的要求，以及对获得土地、追求平等平均的理想社会的渴望。同时，它所提出的关于平分土地的原则和明确、具体的规定，为历代农民战争史上所仅见，标志着太平天国农民战争达到了空前高的水平。但是，《天朝田亩制度》对土地和生活物资绝对的"通天下皆一式"的分配方法，并企图在小生产的基础上废除私有制和平均一切社会财富，显然又是农民绝对平均主义思想的表现。这种方法和思想不可能使社会生产力向前发展，相反，它将使社会生产力停滞在分散的小农经济的水平上，把农业和家庭手工业相结合的自给自足的自然经济理想化、固定化。因此，它显然具有违反社会发展规律的落后性。

《天朝田亩制度》提出的平分土地的方案虽未实行，但在它的精神鼓舞下，广大农民群众却夺回了相当数量的土地，并且由于少交或不再向地主交租，大大减轻了负担，这不仅打击了农村中的封建势力，而且对太平天国地区农业生产的发展和支援农民战争起了十分重要的作用。此外，《天朝田亩制度》所规定的社会组织制度如居民编制及乡官的设置等，在太平天国控制地区得到了实行，对于这场农民战争能够坚持14年之久，也具有积极的作用。

五、第二次鸦片战争及《天津条约》、《北京条约》

1. 英、法发动侵略战争

1856年到1860年间，英、法侵略者在俄国和美国支持下，联合发动了一次新的侵华战争，习惯上称之为"第二次鸦片战争"，也有"修约战争"、"第二次中英战争"之称。

第一次鸦片战争打开了中国的大门，英国资产阶级随即把大量商品向中国倾销，结果事与愿违，到19世纪50年代，英国输华商品总值较前非但没有增加，甚至还大有减少；相反，中国的茶叶和丝向英国的出口额却在不断增长。造成这种情况的原因，一方面是中国自给自足的自然经济，对外来商品还有相当顽强的抗拒性；另一方面是在鸦片战争后，鸦片像潮水般涌入中国，造成白银大量外流，中国人民极端贫困，无力购买英国工业品。正如马克思所指出的："中国人不能同时既购买商品又购买毒品；在目前条件下，扩大对华贸易，就是扩大鸦片贸易；而增加鸦片贸易是和发展合法贸易不相容的。"[①]当时号称"世界工场"、工业发展最为迅速的英国，迫切需要扩大市场，以缓和同工业迅速增长的矛盾，避免日

① 《马克思恩格斯选集》第2卷，第24页。

益临近的经济危机的打击。外国商品对中国输入不能迅速增加的状况，远不能满足西方工业国家资本家的贪欲，他们迫切需要扩大在华的侵略权益，以便增加工业品的出口。为此，英、法、美侵略者曲解《望厦条约》和《黄埔条约》有关12年后在贸易方面及海面各款可以修改的规定，在1854年、1856年先后两次向清政府提出全面修改条约的交涉，要求开放中国全境，取消子口税，鸦片贸易合法化，以及外国公使进驻北京，等等。清政府只同意减轻上海关税，拒绝了其他要求。于是，英、法等转而诉诸武力，以迫使清政府屈服。当英、法于1856年3月结束了同俄国争夺土耳其的克里米亚战争以后，便抓紧中国发生太平天国起义的时机，对中国发动了第二次鸦片战争。英国发动这次战争的借口是"亚罗"号船事件，法国的借口是"马神甫事件"。

1856年10月8日，广东水师在中国船"亚罗"号划艇上捉拿海盗，逮捕了船上12名中国水手。这船主原是中国人，为了便于走私，该船主曾花钱购买香港殖民当局的"船籍登记证"，有此登记证即可悬挂英国旗。但这时登记证已经过期，所以没有悬挂英国旗。英国驻广州领事巴夏礼硬说"亚罗"号是英国船，并造谣说，船上挂有英国国旗，被中国兵勇扯下，这是对英国的侮辱。巴夏礼向两广总督叶名琛发出最后通牒，提出释放全部被捕人员、公开赔礼道歉等无理要求。虽然叶名琛被迫将12名人犯放回，但英国侵略者仍不肯罢休，其驻华海军借此于10月23日派军舰冲进珠江，炮轰广州，英国政府又任命额尔金为全权专使，率一支侵略军来华。第二次鸦片战争由此爆发。

在"亚罗"号事件前不久有所谓"马神甫事件"，也称"西林教案"。天主教法籍神甫马赖非法潜入广西西林县，为非作歹，激起民愤。1856年2月，西林新任知县张鸣凤将马赖处以死刑。此事传到法国后，代表大银行家和工业资本家利益的法国政府，便借口"马神甫事件"，任命葛罗为全权大使，与英国联合出兵侵华。

2. 战争经过与《天津条约》、《北京条约》

1856年10月23日，英国军舰悍然开进广州，叶名琛闻警后，竟认为是虚声恫吓，不做战守准备，还下令"敌船入内，不可放炮还击"①。结果英军一度攻入广州内城，纵火焚烧大批民房，抢劫了总督衙门。只是因为广大群众奋起抵抗，英军尚无久占广州实力，才退居虎门，等待援军。史学界一般将此役作为第二次鸦片战争的开始。

1857年10月，额尔金和葛罗先后率舰到达香港，决定先攻占广州。美国和沙俄也分别派列卫廉、普提雅廷与英法合谋侵华。12月27日，英法联军向叶名

① 中国史学会主编:《第二次鸦片战争》第1册，第165页。

琛发出通牒，提出入城“修约”、“赔偿损失”、“让城”等无理要求。叶名琛认为侵略者是“虚张声势”，他竟“毫无布置，惟日事扶鸾降乩，冀得神佑”[①]。城中官绅请求调兵设防，叶不许；请招集团练抗敌，又不许。众固请，叶颇为自信地说：“不必惊慌，仙乩云：‘十五日后便无事。’”[②]结果英法联军于29日攻陷广州，并将叶名琛俘虏。叶被侵略军押往印度的加尔各答，后在囚禁中毙命。当时有人讥讽叶名琛是“不战不和不守，不死不降不走；相臣度量，疆臣抱负；古之所无，今亦罕有”[③]。英法联军攻占广州时，广东巡抚柏贵急忙派人与敌议和，广州将军穆克德讷则竖白旗投降。联军入城后，以巴夏礼为首的“联军委员会”监督和指挥柏贵等人继续任职，充当傀儡，在广州开始了历时三年之久的军事统治。

广州沦陷期间，中国的商民主动断绝了和侵略者之间的贸易，停止了对敌人的食物供应。具有反侵略斗争光荣传统的广东人民，经常武装攻城，使城中敌人胆战心惊。广州三元里等96村人民联合南海、番禺两县人民，在佛山镇成立团练局，积极准备反攻广州，声明“夷人入其界者，登时格杀勿论”[④]。1858年4月，团练局发动了香港两万多名中国工人和雇员罢工罢业，以抗议侵略者。6月初，团练局又多次组织攻打广州，敌人困守城内，不敢出战。驻守榕树头的东莞民勇阻击英军，敌兵大败，“毙数百人，余陷水田中，猝不得起，巴亚里（巴夏礼）坠马，几被获”[⑤]。

英法联军占领广州后，为迫使清政府屈服，决定沿海北上，直趋天津白河口，攻取大沽。1858年4月，英舰10余艘、法舰6艘驶往大沽口，英、法、美、俄四国公使也各乘兵舰抵达白河口外，分别照会清政府，提出侵略条款，要挟派出全权大臣进行谈判。5月20日，英、法军舰闯入白河，突然炮轰大沽炮台。虽然守台将士给予还击，但因主持防务的直隶总督谭廷襄无心抗敌，临阵逃走，大沽炮台失陷。26日，侵略军直抵天津城下，并扬言要攻占北京。清政府急派大学士桂良、吏部尚书花沙纳为钦差大臣，赴天津谈判求和。6月13日和18日，俄、美诱迫桂良等人分别签订了中俄《天津条约》和中美《天津条约》。6月26日和27日，中英《天津条约》、中法《天津条约》也分别签字。其主要内容是：(1)外国公使常驻北京。(2)开放牛庄（后改营口）、登州（后改烟台）、台南、淡水、潮州（后改汕头）、琼州、汉口、九江、南京、镇江为通商口岸。(3)英、法等外国人可以进入内地游历、通商、自由传教；在通商口岸可以租房居住，购地建造礼拜堂和医院。

---

① 贾桢等编：《筹办夷务始末》（咸丰朝）卷一八，中华书局1979年版，第645页。

② 《洋务续记》，《第二次鸦片战争》第1册，第224页。

③ 薛福成：《书汉阳叶相广州之变》，《第二次鸦片战争》第1册，第233页。

④ 夏燮：《中西纪事》卷一三。

⑤ 《英吉利广东入城始末》，《第二次鸦片战争》第1册，第221页。

(4)外国军舰和商船皆可驶入长江各口岸。(5)减低关税。(6)对英赔款银400万两,对法赔款银200万两。同年11月,桂良、花沙纳等人在上海又同英、法、美三国分别签订了《通商章程善后条约》,内容主要是:(1)修改税则,进出口货物,一律按时价值百抽五征关税;洋货运销内地或输出土货,按时价抽2.5%的子口税,免征一切内地税。(2)承认鸦片贸易合法。(3)中国海关由英国人"帮办税务"。

《天津条约》签订后不久,马克思就断言:"从政治观点看来,这个条约不仅不能巩固和平,反而使战争必然重起。"①事实恰恰如此。英、法侵略者远不满足于从中国攫取的重大权利,蓄意利用《天津条约》一年后互换批准书的时机,重新挑起战争,向中国勒索更多的特权。1859年6月,英、法、美三国公使拒绝在上海换约,带领舰队强行来到大沽口外,其中由海军司令何伯率领的英国舰队相当庞大。清政府只得准许他们进京换约,但通知他们不得携带武装,并由大沽稍北的北塘登陆。英、法侵略者无视清政府的通知规定,其兵船悍然闯入大沽,于25日开炮轰击炮台,陆战队强行登陆。中国守卫炮台的爱国将士在僧格林沁等指挥下,奋起开炮还击,"无不以一当百,枪炮连环,声撼天地"②。经过一昼夜的激战,英舰4艘被击沉,多艘受伤,失去了作战能力;登陆1000多英军伤亡近半,何伯受重伤,他的副手伤重致死。守卫炮台的直隶提督史荣椿等36位中国将士壮烈牺牲。在3艘美舰的掩护下,英、法侵略军退出大沽口,英、法公使普鲁斯和布尔布隆狼狈逃回上海。美国公使华若翰却十分狡猾地从北塘登陆去北京,并与清政府交换了中美《天津条约》批准书。大沽口保卫战,完全是正义的行动。马克思严正指出:"中国人抵抗英国人的武装远征队,毫无疑义地也是有理的。中国人这种行动,并没有破坏条约,而只是挫败了英国人的入侵。"③

大沽口惨败的消息传到伦敦和巴黎后,英、法资产阶级大为恼火。英国的《每日电讯》叫嚣:"大不列颠应攻打中国沿海各地,占领京城,将皇帝逐出皇宫……应该教训中国人重视英国人,英国人高出于中国人之上,应成为中国人的主人。"④1860年春,英军18000人、法军7000人,战舰和运输船200多只,分别由额尔金和葛罗率领开来中国。英法联军于4月占领舟山,五六月间进据大连和烟台,7月底闯到大沽口外。清政府在上次大沽获胜后,幻想就此与英、法罢兵言和。当英、法侵略者再次兵临大沽海口时,清政府还饬令大沽守军"总须以抚局为要"⑤。负责前线防务的僧格林沁只是集中力量专守大沽,对北塘没有设

① 《马克思恩格斯选集》第2卷,第41页。

② 《双忠祠记》,《第二次鸦片战争》第1册,第617页。

③ 《马克思恩格斯选集》第2卷,第43页。

④ 《马克思恩格斯选集》第2卷,第42～43页。

⑤ 贾桢等编:《筹办夷务始末》(咸丰朝)卷五五,第2053页。

防。8月初，英法联军乘虚而入，占据北塘，然后连陷塘沽、军粮城，于21日攻占大沽炮台。24日，天津失陷。9月，联军从天津向北京进犯。清政府在请求谈判议和被拒绝以后，咸丰帝下令集兵通州，准备和敌人"决战"。他还宣称："朕今亲统六师，直抵通州，以伸天讨而张挞伐。"[①]结果，退守通州八里桥的僧格林沁部队遇敌溃散，咸丰帝仓皇出逃热河承德，留下恭亲王奕䜣在北京"督办和局"。10月6日，英法联军进攻北京，闯入西北郊的圆明园。他们抢去了园中的金银财宝，劫走了所有能搬动的贵重文物和图书典籍。抢劫之后，额尔金下令纵火焚园，大火燃烧了三天三夜。侵略者的这种野蛮暴行，连有正义感的外国人也感到愤慨。

英法联军焚烧圆明园后，扬言要炮轰北京城，捣毁皇宫，躲在长辛店的奕䜣经俄使伊格那提耶夫从中斡旋，方敢面见英、法代表，并于10月24日、25日先后与其交换了《天津条约》批准书，并签订了中英、中法《北京条约》。主要内容是：(1)承认《天津条约》完全有效；(2)增开天津为商埠；(3)准许外国招募中国人出国做工；(4)割让九龙司地方一区给英国；(5)退还以前没收的天主教堂财产，"并任法国传教士在各省租买田地，建造自便"[②]；(6)赔偿英、法军费各增至800万两；恤金英国50万两，法国20万两。

经过第二次鸦片战争和《天津条约》、《北京条约》的签订，清王朝的闭关政策完全失败，中国丧失了更多的主权，外国资本主义的侵略更加广泛深入，中国人民的灾难日益深重，列强对清政府的影响和控制从此加强。所有这些都使中国社会半殖民地化的程度进一步加深了。

3. 沙俄乘机侵吞中国大片领土

第二次鸦片战争期间，沙皇俄国趁火打劫，抢占了中国大片领土。19世纪50年代初，沙俄侵占了庙街和库页岛后，继续将魔爪伸入我黑龙江流域。1854年，俄国东西伯利亚总督穆拉维约夫以防英法海军进攻为借口，率领70余艘舰船武装航行黑龙江，横穿中国领土2000多公里，在黑龙江下游屯兵筑垒，实行军事占领。1857年底，沙俄非法宣布在黑龙江流域设立以庙街为中心的"滨海省"。

1858年5月，乘英法联军攻陷大沽之机，穆拉维约夫率兵直趋瑷珲，于28日胁迫黑龙江将军奕山与之签订了《瑷珲条约》。主要内容是：(1)外兴安岭以南、黑龙江以北中国60多万平方公里的领土割给俄国，只有居住在江东六十四屯的中国人照旧"永远居住"，仍由中国官员管辖，俄国"不得侵犯"；(2)乌苏里江以东直至海边的中国领土，划为中俄共管之地；(3)黑龙江、乌苏里江只准中俄两

① 贾桢等编：《筹办夷务始末》(咸丰朝)卷六〇，第2254页。

② 这项内容是充当译员的法国传教士在条约中文本中擅自添加的，法文本无。

国船只往来,别国不得航行。对于沙俄的这种掠夺行径,恩格斯予以强烈谴责,指出:俄国"从中国夺取了一块大小等于法德两国面积的领土和一条同多瑙河一样长的河流"[①]。清政府没有批准《瑷珲条约》,并对奕山予以处分。但沙俄侵略者却不管条约的非法性,竟公然把瑷珲北岸的海兰泡改名为布拉戈维申斯克(意即"报喜城")。沙皇亚历山大二世特颁嘉奖,晋封穆拉维约夫为"阿穆尔(黑龙江)斯基伯爵"。

《瑷珲条约》墨迹未干,穆拉维约夫就故伎重演,率军闯入乌苏里江流域。1860 年夏,非法占据中国重要海港海参崴(shēn wǎi),改名为"符拉迪沃斯托克"(意为"控制东方")。同年,当英法联军攻到北京后,沙俄诡称为交战双方调停"有功",并以帮助镇压太平军为诱饵,加之武力要挟,又迫使奕䜣于 11 月 14 日签订了不平等的中俄《北京条约》。这项条约除迫使清政府确认《瑷珲条约》外,还规定:(1)把乌苏里江以东地区约 40 万平方公里的中国领土,强行划归俄国;(2)开放喀什噶尔(今新疆喀什市)为商埠,俄国取得在库仑(今蒙古乌兰巴托)、张家口、喀什噶尔等地免税贸易、设立领事并享有领事裁判权;(3)规定中俄西段疆界应"顺山岭、大河之流,及现在常驻卡伦等处"为界。根据这一条款,在 1864 年又迫使清政府签订了《中俄勘分西北界约记》,将巴尔喀什湖以东、以南和斋桑淖尔南北 44 万多平方公里的中国领土割给俄国。

第二次鸦片战争前后,沙皇俄国成了获取赃物最多的一个国家。它通过上述条约和一系列勘界条约,霸占了中国 140 多万平方公里的领土。

六、辛酉政变

1. 中外关系的新动向与总理衙门的设立

《北京条约》签订后,英、法等国立即撕下了"中立"的伪装,以政府的名义,公开支持清朝统治者。英国首相巴麦尊声明要清政府镇压太平天国,使"中国内部全局得入正规"。法国公使葛罗表示,要在"海口助中国剿贼,所有该国停泊各口之船只兵丁,悉听调遣"。俄国公使伊格那提耶夫也不甘落后,面告奕䜣:"请令中国官军于陆路统重兵进剿,该国拨兵三四百名在水路会击,必可得手。"[②]俄国政府还决定送给清政府一批枪炮,以便用来镇压中国人民的反抗斗争。当时,清朝统治集团中有一部分人,早就有心借助外国侵略军镇压太平天国,只因一些当权人物担心外国军队"占据地方,勾结逆匪,阻挠官兵进剿",因而心存疑惧,不敢

① 《马克思恩格斯选集》第 2 卷,第 37 页。

② 夏燮:《中西纪事》卷二十。

贸然答应列强各国的要求。但清政府却已密令江苏巡抚薛焕指使买办商人与洋商“自为经理”，相机借助外国力量，以对付太平军。在上海，华尔组织洋枪队参加对太平军作战，就是这种“自为经理”的产物。实际上，清朝统治者已在进行“借师助剿”的试验。

经过第二次鸦片战争，清朝统治者已经体会到外国侵略者并不想将清政府一举推翻，只是要其维护和满足他们的侵华利益。恭亲王奕䜣作为对此有先见之明的代表人物，在他给尚存疑虑的咸丰的报告中说得十分清楚：“自换约以后，该夷退回天津，纷纷南驶，而所请尚执条约为据。是该夷并不利我土地人民，犹可以信义笼络，驯服其性，自图振兴，似与前代之事稍异。”①同时，《北京条约》规定了各国有在北京派驻公使的权利，清王朝闭关而治的局面再也难以维持，因而清政府同列强建立正式的外交关系已无法避免。于是，总理衙门得以设立。

1861 年初，奕䜣和大学士桂良、户部左侍郎文祥等人，奏请设立总理各国事务衙门（简称“总理衙门”，别称“总署”或“译署”），主管外交及通商、关税等事务（后来连筑铁路、开矿、制造枪炮军火等事务也归它管理，总揽了全部洋务事宜）。1 月 20 日，经咸丰皇帝批准，总理衙门在北京正式设立，并由奕䜣、桂良、文祥任总理衙门大臣。该衙门成立后，即设南、北洋通商事务大臣。与总理衙门有关的机构还有总税务司和同文馆。全国性的总税务司署成立于 1861 年，设正、副总税务司各一人，由洋人担任，管理全部海关税务。同文馆于 1862 年在北京设立，是近代中国第一所培养外国语言文字和科学技术人才的学校。总税务司和同文馆虽为独立机构，但与总理衙门关系密切，在组织上也有直接联系。总理衙门的成立是清政府统治机构开始半殖民地化的标志，同时从它的许多实际活动中可以看出，在洋务运动和中国走向世界的努力中，总理衙门亦发挥了一定的积极作用。

2. 政变过程及其影响

1861 年辛酉政变是清朝统治集团的一场宫廷政变。此年 8 月，咸丰帝在承德病死。临终前，他口授遗诏，立年仅 6 岁的载淳为皇太子，继承皇位，任命怡亲王载垣、郑亲王端华、协办大学士户部尚书肃顺等 8 人为“赞襄政务王大臣”，总摄朝政。这时，载淳的生母叶赫那拉氏（1835～1908 年）由懿贵妃而被尊为“圣母皇太后”，旋加“慈禧”徽号。她权力欲很大，对肃顺等八大臣的专权极为不满，企图利用载淳年幼的机会，夺取最高统治权。可是清朝“祖制”规定后妃不准与闻政事，她便暗中授意亲信上奏折，吁请皇太后“垂帘听政”。八大臣以“我朝圣

---

① 贾桢等编：《筹办夷务始末》（咸丰朝）卷七一，第 2674 页。

圣相承，向无垂帘听政之礼”[①]，加以拒绝，甚至以“搁车”不视事相威胁。那拉氏深感势孤力单，于是内结东太后钮钴禄氏，外联恭亲王奕䜣，并拉拢在北京握有兵权的胜保等人，策划政变。11 月 1 日，那拉氏带着载淳回到北京，立即召集奕䜣和其他亲信大臣秘密部署。第二天凌晨突然发动政变，在宫廷当场将载垣、端华等人逮捕，又派醇郡王奕譞前去密云逮回途中护送咸丰帝灵柩的肃顺。随即将肃顺抄家处斩，迫使载垣、端华自尽，其余五名王大臣也都分别判处革职或充军重罪。在宣布八大臣罪状的上谕中，把“不能尽心和议”、“以致失信于各国”[②]作为重大罪状，以赢得外国侵略者的欢心。奕䜣被任命为议政王，领军机处。又将原载垣等人拟定的皇帝年号“祺祥”改为“同治”。不久，两太后正式“垂帘听政”，实际上由那拉氏掌握了清朝的最高统治权。因这一年是旧历辛酉年，故史称“辛酉政变”，又称“祺祥政变”、“北京政变”。

叶赫那拉氏和奕䜣的上台执政，适应了清朝封建统治阶级和外国侵略者的共同需要，它是清政府和西方资本主义国家关系上的一个新的重大转折点。从此，中外反动势力公开结合起来，清政府正式表示“借师助剿”，外国侵略者完全撕掉“中立”的假面具，站出来全力协助清政府，充当绞杀中国人民革命的刽子手。外国侵略者对于这场政变的结果甚表满意，认为这完全是他们“几个月来私人交际所造成的”，也是奕䜣等人“对外国人维持友好关系使然”[③]。1862 年 3 月，英国驻华公使普鲁斯在致英外交大臣罗素的信中说：“在过去十二个月中，造成了一个倾心于并相信（同外国）友好交往可能性的派别，有效地帮助这一派人掌权，这是一个非同小可的成就。（我们）在北京建立了令人满意的关系，在某种程度上已成为这个政府的顾问。”[④]政变后的清政府，在对外加强与资本主义侵略者“友好”关系的同时，对内则更加注重依赖汉族地主武装和新崛起的地方实力派官僚势力，曾国藩的湘军和李鸿章的淮军一跃而成为清军的主力。在清朝统治者的放手使用和扶植下，湘军集团和淮军集团迅速成为左右清朝政局的举足轻重的军事、政治力量。太平天国和全国各地人民反抗斗争所面临的形势变得更为复杂和险恶。

---

① 故宫博物院明清档案部编：《清代档案史料丛编》第 1 辑，第 94 页。

② 故宫博物院明清档案部编：《清代档案史料丛编》第 1 辑，第 101 页。

③ 严中平：《一八六一年北京政变前后中英反革命的勾结》，载《历史教学》1952 年 4 月号。

④ ［日］坂野正高：《1858～1861 年的中国与西方：总理衙门的起源》（*China and the West* 1858—1861：*the Origins of the Tsungli Yamen*. Cambridge Mass：Harvard University Press，1964），第 241 页。

七、天京事变与《资政新篇》

1. 天京事变

1856年八九月间，太平天国领导集团内部发生了一场严重分裂以致互相残杀的大变乱，史称“天京事变”。这场事变的发生绝非偶然。

1856年，太平天国定都天京已经三年之久，军事上达到全盛时期。但是，军事上的全盛并不等于天京政权的巩固，其内部埋伏着巨大的政治危机。这时，太平天国领导人在胜利面前骄傲自满起来，进取精神逐渐减退，不仅未能继续加强起义队伍的组织建设和政权建设，反而大都热衷于追求个人的权势、地位和享乐，贪恋剥削阶级的腐化生活，思想和作风日益封建化，越来越脱离群众，主要领导者之间甚至不顾大局，为争权夺位而拉帮结派，彼此争斗，从而导致了领导集团的严重分裂，以致互相残杀。

太平天国定都天京后，实行了一套“贵贱宜分上下，制度必判尊卑”的“礼制”，来作为人们的行为规范。太平天国君臣之间、官兵之间等级森严，从称呼、服饰到仪卫舆马都有明确繁细的规定，不准逾越。诸王出行，军民必须回避道旁，高呼“万岁”或“千岁”，否则就要受到严厉惩处。天王及诸王、侯都是世袭的，功勋诸臣也是“世食天禄”。其职官制度基本上沿袭了封建专制主义的一套办法。定都天京不久，洪秀全、杨秀清带头大兴土木，强行拆毁许多民房，动用成千上万的劳动力建造豪华壮丽的天王府和东王府；天王还从民间挑选女子充当嫔妃，给人民群众带来极大的痛苦。东王杨秀清仅次于天王洪秀全的“万岁”，号称“九千岁”，他每次出行时，全城大放礼炮，鼓乐齐鸣，胜似迎神赛会，仪仗队多达数千人，行人皆须回避，甚至要跪在街头。这些情况表明，太平天国的领袖们，不仅企图借助于封建的等级制、世袭制，来保证他们的权威和维系天国的秩序，并且他们在进入天京后，其生活上的腐化奢侈和脱离群众的程度，已经相当严重。他们已经失去了起义初期那种生死与共和“寝食必俱，情同骨肉”[①]的关系和作风，而是“彼此暌隔，猜忌横生”[②]，出现了严重的内部矛盾和派系斗争。这种矛盾和斗争日趋尖锐、激化，终于以东王杨秀清“逼封万岁”为导火索，引发了一场大变乱。

杨秀清在起义之初，表现了卓越的军事和政治才能，对太平天国事业的胜利发展做出了重大贡献。定都天京后，天王洪秀全深居简出，军政大权多落在杨秀

---

① 《贼情汇纂》，《太平天国》第3册，第172页。

② 《贼情汇纂》，《太平天国》第3册，第172页。

清手中。杨秀清居功自傲,个人权威思想恶性膨胀,一切专擅,上逼洪秀全,下压其他有功将领,使太平天国的领导关系处于极不正常状态。1856 年 8 月间,清江南大营被打垮,天京城围暂时解除。杨秀清以为外患已去,便借"天父"下凡附体,逼洪秀全到东王府封他为"万岁",实际上是要取得太平天国的最高权位,这就使洪、杨之间矛盾激化。洪秀全虽然被迫答应了杨秀清的要求,却立即密召在江西督师的韦昌辉、在丹阳督师的秦日纲回天京对付杨秀清。韦昌辉立即率心腹部队 3000 人赶回天京,并于 9 月 1 日深夜突然包围东王府,将杨秀清及其部属、家眷,不分男女老幼杀死了几千人,天京处于恐怖状态。石达开闻讯后,从武昌连忙赶回天京,劝韦昌辉不要滥杀无辜。韦昌辉非但不听劝阻,又要杀石达开,石达开半夜缒城逃出天京,其在天京的妻子儿女和老母都被韦昌辉杀害。韦昌辉的滥杀,激起太平军广大将士的愤慨,他们拥护石达开起兵讨伐韦昌辉等人。10 月底,石达开在安庆起兵,要求洪秀全顺从军心民意杀死韦昌辉。洪秀全杀死了韦昌辉、秦日纲等 200 多人,结束了天京城内闭城残杀两月之久的混乱局面。11 月,石达开回天京,合朝文武共举他辅佐洪秀全治理天国,总理朝政,并尊称他为"义王"。但是,洪秀全对石达开不肯信任重用,而把自己两个昏庸无能的哥哥洪仁发、洪仁达封为安王和福王,与石达开共同掌管国政,以牵制石达开。石达开对此极为伤心和不满,于 1857 年 6 月率部出京,并召集 10 多万精锐之师转战各地,后于 1863 年五六月间兵败四川大渡河紫打地,他本人也被俘遇难。

天京事变中,许多优秀太平军将士在"杨党"、"韦党"的罪名下遭到冤杀,石达开继而带兵出走,造成太平天国队伍严重损伤,力量大大削弱了。变乱的发生,打破了拜上帝教美好的神话,产生了严重的信仰危机和政治恶果。从此人心涣散,朝政不修,叛逃事件接连发生,结党营私、拥兵自重现象日益严重;在军事上,此次事变给了清军以喘息的机会,使之得以重新组织力量向太平军反攻,太平天国则被迫从战略进攻转为战略防御,由胜利发展走向停滞衰落。所以,这一场大分裂、大变乱是决定太平天国失败的重要因素。

2.《资政新篇》的内容与价值

1859 年 4 月,经过辗转跋涉,洪仁玕由香港到达天京。洪秀全对他十分器重,不久封他为干王,总理朝政。就在这年,洪仁玕怀着对太平天国事业的深切期望,向洪秀全提出了一个希望太平天国政令统一、繁荣强盛的革新方案——《资政新篇》,并由洪秀全加注眉批后正式颁布。

《资政新篇》全文 1 万多字,其内容由四大部分组成,即"用人察失类"(选官用人)、"风风类"(人心风气)、"法法类"(立法治国)、"刑刑类"(刑律司法),其核心内容可以说是“法法类”这一部分。[①] 洪仁玕说：“所谓以法法之者，其事大关世道人心，如纲常伦纪，教养大典，则宜立法以为准焉。”他强调以法治国的重要性，企图通过改革，实现太平天国的强盛、文明、富足。他曾在另一篇文章中明确提出：“国家以法制为先，法制以遵行为要，能遵行而后有法制，有法制而后有国家。”[②]在“法法类”这部分中，他花了较大篇幅介绍西方资本主义国家的政治、经济情况，认为英、美等国“技艺精巧，国法宏深”，值得中国效法，中国人应当“审时度势”，“因时制宜，审势而行”。为此，他不仅建议发展近代交通、银行、工业、采矿、邮政、税务、医院、新闻等事业，而且主张仿效西方的经济制度和管理社会的办法。例如，在造船制器上，“任乎智者自创，首创至巧者，赏以自专其利”；又提出鼓励私人投资新式企业，“准富者请人雇工”等。他还建议“设新闻馆以收民心公议”，主张给人民以依法议政的权利，并用“准卖新闻篇或暗柜”的办法，让民众发表意见，以监督国家行政和各级官员。

此外，在《资政新篇》的其他部分中，洪仁玕还强调指出，革新政治的关键是“设法”与“用人”，并在文化教育、社会福利、刑法改革、对外交往等方面，提出了一系列先进的主张。

洪仁玕提出的《资政新篇》，在19世纪50年代的中国和近代思想史上，都具有重要的意义和价值。他提出的一系列革新建议的目的，在于建设一个独立、强盛、富足、文明的新国家。其中，与当时形势密切相关的一个急迫目标，则是希望加强和巩固太平天国的中央集权，即“自大至小，由上而下，权归于一”，以图克服太平天国队伍中日益严重的宗派主义、分散主义现象，挽救天京事变以后的政治、军事危机。但须指出，在洪仁玕的观念中，他并不希望洪秀全成为一个专制独裁的君主，他建议洪秀全“自今而后可断则断，不宜断者付小弟掌率六部等议定再献，不致自负其咎”，“或更立一无情面之谏议在侧，以辅圣聪不逮”。结合对洪仁玕以法治国和注重民心公议等建议进行考察，不能不说在他的政治主张中，多少透露出了一些近代民主的气息。

此外，洪仁玕在《资政新篇》中提出的发展近代资本主义的主张，比较系统和全面，这在19世纪50年代具有很大的进步意义。当时中国沿海地区资本主义因素有所增长，近代商业资本主义行业已开始出现，因此《资政新篇》提出的仿效西方发展资本主义的建议，站在了时代的前列，符合中国社会近代化的发展趋向，也可以说它是19世纪中期中国第一部资本主义的建国大纲。同时，它又是自鸦片战争以来先进中国人向西方学习的重要成果之一。因此，尽管《资政新

---

① 《资政新篇》全文见《太平天国》第2册，第521～541页。以下引文凡出于此者，不再详注。

② 《立法制宜谕》，太平天国历史博物馆编《太平天国文书汇编》，中华书局1979年版，第94页。

篇》内容中存有若干缺陷，但从总体上说，它不愧是中国近代爱国、进步思想史上一篇极具价值的杰作。

八、保卫安庆和经营江浙

1. 第二次西征与安庆失陷

1860 年 5 月初，太平天国在经过浦口、三河战役的胜利之后，一举捣毁了重新组建的江南大营，使天京再次解围。太平军乘胜东征，进取江浙。在连克丹阳、常州、无锡等地之后，此年 6 月，太平军又相继攻克苏州、嘉兴、太仓、嘉定、常熟、青浦、松江等地，开辟了苏南新区，建立了以苏州为首府的苏福省。另一路太平军攻下了浙江的临安、余杭、富阳等地。这样，苏南和浙西许多州县均归入太平天国的版图，江浙新区成为后期支撑太平天国政权的一块重要基地。

然而，当太平军全力东进苏、常之际，曾国藩的湘军乘机加紧围攻安庆，天京上游形势颇为吃紧。安庆是太平天国和皖北捻军进行联系的纽带，也是屏障天京、保证粮食供应和其他物资供应的战略要地。保卫安庆，对太平天国具有重要的意义。

早在 1860 年 5 月间，太平天国就制定了东进取胜后移师西进的计划。9 月，天王洪秀全召集英王陈玉成和忠王李秀成于天京会议，讨论决定采用洪仁玕制定的西征计划：从长江两岸会取武汉，迫使敌人抽出围攻安庆的兵力西援湖北，以解安庆之围。具体部署是：陈玉成率军从长江以北，由安徽入湖北，攻武昌北面；李秀成在长江以南，经江西、湖南进攻武昌西南侧，并决定于 1861 年 4 月，两军会师武昌。①

1860 年 9 月底，陈玉成率军从苏州经天京渡江北进，开始执行太平天国第二次西征计划。10 月，他在安徽定远与捻军会合，号称 10 万之众，迅速西进。1861 年 3 月，入湖北境攻克黄州，逼近武汉。黄州以西清军十分空虚，武汉地区官僚争相逃命，一片混乱。湖北巡抚胡林翼驻军安徽太湖，急得吐血，埋怨自己是“笨人下棋，死不顾家”②。这时，英国舰队司令何伯、参赞巴夏礼带舰队到了汉口。巴夏礼又从汉口到黄州会见陈玉成，威胁说要保护武汉的商务，太平军必须“远离该埠”，又欺骗、恐吓陈玉成说：“九江方面尚未听见忠王和其他诸王进兵的消息……假如你现在进兵汉口，势将得不到其他各路军的支持，而不得不单独

① 参见王崇武译注《英国参赞巴夏礼报告在黄州访问陈玉成的经过》，载《历史教学》1957 年 4 月号。

② 胡林翼：《复左京卿》，《胡文忠公遗集》卷八一。

与守卫武昌的清军作战，同时还得对付从后面袭击你的安徽军。”[①]陈玉成对英国的干涉有所顾虑，再加上李秀成贻误戎机，未能如期会师，便停止了对武汉的进攻，自率大军转向湖北北部，攻占德安、随州等城，留赖文光部驻守孝感、黄州。因安庆形势在湘军的围攻下日益危急，陈玉成于4月下旬率万余人救援安庆。

李秀成自开辟江浙新区以来，锐意经营江浙，对救援安庆抱消极态度。在洪秀全的严厉督责下，至1860年11月才由芜湖开始行动。12月，李秀成攻克黟县之后，又猛攻曾国藩的祁门大营。曾国藩一度困守绝望，写遗嘱给家人，准备自杀。由于李秀成撤围转攻江西，曾国藩才得以活命。1861年6月，李秀成率军进兵湖北，连克通城、通山、兴国、大冶，前锋直达武昌县，鄂南一带群众纷起响应，投入太平军的多至几十万人。李秀成到兴国州后，得知胡林翼率楚军驰援武汉，北岸陈玉成已回军安徽，李世贤在江西打了败仗，再加上英国驻汉口领事金执尔竭力劝他停止进军，于是他便放弃进攻武昌，回军江浙。至此，太平军的第二次西征完全失败了。

太平军攻武汉、保安庆的战略决策功败垂成，曾国藩认为已无后顾之忧，便调动全部兵力，拼命围攻安庆。从1861年4月到9月半年时间里，湘军与太平军在安庆外围展开了激烈的争夺战。4月下旬，陈玉成军回到集贤关附近，逼攻围城湘军；洪仁玕等也自天京率援军会合吴如孝部，进到练潭一带。曾国藩的大本营则由祁门移驻东流，靠近前方指挥；胡林翼的楚军也跟着上阵。双方阵地犬牙交错，互相层层包围。经过一个多月的苦战，太平军未能取胜。6月，湘军攻破集贤关太平军营垒，守将刘玱琳以下将士数千人全部壮烈牺牲，安庆形势更加危急。9月5日，湘军前队用地雷轰塌安庆城垣，城内太平军早已绝粮，守将叶芸来率16000余人壮烈战死，安庆陷落。从此，天京失去上游的重要屏障，军事上的处境日趋恶化。

安庆失守后，整个江北根据地也随之丧失。陈玉成率部退守庐州。1862年2月，他派陈得才、赖文光等率军3万与捻军配合进军河南，自己率一军随后策应。但此时湘军已乘机扑向庐州，陈玉成突围北走到寿州，不幸被地主团练头子苗沛霖诱捕，押至胜保军营。陈玉成凛然不屈，后于6月4日在河南延津英勇就义。

2. 经营江浙的失误

安庆保卫战期间，李秀成率领所部退出湖北，返抵江西，向浙江推进。1861年4月底，李世贤率军由江西入浙江，控制了中部。9月，李秀成在江西铅山会集人马数十万，进入浙江，在严州与李世贤会合。11月，太平军占领绍兴。12月

① 王崇武译注：《英国参赞巴夏礼报告在黄州访问英王陈玉成的经过》，载《历史教学》1957年4月号。

攻下宁波,并再次攻下杭州。浙江省的大部分地区为太平军控制,并与苏南根据地连成一片。江浙根据地的建立,对于支持后期太平天国的艰难局面发挥了重要作用。但得了浙江,却丢了安徽,加之江浙根据地并不稳固,因此仍无法从根本上扭转太平天国日趋衰败的被动局面。

在号称"苏福省"的江浙新区,天王洪秀全与"苏福省"的统帅忠王李秀成等太平天国领导人,实行的基本上是单纯的军事控制政策,他们不懂得建设根据地的重要性,更不懂得怎样去建设革命的根据地,因此"苏福省"虽然对于后期太平天国政权起到了重要的依托作用,但它并未能成为使太平天国长治久安的真正的革命根据地。从太平天国经营江浙的政策及其实践来看,失误很多,主要表现在:

第一,作为江浙根据地支柱的太平军,成分较前期更加不纯,纪律废弛的现象十分严重,因而难以得到新区广大人民群众的真心拥护。新加入太平军的,有会党队伍,有土匪、地痞、流氓,还有大批清朝的败兵溃勇。如克复苏州时就收降了候补道员李文炳等率领的兵勇五六万人。他们未能得到有效的整顿,将许多恶习带进太平军中,甚至烧杀掳掠,虐待百姓,逃亡叛降,使太平军受到严重腐蚀,一些太平军的将领也严重蜕化变质。这样的军队,不可能成为稳固江浙根据地的可靠保证。

第二,未能采取明确的保护广大人民群众利益的方针政策。在江浙新区,太平天国仍旧执行与前期相同的"照旧交粮纳税"的政策,按亩征收田赋,肯定了"粮从租出",允许地主收租,承认地主土地所有制。据有关资料记载,苏南和浙江 24 个州县都是实行维持原来土地占有关系,允许地主收租的办法。这些地区,还设立了官方或半官方的收租局,帮助地主收租。这些保护地主的政策和措施,曾遭到一部分太平军将士和广大农民群众的强烈反对。太平军中有一些将士对佃农深表同情,或"任佃农滋事",或"倡免捐之议"[①]。有的地区,农民拆毁收租局,殴打强行收租的田主或乡官。然而,太平天国政权并没有给予这些维护人民群众利益的行动以政策上的支持。

第三,未能建立巩固的城乡基层政权。江浙地区的乡官,成分严重不纯。充任乡官的除劳动人民外,还有流氓无产者,更有大批地主、绅士和依附地主阶级的人。在不少地区,县及县以下单位的政权仍主要掌握在地主阶级手中,农民的处境没有多少改变,这就为江浙根据地留下了严重的隐患,使太平天国难以在这里扎根。

第四,未能坚决打击镇压敌对势力。苏、杭一带是地主阶级势力比较强大的

① 太平天国历史博物馆编:《太平天国史料丛编简辑》第 4 册,中华书局 1963 年版,第 390、396 页。

地区，他们采取各种手段抵抗太平军，并与清军相勾结。浙江诸暨的大地主包立身纠集了一两万人的团练武装，盘踞包村半年多；湖州举人赵景贤率团练据城困守，历时近两年。在苏南地区，团练武装的重要首领如苏州的徐佩瑗等，不仅没有被太平天国坚决镇压，反而为其招抚。他们一边打着太平天国的旗号，以保存地主武装；一边暗中接受清朝官员的接济和指挥，甚至拉拢太平军将领，组织叛乱集团。太平天国未能及时肃清江浙地区的反动势力，还往往满足于对他们的招抚使用，这便为清政府里应外合破坏根据地提供了有利条件。因此，当湘、淮军前来围攻时，江浙根据地屡屡发生叛乱事件，太平军脚下到处起火，难以找到立足之地。

第五，太平军开辟江浙新区之后，一直处于频繁的战斗状态，在战斗的间歇之际，他们未能及时、有力地组织恢复和发展城乡经济，设法改善广大人民群众的生活，这也是造成江浙根据地很不稳定的重要原因。

由于太平天国政策和措施上的种种失误，江浙地区内部的复杂矛盾和严重危机，一直未能妥善解决，因此这块根据地难以长久保持，没有几年的工夫，它就在清军的围攻下迅速崩溃了。

九、太平天国的失败

1. 中外敌人的联合镇压和天京陷落

早在1860年5月，当李秀成率军东进苏、常，逼近上海时，聚集在上海的地主、官僚和买办商人们，便和西方列强勾结起来，共同对付太平军。这年6月，在美国驻上海领事的授意下，由清苏松太道吴煦及大买办商人杨坊倡议，以美国人华尔为首，招募在华外人，组成了一支号称“洋枪队”的雇佣军，后来改由中国人为兵，外国人为官，开始了镇压太平军的行动。7月，华尔率领洋枪队袭取松江。8月，进攻青浦。太平军予以痛击，一举歼灭洋枪队三分之一，华尔身中五枪，狼狈逃回松江。

1862年初，太平军第二次进军上海。英国海军配合洋枪队向太平军大举反扑。高桥一战，太平军把他们打得落花流水，几乎抓住何伯和华尔。5月，太平军第三次进攻上海。这时，李鸿章带着他的数千淮军到了上海，立即配合“常胜军”和英、法、俄等国干涉军，向太平军反扑，嘉定、青浦相继失守。李秀成亲率精锐万余人进行反攻。太仓一战，太平军大获全胜，乘胜克复嘉定。6月，太平军又在青浦大败敌人，活捉“常胜军”副统领法尔思德。恰在这时，因天京受湘军围困，太平军回京救援，才中止了对上海的进攻。

在浙江战场，1862年，任浙江巡抚的左宗棠，带领一部分湘军进入浙江后，参照上海“常胜军”的样子，借用法国人组织了“常捷军”，以法国军官勒伯勒东为统领，进攻太平军。5月，英、法军舰6艘，陆战队约400人，伙同清军进攻宁波。太平军顽强抵抗，打死法国舰队司令耿尼。9月，在浙江慈溪打死前来作战的“常胜军”统领华尔。1863年1月，“常捷军”进犯绍兴，其统领勒伯勒东毙命。3月，太平军被迫撤出绍兴，不久，富阳失守。衢州、严州、金华各府县也相继被左宗棠的湘军攻陷。10月，左宗棠湘军与“常捷军”联合，围攻杭州。1864年3月，终因守将陈炳文动摇，钱桂仁率部千余人叛降，杭州陷落，太平军转移至湖州。至此，太平天国的浙江根据地沦入清军之手。

在苏南战场，1863年3月，英国人戈登接任“常胜军”统领，与李鸿章的淮军联合，对太平军发起新的进攻。从这年5月起，陆续攻陷太仓、昆山、吴江，进犯苏州。苏州守将慕王谭绍光屡败敌军。后来由于以纳王郜永宽为首的苏州太平军将领刺杀了谭绍光，献城投敌。12月4日，苏州陷落。1864年5月，常州失守。太平天国的苏南根据地也丧失了。

1862年夏天，即太平军在江浙战场上血战期间，湘军乘机逼近天京城下，陆师迫近雨花台，水师屯泊护城河口，从水陆两面完成了对天京的包围。曾国藩驻在安庆指挥，总兵力近10万人。曾国荃所率湘军主力3万人进抵天京城下。李秀成联合李世贤、陈坤书等13王的部队，约三四十万人，兵分三路，救援天京。从10月13日到11月26日，太平军与湘军在雨花台大战46天，虽屡经苦战，终未能攻破敌军营垒，解除敌人对天京的包围。洪秀全又命李秀成率部渡江北征，企图使围攻天京的湘军回援江北。12月，李秀成军进入安徽境内，沿途征战，战士饥疲，饿死、病死者很多，士气日益低落。1863年6月回到天京，十几万大军只剩下了四五万人，战斗力越发下降。到1864年四五月间，苏南、浙江、皖南根据地尽失。李世贤一支军队困居江西；陈得才、赖文光所部号称数十万，远在湖北一带，他们都无力回援天京。天京内无粮草，外无援兵，守城太平军老弱妇幼不足一万人。李秀成负责城防事宜，建议“让城别走”，但洪秀全不从，一味死守孤城。1864年6月1日，洪秀全病死，长子洪天贵福继位，称幼天王。7月19日，天京城墙被湘军轰塌，敌人冲进城内，天京陷落。天京的陷落，标志着轰轰烈烈的太平天国农民战争最终失败。

2. 太平天国失败的原因和历史意义

太平天国运动仍旧是单纯的农民战争。农民阶级不是新生产方式的代表者，农民小生产的特点使他们的政治眼光受到限制，他们无法克服自己的弱点。在中国近代史上，没有无产阶级的领导，农民自身不可能达到解放的目标，也不可能完成反帝反封建的历史任务。农民阶级的阶级局限和历史局限是太平天国失败的根本原因。

就其不能推翻清政府，夺取全国政权，取得农民战争的胜利成果而言，它的失败原因很多，主要表现在：

第一，清朝统治者与其所代表的封建地主阶级在镇压太平天国上比较团结一致，他们又与西方列强联合起来，共同镇压太平天国，双方力量对比相差悬殊。

第二，太平天国虽然颁布了《天朝田亩制度》等纲领性文件，但始终未能满足广大农民群众获得土地的要求，也未能实行正确的工商政策和管理城市的政策，因而不能得到城乡广大人民群众长久有力的支持和帮助，这场农民战争便不能长期坚持并获得决定性的胜利。

第三，太平天国领导集团的严重分裂给自身造成了严重破坏和损失，大大削弱了起义队伍的力量。造成这种局势的一个重要原因，乃是太平天国领导者当权后，日益腐败，不能抵拒封建剥削阶级腐朽思想文化和生活方式的侵蚀，因而严重脱离了广大军民群众，以致争权夺位，互相残杀，甚至叛变投敌，自毁长城，这是导致太平天国失败的一个重要原因。

第四，太平天国军事战略上的诸多失策，根据地建设上的诸多失误，后期纪律上的松弛和败坏，以及对待知识分子政策上的失当等，也是它招致失败的一些重要因素。

太平天国农民战争具有重要历史意义。概括言之，主要是：

第一，它是中国历史上规模空前、水平很高的一次农民战争，在近代中国人民反帝反封建斗争史上，占有重要的地位。

第二，它建立了与清王朝对峙十几年之久的农民政权，提出了鲜明的反封建纲领，并以急风暴雨之势席卷了大半个中国，沉重地打击了中国封建统治阶级，极大地动摇了封建主义的旧秩序。

第三，太平天国事业及其十几年的斗争历程，充分显示了中国农民阶级所蕴含的巨大力量。

【导　读】

1. 马克思：《中国革命和欧洲革命》，《马克思恩格斯选集》第2卷。马克思对太平天国起义原因与英国发动鸦片战争侵略中国的关系，以及中国革命与欧洲革命之间的关系，进行了深刻分析，得出了科学的富有启发性的结论。

2. 马克思：《俄国的对华贸易》，《马克思恩格斯选集》第2卷。该文对第二次鸦片战争开始后英、法、俄等国的对华关系，特别是俄国同“中华帝国”的特殊关系，予以精辟的论析，并尖锐指出俄国占领中国黑龙江两岸等扩张行径。

3. 马克思：《英人在华的残暴行动》，《马克思恩格斯选集》第2卷。该文揭露了英国政府利用“亚罗”号划艇事件，制造借口，发动侵华战争的无耻伎俩，严厉谴责了英国侵略者的残暴罪行。

4. 恩格斯:《波斯和中国》,《马克思恩格斯选集》第2卷。该文论析了英国对中国发动新的侵略战争后,侵略者正面临着前所未遇的困难形势。他预言,中国人对侵略者广泛、激烈的反抗,将使第一次鸦片战争时“英军节节胜利的情形不再发生”。他斥责了英国政府的“海盗政策”,充分肯定了太平天国起义和中国人民反侵略斗争的意义,并由此“看到整个亚洲新纪元的曙光”。

5. 马克思:《中国和英国的条约》,《马克思恩格斯选集》第2卷。该文对《天津条约》的内容进行了详细分析,并揭露了这项条约对中国实行掠夺的实质。同时,马克思还揭露了俄国利用第二次鸦片战争的机会,扩大在华的政治影响以及强占中国黑龙江流域大片领土的罪恶行径。

6. 恩格斯:《俄国在远东的成功》,《马克思恩格斯选集》第2卷。该文深刻剖析了俄国在远东特别是在中国的扩张政策,尖锐揭露了俄国利用英、法对中国动武的机会,打着“保持中立”的幌子,“以调停者自居”,从中国夺取了“一块大小等于法德两国面积的领土和一条同多瑙河一样长的河流”等狡猾表现,并指出俄国将是英国在亚洲侵略事业上的有力竞争者。

7. 中国史学会主编:《中国近代史资料丛刊·太平天国》(1～8册),上海人民出版社1957年版。该书为建国后出版的第一部大型的太平天国史料汇编。书中收录了太平天国官书、文件及有关太平天国史事的中外文记载、论著等约160余件,均有重要的史料价值。

8. 中国史学会主编:《第二次鸦片战争》(1～6册),上海人民出版社1978、1979年版。该书较为全面地收录了有关第二次鸦片战争史的中外记载、档案和其他资料,起自《南京条约》订立之后,讫于1861年的辛酉政变。其中第1、2册附有所选书籍的“书目题解”,第3～5册为档案史料,第6册为外文资料选译。

9. 贾桢等编:《筹办夷务始末》(咸丰朝),共80卷,中华书局1979年版。共计8册,起自道光三十年(1850年)正月,讫于咸丰十一年(1861年)七月。该书为清政府纂辑的有关中外关系的一部重要资料汇编,亦是学习、研究第二次鸦片战争等史事的重要参考资料。书中收录有谕旨、中外臣工折奏、咨文、中外条约、章程、照会、外国文书及有关信札等。该书第8册附有全书索引,以便查阅。

10. 茅家琦主编:《太平天国通史》(上、中、下册),南京大学出版社1991年版。该书共计134.4万字。它是由国家教委委托编写的供大学生、研究生学习太平天国史用书。该书作者多为研究太平天国史的名家,书中吸收了太平天国研究的最新成果,亦有不少作者们的独立见解,具有较高的权威性。

11. 罗尔纲:《太平天国史》(共4册),中华书局1991年版。

12. 苏双碧:《洪秀全传》,大地出版社1989年版。

13. 茅海建:《近代的尺度——两次鸦片战争军事与外交》,三联书店 1998 年版。

【思考与讨论】

1. 评述太平天国起义发生的原因。
2. 简析洪秀全的初期思想。
3. 评述《天朝田亩制度》的主要内容,并对这一制度进行评价。
4. 试析太平天国失败的原因及其历史作用。
5. 评述“亚罗”号事件与“马神甫事件”。
6. 试述《天津条约》、《北京条约》的主要内容及其危害。
7. 评第二次鸦片战争对中国社会的影响。
8. 简评辛酉政变。
9. 评述天京事变及其教训。
10. 试比较太平军与捻军的异同。
11. 评析洪仁玕与《资政新篇》。
12. 请你对杨秀清、石达开、李秀成等太平天国重要人物进行评价。
13. 试析曾国藩镇压太平天国的活动。
14. 试析湘军、淮军的创建及其特点和影响。
15. 与历代农民战争相比较,太平天国具有哪些新特点?为什么?
16. 试述拜上帝教宗教思想的主要内容,并分析它与基督教有何异同。
17. 试比较洪秀全、洪仁玕的宗教和政治思想。
18. 如何看待太平天国在近代中国社会发展进程中的作用?

第三章 中国资本主义的产生和外国侵略的加深

中国资本主义产生于洋务运动时期。洋务运动是中国近代历史发展进程中的极重要阶段。在这一阶段中，主要有两条历史变化轨迹：其一是洋务派倡导并主持了旨在“求强”、“求富”的洋务运动，中国大地上发生了资本主义这一新的生产关系，同时引起了思想文化领域的相应变化。其二是西方列强通过不同方式不断扩大其在华政治经济势力。他们一方面采取共同对华扩张的所谓“合作政策”，巩固和扩大从不平等条约中攫取的权益；另一方面又各自单独行动，分别在中国的西北、东南和西南地区制造边疆危机，发动中法战争，夺取新的侵华权益。后起的日本，则不断挑起事端，并独自发动大规模侵华的甲午中日战争，打破了远东国际关系旧有格局，跻身世界强国行列，走上了疯狂对华侵略扩张的道路。而这一时期的清政府，虽然认识到西方列强是中国的“长久之患”，感受到了日本咄咄逼人的气焰，但由于整个封建统治集团腐败无能，既无力拒绝列强的共同侵华要求，又不能成功地抗击大规模的武装入侵，致使中国半殖民地化程度进一步加深。

洋务运动发生于19世纪60年代初期，失败于90年代中期，历时30多年。这一运动是由清朝统治集团中一部分当权人物和朝野某些开明士大夫倡导并主持的。这些人历经了第二次鸦片战争的失败和国内农民战争的冲击，比较清醒地认识到中国正面临着“数千年未有之变局”，西方列强的武器装备和科学技术远胜于中国，仅靠当时现有力量难以抵御，如不改变统治措施，学习西方各国的“长技”，中国将无以自立。于是，他们高喊“求强”、“求富”的口号，出面倡导和推行了以学习西方科学技术、引进机器生产为中心内容的“自强新政”。这就是人们通常所说的“洋务运动”，这些出面倡导和主持洋务运动的人，则被称为“洋务派”。洋务派在“以中国之伦常名教为原本，辅以诸国富强之术”思想指导下，试图通过对当时中国外交、军事和工业生产方式进行大幅度变革，求得自立自强。其具体措施和范围主要包括：编练新式海陆军，购买和制造枪炮船舰，建立外交机构，派出驻外使节，兴办近代工矿、交通、通讯企业，设立学堂，派遣留学生，翻译西方书籍，等等。大致以70年代初中期为界，前后可划分为两个时期：前期主要是“求强”；后期则在“求强”的同时，又致力于“求富”，力图“强”、“富”并举，以达“富国强兵”、维护清朝统治的目的。

伴随着洋务运动的开展，中国社会产生了新的生产关系，涌现出一批民族资本主义工商企业，诞生了中国资产阶级和无产阶级（中国无产阶级中有一部分产生要更早一些）。几乎与此同时，中国社会思想文化领域也不可避免地发生了一些新的变化，渐次兴起了反映新兴民族资产阶级利益和要求的早期维新思潮，某些传统观念和社会风气有了较为明显的改变。

由于晚清时期宇宙天体异常、环境恶化与社会危机加剧，导致“清末灾害群发期”出现，给中国大地带来严重破坏，而洋务运动正值“清末灾害群发期”的巅峰阶段。一方面，这场早期现代化运动在自然灾害的扰动下踯躅前行；另一方面，严重的自然灾害在晚清中西激荡的时局中又为中国救灾事业的新发展提供了重大的历史契机，深远地影响了此后中国救灾机制的演进路径。

1894～1895年的中日甲午战争，清政府惨败于东方岛国日本，洋务派“富国强兵”的目的没有达到，标志着洋务运动的失败。

洋务运动时期，洋务派为了专心致志地推行“自强新政”，对西方列强采取忍辱退让政策，但却难以满足侵略者的贪欲。列强通过第二次鸦片战争迫使清政府再度屈辱求和，并与清政府联手镇压了太平天国。由英、美两国倡导，在有关重大侵华问题上彼此进行“协商与合作”，以达到共同的侵略目的。这一倡议，得到了俄、法等国的支持。在这一政策下，列强利用一切可能利用的机会和条件，如公使驻京、控制中国海关及清政府的派使工作和外交活动等，对清政府施加政治影响和压力，不断扩大对中国的侵略。

在资本主义发展不平衡规律的制约下，资本主义列强不可能始终一贯地实行所谓彼此“协商与合作”的侵华政策。这一时期它们分别借机和蓄意不断在中国边疆制造危机，扩大各自在中国的侵略权益：美国、日本侵略台湾，制造东南边疆危机，日本迫使清政府签订了《台事专条》，并乘机吞并了琉球；英国入侵云南和西藏，与清政府签订了《烟台条约》、《入藏探路专条》、《藏印条约》和《藏印续约》，扩大了侵略特权；俄、英支持利用阿古柏侵略和分裂新疆，清政府虽然派左宗棠出兵收复了新疆，但却同沙俄签订了《中俄伊犁条约》，沙俄割占了中国7万多平方公里的土地，并公然非法抢占了中国萨雷阔勒岭以西2万多平方公里的土地。

更有甚者，法国单独发动了旨在夺取越南和打开中国西南大门的中法战争，结果是中国不败而败，签订了《中法新约》（即《中法会订越南条约》），法国如愿以偿；日本独自发动了大规模侵华的甲午战争，清政府一败涂地，被迫订立《马关条约》，割地赔款，进一步加深了中国半殖民化的程度。

一、西方列强在华政治经济势力的扩大

第二次鸦片战争后，西方资本主义列强在华进行扩张活动中，采取了“合作政策”，利用一切可能利用的机会和条件，对清政府施加政治压力和影响，以保障它们已经获取的在华权益，并谋求取得更多的利益。

所谓“合作政策”，首先由英国提出，主要有两层含义：其一是“在华享有利益的西方列强之间的合作”。即西方列强在有关对华扩张的重大问题上，要彼此进行“协商与合作”，以避免不必要的猜疑和竞争。其二是“西方列强与中国政府的合作”。即从它们的利益出发，维护和支持中国的中央集权政府，“支持中国的中央政府反对它的所有敌人”。因为列强的“利益依靠一个中央政府的存在，中央政府的管辖权受到整个中国的承认，因此它能够负起对外事务的责任”；而“削弱中央政府”，则会危害它们的“长期利益”①。这项政策有利于西方列强维护和扩大在华政治经济势力，得到了列强在华代表及各国政府的普遍响应和支持。

“合作政策”是西方列强在 19 世纪 60 年代世界格局中，面对古老东方庞大帝国的实际情形，对其世界性扩张政策做出调整的产物。而当时中国国内以太平天国为首的各地农民起义及辛酉政变后的政局，恰为“合作政策”的实施提供了条件和可能。这时的清政府虽然也清楚西方列强“深险狡黠，遇事矫执”②，但由于两次鸦片战争均遭败北，在面对危及自己生存的国内农民起义和要求“合作”的西方列强时，便毫不犹豫地选择了对外妥协退让的总方针。于是，西方列强根据在第二次鸦片战争中攫取的利权，通过公使驻京、把持中国海关等，不断地扩大了其在华的政治经济势力。

根据《天津条约》的规定，西方列强得以派遣使节进驻北京。1861 年 3 月 25 日，法国公使布尔布隆首先来华。接着，英国公使布鲁斯、俄国公使巴留捷克、美国公使蒲安臣、德国公使艾林波等先后进京，设立了各国的公使馆，空前地扩大了其在华政治势力，极便利于其对清政府施加影响。

1866 年，英国驻华使馆参赞威妥玛向清政府递交了一份《新议略论》③，建议清政府“内改政治，外笃友谊”。所谓“内改政治”，就是要求清政府推行“新法”，允许各国“民人进华”经商，同意在全国范围内修铁路、设电线、开矿产、训练海陆

① [美]芮玛丽著，房德邻、郑师渠等译：《同治中兴：中国保守主义的最后抵抗》，中国社会科学出版社 2002 年版，第 26、29、33 页。

② 宝鋆等编：《筹办夷务始末》(同治朝)卷四九，中华书局 1979 年版，第 6 页。

③ 宝鋆等编：《筹办夷务始末》(同治朝)卷四十，第 24～36 页。

军、开办学堂等。鉴于当时中国难以自己解决推行这些“新法”的技术和财政等问题，他又建议清政府“约外人相帮”，请外国投资。所谓“外笃友谊”，就是要清政府设法讲求与“外国和睦”，依对等关系，“派委代国大臣驻扎各国京都”，以增加沟通和了解。同时，威妥玛特别强调改革即采用“新法”与否，关系到中国的生死存亡，劝诫清政府应主动自主采用“新法”，实行改革，以便做到有能力切实保护各国在华权益。否则，各国必然进行“干预”，“一国干预，诸国从之”，中国就必不能自立，而是将“分属诸邦”。

威妥玛的这份《新议略论》，一方面明显表露了他以胜利者和文明使者的身份干预清廷内政。这对于刚刚从传统世界中心的梦幻中转换到受制于外邦现实中来的天朝君臣来说，是很难平心静气、实事求是地面对的。另一方面，除却其只知指责清政府中世纪落后的一面，强调“各大邦来华，各有难弃之要务”的权益，拒不承认列强的侵华事实以外，所建议推行的“新法”也确系中国当时应行之法。结果，当朝廷将《新议略论》同先期递交的赫德的《局外旁观论》一起发交各地督抚认真筹划应对之策时，各督抚大多抱持抵触情绪，有的甚至恰如威妥玛所料无二，认为威妥玛和赫德是“包藏祸心”，主张“断不可从其所请”[①]。但是，朝廷发交各地督抚详审筹议这一事实本身，却显然说明了西方列强在华的政治势力大大增强了，而当时的有识之士痛定思痛，则不难从威妥玛的建议中悟出某些强国的道理。

更能说明问题的是美国离任公使蒲安臣率“中国外交使团”出访欧美各国一事。

蒲安臣，美国人。1862 年出任美国驻华公使，1867 年任职期满卸任。任职期间积极推行西方列强达成共识的“合作政策”，显然也得到了清政府的信任，以至于在他卸任前委派他在卸任后率领“中国外交使团”赴欧美各国访问。

1867 年底，清政府赏给蒲安臣一品顶戴，任命其为“钦派办理中外交涉事务重任大臣”，率两位“钦派办理中外交涉事务大臣”——总理衙门章京志刚、孙家谷以及左右协理英人柏卓安、法人德善与秘书和中国随行人员等 30 人，出访欧美，了解各国国情，同时向各国陈述中国政府的有关对外政策。次年 2 月，蒲安臣奉命率代表团从上海出发，第一站抵达美国，继而先后访问了英国、法国、瑞典、丹麦、荷兰、普鲁士、俄国、比利时、意大利，费时 32 个月，于 1870 年 10 月返回北京。蒲安臣本人在俄国期间，不适应严寒气候，罹患肺炎，于 1870 年 2 月 21 日去世，其后代表团由志刚率领完成了出访任务。

蒲安臣使团是晚清政府正式派出的第一个外交使团，这既是西方列强施加

① 宝鋆等编：《筹办夷务始末》(同治朝)卷四一，第 42～44 页。

政治影响的结果，也是清廷统治集团内部一些开明官僚想走出国门、了解世界并让世界了解中国的反映和当时历史条件下不失巧妙的尝试。出访的结果表明，尽管使团在各国境遇、收效不一，但总体上看，清政府遣使的目的基本上达到了。西方各国通过使团增进了对中国的了解，或多或少地调整了对华政策；清政府通过这次出访，对西方各国及世界情形有了进一步认识，基本解决了困扰派出使节的外交礼仪问题，事实上已为日后遣使西方铺平了道路。

蒲安臣出使期间，代表清政府同美国签订了中美《续增条约》，即中美《天津条约续增条约》，通常又称《蒲安臣条约》。该条约共计 8 款，其主要内容为：(1)中国如愿意在原定贸易条约章程外与美国商民另开通商、行船之路各事，均得自定章程，但不得有悖原约规定；(2)中国得在美国各埠设立领事；(3)中、美两国人民在对方国内均不得因宗教信仰不同而受歧视和迫害；(4)两国人民前往对方游历、居住，均照最惠待遇办理，鼓励华工向美国移民，但不得包揽移民；(5)两国人民均得进入对方大小官学，并受最惠待遇，同时两国亦均得在对方设立学堂；(6)美国不赞成无故干涉中国内政。从这些主要内容来看，对中美双方都是有利的，事实上有着引领清政府融入世界的作用。尽管清政府当时没有授予蒲安臣同美国谈判、签约的权利，但还是批准了《蒲安臣条约》，双方于 1869 年 11 月 23 日在北京交换了批准书。这说明西方列强在华政治影响力的不断增强，同时也反映了清政府对外关系方面在传统与近代之间已经有了明显的变化。

在这一时期，中国海关的控制权落入了以英国为首的西方列强手中。中国关税行政原属户部。1854 年，英、法、美三国乘上海小刀会起义之机，成立了由三国驻上海领事和清政府上海道组成的“上海海关税务管理委员会”，代征关税，窃取了上海海关行政管理权。1858 年，列强根据《中英通商章程善后条约》的有关规定，要求将上海海关管理办法推行到所有中国通商口岸。次年，清政府在上海设立总税务司署，任命英人李泰国为第一任总税务司。1863 年，李泰国去职，英人赫德继任，直至 1909 年。总税务司署于 1865 年迁至北京，名义上隶属于总理衙门，实际由于种种客观条件的制约，海关行政、用人大权基本全操在赫德一人手中，各口岸税务司及海关高级职员一律由外国人担任。如 1873 年海关行政部门共有 93 名外国人，其中英国 58 人，美国 8 人，法国 12 人，德国 11 人，其他国家 4 人。随着中外贸易的扩大，海关职员的增多，海关高级职员由外人充任的局面也基本没有改变。如 1912 年 380 名海关职员中，英国 145 人，美国 14 人，法国 32 人，德国 38 人，日本 33 人，其他国家 50 人，中国自己仅 26 人。由此可见，中国海关确实长期“保持着国际性”，并“为外国使节所支持”[①]。

---

① ［美］马士：《中华帝国对外关系史》(中译本)第 2 卷，上海书店出版社 2000 年版，第 150、153 页。

所谓"保持着国际性"的中国海关，一方面为中国引进了现代海关管理及税收制度，部分地减少了封建官吏们中饱私囊的机会，给清政府增加了财政收入；另一方面也为西方列强获取中国政治、经济乃至军事情报提供了极大方便。而由于海关关税在清政府财政收入中所占比重的逐年增长，海关税务司的地位日益重要，列强控制中国海关对清政府的影响也就越来越大。

海关总税务司赫德利用他掌控中国海关的重要职位，对清政府的内政和外交都产生了相当影响。1865 年，他向清政府递交了《局外旁观论》[①]，历数清政府内政、外交的种种弊端，建议清政府推行改革，"转移"国政，忠实履行与各外国签订的条约，准许"洋商合华商会制轮车电机各事"。指出"止有转移国政，不难为万国之首。若不转移，必为万国之役"。警告清政府，如果"违背条约，在万国公约准至用兵，败者必认旧约，赔补兵费，约外加保方止"。同年，他利用休假半年的机会，策动清政府派出总理衙门章京斌椿和同文馆学生数人，随他"前往英国，一览该国风土人性"[②]。1867 年底，他又促成了美国卸任公使蒲安臣率中国外交使团正式出访欧美。毋庸置疑，赫德的这些作为，首先是适应处在工业迅速发展时期的西方资本主义各国开拓世界市场、大肆向外扩张的需要，以胜利者、文明使者兼清政府雇员的身份，要求清政府忍辱顺从世界大势，改革内政外交，为西方资本主义的顺利扩张创造条件，这当然会引起清政府内外官员极大的心理上的不平衡。其次，他的这些做法、主张和建议，也与这一时期西方列强努力推行的"合作政策"相吻合，希望中外"交好"，中国国内消除混乱局势，呈现稳定发展局面。因为只有这样，才会对西方列强有利。一个自我封闭、游离于世界资本主义进程之外而又十分落后的中国，无疑不利于资本主义的扩张。因此，对于中国想改革现状、求得富强的有识之士来说，赫德的这些言行，又有着刺激和引发他们设法自强的作用。

清政府在第二次鸦片战争后，面对西方列强推行"合作政策"和国内动荡不安的局势，虽然也愿意维持中外"相安"的局面，但最初并没有走出国门、了解世界的打算。随着日益增多的西方国家根据不平等条约先后派出使臣来华驻京，清朝统治者逐步感到同西方国家交往的不可避免性，认为"洋人往来中国，于各省一切情形，日臻熟悉，而外国情形，中国未能周知，于办理交涉事件，终虞隔膜"[③]。出于了解西方各国情况，有针对性地制定交涉策略考虑，总理衙门奕訢

① 宝鋆等编：《筹办夷务始末》（同治朝）卷四十，第 13～22 页。

② 宝鋆等编：《筹办夷务始末》（同治朝）卷三九，第 1 页。

③ 宝鋆等编：《筹办夷务始末》（同治朝）卷三九，第 1 页。

等人虽有派员出使的念头，但起初碍于天朝体制，迟迟犹豫不决。[①] 1866 年，同意总税务司赫德的建议，派斌椿等随行出访欧洲各国，算是借机进行考察的试探性举动，并非正式出使。1867 年底派美国人蒲安臣率中国外交使团出访欧美各国，可说是近代中国第一次走出国门的无奈但却有益的尝试。

由于派出蒲安臣使团出访期间遵行了西方礼节，有意无意间基本解决了“尤难置议”的礼节问题。当西方驻华公使在同治皇帝于 1873 年亲政后“因即援以为请”[②]，要求解决觐见一事时，清政府遂顺水推舟，同意西方列强驻华使节以折中的西式礼节觐见。这实际上等于是放弃了天朝体制，承认了西方各国有着与天朝平等的地位，从而消除了中国遣使的最大障碍。1875 年，清政府因“马嘉理案”派郭嵩焘为出使大臣至英国“道歉”，随后又任命为驻英公使。郭嵩焘成为第一个驻西方国家公使。

继郭嵩焘之后，曾随郭嵩焘出使英国的副使刘锡鸿，受命为驻德公使，兼任驻奥匈、荷兰公使。至 1879 年，清政府先后在法国、美国、西班牙、秘鲁、日本、俄国等国设立了公使馆，同各国建立了近代对等外交关系。与此同时，清政府还陆续在世界各地华侨聚居商埠，设立领事馆，分别派驻领事，保护华侨利益。随后，又明确废除了旧的海禁制度，宣布海外华侨无论在外洋住留时间长短，凡愿回国内者，一律“给予护照，任其回国谋生，置业与内地人民一律看待，并听其随时经商出洋”[③]。

上述情形表明，清政府派出使节驻扎外国，虽然是在西方列强在华政治势力不断扩大的压力和影响下进行的，蒙有屈辱的阴影，但跨出国门走向世界，毕竟是在外交近代化道路上迈出了一步。而废除海禁旧例、给予归国海外华侨以国内人民待遇，则显示了清政府在这一时期走出国门之后，已萌生了适应时代要求的近代开放意识。

列强打着“合作政策”的旗子，目的在于攫取巨大的经济利益。因此，它们在中国不断扩大政治势力的同时，还凭借着从不平等条约中所获得的种种特权，主要通过以下方式，不断加强了在中国的经济扩张。

继续向中国倾销商品。据统计，进口货总值，1864 年为 4600 万两（海关两，下同），1871 年增至 7010 万两，至 1881 年增加到 9190 万两。中国在 1864～1876 年间，还曾有过出超，但自 1876 年以后历年均为入超。在各种进口货中，

---

① 奕䜣在总理衙门 1866 年初给朝廷的奏折称：“臣等久拟派员前往各国，探其利弊……惟思由中国特派使臣前赴各国，诸费周章，而礼节一层，尤难置议，是以迟迟未敢渎请。”[宝鋆等编：《筹办夷务始末》（同治朝）卷三九，第 1 页]

② 宝鋆等编：《筹办夷务始末》（同治朝）卷六八，第 16 页。

③ 《总署遵议薛福成请申明新章豁除海禁旧例折》，《清季外交史料》卷八七。

鸦片仍然占着最重要的地位，其次是棉纺织品、毛织品、金属制品等。以1867年为例，鸦片的进口价值为3199万余两，占全部进口货总值的46%；棉纺织品的进口价值为1461万余两，占全部进口货总值的21%。这种情况从1885年起发生了变化。该年棉制品的比重已经超过鸦片跃居首位，而在棉纺织品中，棉纱的增长速度又超过了棉布。[①] 外国机制棉纺织品的大量输入，逐渐破坏了中国自给自足的自然经济，在遭受洋货冲击最严重的沿海通商口岸的许多地区甚至出现了停纺的现象。中国开始成为外国商品的倾销市场。与同期外国进口商品相比，中国对外出口商品主要是农产品。茶叶、生丝、丝织品、草帽辫、皮革等农产品的大量出口，表明中国正逐步被卷入世界资本主义市场。

在华经营轮船航运业。1862年，美国旗昌洋行在华设立了第一家专业轮船公司——旗昌轮船公司。此后，英国的太古、怡和轮船公司先后成立。由于它们实力雄厚，又有不平等条约的庇护，很快便控制了中国沿海与长江中下游的大部分航运权，成为中国的水上霸主。受外国轮船业的冲击，中国旧式船运输业日渐式微，中国新式航运企业的发展也受到严重制约。

争相在华投资设厂。为了适应日渐扩大的对华贸易，外国资本势力最初是在广州、香港、上海等地开设适应对华贸易需要的船舶修造厂。70年代以后扩展到为进出口服务的加工业和若干轻工业，主要有砖茶、缫丝、制糖、制革、轧花、打包厂等；80年代以后，投资的重点是公用事业。据统计，到90年代初共有192家，资本总额近2000万元。外国资本在扩大对华经济掠夺的同时，在客观上却又刺激了中国近代工业的产生。

设立银行。早在1848年，英国便在上海设立了东方银行（又名"丽如银行"或"金宝银行"）。继此之后，又于1854年和1857年先后设立了有利、麦加利两银行的上海分行。进入60年代后，随着对华经济侵略的加深，外国在华设立的银行急剧增多，其中1865年在香港、上海两地同时开业的英国汇丰银行，实力不断扩大，至1890年资本已达港洋1000万元，且在汉口、天津和北京设立了分行，成为外国在华资本最雄厚的金融机构。到90年代初，德国的德华银行、日本横滨正金银行、法国东方汇理银行又先后在上海开设。这些银行在中国经营国际汇兑，发行纸币，对清政府进行贷款，开始操纵中国的金融市场，成为列强对中国进行经济扩张的重要工具。

外国资本主义在华政治、经济势力的扩大，导致越来越多的中国农民和小手工业者相继破产，中国封建社会传统的自然经济在更大范围内逐步解体。

---

① 参见严中平《中国棉纺织史稿》，科学出版社1955年版，第72页。

二、洋务运动

1. 洋务运动产生的时代背景

两次鸦片战争是古老的封建主义中国同新兴的资本主义西方在军事上的较量，结果都以中国的失败而收场。《南京条约》签订于前，《北京条约》签订于后，从此开始了中国社会半殖民地的历史。尔后，外国侵略者在军事、政治、经济、思想文化上向中国社会展开了全面的进攻，猛烈地动摇着清王朝的统治秩序。

此外，国内各族人民的反抗斗争，也震撼着清王朝的统治根基。声势浩大的太平天国运动、北方的捻军起义、西南苗民起义、西北回民起义，此伏彼起，相互支援，相互影响，清王朝的统治处于风雨飘摇之中。

千古未曾有过的奇变，迫使清王朝内一部分开明封建官员不得不调整步伐，改弦易辙，寻找新的对策，探索新的出路。

两次鸦片战争惨败的事实，使清王朝的一部分开明官员认识到“天朝上国”再也不是无所不有、无所不能。外国资本主义侵略者拥有远比中国旧式武器厉害得多的“坚船利炮”，外国军队的训练有素也远胜于清朝的八旗、绿营。

这时的中央和地方一些与西方列强打交道较多的实力派人物，像中央的恭亲王奕䜣，地方上的曾国藩、李鸿章等人，不再像第一次鸦片战后的整个统治集团那样，认为战后条约是“万年和约”，从此永享太平，而是在一定程度上认清了天下大势。他们意识到战后所签和约，只能“敷衍目前”，万不能“防范数年、数十年之后”[①]，而要极力寻求“自强之道”。他们主张实行“自强新政”，或曰：“自强之道，总以修政事、求贤才为急务，以学做炸炮、学造轮舟等居为下手功夫。”[②]或曰：“自强以练兵为要，练兵又以制器为先”[③]；“中国欲自强，则莫如学习外国利器，欲学习外国利器，则莫如觅制器之器，师其法而不必尽用其人”[④]。而“以中国之大”，若“无自强自立之时，非惟可忧，抑亦可耻”[⑤]。

与此同时，在镇压以太平天国为首的农民起义过程中崛起的地方实力派，在实践中也尝到了洋枪、洋炮的甜头。关于这一点，清朝统治者曾经直言不讳地说：“近年江苏用兵，雇觅英法洋弁，教练兵勇……抚臣李鸿章不惜重资，购求洋

---

① 中国史学会主编：《中国近代史资料丛刊·洋务运动》（以下简称《洋务运动》）第1册，上海人民出版社1961年版，第32页。

② 《曾国藩全集·日记》，同治元年五月初七日，岳麓书社1989年版，第748页。

③ 《洋务运动》第3册，第466页。

④ 宝鋆等编：《筹办夷务始末》（同治朝）卷二五，第10页。

⑤ 《洋务运动》第3册，第466页。

匠，设局派人学制，源源济用。各营得此利器，足以摧坚破垒，所向克捷，大江以南逐次廓清，攻效之速，无有过于是也。”①

于是，在中央的奕䜣，地方上的曾国藩、左宗棠、李鸿章等人的倡导主持下，晚清政府在第二次鸦片战争结束后的1860年代初，启动了长达三十多年的“自强新政”。由于这场新政以从西方引进洋枪洋炮、近代科技和机器生产、练兵之法、求富之方等西洋事物为主要内容，所以习惯上又称为“洋务运动”。

由上述可见，洋务运动是在谋求防范外来侵略的自强之道和镇压国内人民反抗的过程中启动的，因而具有抵御外来侵略和镇压国内人民反抗的双重目的。

倡导和主持洋务运动的人被称为“洋务派”。在洋务运动过程中，因背景的不同，洋务派分别结成各个不同的势力集团，中央主要有以奕䜣、文祥、桂良为代表的满族洋务势力集团；地方则有以曾国藩为代表的湘系集团，以左宗棠为代表的左系湘军集团，以李鸿章为代表的淮系集团。中日甲午战争前后又形成以张之洞为代表的势力集团，其中以李鸿章系和以张之洞系为前后最大的洋务派别。李鸿章曾一度担任江苏巡抚和两江总督，后任直隶总督兼北洋大臣长达二十年之久；所办洋务企业最多，遍及北洋、南洋，成为全国洋务活动的实际主持者。经中日甲午战争，北洋水师全军覆灭，企求“坚船利炮”的洋务运动破产，李鸿章集团势力日削，而张之洞集团势力遂成为洋务派的后劲势力。义和团运动之后，清政府举办“新政”，洋务派作为一种政治势力逐渐解体。

2. 洋务运动的内容

(1)创办近代军事工业

19世纪60年代初至70年初，洋务派所办的洋务，主要是兴办军事工业。

清朝统治集团中部分官员认为，英、法在两次鸦片战争中取胜的根本原因，在于他们拥有先进的武器；清朝失败是由于军事装备上的落后，“中国文武制度，事事远出西人之上，独火器万不能及”②。正是在这种“中学为体，西学为用”的思想指导下，从60年代始，洋务派大举向西方学习军火制造，建立军事工业，制造枪炮弹药，以求“自强”，巩固国防。

1861年，曾国藩在安庆设立的“内军械所”，是洋务派制造新式枪炮的第一个军事工厂。安庆内军械所“全用汉人，未雇洋匠”，以中国科学家华蘅芳、徐寿为工程师，以手工制造为主，制造子弹、火药、炸药等武器弹药，用以镇压太平天国运动。1863年，建造了中国自制的第一艘轮船“黄鹄”号。1862年，李鸿章率领淮军到上海镇压太平军，在购买洋枪洋炮的同时，建立了“上海枪炮局”，“雇募

---

① 宝鋆等编：《筹办夷务始末》（同治朝）卷二五，第1页。

② 宝鋆等编：《筹办夷务始末》（同治朝）卷二五，第9页。

英法弁兵通习军器者,仿照制办","仿造前膛兵枪,开花钢炮之属"[①]。李鸿章雇英、法兵匠指导上海枪炮局制造军器弹药,开了洋务派雇用洋人办军事工业的先河。

1864年以后,洋务派加速在全国范围内大办军火工业。到90年代,洋务派先后在各地创办了近二十多处制造枪炮、船舰和弹药的工厂,其中最主要的有以下几个:

江南制造总局。简称"沪局",清王朝规模最大的军事企业。李鸿章在上海创办。1865年,李鸿章在上海虹口购买美商旗记铁工厂,把原设在上海的枪炮局和在苏州的两个洋炮局并入,再加上曾国藩派容闳从美国购入的一套机器厂的设备,在上海虹口建成"江南制造总局"。最初由李鸿章委派的江海关道丁日昌督察筹划。1867年,由虹口迁到高昌庙,不断扩充,厂房面积扩大到70多亩,雇佣工人2000多名,成为清王朝规模最大的军事企业。它拥有十几个分厂。该局产品绝大部分以调拨的方式供应给北洋军队,有时也拨给其他各省的军队。局中还附设一所机械学校和翻译局,聘请英、美人翻译科学技术等著作,选拔优秀青年入学,培养技术人员。

金陵机器制造局。简称"宁局",清政府经营的新式军事企业之一。1862年,李鸿章率淮军到上海后,任命英国人马格里为主持,在松江设立弹药厂。1863年,李鸿章攻陷苏州后,将该厂迁到苏州,成立苏州枪炮局。1865年,李鸿章升为两江总督,又将该局搬到南京,在雨花台设厂,改称"金陵制造局",并加以扩充,局务名义上由官方委派的总办经营,实际上全部权力都由英国人马格里掌握。制造的枪炮、弹药主要供应李鸿章统率的淮军使用。这个厂规模虽较江南制造局小,但生产枪炮种类较多。

福州船政局。又名"马尾船政局",简称"闽局",清政府经营的最大规模的新式造船厂。1866年闽浙总督左宗棠在福州马尾设立。左宗棠认为:"欲防海之害而收其利,非整理水师不可;欲整理水师,非设局监造轮船不可。"[②]于是请法国人日意格、德克碑主持筹办,分任正、副监督,总揽一切船政事务,并雇用几十名法国技师和工头。创办经费为47万两银子,常年经费自1866年起,每月由闽海关拨银5万两。从1873年起,每月由茶税项下增拨银子2万两。机器设备全部由法国进口,雇佣工人2000名左右。该局主要由铁厂、船厂和学堂三部分组成。1884年中法战争中的马尾一战,使船厂遭到严重破坏,损失惨重。战后虽经恢复,但生产大不如前。1866~1907年,该局共制造各种船舶约40艘。左宗棠

---

① 李鸿章:《上海机器局报销折》,《李文忠公全书·奏稿》卷二六,第13页。

② 《左文襄公全集·奏稿》卷一八,第1页。

创办福州船政局，着重在学习造船技术，他曾与日意格议定，五年内“教习中国员匠能自按图监造；并能自行驾驶”，所以当1874年日意格辞职，在外国技工减少的情况下，船政局仍能依靠本国工程技术人员继续生产。后来，左宗棠调往陕西、甘肃，镇压回民起义军，该船政局的事务由沈葆桢经营。

天津机器局。简称“津局”，最初是清政府有意扶植满族亲贵筹建的，目的是想不使军工生产大权完全落入汉族督抚手中，由三口通商大臣崇厚于1867年正式设立于天津。但满族官僚极端腐败，设局三四年，耗资巨大，未见成效。1870年，李鸿章调任直隶总督兼北洋大臣，接办天津机器局，撤换了该局总管英国人密妥士，从江南制造局调来沈保靖总理局务，命津海关道陈钦兼任会办，在原有基础上进行了大规模扩建。该局分设东、西两局，东局设在城东贾家沽，主要制造火药及各式枪炮子弹和水雷；西局设在城南海光寺，主要制造军需器具和开花子弹。此外，东局还附设有水师、水雷、电报学堂。1893年又建成一个炼钢厂，1895年改称“北洋机器制造局”。天津机器局雇用工人2500多人，其产品主要供应直隶、东北及江南各地淮系水陆军。

湖北枪炮厂。后起洋务派张之洞创建。张之洞(1837～1909年)，字香涛，直隶南皮人，原是著名的清流派，1881年出任山西巡抚后逐步接触实际事物，思想开始发生变化。中法战争时，他升任两广总督，负责供应台湾及云南、广西前线各军饷械。当时洋务派各兵工厂生产的军火供不应求，外国军火商乘机哄抬价格，肆意敲诈勒索，使他对中国自已能否生产足够军火的重要性有了充分认识，完成了从清流派到洋务派的转化，形成了他自己“出人才”、“制器械”、“开地利”等一套洋务思想体系，成为洋务运动后期的重要代表人物。中法战后，他即着手筹建一所大型枪炮厂，厂址拟定在广州。1889年，他调任湖广总督，将厂址移鄂，选定在汉阳大别山麓，1891年始购地建厂，1893年建成，未及投产，厂房毁于大火，重修后开始投产时，中日甲午战争已经结束了。湖北枪炮厂设备新，规模大，分炮厂、枪厂、炮弹、炮架、枪弹五所，雇用工人约1200人。1895年添设炼钢厂和无烟火药厂，不久也并入枪炮厂。创办经费70余万两，是洋务运动后期最大规模的兵工厂。但由于张之洞把经费用于汉阳铁厂，枪炮生产受到严重影响。

此外，其他各省也陆续设厂制造军火。如左宗棠率军进入陕甘后，先设制造局于西安，后又随军迁往兰州，改称“兰州制造局”；山东巡抚丁宝桢在济南设立山东机器制造局，调任四川总督后，又在成都设立四川机器制造局；另外，云南、湖南、广东、吉林、山西、浙江、台湾等地，也都分别筹办过兵工厂，且皆由省督抚用官费设立，一般都规模较小，成效不大。

综观洋务派所创办的军事工业，无论在性质、作用上，还是在与资本主义列强的关系上,都具有相互矛盾的两重性。

在性质上,这些军事工业既具有浓厚的封建性,又存在着明显的资本主义因素。浓厚的封建性具体表现为:第一,完全采取官办形式,工厂封建衙门化,机构臃肿,冗员充斥,致使大部分资金用于薪水、工食等非生产性开支,造成生产成本高昂,效率低下。有的局厂还对工人进行军事化管理,工人不是完全自由出卖劳动力的雇佣劳动者。第二,工厂资金不是来自私人投资,而是依靠国家拨款,主要来源于海关关税、厘金、军饷等,生产规模的大小取决于国家拨款的多寡。第三,工厂的产品不是一般的商品,不投放市场进行交换,而是由政府直接调拨给军队使用,生产的目的不是谋取利润,而是获得使用价值,产品不计算价格。但是,这些军事工业除最初安庆内军械所和上海洋炮局外,都采用机器生产,较为普遍地实行了雇佣劳动制,工人的工资基本按技术的高低决定。80年代后,产品在调拨时,开始有使用一方交付一部分价款,价值规律对各局厂的生产发生了一定的作用和影响。这些情况表明,洋务派创办的军事工业又存在着明显的资本主义因素。

在性质上,军事工业既具有镇压人民反抗、维护清王朝统治的一面,也有防范外来侵略、抵御外侮的一面。军事工业建立之初,其产品主要用来镇压太平天国和捻军,起到了挽救和维护清王朝统治的作用。太平军和捻军失败之后,随着中国近代社会主要矛盾的变化,防范外来侵略的作用日益突出。此外,由于军事工业的建立,引进了机器生产和科学技术,传播了西学,培养了一批科技人才。同时,随着军工生产的扩大和发展,又必然出现原料、燃料、交通运输等亟待解决的一系列问题。因此,军事工业又具有促进中国资本主义民用企业产生和中国社会向前发展的作用。

在与资本主义列强的关系方面,军事工业对外国列强既有很大程度的依赖性,又存在着不可避免的对抗性。从依赖性看,创办近代军事工业要引进外国机器设备。兴办之初,许多局厂从机器设备的安装、使用到投产,都必须聘用外国的技术人员,大型局厂尤其如此(只有少数几个局厂未聘用外国技术人员),这就使军事工业在很大程度上不得不依赖外国。但是,洋务派创办军事工业的目的,用奕䜣的话说,是要"托名学制以剿贼",以便"有事可以御外侮"[①];用曾国藩的话说,是为了"剿发逆"(镇压太平军)、"勤远略"(抵御外来侵略)[②]。事实上,洋务派创办的军事工业确有对内、对外的双重作用。外国列强一方面支持洋务派创办军事工业,一方面又企图把这些军事工业始终控制在只可镇压"内乱"、不能抵御外侮的水平上。因此,随着军事工业的发展、中国自己的技术人才的出现和

① 宝鋆等编:《筹办夷务始末》(同治朝)卷二五,第2～3页。

② 《曾文正公全集·奏稿》卷一四,第11页。

成长，就不可避免地同外国势力发生矛盾。此外，尽管洋务派当时创办的军事工业很落后，但生产的武器装备毕竟比传统的刀矛弓箭和抬枪土炮要先进得多，用这些武器装备中国军队，对外国侵略势力来说，总是不利的。因此，洋务派创办的军事工业与资本主义列强之间，又有着不可避免的对抗性。

(2)编练新式军队

在创办军事工业的同时，洋务派还着手编练新式军队。当时的新式陆军，主要是湘、淮各军。在同太平军、捻军作战过程中，曾国藩、左宗棠、李鸿章大力购买洋枪洋炮装备他们的军队，并雇佣外国人进行训练；随着军事工业的建立，湘、淮各军种新式武器逐步取代了旧式抬枪、土炮，实力大增。在湘、淮各军中，李鸿章的淮军武器装备精良，实力最强。左宗棠所部湘军在镇压了太平军后，长期用兵西北，一面大力购买外国枪炮弹药，一面也先后在西安和兰州设局自造军火，战斗力较强，左宗棠的势力遍布西北各省。曾国藩部湘军成军早，50年代就从香港购买洋炮，但“湘军旧将狃于成见，不以洋人后膛枪为然”[①]，而曾国藩在镇压了太平军后害怕“功高震主”，为了表示对清王朝的耿耿忠心，于攻陷天京后即大裁所部湘军，加之他本人在1872年病逝，曾系湘军逐渐衰落。

除湘、淮军之外，清政府也在八旗、绿营额兵内挑选精壮，配以新式武器，按照新法训练军队。1862年6月，经奕䜣、文祥等人奏准，在天津成立了洋枪队。1866年，奕䜣等人又在直隶额兵内选练六军，计约15000人，称为“练军”。后来，沿海、沿江各省也纷纷仿照直隶办法训练军队。

编练新式海军，肇始于1860年代初，但因故受挫后，停滞十余年，到70年代中期才重新着手逐渐落到实处。

早在1862年，恭亲王奕䜣委命当时身在英国的署理中国海关总税务司李泰国订购8艘中小型舰船和一部分军火，以组建新式水师。1863年，舰船购齐后，李泰国妄以中国皇帝的“代表”和“唯一的海军大臣”自居，擅自在英国招募600多名官兵和水手，宣称成立所谓的“中英联合舰队”，并任命英国皇家海军上将阿斯本为舰队司令，“事事欲由阿斯本专主，不肯听命于中国”[②]。是年9月，阿斯本将舰队带到中国。清政府断然拒绝接受李泰国无视中国主权的行径，指派中国武官任管带，改委阿斯本为副手，同时限令这支舰队必须接受所在地区督抚的节制和调遣。由于李泰国和阿斯本拒不执行命令，清廷遂将舰队解散，革除了李泰国总税务司职务，并将其驱逐出境；所购船舰，则由阿斯本带回英国变卖以抵作“遣散费”。清廷总计花费160多万两白银创设新式海军的初次努力，归于失

① 《洋务运动》第6册，第250页。

② 《同治二年五月二十三日总理各国事务奕䜣等奏》，《洋务运动》(二)，第247页。

败。此即“李泰国—阿斯本舰队事件”。

1874年,日本出兵侵略台湾,清朝统治集团大为震惊,于是急忙开始筹建海防,创设新式海军。1875年5月,清政府任命沈葆桢和李鸿章分别督办南、北洋海防事宜,计划每年由粤、闽等海关收入及江、浙等厘金项下拨款400万两用作海军经费,南、北洋各半,但历年实际拨款均未足额,南洋所得经费更少。至中法战争前夕,初步规划设立北洋、南洋、福建三支海军。其中南洋、福建两支成军较早,但实力较弱;北洋海军的主力舰只主要购自德国和英国,这时尚未驶归国内,所以还没有正式成军。1885年,清政府总结中法战争的教训,提出了“以大治水师为主”的战略方针。为了统一海军的建设和指挥大权,清政府于是年10月设立了海军衙门,命醇亲王奕譞为总理大臣,奕劻、李鸿章为会办,善庆和曾纪泽为帮办,但实权却操在直隶总督兼北洋大臣李鸿章手里。

福建水师归闽浙总督统辖,舰只大都是福州船政局70年代建造的,只有少数几艘购自英国和美国,战斗力很差。中法战争时遭法舰袭击,几乎全军覆灭,战后虽经修整,但已难以成军。

南洋水师归两江总督兼南洋大臣统辖,舰船多数是江南制造局和福州船政局生产的,分驻江宁、吴淞等地,负责防卫东南沿海一带海面。1879年沈葆桢去世后,左宗棠、曾国荃、刘坤一等先后继任两江总督。因此,南洋水师一直由湘系控制,其实力超过福建水师,但距北洋水师相去甚远。

北洋水师是清政府最主要的一支新式海军,一直归李鸿章统辖,由淮系将领丁汝昌任提督,以旅顺和威海卫两处为基地,负责防卫奉天、直隶、山东沿海,拥有大小舰艇约50艘,规模和实力都相当可观。但是,自1888年成军后,即再未增添任何舰只。1891年后又停购枪炮弹药,北洋每年200万两的海军经费大部分被挪用修筑供慈禧享乐的颐和园去了。

洋务派编练新式海陆军的目的和作用,与他们倡导和主持的“自强新政”的目的相一致,具有两重性。新式海陆军作为清政府的防务力量,一方面担负着维护清王朝封建统治秩序、镇压国内一切反抗势力的使命,另一方面又负有保卫国家安全、抵御外来侵略的责任。这种两重性在不同时期,由于中国社会主要矛盾的变化而有所不同。第二次鸦片战争以后至70年代初期,训练新式陆军的目的和作用主要是镇压国内人民的反清斗争;70年代中期以后,尤其是创建新式海军,其主要目的和作用则是抵御外来侵略。

(3)兴办近代民用企业

近代军事工业和防务力量需要有资本主义经济体系作基础。因此,洋务派在创办军事工业和建立新式海陆军的过程中,不可避免地遇到了一系列非常棘手的问题。首先,军工生产和新的防务力量需要大量的燃料、原料及新型交通运输条件，但当时的中国既没有近代工矿企业，也没有新式交通和通讯工具，以致煤、铁等燃料和原材料都必须依靠从国外进口，运输和电讯也都不能适应客观上的需要，从而给军工生产和建立新的防务力量造成巨大困难。其次，创办军事工业和建立新式海陆军需要巨额资金，而当时的清政府，由于长期对内、外战争的庞大军费开支和对外赔款，财政十分拮据，经费来源枯竭。建立新的防务体系的实践，为倡导推行"自强新政"的洋务派提出了新课题。

19 世纪六七十年代，随着外国在华经济势力的不断增长和封建自然经济的逐步解体，中国社会上出现了日益扩大的商品市场和劳动力市场。一部分官僚、地主、商人(包括买办商人)，已经积累了较多的货币财富。他们羡慕外资在华企业的巨额利润，产生了投资新式企业的兴趣。中国社会开始具备了发展民用企业的经济条件。

面对外国在华政治经济势力的不断扩大和亟待解决的军事工业配套问题，洋务派对于向西方学习的认识也较前深入了一步。他们看到了西方资本主义国家之所以富强，不仅在于坚船利炮，而且还由于它们拥有雄厚的经济实力。如李鸿章说："中国积弱，由于患贫。西洋方千里，数百里之国，岁入财富动以数万万计，无非取自于煤铁五金之矿，铁路、电报、信局、丁口等税。酌度时势，若不早图变计，择其要者逐渐仿行，以贫交富、以弱敌强，未有不终受其弊者。"[①]因此，他们提出了"寓富于强"的口号，在继续"求强"的同时，着手兴办以"求富"为目的的民用企业，这样洋务运动进入了第二阶段。

从 70 年代到 90 年代，洋务派以"官督商办"、"官商合办"或"官办"等形式，兴办了几十个民用企业。这些民用企业的重点是采矿、冶炼、纺织等工矿业和航运、铁路、电讯等交通运输业，所采取的主要形式是"官督商办"。轮船招商局、开平矿务局、电报局和上海机器织布局是当时最重要的四个官督商办民用企业。

轮船招商局。1872 年李鸿章创办于上海，是洋务运动由军事工业转向民用企业、由官办转向官督商办的第一个企业。当时外资轮船公司垄断了中国沿海和长江中下游的航运，中国旧式航运业面临破产，清政府漕粮运输发生危机。为了改变"自强新政"因经费竭蹶而难以为继的窘迫局面，解决清政府漕粮运输危机并与洋商争利，李鸿章在 1872 年 8 月饬令浙江海运委员、候补知府朱其昂筹办轮船招商事宜，是年 12 月在上海成立了轮船招商局。该局采取官督商办的方式，即由官方给予扶植并派员监督，商务则由商董承办并自负盈亏。该局先后由朱其昂、唐廷枢、徐润、盛宣怀、马建忠担任总办和会办，代表官方督察局务；其中有些人如唐廷枢、徐润等，既是官方的代表，又是最大的股东，具有官、商双重身

① 《李文忠公全书·朋僚函稿》卷一六，第 25 页。

份。该局初创时集股困难，大部分资金来自清政府垫拨的官款。四五年后，业务有所发展，官款以承包漕运的方式逐步抵还。1877 年，招商局购买了美国旗昌洋行轮船公司的产业，成为一个拥有 30 多艘商船的大型近代航运企业。

轮船招商局的创立和不断发展，对外国资本垄断中国航运业极为不利，外资轮船公司纷纷采取降低运费等竞争手段，企图一举将它挤垮。面对外国资本的竞争，招商局虽然得到了李鸿章筹借官款、增拨漕运、托运官货等多方扶助，仍不得不采取妥协立场，与外资在中国的轮船公司多次订立齐价合同，以避免在竞争中倒闭、破产。可是，当招商局开辟国外航线时，却遭到了外国的全力阻挠，亏损严重，于是不敢远航外洋。这就是半殖民地中国新兴航运业的命运。

开平矿务局。1878 年李鸿章正式创建于天津。洋务派创办的军事工业，每年需从外国购买大量煤铁，不但造成资金大量外流，也使军工生产遭受外国挟制。为了解决军工生产的原料和燃料问题，李鸿章自 1874 年始派人在各地勘探矿产，1877 年委派唐廷枢筹办开采开平煤铁事宜。1878 年正式成立了开平矿务局，经营方式与轮船招商局一样，由清政府派官监督，商人集股承办。最初，开平矿务局拟兼采煤铁，后来由于熔铁炉成本过大和缺乏冶炼方面的专门人才而停办铁矿，专采煤矿。该局自 1881 年开始产煤，年产量 3600 余吨，以后逐年上升，1889 年达 247000 余吨，除了供应轮船招商局、天津机器局和北洋海军外，还大批在市场上出售，使天津市场洋煤销售量从 1882 年的 5400 余吨锐减至 1886 年的 301 吨。开平矿务局是洋务派官督商办民用企业中比较成功的一个。为了运输方便，它在 1880 年修建了一条轻便铁路，1882 年开始行驶火车，这就是我国自办的第一条铁路——唐山至胥各庄的铁路。

天津电报总局。洋务派从建立新的防务体系和从事军工、民用企业生产的需要出发，自 70 年代中期起便提出架设电报线的要求，但由于顽固派的反对和外国商人的敲诈，迟迟未能兴办。1879 年，李鸿章在大沽、天津间架设电线，试验发报，效果良好。次年 10 月，奏准在天津正式设立电报总局，命盛宣怀等负责先用官款架设天津至上海间 1500 余公里陆路电线，于 1881 年 11 月竣工。1882 年 4 月始，电报局仿照轮船招商局办法，招商承办，逐步归还官款，成为官督商办企业。1884 年，上海至广州间线路竣工，电报局由天津迁往上海，盛宣怀任督办。此后，电报逐步扩展至全国各重要城市，中国终于有了自己的近代通讯事业。

上海机器织布局。为了抵制外国棉纺织品在中国市场的倾销，减少白银外流，洋务派自 70 年代中期开始筹建棉纺织业。最初由于用人不当和商股难招等原因，四五年间毫无成效。1880 年，李鸿章委派龚寿图、郑观应等人设局招商，办起了上海机器织布局。1882 年，李鸿章为该局奏准减免税厘，“十年内只准华商附股搭办，不准另行设局"[1]。事实上，当时社会闲散资金不多，集股十分困难，织布局直至1888年才动工建厂，1890年开始部分投产，聘用外国技师4人，雇用中国工人约4000人。由于该局享有减免税厘的特权，投产后利润丰厚，发展较快，但1893年10月工厂失火，全厂付之一炬。是年11月，李鸿章委任盛宣怀等重建，改称"华盛机器纺织总厂"，拟在上海、宁波、镇江等地设十处分厂，仍采取官督商办的方式。1894年9月，华盛机器总厂开始部分投产。

汉阳铁厂。1889年，张之洞在两广总督任上为满足各省机器局原料之需，免受外人掣肘，筹建于广州，翌年调任湖广总督，移建湖北汉阳，1893年底竣工。计有贝色麻钢厂、造钢厂等大小10个厂。同时，为解决该厂的原料和燃料问题，1891年又开采大冶铁矿，继开江夏县马鞍山等煤矿，汉阳铁厂拥有工人3000多人，聘请洋人40余名任技术指导。1894年6月开炉炼铁，先开生铁大炉一座，日夜出铁8次，共50余吨，成为中国第一个近代化的钢铁工业企业。

以官督商办为主要形式的民用企业是洋务派官僚倡议，并在他们的支持、保护下创办起来的，机器设备和技术人员大都依靠外国。因此，洋务派倡办的民用企业在性质、作用以及与外国资本主义的关系等方面，也都具有两重性。

就性质而言，洋务派创办的民用企业基本上是资本主义的，但又带有一定的封建性。这些企业的资金大多是私人投资，企业与工人之间是雇佣劳动关系，工人是靠出卖劳动力为生的自由劳动者，企业的生产经营目的主要是谋取利润，产品是投放市场出售的商品。因此，它们已具备资本主义企业的性质。但是，这些企业无论是私人投资的还是少数官款投资的，又都为洋务派官僚所把持，一般商股对企业的经营管理没有发言权，企业的生产经营有时必须为清政府的特殊目的和需要服务。如电报局要优先拍发有关洋务、军务等官报，最初完全不收费，后来改收半价；轮船招商局运送清朝军队、军火等也都照常价减二三成至四五成收费。另外，那些完全由私人投资的洋务民用企业为了博取社会信任，广泛招徕投资，大都将净收入以"官利"、"余利"、"花红"等形式分配净尽，很少进行资本积累，完全背离了资本主义经营方式。从这些方面来看，官督商办企业又具有一定的封建性。

洋务派创办的民用企业具有抵制外国资本主义侵略的作用。80年代中期以前，基本适应或促进了中国民族资本主义的发生和发展；80年代中期以后，则又逐步成为中国民族资本主义发展的障碍。从抵制外国资本主义经济势力方面看，这些民用企业的创建和发展，在一定程度上阻止了外资在华经济势力的扩张，部分挽回了被外资掠夺的权利。如轮船招商局的创建，打破了外资轮船公司

① 《洋务运动》第7册，第484～485页。

垄断中国内江外海航运业的局面;开平矿务局的开办,缩小了洋煤在中国的销售市场,减轻了中国近代工业和航运业对洋煤的依赖。汉阳铁厂、马鞍山煤矿等的兴办,增强了与外国列强抗衡的基础。从促进中国民族资本主义发展方面看,七八十年代的中国社会,封建顽固势力十分强大,他们坚决反对引进机器生产和科学技术;握有一定货币财富的私人还没有足够的经济和技术力量单独经营大型新式企业,况且在中日甲午战争以前,私人企业一直没有得到清政府的正式承认。因此,如果没有掌握实权的地方督抚大员出面倡办、支持和保护,像轮船招商局、开平矿务局等那样的大型新式企业是难以建立的,即使勉强建立起来,也经不起外资的竞争打击与封建顽固势力的勒索摧残。由此看来,在中国基本还不具备建立纯粹私人资本主义新式大型企业的历史条件下,洋务派兴办的民用企业引进机器设备和先进生产技术,为私人投资近代企业提供方便条件,无疑是适应并促进了中国民族资本主义的发展。但是,随着中国民族资本主义的发展,一些人具备了独立经营近代企业的条件,有了独自经营近代企业的思想,而且由于洋务派兴办的企业本身的封建性等因素,从而使无论是"官督商办"还是"官办"的民用企业形式又逐步蜕变成了中国民族资本主义发展的障碍。官办企业也有着那个时代难以克服的种种弊端。

在与外国资本主义的关系方面,洋务派创办的民用企业与外国资本主义国家既有矛盾的一面,又有依赖的一面。如外国轮船公司为了维持垄断中国航运业的局面,不惜联合采取降价竞争等手段,企图挤垮轮船招商局;上海机器织布局失火,租界里外国消防队拒绝援救,外国商人幸灾乐祸。这些都说明洋务派创办的民用企业是列强在华进行经济扩张的对立物,与外国资本主义之间存在着尖锐的矛盾。但同时也应看到,这些企业的机器设备需要从国外进口,而且机器的安装使用和技术问题的处理等大都依靠外国技术人员,有些企业在资金周转方面还依靠外国银行贷款,从而使这些企业不能不对外国资本主义有很大的依赖性,在同外资竞争中软弱无力。

(4)创办新式学堂和派遣留学生

创办新式学堂和派遣留学生出国学习,是洋务运动的一项重要内容,也是洋务派向西方学习、引进先进科学技术的一条重要途径。

从60年代初至90年代中期,洋务派创办的新式学堂大致可分为两类:一类主要学习"西文";一类主要学习"西艺"。学习"西文"的新式学堂有:1862年设立的京师同文馆、1863年设立的上海广方言馆、1864年设立的广州同文馆等。这些学堂主要是学习西方语言文字,以英语为主,也兼习自然科学。如京师同文馆1866年添设天文算学馆,开设天文、算学、化学、物理、医学、生理等科目。学习"西艺"的学堂,除了福州船政局附设的船政学堂之外,主要还有:1880年设立的北洋水师学堂和天津电报学堂、1885 年设立的天津武备学堂、1886 年设立的广州陆师学堂、1887 年设立的广州水师学堂、1890 年设立的南京水师学堂、1895 年设立的湖北武备学堂等。这些学堂主要学习与近代军事和工业有关的专业技术，同时为了学习“西艺”，也往往兼习“西文”。

上述各类新式学堂的开办，为西学在中国的传播奠定了一定的基础，培养了一批外语人才、科技人才、军事人才和外交人才，为中国近代化的基础教育、实业教育、技术培训和高等教育的起步和发展提供了可资借鉴的模式。这些新型的学校在教育内容、教育方式、教育理念等方面均表现出了与传统的私塾、书院等截然不同的新特点，充分体现出了其先进性、科学性以及符合社会发展需要的实用价值。这种崭新的教育模式的建立对中国传统的教育体制和模式形成了强有力的冲击和挑战，预示着中国的文化和教育事业将面临着一场前所未有的变革。

70 年代初，根据容闳的建议，曾国藩、李鸿章等人奏准选派聪颖子弟出国学习。他们在 1872～1875 年间，先后派遣了四批学生赴美留学，计 120 人。赴美学生的学习内容，主要是与国内工业建设有关的科目，如机械、开矿、造船、交通运输、邮电等。这本来是学习西方科学技术的一条良好途径，但在封建顽固派的极力破坏下，没有达到预期目的，留美学生被提前撤回。1877 年，福州船政局仿照赴美留学办法，选派该局“艺童”和“艺徒”30 人分赴英、法学习轮船驾驶和制造，取得了显著成效。清末著名海军爱国将领刘步蟾、林泰曾、林永升，资产阶级启蒙思想家严复等，都是福州船政局派出去的留英学生。后来，福州船政局还继续派遣了两批留学生前往欧洲学习。他们归国后，成为福州船政局的骨干力量和北洋海军的重要将领。

3. 洋务运动的历史地位

洋务运动是清王朝统治集团内部的开明之士倡导和主持的自强改革运动，历时 30 多年，在中国近代历史上具有重要地位。

首先，它揭开了采用资本主义生产方式的序幕。洋务运动首次在中国大地上办起了一批中国人自己的军工、民用近代企业，揭开了封建中国采用西方资本主义生产方式的序幕。洋务运动从 1860 年代初始，至 1895 年中日甲午战争失败止，在中国社会原有的封建经济基础上，展开了一系列的仿效西方资本主义生产方式的经济活动。这些经济活动的主要结果是：兴办了一批近代军事工业，大小总计近 20 个，其中以江南制造总局、福州船政局、金陵机器制造局、天津机器局、湖北枪炮厂的规模为最大；兴办了一批近代民用工矿企业，先后共计 29 个，包括煤矿 11 个，各种金属矿 12 个，炼铁厂 2 个，纺织厂 4 个；兴办了一批近代交通运输企业，包括拥有 30 余艘近 5 万吨商轮的轮船招商局，已筑成的台湾铁路及京奉铁路天津至山海关段共 364 公里，开始兴筑的京汉铁路，以及通达全国主要行省的电报及邮政业。洋务运动中所兴办的这些近代企业,在中国当时初步发生和发展的近代生产方式中,占有主要的地位。这些企业,从产生的时间上看,虽迟于外国在华资本所办的近代企业,但比民族资本所办的近代企业要早。中国第一个近代纺纱厂和织布厂、第一个近代煤矿、第一个近代钢铁厂矿等都是在洋务派手中出现的。这些近代企业在生产规模和资本总额等方面,不仅远远超过当时的民族资本企业,也优于当时外国资本的在华企业。

其次,它加强了国防力量。近代军事工业的发生和发展,在抵制外国侵略,保卫边疆、边防方面发挥了积极作用。洋务运动在刚刚开始酝酿时就有"御外"意识,而中华民族和帝国主义之间的矛盾,一直是贯穿中国近代历史的主要矛盾。60年代开始的洋务运动,带有明显的御侮色彩。洋务派创建的第一支近代新式海陆军,使中国的国防建设发生了一次大飞跃。可以设想,如果没有洋务运动,中国的国防水平还不知道要在木船、刀矛剑戟的阶段徘徊多少年。新式国防的建立,无论在当时还是对后来,都有着重要的意义,这是符合国家民族的根本利益的。

再次,它促进了民族资本主义的产生和发展。洋务运动从70年代开始大办以"求富"为目的的民用企业,这对于与外国商品争夺市场、维护本民族利益、促进早期民族资本的发展起了重大作用。在当时封建势力仍占统治地位的近代社会环境下,一般的官僚、地主、买办和富商,要想兴办规模较大的近代厂矿,在资本的招收和支援、原材料的采购和供应资源的开发、成品的运销、税厘的减免、厂矿的保护和工人的技术素质管理等方面,都需要依靠政府势力的支持。没有这一支持,企业往往办不起来。因此,早期民族资本所办的近代厂矿企业,特别是规模较大的企业,大都向清政府申请"官督商办"或"官商合办"。例如,在1875～1894年间的全部33家近代采矿业中,纯商办的只有1家,纯官办的9家,其余23家挂着"官督商办"的招牌,或多或少地同官府保持着联系。当时的"官督商办"或"官商合办"方式已成为洋务派同私人资本之间相互利用、相互结合的一种方式,也是在中国当时的社会条件下,资本主义初期发生阶段所必经的途径。这对民族资本的发生发展,开始具有引导、保护、扶植作用,只是后来随着纯私人企业的发展,官僚体制与私人资本之间矛盾的不断激化,才逐渐成为桎梏。

最后,客观上奠定了中国社会由传统向现代转型的基础。洋务派是一个带有资本主义倾向的官僚集团,它的某些主张和措施,如开工厂、采煤铁、办学校、译书籍等等,在客观上都有利于社会的发展。与封建顽固派相比,他们要进步得多,开明得多。古老的中国,在两次鸦片战争中惨遭失败,被迫签订屈辱的不平等条约,先进的中国人开始面对现实,探寻着救国安邦的方策。洋务派极力主张学习、效法西方的先进科技,提出"西学为用"的口号。但封建顽固派却主张原封不动地拘守传统封建统治模式。他们斥责洋务派采用西学是“用夷变夏”，把西方科技视为“奇技淫巧”，认为会“坏我人心”，对所有西方事务深闭固拒。与顽固派相比较，洋务派敢于正视现实，承认落后，并采取明智的方法，积极效仿学习，甚至走出国门，了解世界，试图逐步融入国际社会，体现了他们的务实精神。洋务运动中后期以来，畅谈西学，蔚然成风；传统中世纪中国的森严壁垒已然破裂，产生了诸多向现代社会过渡的因素，从而在客观上为中国社会由传统向现代转型准备了条件、奠定了基础。

4. 洋务运动失败的原因和教训

尽管持续三十多年的洋务运动在一定程度上推动了近代中国社会的发展和进步，开启了中国早期现代化的先河，但它仅仅是中国现代社会发展的起点，而非根本的发展方向。洋务运动的活动范围基本仅局限于火器、舰船、机器、通讯、矿务和轻工业及相关知识的获得，尚未进行仿效西方政治制度、大规模学习西方文化方面的尝试，其多方努力并未能取得工业化的突破性进展。甲午战争的惨败则标志着洋务运动最终以失败告终。其失败的原因大致有以下几个方面：

第一，各自为战，缺乏协调。太平天国运动失败后，清朝的中央权力急剧衰退，洋务运动是地方督抚在没有中央科学的指导、统筹和规划的情况下率先发动的。尽管李鸿章在1870年以后行使了某些中央政府的职能，但他仍然只是一个封疆大吏，不能代替中央政府。倡导洋务运动的各地方督抚不是相互合作，而是相互竞争，且把自身的成就看作其个人权力的保障，他们的地方中心意识和自我保护的倾向十分强烈。以下两个事例即是明证：1884年中法战争期间，北洋水师和南洋水师曾拒绝前往支持受敌攻击的福建水师；1894～1895年的甲午中日战争期间，当北洋水师独立抗击日本海军进攻时，南洋水师亦坐视不管，避战自保。

第二，视野的狭窄和保守势力的牵制。洋务运动倡导者的最终目的是为了使清廷能够抵御外来侵略，镇压国内动乱，并加强他们自身的权力和地位。他们所做的诸多努力是在竭力维护而非变更现存社会秩序。当时大部分的士大夫将夷务和洋务视为“卑”、“野”之事，顽固守旧势力非常强大，以致清廷统治者亦不能漠然视之。顽固派对洋务运动的开展进行了多方面的掣肘。1875～1876年间，英国人修筑了上海至吴淞段的铁路，遭到守旧势力的一致反对，在地方士绅的压力下，两江总督购买下这段淞沪铁路并将其拆毁。1876年，当郭嵩焘以驻外公使的身份出使英国时，守旧势力则讥讽他弃圣贤之邦追随洋鬼子。郭嵩焘的日记《使西纪程》因为有赞誉西方文明之词，而被守旧派斥为异端邪说并遭毁版，这充分说明当时顽固守旧势力的强大。

第三，缺乏资本，技术落后。近代中国既贫且弱，资本供应十分有限，无论是官方还是民间的资本都很缺乏,这从根本上限制了中国近代工业和企业的创办及增长。当清廷提高税率以开办新兴实业时,削弱了民间本就十分有限的投资能力;洋务企业一年有8%~10%的利润被当作红利分配给了股东,而非用于企业的扩大再生产。此外,洋务运动开展的年代正是西方资本主义国家强化扩张的时代,诸如1874年日本侵略台湾并于1879年吞并琉球,19世纪后半期英、俄进窥滇藏,1871年至1881年间俄国强占新疆伊犁、法国攫取越南,再加上这一时期的中法战争和其后的甲午中日战争,等等。这些事变不仅分散了清廷关注现代化事业的注意力,清廷还得为此支付巨额的军费开支和赔款,减少了本可能用于洋务运动的资金。

技术落后亦是制约洋务运动成效的重要因素。西方现代化的机器设备和生产管理技术对当时的国人来说是十分陌生的。洋务企业制造出来的枪炮、船舰的性能十分低劣,以致清廷仍不断从国外购进船炮。北洋水师的9艘大型船舰均由外国制造。

第四,洋务运动缺乏大众的广泛参与。19世纪下期的中国,还是一个封建自然经济的汪洋大海,缺乏现代社会发展的政治、经济和思想文化、民众心理基础。少数洋务运动的倡导者采取的是自上而下的方式,不能像日本明治维新时期那样得到广泛的下层民众的支持。中国传统的积习使当政者无法摆脱由来已久的轻商观念,他们不可能在官办工业或官督商办企业中注入个人的能动性,洋务企业始终备受官场中固有的任人唯亲、贪污腐败等现象的困扰。

洋务运动没有使中国走上富强的道路,而是以失败告终,但它留给中国人民的教训是深刻的,它对中国人民的启迪是永久的。洋务运动失败的历史告诉我们:抱残守缺、不适应时代潮流的落后思想,是中国科技进步、经济发展的巨大障碍;落后的封建制度,是中国近代化的桎梏;没有国家的独立自主,中国就不可能真正繁荣富强。

三、新阶级的出现与早期维新思想的产生

随着中国资本主义的发生和发展,中国社会出现了新的阶级力量——中国资产阶级和无产阶级。

早期中国资产阶级有两个来源:其一是由投资于洋务派兴办的民用企业和独自创办经营近代工业的官僚、地主、商人和买办转化而来,这是早期中国资产阶级的主要部分;其二是由少数采用机器生产的手工场主和作坊主转化而来。这两部分共同构成了中国早期的民族资产阶级。

与中国资本主义发生、发展的社会历史条件和特点相适应,中国民族资产阶

级从它诞生的那一天起，就不可避免地具有两重性：一方面，它遭受外国资本主义的排挤、打击和本国封建主义的摧残、压迫，因而具有反侵略反压迫的要求；另一方面，它与外国资本主义和本国封建主义之间又有着千丝万缕的联系，因而缺乏将反侵略、反封建斗争进行到底的勇气，具有软弱性。

民族资产阶级可以分为上层和中下层两个不同阶层。其上层大都具有亦官亦商或亦绅亦商的身份，与外国资本主义及本国封建主义联系较多，矛盾较小，经济力量比较雄厚，企业规模较大；其中下层与外国资本主义及本国封建主义联系较少，矛盾较大，经济力量薄弱，企业规模较小。但是，民族资产阶级两个阶层之间并没有一条不可逾越的鸿沟。

一般说来，无产阶级和资产阶级是一对孪生兄弟。但是，近代中国不是一个独立发展的资本主义社会，因而中国无产阶级不仅是伴随着中国资产阶级的产生和发展而来，而且是伴随着外国资本主义在中国直接经营近代企业而来的。中国近代最早的一批产业工人，就是鸦片战争以后通商口岸的码头工人和外国轮船上的海员。后来，随着外国资本在华强行投资设厂，洋务派创办军事工业和民用企业，以及纯粹私营近代企业的出现，中国无产阶级的队伍也不断扩大。据不完全统计，截至 1894 年，中国产业工人大约为 10 万人。

中国无产阶级人数虽少，但却是新的生产力的代表者，是最有前途的阶级。

早自四五十年代起，中国早期产业工人就开始了反侵略、反压迫的斗争。1848 年，香港船艇工人带头掀起了反对英国殖民统治的斗争。1858 年，2 万多香港工人为反对英国侵华举行罢工，并回到广州同当地人民一道进行反侵略斗争。60 年代以后，随着产业工人队伍的逐步扩大，中国无产阶级反侵略反压迫的斗争不断发展。至 1895 年止，见于记载的罢工事件约 50 起。其中绝大部分斗争矛头直接指向外国侵略者，反对本国剥削和压迫的斗争居于次要地位，反映了中国近代社会历史的特点。在反对外国侵略和剥削压迫的斗争中，比较典型的有：1868 年上海英商耶松船厂工人反对外国资本家降低工资的罢工；1879 年该厂发生抗议工头克扣工资的斗争；同年上海祥生船厂发生反对外国监工毒打中国工人的罢工，等等。最著名的是中法战争期间香港工人发动反对法国侵华的大罢工，这次罢工给予法国侵略者以沉重打击，有力地支援了前线的反侵略战争，显示了中国无产阶级的反侵略精神和斗争力量。在反对本国剥削和压迫的斗争中，比较典型的是在 80 年代、90 年代之交，开平矿务局、江南制造总局、上海机器织布局等军事工业和民用企业中的工人，为了改善自身的生活待遇和工作条件而进行的罢工斗争。

随着经济、政治力量的发展变化，中国社会产生了早期的资产阶级维新思想。

洋务运动兴起后,中国社会出现了机器生产、新的雇佣劳动关系以及带有资产阶级倾向的官僚、地主和商人,这是当时中国社会新的经济力量和政治力量出现的主要标志。与社会经济、政治力量的发展变化相适应,有些人开始提出了发展私人工商业和学习西方政治制度的主张。如被奕䜣、李鸿章等人称为"第一流"洋务人才的郭嵩焘,在70年代就认为:"西洋立国有本有末,其本在朝廷政教,其末在商贾。造船、制器,相辅以益其强,又末中之一节也。故预先通商贾之气以立循用西法之基,所谓其本未遑而姑务其末也。"[①]这里他把造船、制器等视为西洋立国的末中之末,以为中国在还不能够学习西洋"朝廷政教"的情况下,应"先通商贾之气",以便逐步打下采用"西法"的基础。这种思想认识,比洋务运动初期那种"中国文武制度,事事远出西人之上,独火器万不能及"[②]的思想,显然是前进了一步,开始看到了西方国家富强的根本在于"朝廷政教",即政治制度。与郭嵩焘同时还有一些官僚和知识分子,也都开始称羡西方资产阶级政治,主张鼓励私人工商业[③],反映了在向西方学习过程中人们思想认识的不断提高。但是,这时要求学习西方经济、政治制度的思想都还十分肤浅模糊,郭嵩焘等人也不是民族资产阶级的代表,他们所代表的只是刚刚开始向资产阶级转化的地主和官僚。

70年代以后,随着中国资本主义近代企业的产生和新的经济、阶级关系的出现,逐步产生了反映新兴民族资产阶级利益和要求的早期维新思想,形成了中国早期的维新派,王韬、薛福成、马建忠、郑观应、陈炽、何启、胡礼垣等人,是早期维新派的主要代表人物。

早期维新思想与洋务思想在七八十年代并没有明显区别。早期维新派大多是洋务运动的支持者和拥护者,其中有些人还是洋务运动的直接参加者。如郑观应既长期为洋务派经营轮船招商局、电报局和上海机器织布局等民用企业,又极力鼓吹洋务派创办民用企业的主要形式——官督商办制度。他说:"全恃官力则巨费难筹,兼集商赀则众擎易举。然全归商办则土棍或至阻挠,兼倚官威则吏役又多需索。必官督商办,各有责成。"[④]到了80年代末和90年代初,随着社会经济、政治力量的发展变化,早期维新派开始对洋务派的"求强"、"求富"道路产生怀疑,逐步展开了对洋务运动的批判,主张兴办近代企业应"独任商民",毋庸"官督",认为"商之必可以办,官之必不可以督"[⑤]。他们在呼吁学习西方资本主

① 《洋务运动》第1册,第138页。

② 宝鋆等编:《筹办夷务始末》(同治朝)卷二五,第9页。

③ 参见胡绳《从鸦片战争到五四运动》上册,人民出版社1981年版,第341~342页。

④ 夏东元编:《郑观应集》上册,第704页。

⑤ 何启、胡礼垣:《新政始基》,第15页。

义经济制度和措施的同时，还提出了进行相应政治变革的要求，标志着早期维新派已经从洋务派营垒中分化出来。

早期维新思想的主要内容，大致可以概括为以下三点：

(1)强烈的发展民族资本主义工商业的思想。为了使中国富强起来，早期维新派一反重农抑商的传统观念，提出了"恃商为国本"、商"握四民之纲"以及"商战"等思想主张，反对"官办"、"官督商办"，要求清政府设立"商部"，允许发展并保护私人资本主义工商业[①]，认为只有这样，才能使国家富强起来，有效抵抗外来侵略。

(2)效法西方实行君主立宪、进行政治改革的思想。早期维新派初步认识到封建专制制度是中国贫穷落后的根源，纷纷介绍、称道西方资产阶级议会制度，激烈批判封建顽固派泥古不化的极端守旧思想，一致认为西方富强的根源在于其政治制度，主张效法西方资本主义国家，在中国设议院，行君主立宪。这种思想主张反映了新兴民族资产阶级要求参加政权的愿望。

(3)反对外来侵略的爱国理想。早期维新派强烈谴责外国侵略者侵犯中国主权，认识到了所谓国际公法只是在实力相当的资本主义各国之间发生作用，指责外国侵略者强迫清政府签订了一系列不平等条约，在中国攫取了片面最惠国待遇、领事裁判权、协定关税、把持海关等特权，给中国带来了无穷的灾难。这些都说明早期维新派所代表的新兴民族资产阶级与外国资本主义之间有着尖锐的矛盾。

早期维新思想是新兴民族资产阶级利益和要求的反映，因此也必然体现这个阶级所固有的局限性——软弱性和妥协性。这种局限性具体表现为：第一，早期维新派要求发展私人资本主义工商业，但不敢触及封建土地所有制；第二，早期维新派反对外国资本主义的侵略，但对侵略者的本性认识不清，把取消列强在华种种特权的希望寄托在外交谈判上；第三，早期维新派反对封建专制制度，但却主张维护传统的封建道德和伦理观念。为了减少学习西方经济、政治制度的阻力，他们想方设法证明西方近代文明原为中国古代所固有。这些都说明在早期维新派身上，不可避免地带有他们所代表的那个阶级的印记。

但是，早期维新思想毕竟开始超越洋务思想的藩篱，反映了中国社会的发展变化，代表了时代的方向，对于推动历史前进有着积极的进步作用。

---

① 参见王韬《弢园文录外编》卷十，第 300 页；薛福成《庸盦全集・海外文编》卷三，第 1 页；郑观应《盛世危言》，《郑观应集》上册，人民出版社 1982 年版，第 586 页。

四、“清末灾害群发期”与中国救灾事业的新发展

洋务运动时期，清廷统治集团内部的有识之士曾感慨地形容时局为“数千年未有之变局”。其实，当时中国生态环境与自然灾害亦处于一个大变动时代，已有人质疑：“今水旱饥馑之所以为患者，或者其天下古今一大变局乎？”[①]学界将这一时期的自然灾害概括为“清末灾害群发期”（又称“清末宇宙期”），并与历史上另外三个重大自然灾害群发期，即夏禹宇宙期（约4000年前）、两汉宇宙期（前206～200年）、明清宇宙期（1500～1700年）相提并论。“清末灾害群发期”的主要表现可以概括为以下三个方面：

第一，自然灾害发生频次增加，灾害种类增多，灾害持续时间拉长。在各类灾害中，水灾发生得较为频繁突出。据统计，晚清黄河发生较大决口的年份计31年，决口56次。其中1861～1895年发生决口的年份有16年，计33次，占总数的一半以上。有“小黄河”之称的永定河在1840～1911年漫决33次，其中1861～1895年决口20次，约占总数的2/3。原本灾患较轻的长江流域这时也成为灾害频发的区域，这极大地改变了全国范围内自然灾害区域分布不平衡的状态，之前“历史以来有河患无江患”变为“几与河防同患”的新格局。与此同时，中国南部的珠江流域水文环境也发生了显著变化，水患频发。

第二，灾害地区分布日益扩散，灾歉面积空前广大。1861～1895年的35年间，全国各地大致有17278县次发生一种或数种灾害，年均达493县次。按当时全国共约1606个县级行政区划计算，每年近有1/3的国土被各种自然灾害侵扰。其中最严重的1881～1885年年均灾歉596州县次，远超平均水平。

第三，各种特大灾害继起迭至，交相并发，具有明显的多样性、群发性和整体性等周期性集中爆发的特征。（1）特大洪涝灾害频发。这时期华北、东北、西北、华中、华南等区域均有百年不遇之特大洪水。其中，1870年长江上游出现的大洪水是该流域800年来最严重的一次，近乎千年不遇；1887年黄河在郑州决口，百万人罹难，是近代中国人口损失最严重的水灾。（2）旱灾奇重。一般而言，水、旱灾害之间有很强的排斥性，但这一时期由于降水变率极大，以致与上述大范围、高强度的洪涝灾害相伴的是因长期降水不足造成的严重干旱。这尤以光绪初年在华北发生的“丁戊奇荒”为甚。（3）低温冷害异常突出。长江流域在1840～1890年是过去500年间三个最寒冷的阶段之一；黄河中下游也在1840～1910年出现了一个较为严重的多霜冻时期。（4）地震活动强烈。1840～1912年，中

① 1888年11月23日《申报》。

国共发生7级以上地震14次,死亡千人以上的地震11次,死亡万人以上的地震2次;洋务运动时期分别占了6次、5次和1次。其中1879年发生于甘肃阶州的里氏8级大地震,波及范围达1000平方公里,至少有6个省区的百余州县受到不同程度的破坏和影响。(5)特大风暴潮灾害与瘟疫也在同一时期频发,给民众的生命财产带来极大危害。

综合来看,1840～1911年导致万人以上死亡的重大灾害共48次,死亡总人数约1727万;而洋务运动时期的灾害计27次,死亡人数约1577万,分别占总数的56%和91%强。

"清末灾害群发期"是宇宙天体异常、环境破坏和社会危机共同作用的结果,它的巅峰阶段出现于19世纪中后期,恰逢洋务运动的开展,这不能不对中国早期工业化进程产生消极影响。概括言之,主要表现在三个方面:(1)灾害严重影响了资本的原始积累。从宏观上看,它极大地抑制了清廷财税总量的增长,加剧了清廷财政危机,从而间接地削减了清廷对新式工业的投资规模。从微观上看,它直接挤占、侵蚀了新式官方工业的融资渠道或资本存量,在一定程度上迟滞了洋务运动的进程。(2)灾害极大地损毁了生产力,造成大批流民、难民,对劳动力市场的正常发育产生了不利影响,使中国的工业化从一开始就失去了技术改造、设备更新以及培养、提高劳动力素质的动力,导致中国工业化水平极端低下,发展潜力不足,竞争能力薄弱。(3)灾害既削弱和摧残了灾区社会的购买力,也加剧了国内商品市场的波动,不利于健康、有序、稳定的商品市场之形成。因此,中国早期工业化的发展受到广大农村的挤压,在这样一个被灾害打击而停滞破败的农业生产的环境中急切地推行现代化事业,无异于沙滩上盖楼,难免倾颓之厄运。①

从客观方面说,"清末灾害群发期"与中西激荡之时局又为中国救灾事业的拓展提供了重大历史契机。以下以光绪初年的华北大旱灾——"丁戊奇荒"为例,进一步介绍救灾事业新发展的演进过程。

1874年,年仅19岁的同治皇帝病逝,载湉继位,定1875年为光绪元年。光绪朝的前两年,直隶、山西、陕西、甘肃、河南等省即已发生干旱,成为中国近代历史上最严重的特大旱荒——"丁戊奇荒"的前奏。

1875年,"山西、陕西、河南大饥,赤地数千里","晋、豫尤甚。灾区之广,饥民之多,实二百年来所仅见"。1876年,灾区范围与灾情的严重程度都较上年有了进一步的发展。直隶、河南先旱后涝,山东、安徽、陕西、苏北、山西、奉天等地

① 参见夏明方《近世棘途:生态变迁中的中国现代化进程》,中国人民大学出版社2012年版,第211～221、232～269页。

则全年干旱。此外,江西、福建、台湾等地连遭大雨,发生严重水灾。这两年里,全国自然灾害的形势颇为严峻,但接下来的几年,中国处于更为悲惨的境地。

按照传统干支纪年,1877年(光绪三年)是丁丑年,1878年(光绪四年)为戊寅年。这两年,以山西、河南为中心,旁及直隶、陕西、甘肃全省,以及山东、江苏、安徽、四川之部分地区,形成一个面积辽阔的大旱荒区域。由于灾情的严重程度超过中国近代史上任何一次旱灾,加以这些地区大部分已经亢旱两年,所以是灾上加灾,造成赤地千里、饿殍遍野,甚至出现"人相食"[①]的悲惨景象,史称"丁戊奇荒"[②]。因山西、河南两省受灾最重,故又被称为"晋豫奇灾"或"晋豫大饥"。在这次灾荒中,饿死、病死1300余万人,惨绝人寰之状,不仅在清代所仅见,在中国几千年的灾害史上也是极为罕见的。

面对如此严重之灾荒,中外各方力量纷纷展开救灾行动,主要有:

1.清廷的官方赈济

这主要包括:(1)选贤任能,加强吏治。清廷一面督促曾国荃就任山西巡抚,并惩处玩忽职守的官吏;一面选派工部侍郎阎敬铭等干练官员前赴灾区帮办赈务。(2)多渠道筹集赈灾粮款。除清廷指拨赈款和各省区积极援助外,清廷还允许晋、豫两省先后开办赈捐,在天津设立捐输总局,由李鸿章统一办理。前福建巡抚丁日昌受李鸿章委托,派员前往香港、新加坡等地劝募,得到香港同胞和海外华侨的积极响应,经费筹集颇见成效。(3)多方赈救灾民。如蠲免灾区赋税,减轻灾民负担;开设平粜局,平抑粮价;以工代赈,安抚壮丁灾民;设置善堂、公所,收养孤苦,防治瘟疫,等等。尽管这次救济活动成效较明显,但依然不免夹杂着"匿灾不报"、"买灾卖荒"、"克扣赈款"等传统官赈中的痼疾顽症。

2.西方在华传教士尤其是新教传教士的救灾活动

1876年,山东东北部旱情严重,引起在华西人关注,他们纷纷捐助赈款。一些在华基督新教传教士更是直接投身于赈灾活动中。其中,英国浸礼会传教士李提摩太较具代表性。他先是于6~7月间在其传教的山东青州一带散钱施赈,后又前往烟台,向那里的外国侨民募集善款。为了扩大救济范围,他还通过上海的《北华捷报》(英文)、《万国公报》、《申报》等新式媒体,连续刊登有关山东的灾情报告,呼吁上海及南方各通商口岸的外侨捐款救灾。在他的推动下,1877年,一个由传教士、外国商人和外交官等组成的"山东赈灾委员会"在上海正式成立。

---

① 1878年4月11日《申报》登载的一份《山西饥民单》,不仅记载了饿毙家口的具体数目,而且还有人吃人的细节描写,使人读后感知灾区人间地狱般的图景。(参见李文海、程歗、刘仰东、夏明方《中国近代十大灾荒》,上海人民出版社1994年版,第91~93页)

② 李文海、周源:《灾荒与饥馑(1840~1919)》,高等教育出版社1991年版,第120~128页。

该会由英国牧师慕维廉主持，负责募集赈款，而灾区的赈济事宜，由李提摩太统一办理。烟台也成立了以英国领事官哲美森为首的救济委员会，负责上海赈灾委员会与李提摩太等人的联络工作。和李提摩太一起在山东赈灾的传教士还有美国长老会传教士倪维思、美国公理会传教士明恩溥等人。

随着灾情的渐次严重，西方对华赈济的规模与力度也不断加大。1878 年初，驻沪外侨在山东赈灾委员会的基础上成立了中国赈灾基金委员会，除继续在各通商口岸募捐外，还通过现代通讯工具呼请欧美各国人士救助华北灾民。同年，英国伦敦成立了以前驻华公使阿礼国为首的"英国劝助中国饥荒赈捐委员会"（又称"中国救济基金伦敦委员会"）。该会印制了一套共 12 幅配有英文的《中国灾荒图》，在英格兰等地散发，又在艾丁伯格、曼彻斯特等城市多次举行募捐活动。筹集到的善款源源不断地输往中国，散赈于各灾区。

"丁戊奇荒"之前，也有零星的西人与在华传教士救助灾民之行为，但像上述如此大规模的救灾活动，尚属首例。这次救灾活动较好地弥补了官赈的不足，对缓解灾民苦痛有所裨益。尤其值得注意的是，此次赈灾活动第一次将西方的救灾事业引入中国，它所表现出来的比较严密的组织机构和科学有效的募捐散赈之方式、方法，客观上为当时东南沿海的中国绅商提供了可资借鉴的近代化救灾模式，从而促动了中国独立自主新型赈灾机制——义赈的诞生。

3. 义赈的兴起和发展

19 世纪 70 年代以来，以上海为中心的东南沿海地区商贸活动迅速繁荣发展，一批具有资本主义性质的民族企业应运而生，并涌现出一大批新生的资本家或正在向资本家转变的绅商巨擘。他们不仅具有忧国忧民的民族意识和爱国情感，还具备了超越宗法乡土观念的社会意识，热衷于慈善、公益活动。当面对"丁戊奇荒"时，这批人挺身而出，慷慨解囊，在赈灾中发挥了前所未有的作用。

1876 年冬，江北大旱，江苏常州绅士李金镛在上海名绅胡光镛、徐润、唐廷枢等捐助下，邀请金福曾、袁子鹏等十余人奔赴灾区散赈救灾，开东南义赈之先声。1877 年，李金镛等会同来自扬州的由绅商严作霖领导的义赈队伍，在山东青州设立江广助赈局，分赴临朐、益都等地查赈救灾。此后，受灾重心逐渐移向河南、山西、陕西，不断加剧的灾情在东南绅商阶层引起更大震动。1878 年初，上海绅商经元善等人号召发起上海公济同人会，劝募善款，救济河南灾患，获得绅商的广泛支持。不久，义赈同人成立上海协赈公所，先助河南赈济，再救济山西、陕西、直隶等灾区，并一致推举经元善总领其事。与此同时，苏州、杭州、扬州三地也在绅商谢家福等人的倡导下先后设立筹赈公所，并与上海的义赈组织合作救济河南旱灾，义赈规模进一步扩大。1879 年，河南旱情缓解，山西中部灾情严重，严作霖等率义赈队伍奔赴山西救灾。同年秋，晋省灾情缓解，但江浙绅商的义赈活动并未就此结束。当得知直隶遭水灾后，义赈绅商继续筹办直隶赈务。

义赈既不同于传统士绅的赈灾活动，又与封建官赈截然有别，有着自己独特的风格和特质，主要表现在：(1)义赈主要是由江浙士绅商富联合组织、发动起来的，得到社会各阶层的积极响应，使赈灾成为一项具有广泛群众基础的社会性事业。(2)义赈具有较强的组织性：有明确的共同目标，即和衷共济，赈救灾患；有近乎统一的领导机构；有较为严密的分工与合作机制，有利于提高赈济效率；有一套共同遵守的行为规范，保证灾赈工作有条不紊地开展。(3)虽然就义赈的具体内容而言，它基本上没有脱离传统荒政的范围，但在选择赈济对象和区域、确立赈济的标准和方法、实施赈济的程序和途径等技术层面，已突破了传统荒政的限制，体现出极大的灵活性，从而使有限的赈款发挥出更大的实效。(4)义赈是江南绅商自觉自愿组织和发起的，纯属民捐民办，显示出比较强烈的独立自主倾向。

与在华传教士开展救灾行动的时间相比，江浙绅商的义赈发起时间晚了将近半年，而且自1878年初经元善等人创立上海公济同人会后，义赈才由一种自发分散的行为走向有组织、有计划的轨道。这种时间上的先后，恰好表明后者有意在某种程度上模仿甚至超越前者。这是因为：(1)在华传教士赈灾的后方机构与义赈组织的领导机构均设在上海，均以《申报》为主要通讯和宣传媒介，其机构成员也大都集中或靠近以上海为中心的沿海及内地通商口岸，尤其是郑观应、唐廷枢、徐润等人，与在华外商有着密切的业务联系或工作上的隶属关系，外人的救灾行动不能不对他们产生影响。(2)在华传教士救灾活动与中国绅商群体的义赈虽然各不相属，但在救灾过程中有分工合作。这些密切往来既使得义赈群体能够学习、借鉴西人救灾制度之优点，又进一步刺激义赈群体不甘落伍于西方而奋起直追。

江浙绅商的义赈在中国赈灾史上开启了一种全新的救荒机制，提高了救灾放赈的社会效益。以郑观应、经元善、谢家福等为代表的江浙绅商通过大规模的义赈，形成了一个广泛而密切的社会组织网络。他们的社会地位迅速上升，社会影响不断扩大，并具备了参与经营洋务事业和其他重要政治、经济活动的条件。[①] 反过来，积极倡导义赈的头面人物和骨干成员正是当时颇具经济实力的洋务企业家，因而洋务企业也成为义赈活动的重要据点，二者相得益彰，协同发展。新生的义赈既极大地弥补了官赈经费紧绌的不足，又避免了官赈大发灾荒财的诸多积弊，还在一定程度上影响着官赈，使其不得不“仿效义赈办法”。兴起

① 参见夏明方《清季“丁戊奇荒”的赈济及善后问题初探》，载《近代史研究》1993年第2期；《论1876至1879年西方新教传教士的对华赈济事业》，载《清史研究》1997年第2期。

于江北，壮大于晋、豫的义赈从此不断发展壮大。随着灾荒的频繁发生，义赈活动也“相继而起”，不绝如缕，到19世纪末，已然“风气大开”，蔚然成风，成为中国救灾事业的重要力量[①]，对后来中国红十字会的诞生与发展以及华洋义赈会的创办产生了深远的影响。[②]

五、19世纪70年代至90年代初期的中国边疆危机

19世纪70年代正当中国民族资本主义处于十分艰难的阵痛之际，世界上的主要资本主义国家已开始从自由竞争阶段向垄断阶段——帝国主义阶段过渡。为了适应垄断资产阶级的需要，帝国主义列强在全球范围内开始了争夺殖民地、分割世界领土的高潮。地处远东的中国及其邻邦，则成为西方列强争夺的主要目标和角逐的场所。它们从中国的邻国到中国的本土，逐渐进行蚕食和鲸吞，制造了19世纪70年代至90年代初期中国的边疆危机。

1. 英、俄对新疆的侵略

1864年，新疆地区的各族人民爆发反清起事，但领导权大多被反动的封建主和宗教上层分子所掌握。他们建立了许多封建政权，以“排满、反汉、卫教”为口号，把反对清政府的黑暗统治的斗争变成了彼此间的争权内战，新疆陷入割据纷争的混乱局面。1864年，盘踞在喀什噶尔的封建主金相印，为了兼并汉城（今疏勒），竟然引狼入室，勾结中亚浩罕国（今乌兹别克共和国境内）军官阿古柏入侵新疆。阿古柏到新疆后大肆攻城略地，扩充自己的实力，1867年悍然以喀什噶尔为中心成立所谓的“哲德沙尔汗国”（意为“七城之国”。七城即喀什噶尔、英吉沙尔、莎车、和田、阿克苏、库车、喀拉沙尔），自称“毕调勒特汗”（意即“洪福之王”）。1870年，阿古柏的势力控制了南疆和北疆的一部分地区。

英、俄争相支持并力图控制阿古柏政权，意欲把我国新疆分割出去，阿古柏成为英、俄分裂新疆的工具。沙俄一方面以帮助清廷“防乱”和“安定边境秩序”为借口，于1871年六七月间出兵强占中国的伊犁地区，实行殖民占领；另一方面，多次与阿古柏政权接触，1872年6月公然承认阿古柏政权，与之订立“通商条约”，获得在南疆各地设立“商务代表”和建立“商馆”等特权。英国见沙俄势力深入南疆，也于1874年同阿古柏正式签约，取得了在阿古柏统治区通商、驻使、设领事等特权。此时的新疆有沦为外国殖民地的危险。

---

① 参见李文海《世纪之交的晚清社会》，中国人民大学出版社1995年版，第401～421页。

② 参见朱浒《地方性流动及其超越——晚清义赈与近代中国的新陈代谢》，人民大学出版社2006年版，第459、487页。

在东南、西北同时面临着危机的情况下，清政府内部出现了“海防”与“塞防”之争。直隶总督李鸿章借口“海防西征，力难兼顾”[①]，主张放弃新疆，“移西饷以助海防”，甚至认为“新疆不复，于肢体元气无伤”[②]。陕甘总督左宗棠则提出“东则海防，西则塞防，二者并重”的主张，认为“宜以全力注重西征，俄人不能逞志于西北，各国必不致构衅于东南”[③]，并特别强调“重新疆，所以保蒙古；保蒙古，所以卫京师”[④]，力主收复新疆。这场争论，虽有湘系和淮系集团之间的利害冲突，但是左宗棠的主张具有平叛和反抗外国侵略的双重意义，因此得到国内爱国舆论的广泛支持。1875年，清政府权衡利弊，在加强海防的同时，任命左宗棠为钦差大臣督办新疆军务。1876年3月，清军兵分三路进疆。按照“先北后南”、“缓进急战”的战略，在新疆人民的支持下，清军很快收复了被阿古柏占领的北疆地区。1877年春，兵进南疆，经达坂城、托克逊、吐鲁番三战，歼阿古柏主力，阿古柏逃至库尔勒身亡。到1878年1月，清军收复了除被俄军占领的伊犁之外的新疆全部领土。左宗棠督军收复新疆，不仅粉碎了俄、英侵略者利用阿古柏分裂中国领土的阴谋，维护了祖国的统一，而且为中国收复伊犁的外交活动增添了后盾力量。

1878年，清政府派崇厚同俄谈判索还伊犁问题，在沙俄的胁迫愚弄下，于1879年擅自签订了丧权的《交收伊犁条约》。主要内容为：中国收回伊犁地区，但将伊犁南面和西面的大片形势险要的领土划归俄国；中国向俄方赔偿“代收代守”伊犁“兵费”500万卢布（合白银280万两）；俄商在新疆、蒙古贸易免税，允许沙俄经新疆至天津、汉口、西安陆路经商等。如此失地丧权的条款，引起朝野大哗，群情激愤。清政府拒绝承认和批准“崇约”，并改派曾纪泽兼任驻俄公使前往谈判修约。沙俄一面集结陆军数万，陈兵伊犁，以武力相威胁；一面调军舰来中国海面挑衅，进行军事讹诈。年近七旬的左宗棠“亲自舆榇出关，誓与沙俄决一死战”[⑤]，并于1880年5月移营哈密，做好了出兵收复伊犁的准备。曾纪泽据理力争，经过半年多的交涉，于1881年签订了《中俄伊犁条约》。规定：中国赔款900万卢布，俄商在新疆各地贸易暂不纳税，并可以由陆路经新疆到嘉峪关贸易；俄国在嘉峪关、吐鲁番驻领事；中国收回伊犁，但霍尔果斯河以西和伊犁河南、北两岸的大片领土被沙俄强行割去。条约还规定中俄西北边界要两国派员重新“勘改”。这个条约与“崇约”相比，在界务和商务方面中国争回了一部分主

① 《李文忠公全书·朋僚函稿》卷一六，第17页。

② 《李文忠公全书·奏稿》卷二四，第19页。

③ 《左文襄公全集·奏稿》卷四六，第36页。

④ 《左文襄公全集·奏稿》卷四六，第37页。

⑤ 秦翰才：《左文襄公在西北》，商务印书馆1946年版，第114页。

权，但仍是一个不平等条约。此后沙俄在1882～1884年间先后迫使清政府签订了5个边界议定书，又割占了中国7万多平方公里的土地。为了加强中央政权对新疆的统辖，巩固边防，1884年清政府在新疆建立行省，第一任巡抚为刘锦棠。

《中俄伊犁条约》签订后，沙俄进一步加紧了对中国西部帕米尔地区的侵略。1884年6月，沙俄迫使清政府签订《中俄续勘喀什噶尔界约》，割占了中国帕米尔西北部大片领土。1892年，沙俄又派兵强占帕米尔地区萨雷阔勒岭以西2万多平方公里的中国领土，对清政府的多次抗议，沙俄置之不理。清政府只得沿萨雷阔勒岭与俄军对峙布防。1894年4月，沙俄利用清政府正处于中日甲午战争前夕的不利局势，建议暂时保持双方军队各自的位置，以期永久占领。清政府在被迫接受俄国建议的同时，郑重声明："在采取上述措施时，并不意味着放弃中国对于目前由中国军队所占领以外的帕米尔领土的权利。它认为应保持此项以1884年界约为根据的权利，直到达成一个满意的谅解为止。"[①]自1894年中、俄两国就帕米尔问题换文以后，双方未再就此问题进行过谈判。1895年3月，沙俄又违背诺言，私自与英国在伦敦订约，擅自瓜分了萨雷阔勒岭以西的帕米尔。对此，清政府坚决不予承认，并再度声明"后日必重申前说"[②]，明确表示了中国的严正态度。此后中国历届政府亦皆未予承认，中、俄两国之间存在着一个帕米尔未定界的问题。

2. 美、日侵略台湾

由于台湾具有重要的战略地位和丰富的物产，很早就为列强所垂涎。美国多次到台湾调查，想把台湾作为其侵略中国的跳板。1867年，美国借口"罗佛号"船在台湾失事、水手被杀，派军舰到台湾寻衅，结果被击退。美国侵台不成，转而支持日本，以便从中渔利。

明治维新后的日本积极向外扩张。1871年底，琉球岛渔船因遇飓风漂流至台湾，被当地高山族人误杀数十人。1874年，日本在美国的帮助下，借口"琉球事件"出兵进犯台湾，遭到高山族人民的抵抗。清政府一面向日本抗议，一面派兵援台加强防务，形势对日不利。美、英、法出面调停，清政府被迫与日本签订了《台事专条》，规定日本限期从台湾撤兵，中国"赔偿"日本军费50万两，承认日本侵台是"保民义举"。据此，日本于1879年以武力吞并琉球，改名为"冲绳县"。1885年，清政府将台湾建为行省，刘铭传为第一任巡抚。日侵台事件的结局加速了日本侵华的进程。

---

① 转引自《中华人民共和国外交部文件》(1969年10月8日)。

② 王彦威、王亮:《清季外交史料》卷一一三，1934年铅印本，第16页。

3.《烟台条约》与英、俄进窥西藏

英国在占领了缅甸后，为了打开一条进入中国西南的通道，1863 年和 1868 年两次派出“探险队”进入云南地区。1874 年，英国上校军官柏郎率领约 200 人的武装探险队，以“游历”为名到云南探测路线，英国驻华使馆派翻译马嘉理从云南入缅迎接。1875 年，马嘉理带领武装探险队擅闯云南腾冲地区，遭到当地人民的反对。马嘉理开枪击杀我群众多人，愤怒的群众打死了马嘉理。这就是“马嘉理事件”(或称“滇案”)。英国借机扩大事态，并以武力相威胁，迫使清政府于 1876 年与英签订了《烟台条约》及“另议专条”。条约的主要内容除了中国赔银 20 万两、派专使赴英赔礼道歉外，还规定：增开宜昌、芜湖、温州、北海为通商口岸；洋货免收内地税，凡涉及英人的案件，英国可派员“观审”；中国人与外国人之间的案件，由被告所属国的官员各按本国法律审断；允许英人开辟藏印交通，前往西藏、云南、青海、甘肃等省“游历”。《烟台条约》扩大了领事裁判权，扩展了英国在长江流域的通航权益，有利于洋货的倾销，为英国进入云南、西藏打开了方便之门。据《烟台条约》，英国多次派武装力量侵入西藏，因藏族人民的抵抗而未得逞。1888 年，英军再次进攻西藏的隆吐山，遭到西藏地方政府的顽强抵抗。腐败的清政府却于 1890 年和 1893 年先后与英签订了《藏印条约》和《藏印续约》，承认锡金(哲孟雄)归英国保护；开放亚东为商埠，英国在亚东享有治外法权以及进口货物五年不纳税等特权。英国的势力进入西藏。

沙俄对中国西藏地区也一直抱有侵略野心。19 世纪七八十年代，沙俄派“调查团”多次潜入西藏及周围地区活动。沙俄还训练、派遣间谍分子潜伏西藏，企图控制西藏。担任达赖十三世经师的阿旺·德尔智就是一个间谍，他利用特殊身份，煽动达赖十三世和西藏官员投靠沙俄，使俄国在西藏的影响不断扩大。

六、中法战争

1. 法国侵略越南与刘永福的援越抗法

中法战争是法国侵略越南并进一步侵略中国引起的。1862 年，法国通过第一次《西贡条约》侵占了越南的南部。1873 年，法国派安邺率军进攻越南的北部，企图占领整个越南，并打开进入中国西南地区的通道。越南政府无力阻止法军的进犯，便邀请驻扎在中越边境保胜一带刘永福率领的黑旗军南下援越抗法。黑旗军原是太平天国时期活动于广东、广西边境的一支农民起义军。太平天国失败后，退至中越边境保胜一带，因以七星黑旗为战旗，故称“黑旗军”。刘永福应越南政府的邀请，驰援河内。1873 年 12 月 21 日大败法军于河内，迫使法军从越南北部撤退，刘永福被越南国王封为三宣副提督。但软弱的越南阮氏王朝

在法国胁迫下，竟于1873年与法国签订了第二次《西贡条约》，法国取得了许多特权，使整个越南置于法国的“保护”之下。

1880年9月，代表大金融资本家利益的茹费理出任法国总理，他积极推行侵略越南和中国的殖民政策。1882年4月，李维业率法军攻占河内，并沿红河北上。越南国王再次邀请刘永福参战，于1883年5月19日大败法军于河内城西纸桥，李维业被击毙。越王加升刘永福为三宣提督。8月，法军海军中将孤拔率军攻下越南首都顺化，强迫越南签订《顺化条约》，变越南为法国的殖民地，并把侵略矛头指向中国。

2. 清政府内部的和战分歧与中法交涉

鉴于中越两国特殊的关系和法国对越南的侵略严重威胁着中国南部边境地区的安全，清政府内部在要不要援助越南抗法问题上发生了严重分歧。以奕䜣、李鸿章为代表的主和派，惧怕法国的武力，缺乏抵抗的决心，认为“兵单力薄”、“海防空虚”、“断不可轻言战事”①。以左宗棠、曾纪泽、张之洞为代表的主战派，认为法国侵略越南，“此唇亡齿寒之患也”②，法国“规取越南北境，命意所在尤注滇南……”③。主张在广西、云南布置重兵，援助越南政府和黑旗军，力抗法军。掌握中央大权的慈禧太后，对“战”、“和”举棋不定，既害怕法国得寸进尺，又不敢公开抵抗，得罪法国。因此，表现在军事上，她一面派军队出关援越抗法，一面训令清军不得主动出战；一面颁谕奖励刘永福率黑旗军抗法，一面又暗藏借法军消灭黑旗军的阴谋。在外交上，她一面抗议法国对越南的侵略，一面又企图通过和谈或第三国调停同法国妥协。清政府这种自相矛盾的举措，不仅使中国军队被动挨打，而且大大便利了法国军事威胁和外交讹诈相结合政策的实施。法国在派使与清政府进行谈判的同时，加紧对越南的侵略活动，并把战火烧到中越边境。1883年10月，法国在完成了变越南为殖民地的侵略步骤后，中止了与中国的外交谈判，并于1883年12月11日，由法国海军中将孤拔率领的侵略军，首先向驻在越南山西的清军和刘永福率领的黑旗军发动进攻，中法战争爆发了。

3. 中法战争的两个阶段

中法战争从1883年12月11日法国侵略军进攻驻扎在越南山西的中国军队始，至1885年4月7日清政府下令停战止，可分为两个阶段。

1883年12月至1884年5月为战争的第一阶段。主要战场在越南北部红

---

① 中国史学会主编：《中国近代史资料丛刊·中法战争》（以下简称《中法战争》）第5册，上海人民出版社1961年版，第257页。

② 《中法战争》第5册，第89页。

③ 《张靖达公奏议》卷六。

河三角洲地区。

法军挑起战争后，守城清军因受"不准衅自我开"的命令束缚，坐失战机，处于被动局面。云南巡抚唐炯指挥无能，作战连连失败。黑旗军与法军血战三天，最后山西失陷。法国接着攻北宁、陷太原，将战火烧到中越边境。

前线战事的失利，使清廷大为恐慌。由奕䜣主持的军机处拿不出任何切实可行的应敌办法，一直与奕䜣有争权矛盾的慈禧太后，为了压制奕䜣，决计借山西、北宁、太原失守事件，将奕䜣赶出权力中枢，以独掌大权。于是与奕譞一起策划，更换了全部军机大臣，撤去了奕䜣的一切职务，重新任命以礼亲王世铎为领班的新的军机处成员，以庆亲王奕劻主持总理衙门。随后又令军机处遇要事需会同奕譞商办，军机处的实权被奕譞控制。此事称"甲申政局之变"或称"甲申政潮"。但新的军机处除把一些口头主战、纸上谈兵的清流派人物派到地方去担任军职外，实际上仍执行对外妥协的政策。奕譞掌权不久即力排众议，授权李鸿章设法向法国寻求妥协。法国乘胜向清政府进行诱降逼和。清政府派李鸿章去天津与法国代表福禄诺谈判，1884 年 5 月 11 日签订了《中法简明条约》。其主要内容是：清政府承认法国对越南的"保护权"，中国将驻越清军撤回边境，中越边境开埠通商。这一条约初步满足了法国侵吞越南和打开中国西南大门的要求。《中法简明条约》的签订标志着第一阶段的结束。

1884 年 6 月至 1885 年 4 月为战争的第二阶段，战场从越南扩大到中国本土，分海上、陆上两个战场。

1884 年 6 月，法军借口《中法简明条约》中规定驻越清军撤回边境，以"接收"谅山为名，向驻谅山附近北黎的清军发动进攻，被中国守军击退，史称"谅山事变"，又称"北黎冲突"或"观音桥事变"。法军以此为借口，进行讹诈，要清军立即撤出越南北部，赔偿兵费 2.5 亿法郎。清政府为避免和局破裂，派两江总督曾国荃与法国代表巴德诺谈判。法国在进行外交讹诈的同时，命孤拔为舰队司令，将法舰调往福州和基隆，加紧对中国本土的进攻。

1884 年 7 月 15 日，法国海军舰队在海军中将孤拔的率领下侵入福建闽江口，违反国际惯例与福建水师同泊一港。8 月 4 日，法海军少将利士比率军舰进犯台湾基隆，企图占领基隆煤矿和台湾北部，遭到督办台湾事务大臣刘铭传所部清军的坚决抵抗，阴谋未逞，便集中全力进攻马尾港。

而此时的清政府仍然幻想与法国寻求妥协，因此不顾法军猖狂挑衅的严重局势，在乞求列强调停的同时，严令沿海各省"静以待之"，"不可先发开衅"。闽浙总督何璟、福建船政大臣何如璋、会办大臣张佩纶唯恐影响和谈，给进入马尾军港的法国舰队以"最友好的接待"。前敌将领"忠心"执行清政府指令的这种行为，造成清军被动挨打的局面。

1884 年 8 月 23 日，法国驻福州领事向闽浙总督何璟下了战书，限福建水师于当天下午撤出马尾。何璟即通知船政大臣何如璋、福建会办大臣张佩纶。何、张以得到李鸿章电报告知议和已有进展，未向福建广大水师透露法军挑战的消息，不做战守准备，异想天开地要求法军改期再战，甚至严谕水师“不准先行开炮，违者虽胜亦斩”[①]。当天下午，法军向福建水师突然袭击，何如璋和张佩纶竟弃师不顾，仓皇逃窜。毫无准备的福建水师仓促应战，有的还没来得及起锚就被法军的密集炮火击沉，爱国官兵在极为被动的情况下，勇敢还击，但终于无法挽回败局。这次海战，福建水师军舰被击沉 11 艘，官兵伤亡 700 多人，马尾船厂也被法军的炮火击毁。马尾海战的失败，是清政府奉行妥协退让政策的结果。

1884 年 8 月 26 日，清政府在舆论的压力下，正式对法宣战，令滇、桂各军迅速进兵，沿海各地加强战备，严防法军的入侵。

1884 年 10 月，法军再次侵犯台湾，占领基隆。又进犯台北，炮击淡水，被台湾军民击退。1885 年 3 月，孤拔又率舰进犯浙江镇海，浙江提督欧阳利见率兵坚守，多次击退敌人的进攻，孤拔的坐舰被击中，不久病死澎湖。

法军在进行海战的同时，在陆路不断向中越边境增兵。中国驻越南的军队分东线和西线两个部分。西线战场是岑毓英率领的滇军与黑旗军，在临洮大败法军。东线是潘鼎新率领的桂军，驻守谅山。1885 年 2 月，法向东线清军大举进攻。东线指挥潘鼎新消极应战，当法军尚未到时就放弃谅山和镇南关，退守龙州。法国占领镇南关，并气焰嚣张地在镇南关前竖一木牌，上书“广西门户已不复存在”。镇南关人民也在关前立柱上书写：“我们将用法国人的头颅重建我们的门户。”[②]表现了中国人民抗击侵略者的勇气和信心。

镇南关失守，广西震动。清政府起用老将冯子材为帮办广西军务，就任前敌主帅，率粤军援桂。冯子材团结各路将士，整顿溃军，修筑工事，准备收复镇南关。3 月 23 日，法军分三路发起进攻，冯子材率军抵抗，战斗进行得十分激烈。“炮声震天，远闻七八十里外，山谷皆鸣，枪弹积阵前，厚者至寸许。”[③]在法军逼向长墙的危急关头，冯子材身先士卒，杀入敌阵，全军士气为之大振，奋勇杀敌，将法军逼离长墙，退回山谷。25 日，冯子材下令反攻，重伤法军统帅尼格里，毙敌 1000 多人，取得了震惊中外的镇南关大捷。

冯子材率军乘胜追击，连克文渊城、谅山等地。镇南关大捷，扭转了整个中法战局，战争形势对中国十分有利。法军的惨败，导致了茹费理内阁的倒台。出

① 《中法战争》第 2 册，第 144 页。

② 《中法战争》第 3 册，第 530 页。

③ 《中法战争》第 6 册，第 455 页。

人意料的是清政府竟于4月7日下令前线停战，乘胜向法国求和。战争的第二阶段结束。

4. 中法战争的结局与《中法新约》的签订

在内外交困的形势下，1885年初法国一改初期不愿与清政府议和的初衷，诱使清政府进行谈判，以诈取在战场上得不到的东西。当时西方列强的态度也是试图促使中法谈判议和，英、美、俄、德等国为了自身的利益，打着“调停”的幌子压迫清政府向法国妥协。英、美的态度比较接近，希望中法战争早日结束，而不希望战争打下去使自己的经济利益受到太大的影响，特别是对华贸易拥有绝对优势的英国，公开反对法国扩大战争，急于插手干涉。俄国是法国在欧洲的盟友，它担心其盟友因对华作战失利而被削弱，使它在欧洲失去牵制德国的力量，曾多次威胁总理衙门向法国妥协。日本当时为了加紧对朝鲜的渗透和扩张，与中国的矛盾不断激化，支持法国侵略中国。它曾趁中法战争之机，派伊藤博文为特使于1885年初来华与法国公使巴德诺在上海会晤，法日互相声援，对中国构成威胁。

清政府虽于1884年8月向法国宣战，但没有与法国侵略者打到底的决心，慈禧、奕譞等掌握清政府实权的人物，既害怕法国不断增兵扩大战争，又担心战争长期打下去会激起“民变”，故从本身利益考虑，企望寻找机会与法国议和。因此在战争过程中，清政府不断向法国试探妥协、求和的条件，双方的和谈活动始终没有停止过。1885年2月27日，清政府正式授权中国海关总税务司驻伦敦办事处的英国人金登干为中国议约专使，代表中国与法国外交部进行秘密议和。越南战场的胜利使中国在军事上和外交上都处于有利地位。但腐败的清政府在西方列强的压力下，不顾举国军民的反对，决定“乘胜即收”。1885年4月4日，金登干与毕乐分别代表中法政府在巴黎签订了《中法停战协定》。4月7日清政府正式下诏停战，令在越南的中国军队如期撤回边界。6月9日，李鸿章与法国驻华公使巴德诺在天津签订了《中法会订越南条约》，即《中法新约》。主要内容规定：中国承认越南是法国的保护国；同意在广西、广东、云南的中越边境开埠通商，法国享有减税通商权；中国以后建造铁路时，应向法国商办。通过《中法新约》，法国不仅夺取了越南，打开了中国西南的门户，还首先取得了在中国修筑铁路的特权，大大加深了我国西南边疆的危机，也预示着列强对华投资的时期即将到来。

七、甲午战争前帝后党争与清政府“避战求和”

1. 日本蓄意发动侵华战争

19 世纪 90 年代，世界资本主义列强先后进入帝国主义阶段，为了适应垄断时期商品输出，尤其是资本输出的迫切需要，加紧了分割世界领土的斗争。中国和邻近中国东北地区的朝鲜，成为它们在远东地区争夺的焦点。

日本侵略中朝两国蓄谋已久。早在明治维新时期，日本天皇就确立了对外扩张政策，扬言要用武力“开拓万里波涛”，“布国威于四方”。1876 年，日本用武力强迫朝鲜签订了《江华条约》，从此开始全面向朝鲜渗透，并与清政府争夺对朝鲜的宗主权。1882 年，胁迫朝鲜签订了《仁川条约》，获得了在汉城的驻兵权。1884 年，利用中法战争之机，策划朝鲜亲日派官员发动“甲申政变”。朝鲜国王在清军的帮助下，镇压了政变。日本政府就此向清政府进行要挟，派伊藤博文来华，于 1885 年签订了《中日天津会议专条》，规定将来朝鲜若有重大事件，中日两国或一国要出兵，必须事先相互知照。日本取得了向朝鲜派兵的特权，朝鲜被置于中日两国的共同保护之下，为以后发动中日战争埋下了伏笔。

从 1885 年起，日本除继续向朝鲜渗透外，以中国为假想敌，制定了十年为期的扩军计划，并于 1887 年制定了《征讨清国策》。1890 年的经济危机，使日本政府加快了发动侵华战争的准备。到甲午战争前夕，日本已经建立了一支拥有 63000 名常备军和 23 万预备兵的陆军，拥有排水量 72000 多吨的海军舰队，总吨位大大超过了北洋海军。1893 年，日本还成立了战时大本营，日本参谋部还不断派遣特务间谍潜入中国，窃取政治军事情报，秘密绘制了中国东北和渤海湾的详细地图，做好了发动大规模战争的准备。

但是，日本如果“没有别国的帮助，它无论在财政上或军事上都没有独立行动的能力”[①]。日本利用西方列强政治经济发展不平衡的特点，在外交上积极活动，极力地孤立中国，获得美国的全力支持，争得英、法的同情，挑拨英、俄的对立，以抵制俄国可能公开干涉日本对中、朝的行动。日本的扩张政策得到了西方列强的怂恿和支持。英国为了保住世界霸主的地位，尤其是在中国的政治特权和经济利益，在东方寻找同盟，采取“与美联合，扶日抗俄”的政策，极力扶植日本军国主义侵略势力，抵制沙俄。俄国与英国争霸远东，特别是对中国和朝鲜的争夺，其东进南下政策虽与日本的大陆政策有矛盾，但因担心日本完全倒向英国与己不利，也极力拉拢日本，同时希望趁机进入朝鲜。法国则希望日本发动战争，

---

① 《列宁全集》第 31 卷，人民出版社 1958 年版，第 198 页。

以便借机在我国西南地区扩张势力。后起的德国、美国,也支持日本对华发动战争,特别是美国,积极帮助日本训练海军,把日本作为侵朝、侵华的伙伴。当时的国际形势和西方列强的态度,不仅使日本在外交上占有主动,而且促使日本加速了发动侵华战争的步伐。

1894 年春,朝鲜爆发了东学党领导的农民起义,朝鲜国王请求清政府派兵协助镇压。日本决定利用这个机会挑起战争。它一面劝诱清政府出兵,以便为自己出兵制造借口;一面在国内秘密下达动员令,做好出兵朝鲜的准备。清政府在得到日本"必无他意"的保证后,于 6 月 5 日派直隶提督叶志超、太原总兵聂士成率军 1500 人进入朝鲜,驻守牙山。日本以保护使馆和侨民为名,出兵朝鲜 1 万余人,并逐渐包围驻守牙山的清军,不时地进行战争挑衅。

2. 帝后党争与清政府的"避战求和"

面对日本的战争挑衅,清政府内部出现了"主战"和"主和"的争论。这种争论是同帝党与后党这两派政治势力的矛盾斗争交织在一起的。1875 年同治帝死后,慈禧太后为了保持她的权力,立 5 岁的载湉为帝,再度"垂帘听政"。1886 年光绪帝 16 岁,按祖制慈禧只好于次年改"听政"为"训政",而一切大事仍由慈禧决定。1889 年光绪 19 岁,而且成婚,慈禧只得"归政",让光绪"亲政"。但在实际上,朝政仍由慈禧一手操纵。一些贵族官僚为了保持自己的权势,聚集在慈禧周围,形成以慈禧为首的后党。光绪亲政后,不甘心做傀儡皇帝,为了摆脱被慈禧任意控制的局面,也开始组织自己的政治势力;一些亲信官僚也都希望他成为有实权的皇帝,逐渐形成帝党集团。帝后党争在很大程度上影响了清政府团结一致,共同对敌。帝党主张增兵朝鲜,加紧备战,遏制日本的侵略。这既有借机加强自己的权力和地位,同时也代表了爱国官兵要求抵抗侵略的愿望。后党主和,慈禧太后既害怕打仗会冲击她的"万寿大典",又担心战争会动摇她的统治地位,力主对日妥协。后党实权人物李鸿章,为了取悦慈禧,保全他的实力和北洋地盘,主张"避战自保"。因此,他在军事上,非但不急整战备,反而压制主战者的抗战要求,将驻朝清军孤悬敌后,使其处于被动挨打的境地;在外交上,则寄希望于第三国调停,幻想"联俄制日",依靠英、俄等第三国的"调停"和"干涉",迫使日本从朝鲜撤兵。李鸿章奔走求救于各国公使之间,各列强为了自己的利益,先后与日本达成"谅解",甚至怂恿支持日本发动战争,"调停"以失败告终。1894 年 7 月 23 日,日军闯进朝鲜王宫,劫持国王李熙,另组傀儡政权,迫令朝鲜政府出面"邀请"日本驱逐在牙山的清军。中日战争一触即发。

八、甲午战争与《马关条约》

中日战争从1894年7月25日日本舰队突袭中国海军始，至1895年4月17日《马关条约》签订止，历时八个月，整个过程可分为两个阶段。

战争的第一阶段：1894年7月25日至10月中旬。战场在黄海海面和朝鲜境内，主要战役有丰岛海战、牙山的成欢之战、平壤之战和黄海（大东沟）之战。

7月中旬，李鸿章迫于主战派舆论和光绪帝的抗敌谕令，先后派卫汝贵、马玉崑、左宝贵、丰陞阿四军，从辽东渡鸭绿江进军平壤，并雇用英国商船“高升”号等运兵渡海，增援驻牙山的清军。7月25日，日本不宣而战，在丰岛海面突袭中国的护航船和运兵船，中日战争爆发。同一天，日本陆军4000人进犯驻守在牙山东北成欢驿的清军，主将叶志超弃守牙山，逃奔平壤，谎报“牙山大捷”，被清政府提升为驻朝清军总统帅，聂士成在成欢驿率部抵抗，终因寡不敌众，亦被迫撤退平壤。8月1日，清政府被迫对日宣战。1894年是农历甲午年，历史上称这次战争为“甲午中日战争”。

根据清政府在宣战诏书中提出“海守陆攻”的作战方针，日本军部调整了作战部署，日联合舰队不急于同北洋舰队决战，改用牵制北洋舰队，掩护在朝日军进攻平壤，先占领朝鲜全境，作为向中国进攻的桥头堡。9月14日，日军大举进攻平壤。驻守平壤的清军将领不服调度，主将叶志超昏庸胆怯，措置失当，甚至想弃城逃跑。9月15日，日军分四路进攻平壤的中国驻军。中国士兵和平壤人民奋起抵抗。守卫平壤东门和大同江左岸的马玉崑部、守卫西南门的卫汝贵部，都曾击退日军的来犯。左宝贵率军坚守玄武门，亲自登城指挥部将杀敌，重创日军。不幸，左宝贵中炮牺牲。身为主帅的叶志超放弃职守，下令全军撤退，自己私带士兵狂奔250公里，渡鸭绿江回到中国，日军占领朝鲜。战火烧到中国境内。

9月17日，北洋海军提督丁汝昌率北洋舰队完成护送援军至朝鲜的任务后，在返航到达鸭绿江口的大东沟海面时，遭到日本舰队的突然袭击。丁汝昌立即下令迎敌。12时55分战斗开始，日舰凭借它速度快、炮位多的优势，绕过“定远”、“镇远”二舰，直扑北洋舰队的右翼弱舰，咬住“超勇”、“扬威”不放。北洋舰队合力围攻，重创日舰“比睿”、“赤城”、“西京丸”。日舰继而采取腹背夹击的战术，并将“致远”、“经远”、“济远”三巡洋舰隔出圈外，各舰只能各自为战。“致远舰”弹药将尽时，中炮受伤，管带邓世昌为保护旗舰，下令向敌舰“吉野”号撞去，以期与敌同归于尽，不幸中敌鱼雷，舰船沉没，全舰250多名官兵大都壮烈牺牲。除“济远”舰管带方伯谦、“广甲”舰管带吴敬荣贪生怕死外，“经远”舰管带林永升、“镇远”舰管带林泰曾等人率舰奋勇抗敌。下午5时30分，日舰首先撤离战场，北洋舰队返回旅顺基地。此后，李鸿章为保存北洋实力，以“保船制敌”为借口，下令北洋舰队躲进威海卫，致使日本事实上掌握了黄海的制海权。

战争的第二阶段：1894年10月下旬日军侵入中国境内至1895年3月威海卫之战北洋海军全军覆没。主要战役有辽东战役和威海卫之战。

日军占领朝鲜后，于10月24日兵分两路侵入中国的辽东地区。陆路以陆军大将山县有朋为首，渡鸭绿江入侵中国辽东。沿江清军除守将马金叙、聂士成率所部奋起抵抗外，黑龙江将军依克唐阿、前敌统帅宋庆竟闻警而逃。日军连下中朝交通重镇九连城、安东。九连城失守，鸭绿江防线迅速溃败。不久，日军又占领了凤凰城、岫岩、海城等地，掩护另一路日军在辽东半岛登陆。

海路由陆军大臣大山岩为司令，在日舰的掩护下，在辽东半岛东岸的花园口登陆，直扑大连北部的重镇金州，从背后袭击旅顺和大连。旅顺、大连地处辽东半岛南端，与山东威海卫隔海相对，成为守卫中国的门户，是李鸿章经营多年的北洋海军基地，号称“固若金汤”。日军避开正面进攻，11月6日，攻占金州，切断了旅顺、大连的后路。7日，日本海陆军联合进攻大连，守将赵怀业（又名赵怀益）已于前一天逃往旅顺，日军不战而取大连，6座炮台、120余门大炮、240多万发炮弹和大量枪支弹药，统统落入敌手。18日，日军进攻旅顺，清军统帅龚照屿逃往烟台，其他将领毫无斗志，纷纷潜逃，只有徐邦道率部抵抗，终因众寡悬殊，后援不继而战败。22日，日军攻陷旅顺，并对当地居民实行野蛮的大屠杀。

日本政府为迫使清政府完全屈服，随即策划消灭在威海卫的北洋海军。

威海卫位于山东半岛的东端，海岸线呈半圆形，中间横列刘公岛，形势极为险要。这里是北洋海军的另一个重要基地，有南邦和北邦炮台，港内有战舰9艘、炮舰6艘、鱼雷艇10余艘和大炮100多门，日军从海上进攻是很困难的。1895年1月20日，日军一面以舰艇封锁威海卫港口，一面派日军在荣成龙须岛登陆，包抄威海后路。从1月30日起，日军进攻威海卫南邦炮台和北邦炮台。2月初，日军占领南、北邦炮台，日本海陆军一起发炮轰击刘公岛和港内的北洋舰队，使港内北洋舰队陷于腹背受敌的绝境。但丁汝昌和广大爱国官兵在极为不利的情况下，同仇敌忾，奋力抵抗，先后打退敌人的八次进攻，击沉敌舰7艘。日军又采取致书丁汝昌的办法，劝其举舰归降，丁汝昌宁死不从，并先后下令炸沉军舰以免资敌和以铁甲舰猛撞敌舰突围，但遭洋员反对，一些部属也拒不从命。在日水、陆两军猛烈炮火的夹攻下，“来远”、“威远”、“靖远”等舰先后沉没，突围的鱼雷艇全被日军俘获。2月10日，“定远”舰弹药已尽，刘步蟾炸舰后，愤然自杀，实现了自己战前“苟丧舰，将自裁”的誓言。2月11日，丁汝昌也绝望自杀。12日，英籍洋员浩威假托丁汝昌的名义，起草降书，对日投降，缴出残余战舰11

艘和刘公岛炮台及军资器械。17 日，日军开进刘公岛，威海卫基地完全陷落，李鸿章经营多年的北洋舰队全军覆没。

鉴于淮军连战失利，光绪帝于 1895 年 1 月起用湘军，命两江总督刘坤一为钦差大臣，督办东征军务，湖南巡抚吴大澂、淮军主将宋庆为副帅，出兵 6 万，这是开战以来最大的一次出兵。这些人都是内战内行、外战外行的口头主战派，与淮军一样腐败无能。2 月 28 日至 3 月上旬，日军相继陷牛庄、营口。不到十天，辽东战场 6 万多清军全面溃败，退回辽西。辽东半岛为日军控制，京津震动。前线的失利，使主和派加紧了乞降活动，1895 年 4 月 17 日中日《马关条约》的签订，标志着甲午战争以中国的失败而告终。

1894 年 8 月 1 日清政府虽然对日宣战，但"避战求和"的活动始终在进行着。平壤、黄海之战失败后，慈禧太后重新起用中法战争时被罢职的奕䜣为总理衙门大臣，出面请求英国联合美、俄、德等国进行调停。11 月初，当日军侵入辽东后，清政府又转请美国驻华公使田贝出面调停，要求列强干涉。旅顺失守后，慈禧担心日军乘胜进犯京津，便不顾光绪皇帝等人的反对，派人秘密向日本疏通。1895 年 1 月 14 日，清政府正式派户部侍郎张荫桓、湖南巡抚邵友濂为全权大臣，聘请前美国国务卿科士达为顾问，赴日求和。此时正值日军进攻威海卫，日本政府借口清政府求和代表"全权不足"拒绝谈判。张、邵因日本的蓄意破坏，无功而返。

1895 年 3 月，日军占领威海卫并在东北击败了清军主力，占领了辽东半岛，清政府被迫遵照日本的旨意，派李鸿章为头等全权大臣，前往日本办理乞降交涉。3 月 14 日，李鸿章带着他的儿子李经方、美国顾问科士达等，由天津赴日议和。20 日，李鸿章与日本首相伊藤博文、外交大臣陆奥宗光等人在马关的春帆楼开始谈判。谈判过程中，日本方面态度极为蛮横，动辄以战争再起相要挟，肆意勒索。日本还监听并破译了李鸿章的全部密码电报，谈判条件极为苛刻，只准李鸿章说"允、不允两句话而已"。4 月 17 日，李鸿章被迫与日本签订了《马关条约》。该约的主要内容有：(1)中国承认日本对朝鲜的控制。(2)割让辽东半岛、台湾全岛及所有附属各岛屿和澎湖列岛给日本。(3)赔偿军费 2 亿两白银。(4)增开沙市、重庆、苏州、杭州四个通商口岸，日船可沿内河驶入以上各口。(5)允许日本臣民在中国通商口岸设立工厂，产品运销内地只按进口货纳税，并准在内地设栈寄存。

《马关条约》是日本在西方列强的支持下强加于中国的不平等条约，也是继《南京条约》以来最严重的丧权辱国条约，它给中国带来了严重的影响。

首先，中国承认日本对朝鲜的控制，使日本实现了其扩张的目标，从此日本便以朝鲜为跳板，加紧侵略中国。其次，条约使日本割去中国台湾等东南岛屿，大大便利了日本对中国东南沿海的侵略，助长了列强分割中国的野心，加深了中国的民族危机。第三，巨额的战争赔款，加重了清政府的财政危机，迫使财政困难的清政府在进一步搜刮人民的同时，大量举借外债，从而为帝国主义列强进行政治贷款，控制中国的政治、经济提供了条件。第四，允许日本在华投资设厂，适应了帝国主义列强对华资本输出的需要，其他列强援引片面最惠国待遇，纷纷在中国投资设厂，使列强在中国的资本输出"合法化"。四个新口岸的通商通航，使各国势力深入到了长江流域的广阔地区，直接掠夺那里的丰富资源和倾销商品，严重阻碍了中国民族工业的发展。

《马关条约》的订立，标志着外国资本主义对中国的侵略进入了一个新的阶段，中国的半殖民地化程度大大加深。中日甲午战争的结局，使远东的国际形势发生了新的变化，日本迅速成为东方的侵略强国，更加野心勃勃地走上侵略中国和亚洲的道路。

九、台湾人民的抗日斗争

《马关条约》中规定将台湾割让给日本，消息传出，台湾人民"奔走相告，聚哭于市中，夜以继日，哭声达于四野"[①]。台湾绅民联名发布檄文，声称"愿人人战死而失台，决不愿拱手而让台"[②]，表达了誓与台湾共存亡的决心。清政府不顾全国人民的悲愤抗议，于1895年5月20日派李经方为"割台大臣"，由美国顾问科士达陪同前往台湾，在日本军舰上完成了交割手续。同时，清政府谕令台湾巡抚唐景崧率官员内渡。但台湾人民强烈要求他们留下来抗日，在著名士绅丘逢甲的倡议下，5月25日组织了抗日政府，定名"台湾民主国"，年号"永清"，寓含永远隶属于清朝之意。"台湾民主国"是在台湾已成为"弃地"的情况下，由当地士绅联合清朝命官为御敌保台而建立起来的，是台湾人民反侵略反投降的产物。5月27日，日军主力进犯台湾，攻陷基隆，占领台北，唐景崧、丘逢甲等封建官绅纷纷逃回大陆，"台湾民主国"覆亡。不甘当亡国奴的台湾人民纷纷组织义军，徐骧、吴汤兴、姜绍祖等率领的义军与刘永福领导的黑旗军一起成为台湾抗日的主力。

台湾保卫战大体分三个阶段。

6月中旬至8月中旬为第一阶段，战场在台北地区，主要战役为新竹保卫战。

---

① 《小说月报》第6卷，第3号。

② 中国史学会主编：《中日战争》第1册，新知识出版社1956年版，第203页。

日军于6月12日从台北出发，兵分两路进攻通往台北的门户新竹。徐骧、吴汤兴、姜绍祖等率义军和杨紫云所率部分清军分路迎战，激战数日，屡次击溃日军的进攻。但终因军械不济，6月22日，新竹失陷。此后，他们仍坚持战斗，牵制日军达两月之久。

8月中旬至9月下旬为第二阶段。战场在台中，主要战役为彰化保卫战。

新竹失守后，义军退守大甲溪和台中一带。8月中旬，增调到台湾的2万日军与占领新竹的日军，兵分三路向南进逼。8月22日，义军和清军相结合，在大甲溪同日军激战。第二天，日军攻占大甲溪，清军与义军退守彰化。8月27日，日军猛攻彰化城外的八卦山。徐骧、吴汤兴的义军和吴彭年所率黑旗军同来犯之敌激战，歼灭日军近卫师团1000多人，打死少将山根信成。彰化保卫战使日军遭受了侵台以来最沉重的打击，我方伤亡也很大。徐骧率少数义军杀出重围，退守台南，彰化陷落。

9月下旬至10月下旬为第三阶段。战场在台南地区，主要战役有嘉义、台南之战。

彰化日军在得到增援后，又向南进犯。10月11日，日军进攻嘉义，守军在城外埋了大量地雷，炸死日军700余人。第二天，日军以大炮轰塌城墙，攻占嘉义。徐骧等率军退守台南北面的曾文溪。曾文溪是台南的最后一道防线。日军在大炮的掩护下，猛攻曾文溪。徐骧、王德标等率守军同日军拼死决战，徐、王也相继战死，余军退守台南。日军接着进攻台南，这时的台南已孤立无援，城内弹尽粮绝。10月19日，刘永福乘英国轮船退回厦门。21日，日军占领台南。至此，台湾全省沦陷。

台湾军民反割台的斗争坚持了5个月，抗击了近5万近代化日军，大小百余战，日军侵台主力近卫师团被歼近半，侵台日军总伤亡3万余人。台南失陷。日本宣布“全台平定”，但台湾人民并未屈服。在日本占领台湾的50年间，台湾各族人民的反抗斗争从没停止过。

【导　读】

1. 中国史学会主编：《中国近代史资料丛刊·洋务运动》(共8册)，上海人民出版社1961年版，320万字。该书选录了洋务运动时期有关档案中的上谕、奏折、函牍、杂文等资料，为研究洋务运动提供了基本的史料。

2. 宝鋆等编：《筹办夷务始末》(同治朝)(共100卷)，中华书局1979年版。自咸丰十一年七月起，至同治十三年十二月止。集中辑录了总理衙门设立以来至同治末年有关中外关系的史料。

3. 中国史学会主编：《中国近代史资料丛刊·中法战争》(共7册)，上海人民出版社 1961 年版,278 万字。该书分类编辑,共收集中文资料 61 种、外文资料 20 种,此外档案、文集、笔记、日记、方志、年谱、传记、报刊等各种史料都有所选录,为中法战争史研究提供了比较丰富和全面的史料。

4. 中国史学会主编:《中国近代史资料丛刊·中日战争》(共 7 册),新知识出版社 1956 年版,300 万字。该书分为三编:第 1 编为综述类资料,收入的是概述中日战争经过的文献材料。第 2 编为战前文献资料,包括档案、中外文资料。第 3 编为战后文献资料,包括档案、中外文资料,并附有《中日讲和条约》和《中日辽南条约》等。比较全面地提供了中日甲午战争的史料。

5. 戚其章主编:《中日战争》(续编)(共 12 册),中华书局 1989～1996 年陆续出版,近 600 万字。主要收录原《中日战争》7 册中未曾编入的重要资料。译自外文的资料占全书近一半的篇幅,中外文官私档案文献中有关甲午战争的资料基本上都收入了。

6. 李文海、夏明方、朱浒主编:《中国荒政书集成》(全 12 册),天津古籍出版社 2010 年版,1200 万字。收录了从宋代迄清末民初的各类荒政文献 187 种,并按问世时间先后顺序编排,大体反映了先秦至清末中国救荒思想与救荒实践的概貌;此外,编纂者还于书末将目前搜集到的现存荒政书总目作为附录列出,可供利用者进一步参考。

7. 夏明方:《近世棘途:生态变迁中的中国现代化进程》,中国人民大学出版社 2012 年版。该书围绕着明清以来中国的自然灾害,从生态变迁与农村市场、灾荒与早期工业化、减灾救荒与政治体制的嬗变等方面展开论述,力图从一个新角度探讨中国现代化艰难崎岖的历程。

8. 王芸生:《六十年来中国和日本》(1～3 卷),三联书店 1979～1980 年出版。

9. [日]藤村道生著,米庆余译:《日清战争》,上海译文出版社 1981 年版。该书系作者多年研究甲午战争的成果,书中对日本资本主义发展、资本主义的形成作了较为客观的分析,特别是在战争的起因和责任问题上,揭示出日本的目的在于取得朝鲜的统治权,并从 1882 年起就开始了对华发动战争的准备。对战争的国际背景也有比较详细的论述。

10. 夏东元:《晚清洋务运动研究》,四川人民出版社 1985 年版。

11. 徐泰来:《洋务运动新论》,湖南人民出版社 1986 年版。

12. 李时岳、胡滨:《从闭关到开放》,人民出版社 1991 年版。

13. 李长莉:《先觉者的悲剧——洋务知识分子研究》,学林出版社 1993 年版。

14. 章开沅、罗福惠主编:《比较中的审视:中国早期现代化研究》,浙江人民出版社 1993 年版。

15. 周积明:《最初的纪元——中国早期现代化研究》,高等教育出版社 1996 年版。

16. [美]芮玛丽:《同治中兴——中国保守主义的最后抵抗》,房德邻等译,中国社会科学出版社 2002 年版。

17. 戚其章:《甲午战争史》,人民出版社 1990 年版。

18. 戚其章:《甲午战争国际关系史》,人民出版社 1994 年版。

19. 李文海、周源:《灾荒与饥馑(1840～1919)》,高等教育出版社 1991 年版。

【思考与讨论】

1. 第二次鸦片战争后,列强是怎样扩大在华政治、经济势力的?
2. 试述洋务派和顽固派的异同。
3. 试析洋务派创办的军事工业和民用企业的特点、性质和历史作用。
4. 试评洋务运动。
5. 概述中国民族资本主义工业的产生及其特点。
6. 试析中国民族资产阶级的构成及其特点。
7. 评述早期维新思想的代表人物、主要内容及其局限性。
8. 简述 19 世纪 70～90 年代中国边疆危机的主要内容。
9. 试述《马关条约》的内容及其对中国的影响。
10. 论晚清"海防"与"塞防"之争。
11. 谈谈你对奕䜣、曾国藩、左宗棠、李鸿章等几个重要洋务派领袖人物的评价。
12. 试析中国早期现代化进程的助力与阻力。
13. 试比较中日两国早期现代化道路的异同,并分析其原因。
14. 为什么说洋务运动是中国早期现代化的起点而非方向?
15. 简述晚清灾荒与中国救灾的新进展。

第四章 戊戌变法与义和团运动

戊戌变法与义和团运动时期，是中国近代历史继洋务运动之后的又一重要发展阶段。这一阶段中，在甲午战争中国战败的刺激下，帝国主义列强掀起了阴谋瓜分中国的狂潮，中国社会各阶级、阶层纷纷起来救亡图存，其中资产阶级维新派发动和领导的戊戌变法和农民阶级"扶清灭洋"的义和团运动相继进入高潮，汇成这一时期各具鲜明特色的救亡图存时代大潮。由于封建守旧势力还相当强大，初登政治舞台的民族资产阶级的稚嫩脆弱，以及帝国主义列强的联合出兵侵华，戊戌变法和义和团运动先后失败，中华民族灾难空前加剧。

1894～1895 年的中日甲午战争，堂堂"天朝大国"惨败于东洋岛国日本，既暴露了清朝政府的腐朽、孱弱，刺激了帝国主义侵略中国的野心，又打破了西方列强在东方争夺权益一度所呈现的均势，改变了远东国际关系的旧有格局。于是，甲午战火硝烟未尽，以俄国为首策划"三国干涉还辽"攫取诸多特权为嚆矢，帝国主义列强纷起效尤，争先恐后掠夺在华权益，强租海港，划分"势力范围"，大量输出资本。而清朝政府积弊已深，积弱也久，虽然做了一些试图挽救危机的改革，但却无力挽回颓势，在列强的威逼之下步步退让，以致短短数年间，庞大的古老帝国陷入被帝国主义列强"瓜分豆剖"的危局之中。

面对甲午之战中国败北和战后的危难形势，凡有血气之华夏子孙，莫不悲愤交集，急筹雪耻救亡之策：民族工商业界人士发出了"实业救国"的呼声；以孙中山为首的民族资产阶级中激进的一派，在和平改革中国的主张碰壁之后即于甲午战争尚未结束之时便走上了推翻清王朝、建立"合众国"的革命之路；以康有为为首的维新派，于甲午战争后奔走呼号"变法图强"，开辟变法维新以救亡图存之途；作为中国民众最大多数的农民阶级的各色宗教和结社组织，南方一部分追随孙中山"排满革命"，一部分卷入了勤王起事，也有的进行分散的小规模反教会势力斗争，北方则基本汇集于"扶清灭洋"旗帜之下。而此时的封建统治阶级，亦非坐视沦亡而无动于衷，他们一方面进行一些诸如编练新军、整顿财政、派遣留学生、开放民间办厂等挽救统治危机的改革；另一方面则尽管步调一致地要消灭以孙中山为首的革命势力，但对变法维新和"扶清灭洋"却有着重大分歧，一定程度上决定着戊戌变法和义和团运动的发展进程和历史命运。

在甲午战争和战后列强阴谋瓜分中国危机的刺激下，民族工商界的"实业救国"和清政府的某些改革举措，促进了中国民族资本主义的发展；而差不多同时出现的革命、变法、灭洋三大政治运动，却有着各不相同的命运。以孙中山为首的资产阶级革命派，由于经济和阶级基础都还十分薄弱，此时尚处在积蓄力量的阶段，未能形成左右全国局势的革命力量。以康有为等为首倡导的变法维新救亡之策，由于得到不愿做亡国之君的光绪皇帝和开明官僚的支持，首先形成了自上而下的全国规模的戊戌变法运动。虽然这一运动很快在手握实权的封建顽固派的残酷镇压下归于失败，但它开创了近代中国政治变革的新局面，在思想文化领域产生了巨大而深远的影响。高举"扶清灭洋"旗帜的农民阶级，起初得到了相当数量的地方官绅的同情支持，继而在镇压了戊戌变法的中央封建顽固势力的默许以至支持之下，于变法运动失败后迅速汇成席卷北中国的义和团反帝爱国运动，结果遭到了八个帝国主义国家侵华联军的血腥屠杀，又被封建顽固势力无耻地出卖。中华民族陷入了深重灾难之中。

一、帝国主义瓜分中国的严重危机

甲午战争清政府战败求和、割地赔款，极大地改变了先前帝国主义在中国争夺权益的均势，同时也使帝国主义看到了清政府的软弱可欺，加速膨胀了它们吞并中国的野心。《马关条约》将中国的辽东半岛割让给日本，引起沙皇俄国的强烈不满，认为这是对它独霸东北的直接威胁。于是沙俄便联络德、法两国向日本政府提出"劝告"，要日本退还辽东半岛，否则，不惜在海上对日本采取军事行动。

面对以沙俄为首的三国强硬干预，已被战争拖得疲惫不堪的日本，自忖无力对抗，被迫放弃辽东半岛。但对中国寸步不让，要求立即批准《马关条约》，并索取 3000 万两白银作为"赎辽费"。

三国干涉还辽是 19 世纪末列强阴谋瓜分中国狂潮的开端。清政府在"还辽"事件后，对俄国产生了幻想，主张联络俄国牵制其他列强。1896 年 6 月，沙皇尼古拉二世举行加冕典礼，清政府派李鸿章前往祝贺。6 月 3 日，李鸿章在俄国政府的愚弄和欺骗下同俄国签订了《中俄御敌互相援助条约》，即《中俄密约》。主要内容有：(1)日本如侵占俄国远东和中朝两国领土，中、俄两国应以全部海、陆军互相援助。(2)战争期间，中国所有的口岸均对俄国军队开放。(3)中国允许俄国通过黑龙江、吉林两省修造一条铁路以达海参崴。(4)无论平时或战时，俄国均可在该铁路运送军队和军需物品。表面看来，《中俄密约》是中、俄两国共同防御日本的军事同盟。实际上，俄国的目的是在"共同防日"的名义下，通过修筑中东铁路把自己的势力侵入我国东北地区，加强对中国的控制。两年后，俄国又以德国强占胶州湾为借口，于 1898 年 3 和 5 月，分别同清政府签订了《旅大租地条约》和《续订旅大租地条约》。主要内容是：(1)旅顺口、大连湾及其附近海面租与俄国，租期 25 年，在租借期内旅顺口和大连湾完全由俄国管辖。(2)租借地以北设一"中立区"，该地区内的行政由中国官吏主持，但界内的铁路、矿山和其他工商利权等，都不得让与他国。(3)允许中东铁路公司修筑一条支线，把中东铁路和旅顺口、大连湾连接起来，支线所经地区的铁路利权不得让与他国。这样，不仅辽东半岛完全落入俄国手中，东北全境也成为俄国的势力范围。

德国对中国的胶州湾垂涎已久。1897 年 11 月 14 日，德国借口两个德籍传教士在山东巨野县被杀，派军舰占领了胶州湾，并于 1898 年 3 月 6 日强迫清政府订立了《胶澳租界条约》。该约主要内容是：(1)清政府将胶州湾租给德国 99 年，在租期内胶州湾完全由德国管辖。(2)清政府允许德国在山东境内修筑两条铁路，并有权开采铁路沿线两旁各 30 华里以内的矿产。(3)在山东境内举办任何事业，如需用外人、外资和外国器材时，德国有优先承办权。通过这一条约，德国把山东变成了它的势力范围。

法国作为三国干涉还辽的"功臣"之一，也积极谋求扩大在中国的权益。它于 1899 年 11 月强迫清政府签订《广州湾租借条约》，强租广州湾及其附近水面，租期 99 年；并先后强迫清政府同意不将海南岛和云南、两广割让给他国。从此，滇、桂、粤三省变成了法国的势力范围。

俄、德、法在华势力的急剧膨胀，引起了英国的极大不安和不满。在德国强租胶州湾后，英国立即要求租借九龙半岛作为"补偿"，并于 1898 年 6 月 9 日强迫清政府签订了《展拓香港界址专条》，把位于深圳河以南、九龙半岛界限街以北及附近岛屿的中国领土，即所谓"新界"租借给英国，为期 99 年。至此，连同香港本岛、南九龙半岛和昂船洲在内的整个香港地区全部落入英国手中。同时，以阻挡俄国势力从东北地区南下为由，英国又于 1898 年 7 月 1 日与清政府签订了《订租威海卫专条》，取得了威海卫海湾连同刘公岛和威海卫沿岸十里宽地段的租借权。此外，为了保持它在长江流域的优势，英国还于 1898 年 2 月迫使清政府宣布不将长江沿岸各省让与或租给他国。从此，长江流域沦为英国的势力范围。

日本并不满足于它在甲午战争后获得的巨大权益，总想找机会"弥补"其归还辽东半岛的"损失"。于 1898 年 4 月强迫清政府答应不把福建出让给其他国家，使福建成了日本的势力范围。

当帝国主义在中国争划势力范围时，美国正在同西班牙争夺古巴和菲律宾，一时无力顾及中国。然而，美国丝毫没有放弃侵略中国的野心。1899 年 9 月至

11月间，由美国国务卿海约翰出面，分别向英、俄、德、日、意、法等国提出了一个关于中国"门户开放"政策的通牒。基本内容是：(1)各国对他国在中国所取得的任何势力范围、租借地、通商口岸和既得利益，不得干涉。(2)各国对运往自己势力范围各口岸的他国货物，均由中国政府按照中国现行关税率征税。(3)各国对进入自己势力范围各口岸的他国船舶，不得征收高于本国船舶的港口税；当他国使用自己所修或所经营的铁路运输货物时，不得征收高于本国商品的铁路运费。

对华门户开放政策是英国最先于19世纪末向列强提议实行的。英国在倡导、推行这个政策的过程中，做了一些努力，以阻挠某些列强瓜分中国，但收效甚微。与此同时，英国又大力奉行向列强争夺均势、向中国勒索"补偿"的政策。这种倡导"门户开放"政策和参与瓜分活动的双重身份，导致英国对华门户开放政策面临破产。于是它转而向美国施加影响，促其出面争取各主要侵华国家承认"门户开放"政策，海约翰照会由此而生。[①]"门户开放"政策的目的，是企图通过"机会均等"的手段，缓和列强争夺中国的矛盾，防止列强瓜分中国，以保持整个中国市场对美国商品的自由开放。其他列强经过讨价还价，基本上同意了"门户开放"政策。

甲午战争后，帝国主义列强除了赤裸裸地强租海港和划分势力范围以外，还向中国大量输出资本，形成了这一时期对华进行经济侵略的新特点。其主要方式有：

1. 向清政府进行政治贷款

《马关条约》中规定清政府要在三年内偿付对日赔款2亿两，后来又加上"赎辽费"3000万两。当时清政府全年的财政收入仅8000余万两，根本无力筹划，不得不举借外债。列强趁机向清政府进行政治贷款。在甲午战争后三年多的时间里，清政府被迫先后三次向列强借款。

第一次是1895年7月向俄法集团所借"俄法洋款"。总额为4亿法郎，合银9800余万两，折扣94.125，年息4厘，以海关收入为担保，分36年还清。俄、法通过这笔借款，得以插手原来由英国人控制的中国海关。

第二次是1896年3月向英德集团所借的"英德洋款"。总额为1600万英镑，折银9700余万两，折扣94，年息5厘，以海关收入为担保，分36年还清。这次借款合同还规定，借款偿还期内，中国海关总税务司职位一直由英国人充任。

第三次是1898年3月再次向英德集团续借的"英德洋款"。总额1600万英镑，折银1.12亿余两，折扣83，年息4.5厘，分45年还清，以苏州、淞沪、九江、浙东等处货厘及宜昌、鄂岸盐厘为担保。通过这笔借款，英国又控制了上述各地的常关和厘金。

---

① 参见牛大勇《英国与对华门户开放政策的缘起》，载《历史研究》1990年第4期。

以上三次大借款，再加上其他名目的借款，使清政府在1895年到1900年间共向列强借款4.51亿余两白银，约为当时年财政收入的5.5倍。这些借款，不仅利率高、折扣大，而且都附有政治条件，使得帝国主义进一步控制了中国的海关和部分内地的盐税、厘金、外贸和运输。更为严重的是，这些借款大部分用于对日赔款，而清政府的财政收入来源又被列强所控制，为了生存，不得不以贷还贷，在财政上依附于帝国主义。

2. 争夺中国的路权

甲午战争后几年间，以法国强修滇越铁路为先声，帝国主义群起争夺芦汉、津镇、粤汉、京奉等铁路干线的投资权，从而使争夺中国铁路利权的斗争逐渐达到高潮。结果，有俄国和法国资本的比利时银行团获得了芦汉铁路的投资、修筑和经营权，英国和德国获得了津镇铁路的修筑权，美国获得了粤汉铁路的修筑权。

甲午战争后几年间，列强共向清政府铁路贷款8967万元，夺取了长达9500多公里的铁路投资权和修筑权。它们不仅通过资本输出获得巨额利润，还控制了铁路沿线的大片土地和资源，使铁路沿线的中国领土主权名存实亡。因此，争夺铁路修筑权是帝国主义对华资本输出和巩固势力范围的重要手段。

3. 争夺中国的矿权

甲午战争后，外国资本开始侵入中国矿业。到1899年1月，英、俄、法、德、美等国先后迫使清政府签订一系列矿务合同，攫取了在中国投资开采矿产的权利。英国先后取得四川全省、山西、河南、热河部分地区的矿产开采权。俄国除了夺得中东铁路及其支路沿线的矿产开采权外，还攫取了新疆全省金矿的开采权。美国除与华商"合办"门头沟煤矿外，还夺取了山西平定、盂县煤矿的开采权和四川麻哈金矿的开采权。法国取得在广东、广西、云南三省开矿的优先权。德国也取得了胶济铁路沿线和山东境内的矿产开采权。

4. 在华开设工厂

甲午战争前，外国在华非法开办的工厂已有80余家。1895年至1900年间，列强在华设厂总数激增到933家，包括矿冶、机械制造、造船、纺织、食品加工、造纸、制糖、烟草以及水电等公用事业。外资工厂凭借雄厚的资本和种种特权，不仅获得了巨额利润，而且迅速发展为具有垄断性的企业，严重阻碍了中国民族工业的发展。

甲午战争后短短的几年间，帝国主义列强利用清政府惨败之机，趁火打劫，一方面明火执仗地强租海港和划分势力范围，掀起阴谋瓜分中国的狂潮；另一方面又通过向清政府贷款、争夺中国的路权和矿权、在华开设工厂等方式大肆攫取中国的权益，控制清政府的经济命脉。凡此种种，都表明甲午战争后民族危机骤然加深，亡国灭种不再是危言耸听的传闻，而成为日益逼近的现实。

二、清政府的统治危机和改革举措

甲午战争后民族危机的加深，既是清朝统治腐朽衰败的表现，又使清朝陷入更严重的危机之中。首先是巨额赔款使清政府国库空虚，负债累累。为了赔款和维持正常的行政开支，不得不对外举借外债，在财政上受制于帝国主义；对内多方罗掘，横征暴敛，导致各地人民为生存而进行不同形式的斗争。其次，甲午战争后几年间，天灾频发，加剧了人祸。直隶、奉天、山东、河南、江苏、安徽、浙江、江西、湖南、湖北、广东、广西、四川等省，先后发生严重的水灾或旱灾。1896年，湖北发生特大水灾，灾民"饿殍枕藉"。1897 年，湖南出现数十年未有的大旱。1898 年、1899 年，黄河又连续两年大溃决，直隶、山东沿河两岸都被淹没，死亡十六七万人。在这种情况下，清政府不得不连续增加了数百万两的河工与赈灾费用，又减免了灾区的田赋，使财政赤字愈增愈大，财政危机日甚一日。更为严重的是甲午战争的惨败和战后的瓜分危机，使中国社会的各阶层不同程度地对清政府感到失望，开始从各自的角度来思考民族的前途和救国的出路，并共同地发出了"救亡图存"的呼声。统治集团中也有人上奏疏、递条陈，要求在兵制、财政和用人等方面进行一些改革。清政府为了转危为安，试图实施某些改革措施。

首先，鉴于甲午战争中湘、淮各军无法战胜专用西法的日本，清政府拟仿照西法练兵。先是让广西按察使胡燏棻编练新军，号"定武军"。《马关条约》签订后，改派袁世凯接替胡燏棻。袁到天津小站后，将定武军扩编到 7000 余人，改称"新建陆军"。在编制上以近代德国的陆军制度为蓝本，分步、马、炮、工、辎重各兵种，全部使用购自国外的新式武器，延聘德国军官督练洋操。清政府对新建陆军寄予厚望，每年耗银近百万两，袁世凯也因督练新建陆军而受到清政府的特别垂青，1897 年被提升为直隶按察使，逐渐成为手握重兵、雄踞一方的实权人物。

其次，整顿财政，多方筹款。为了弥补巨额的财政亏空，清政府在增捐增税、向人民大肆搜刮的同时，又着手整顿财政。它提出"裁革陋规，严剔中饱"，令各省督抚严查当地在关税、厘金、盐课和田房税契等管理上的种种弊端，并委派军机大臣刚毅南下江苏、安徽、浙江、广东各省监督执行。这一措施小有成效，收回了 1000 多万两白银。此外，清政府还决定用举借内债的办法筹款，于 1898 年发行"昭信股票"1 万万两，年利 5 厘，20 年内归还。但清政府已在人民中失去信用，各级官员又借机强行摊派，结果引起不满，不得不在筹到 1000 多万两时就停止发行。

其三，允许民间设厂。甲午战争前，民间设厂乃非法之举。甲午战争后，有些爱国的民族工商界人士，痛感战败之辱，发出了“实业救国”的呼声，提出自办铁路，自开矿山，设立工厂以抵制洋商洋厂，同时清政府已允许外国人在华投资设厂，也不便再禁止中国人自己投资设厂。1896 年 2 月，清廷依照御史王鹏运的奏议，通饬各省督抚分别在省会设立商务局，“官为设局，一切仍听商办，以联其情。……由各商公举一般实稳练素有声望之绅商，派充局董，驻局办事”①。不久，各地商务局成立，其中苏州、南通商务局较有成效，分别创办了苏纶纱厂和大生纱厂。至此，中国民间私营工商业总算取得了合法地位。

清政府的这些改革措施，虽然也收到了一些成效，但并没有把自己从危机中解救出来。原因是这些改革没有触动封建专制制度的根本，缺乏全盘的计划和实施步骤，多是临渴掘井的权宜之计。再加上腐朽已极的官僚机构使改革变样、走形，越改越坏。编练新军的主要受益者是袁世凯。他不仅因此得到清政府的提拔，而且引起了列强的关注，新建陆军成为他日后升迁的资本和工具。至于整顿财政所收款项，对于巨额的赔款和赤字来说，可谓杯水车薪，无济于事。其他筹款措施由于各级官吏乘机巧立名目、多方勒索，多成扰民之举，反而加重了人民的负担，激起人民的反抗。允许民间设厂在甲午战争后已是大势所趋，但远水不解近渴，力量弱小、发展缓慢的民族工商业更无法挽救清朝统治危机。与日俱增的亡国危险迫使清政府中的一些开明者开始考虑进行更大规模的改革。

三、民族资本主义的初步发展

甲午战争后，在民族危机的刺激下，国内出现了一个短暂的兴办资本主义企业的浪潮，为资产阶级变法维新提供了一定的物质条件和阶级基础。

清政府在战后允许民间设厂，激发了一部分官僚、地主和商人投资新式企业的积极性。而这一时期随着外国资本和商品的大量侵入，造成了农村以纺纱织布为主的家庭手工业急剧破产。国内市场对机织棉纱、洋纱和其他商品的需求量迅速上升，对中国民间投资设厂起到了刺激作用。随着自然经济的进一步解体，大量的农民和手工业者失业破产，为民族资本主义工业提供了充足而廉价的劳动力。正是在这种情势下，甲午战争后一段时间里，出现了不少民办的纺织、缫丝、面粉、印刷等轻工业和采煤为主的工矿企业。据不完全统计，1895 年至 1898 年间，新创办的商办厂矿企业有 58 家，资本总额达 1200 万元。官办和官商合办的企业合计只有 8 家，资本总额不过 400 多万元。两相比较，前者的投资额几乎相当于后者的 3 倍。在商办企业中，比较重要的有：1895 年华侨商人张

① 朱寿朋：《光绪朝东华录》，中华书局 1958 年版，第 3723 页。

振勋在山东烟台创办的张裕酿酒厂，1896 年严信厚在宁波创办的通久源纱厂，1897 年夏粹芳等在上海创办的商务印书馆，1898 年祝大椿在上海创办的源昌碾米厂，1899 年张謇创办的南通大生纱厂，等等。

尽管甲午战争后中国民族资本主义工商业有了初步发展，但力量仍然相当微弱，不但数量少、规模小，而且在发展过程中又遇到种种困难和阻碍。首先是遭到外国资本的压制和打击。甲午战争后，帝国主义侵华势力猛增，又在通商口岸设厂制造，操纵中国经济命脉，无所忌惮。本国的民族工商业根本无力与雄厚的外国在华资本和廉价的商品竞争，随时都有破产倒闭的危险。例如，1895 年至 1899 年间，洋纱大量进口，华纱的销路减少。英、德、美商又陆续在上海设立怡和、公茂、瑞记、鸿远等四家纱厂，与华商纱厂直接竞争，华商资本微弱，亏折受损。缫丝业大部分市场在外国，洋商操纵压价，外销迟滞，上海 20 家华商缫丝厂，1898 年全年开工的寥寥无几。其次，国内的封建势力对民族资本主义企业依然多方设置障碍。民间办厂虽然得到了清政府的允许，但并没有可靠的法律保护。苛捐杂税、官吏勒索不但没有减少，反而日益增加。在帝国主义和封建势力的层层控制和压抑下，许多投资新式企业的官僚、地主和商人在创办企业的过程中，为求得企业的生存和发展，不得不继续走着托庇于外国资本和本国封建势力的老路。这种饮鸩止渴的做法使民族资本主义企业从一开始就依附于外国资本和国内的封建势力，自缚手脚，难以发展。

中国民族资本主义虽然在发展过程中遇到重重困难，但作为新的生产力的代表，它本身蕴含着不可遏制的生命力。甲午战争后出现的兴办实业热潮，虽然时间短暂，但毕竟使新兴资产阶级的力量有所增强，他们迫切要求挣脱帝国主义和封建势力的压迫和束缚，为在中国发展资本主义开辟道路。他们的政治代表资产阶级维新派因而有变革政治制度的要求和行动。另一方面，由于民族资产阶级本身力量弱小，且大部分是由官僚、地主和商人转化而来的，同外国资本主义和本国封建势力有千丝万缕的联系，所以，资产阶级维新派在维新运动中又缺乏强有力的阶级支持，他们的软弱、妥协以至后退正是他们所代表的阶级力量不足的反映。

甲午战争后严重的民族危机，激发起新的民族觉醒，维新派以救亡图存为宗旨，奏响了时代的最强音，而这一时期民族资本主义的发展又为即将到来的资产阶级维新运动提供了内在动力。资产阶级维新派的宣传鼓动，终于为一场旨在向西方学习、变革政治制度、发展资本主义的变法维新运动拉开了帷幕。

四、康有为的变法理论与维新派的变法活动

早在19世纪七八十年代，随着洋务运动的开展，出现了一批早期维新思想家。他们在内忧外患的冲击下，通过亲身的洋务实践认识到洋务运动本身的矛盾和弊端，逐步形成了抵御外国侵略、发展民族工商业、变革政治制度的早期维新思想。甲午战争后，这一思想迅速得到发展和传播，接踵而起的资产阶级维新派，作为中国民族资产阶级的政治代表，登上了政治舞台，发动了一场变法图强的维新运动。康有为就是这场变法运动的主要领导者。

康有为（1858～1927年），字广厦，号长素，广东南海人。出身于封建官僚地主家庭，少年时代受过严格儒家传统教育，19岁时又到广东，在著名理学家朱次琦门下学习三年，开始怀疑和反对乾嘉以来流行的“汉学”，对清朝统治的腐败深感不满。1879年，他到香港旅行，“乃始知西人治国有法度”。1882年，应顺天乡试不中，途经上海，“益知西人治术之有本”。于是他开始注意收集有关西学书籍，举凡介绍西方资本主义国家史地、政治以及世界大势和近代科技工艺之书无不购求、研读。由是认识到西方资本主义制度较中国的封建制度优越，西学较中学先进有用，逐渐萌生了变革现状的思想。

1888年，康有为又一次赴京参加顺天乡试。时值中法战争结束不久，中国的情形更加恶化。于是，志在救国救民的康有为第一次向光绪皇帝上书，陈述变法图强的必要性和紧迫性，请皇帝下决心赶快“变成法，通下情，慎左右”，以挽救危局。由于顽固派的阻挠，这封上书没有递到皇帝手里，但却在社会上产生了不小的影响。从此，康有为就开始了为倡导变法而进行的政治活动。

首次上书失败后，康有为决定从聚徒讲学、创制变法理论入手。1891年，康有为应陈千秋、梁启超之邀，在广东长兴里万木草堂招徒讲学，宣传他的变法思想，培养维新骨干，并在其弟子的协助下，开始撰写《新学伪经考》和《孔子改制考》。

《新学伪经考》是康有为的第一部关于变法维新的理论著作，刊行于1891年。在这部书中，康有为以极大的勇气，对“祖宗之法，莫敢言变”的传统守旧思想提出挑战。通过多方论证，公然把自东汉以来被历代封建统治者和儒学人士奉为经典的《古文尚书》、《逸礼》、《左氏春秋》等古文经，一概斥之为“伪经”，即是西汉末年刘歆为王莽篡汉而伪造的假货，是为王莽“新朝”服务的“新学”，绝非孔子的“真传”，因而湮灭了孔子的“微言大义”和“托古改制”的原意。康有为的这些论断并不完全符合历史事实，但他的大胆言论，却如同在沉寂的思想界响起了一声惊雷，引起了巨大的反响。它不仅打破了长期以来古文经学的绝对权威，极

大地冲击了维护封建专制制度的理论基础，而且沉重地打击了“恪守祖训”的顽固派，为维新变法扫清了思想障碍。此书一出，立即引起封建卫道士的仇恨和攻击。他们说康有为的“新学伪经之证，其本旨只欲黜君权、伸民力，以快其恣睢之志，以发摅其傺侘不遇之悲”[①]。在顽固派的攻击下，清政府曾先后两次下令严禁该书流传。

《孔子改制考》是康有为另一部重要著作。1892年开始撰写，1898年刊行。在这部书中，康有为用资产阶级的政治思想附会《春秋》公羊派的学说，宣称人类社会必然是按照“据乱”、“升平”、“太平”三世的顺序演变发展，愈变愈进步，即由君主专制到君主立宪再到民主共和。尽管这种附会并不是科学的历史观，但他明确指出历史是不断发展进步的，君主专制肯定要被君主立宪制所取代，这就从根本上否定了君主专制制度永远不可更改的传统说教，为维新变法提供了历史理论依据。

《孔子改制考》认为孔子以前的历史都无据可考，孔子作“六经”称颂尧舜的盛德大业，其目的是假托古圣先贤的言论，宣传自己的“托古改制”主张。康有为虚构出一个首创“改制”的孔子，实际上是用西方近代资产阶级的社会政治思想，把孔子打扮成变法改制的祖师，意在向人们宣传他自己的维新变法是遵循孔子的道统，继承孔子的“真传”，完全合乎“圣人之道”，以减轻非圣无法的压力。尽管如此，此书一出仍遭到顽固守旧派强烈的仇恨和猛烈的攻击。他们认为康有为利用孔子宣传托古改制是“假素王之名号，行张角之密谋”[②]，是“灭圣经”、“乱成宪”的叛逆行为，要求将该书毁版，将康有为处死。

《新学伪经考》和《孔子改制考》这两部著作，是康有为力图借用孔子的权威，打击维护封建专制制度的理论基础和恪守祖训的封建教条，宣传西方资产阶级的进化论和改革思想，为维新变法提供理论依据。这两部书的先后问世，在当时的思想界引起了强烈的震动。尽管这两部书在学术上都有武断和附会之处，即使维新人士也大多不认同，认为“两考”在学术上站不住脚，但康有为打着学术的幌子，借用孔子名号，为自己的改制变法主张寻求历史依据，创造理论基础，在政治上和思想上的进步意义和积极影响是值得肯定的。

大约在撰写《新学伪经考》和《孔子改制考》的同时，康有为还写了一部当时秘不示人的《大同书》。《大同书》初名《人类公理》，杂糅中国古代“大同”学说和西方资本主义国家制度，设计出了一个人人平等、相亲相爱、生老病死有依靠的“大同”理想社会蓝图。不过，康有为根据自己的“公羊三世”的变法历史观，认为

① 叶德辉：《〈辅轩今语〉评》，苏舆《翼教丛编》卷四。

② 叶德辉：《〈长兴学记〉驳议》，苏舆《翼教丛编》卷四。

当时的中国处在“据乱世”阶段，只能向“升平世”过渡，不能骤然变成“太平世”即“大同社会”。因此，康有为有生之年没有出版这部书，直到他去世以后，才由他的学生陆续公开面世。

就在康有为精心创制维新理论、培养维新骨干期间，日本发动了蓄谋已久的侵华战争。清政府的战败求和，举国为之震动。1895 年 4 月，正在北京参加会试的康有为得知日本逼签《马关条约》的消息后，非常震惊。在京参加会试的各省举人也义愤填膺，他们以省籍为单位纷纷向都察院请愿，反对签约。康有为目睹举人们的爱国热情，备受鼓舞，决定联络各省举人发动一场更大规模的请愿活动，为变法维新制造声势。于是他连夜奋笔疾书，草拟了一篇一万多字的上皇帝书，痛陈形势的危急和变法的迫切，并提出“拒和、迁都、变法”的主张。还建议以府县为单位，每约十万户公举一位“博古今、通中外、明政体、方正直言之士”为“议郎”，“上驳诏书，下达民词”，供皇帝咨询，决定“内外兴革大政”。这是维新派第一次明确提出改革政治制度的主张。5 月 1 日，各省应试举人千余名在康有为拟就的上皇帝书上签名，翌日送到都察院。这就是中国近代史上著名的“公车上书”。结果，都察院以《马关条约》已经签字、无可挽回为由，拒绝接受，光绪皇帝也无法看到。

“公车上书”虽然未能阻止《马关条约》签订，但它标志着酝酿已久的资产阶级维新思潮开始转变为爱国救亡的政治运动，在社会上产生了广泛的影响。上书的内容被广泛传抄印刷，要求变法的呼声日益高涨，康有为也因此确立了维新运动的领袖地位。

维新运动在甲午战争后渐趋高涨，这既与甲午惨败、割地赔款之耻及帝国主义阴谋瓜分中国狂潮的刺激紧密相关，也是维新派多年来奔走呼号、广泛活动的结果。综观康有为和其他维新志士的变法活动，主要有以下几个方面：其一是广泛联络同情和支持维新的官员及各界人士，组织各种团体，积蓄维新力量。积极创办各种报刊进行广泛宣传、鼓动，大造变法维新以救亡图存的声势。其二是康有为等人继续向光绪皇帝上书，希望打动光绪皇帝，实施变法。

在组建各种维新团体方面，康有为及其弟子们广泛联络各阶层人士，先后组建了北京强学会、上海强学会、粤学会、关学会、闽学会、蜀学会以及后来的保国会、保滇会、保川会、保浙会等。北京强学会成立于 1895 年 11 月，得到一些京内外官员的支持。户部郎中陈炽、翰林院侍读学士文廷式列名其中，军机大臣兼户部尚书翁同龢表示每年拨给固定经费，地方重臣张之洞、刘坤一、王文韶等也捐款资助。康有为组建强学会的目的是要“开风气”、“开知识”、“合大群”，该会每十天集会一次，每次集会都有人宣讲“中国自强之学”。由于议论涉及时政，对李鸿章多有抨击，因而遭到李鸿章的亲家、御史杨崇伊的弹劾，于 1896 年 1 月被查封。在此之前，康有为已到了南京，游说两江总督张之洞在上海成立了上海强学会，上海地区的维新运动很快发展起来。可惜时间不长，在北京强学会被查封之后，上海强学会也随之解散。

北京、上海强学会的夭折，并没有动摇康有为组织学会的决心。1898年春，他利用各地举人进京会试之机，又联络御史李盛铎出面成立了保国会。保国会以救亡保国相号召，揭橥“保国、保种、保教”三项宗旨，并决定在北京、上海各设总会，在各省、府、县均设分会。康有为在《保国会序》中大声疾呼：对濒临危亡的中国，“惟有合群以救之，惟有激耻以振之，惟有厉愤气以张之”[①]。保国会是以救亡为宗旨的爱国团体，得到了众多爱国人士的赞同，人们纷纷加入进来。但由于遭到顽固势力的诽谤和攻击，不少人畏祸退出。保国会在连续召开三次大会后，不得不停止集会。尽管保国会存在的时间很短，但它的宗旨和康有为、梁启超等人在会上发表的政治演说，却被各地报纸刊载，影响甚大。

在创办报刊方面，维新派成就显著。1895年8月，康有为在北京创办《万国公报》，后改名为《中外纪闻》，宣传西学，鼓吹变法，随当时的“邸报”分送给在京官员。1896年1月创刊的上海《强学报》只出版了三期，但随后的《时务报》却大获成功。《时务报》由汪康年、黄遵宪于1896年8月创办于上海，邀请梁启超为主笔，刊行到1898年8月8日，共出版96册。它以新颖的言论，流畅的文笔，风行海内。在维新运动最为活跃的湖南省，1897年4月，湖南督学江标和维新志士唐才常等人在长沙创办《湘学新报》（后改名《湘学报》）。1898年3月，谭嗣同和唐才常又创办了《湘报》，作为湖南新政总枢南学会的机关报，对维新变法进行了卓有成效的宣传。1897年冬，严复在天津创办了《国闻报》（日报）和《国闻汇编》（旬刊），介绍《天演论》等西方资产阶级理论名著，影响深远。1897年2月，康有为在澳门创办了《知新报》，由他的弟弟康广仁经营，由他的学生徐勤担任主笔，成为中国南部沿海地区宣传维新变法的重要报纸。

戊戌时期，报刊作为一种新的传播媒体，登上了中国的政治舞台，成为维新派宣传变法的主要工具。它以新颖活泼的思想、通俗流畅的文体、快捷的出版周期，在社会上造成了强大的舆论声势，有力地推动了变法运动的开展。

康有为在组织学会、创办报刊的同时，继续走上层路线，向皇帝上书。1895年5～6月，他又第三次、第四次向皇帝上书，光绪皇帝被第三次上书所打动，谕令发往各省督抚会议复奏，这使康有为感到振奋。第四次上书虽然提出“设议院以通下情”的激进主张，但未被皇帝看到。1897年12月，康有为利用德国出兵

---

① 中国史学会主编：《中国近代史资料丛刊・戊戌变法》（以下简称《戊戌变法》）第4册，上海人民出版社1961年版，第398页。

强占胶州湾之机，第五次向皇帝上书，极言国势之危、变法之切。他分析中国的处境，“譬犹地雷四伏，药线交通，一处火燃，四面皆应”，并警告光绪皇帝如不发愤维新，“恐皇上与诸臣，求为长安布衣而不可得矣”①。这次上书是康有为历次上书中内容最详尽的一次，它几乎包括了康有为变法维新的全部思想主张，虽然没有送到皇帝手里，但内容流传颇广，影响甚大。1898 年 1～2 月，康有为又向光绪皇帝上第六、第七书。在第六书即《应诏统筹全局折》中，康有为请求光绪皇帝厉行变法，指出：“变则能全，不变则亡；全变则强，小变仍亡。”建议光绪皇帝取法日本，全面维新。并说明当务之急，凡有三事：“一曰大誓群臣以革旧维新，而采天下之舆论、取万国之良法；二曰开制度局于宫中，征天下通才二十人为参与，将一切政事制度重新商定；三曰设待招所许天下人上书。”②这是康有为第一次受皇帝之命提出的变法具体措施。在第六书中，康有为的变法主张较以前有所缓和，不再提原来的设议院、兴民权的主张。这主要是由于他深感顽固势力对变法的阻力太大，只得收起“开议院”、“兴民权”的旗帜，而以尊崇君权、依靠皇帝的途径推行变法。

康有为原本一介书生，在国难当头之际，他能以国家民族利益为重，敢于犯上直言，一而再，再而三，十年之内七上书，终于打动了不愿做亡国之君的光绪皇帝，也赢得朝中一部分开明官僚的同情和支持，团结了一批倾向维新的志士仁人，掀起了一场轰轰烈烈的变法维新运动。

戊戌时期，维新派的主要代表人物，除康有为外，还有梁启超、谭嗣同、严复等。

梁启超（1873～1929 年），字卓如，号任公，广东新会人，是康有为的学生和助手。他在主编《时务报》期间，写了《变法通议》、《论中国积弱由于防弊》、《论君政民政相嬗之理》、《说群》等重要文章。他在《变法通议》中指出：“法者，天下之公器也；变者，天下之公理也。”“变亦变，不变亦变。变而变者，变之权操诸己，可以保国，可以保种，可以保教。不变而变者，变之权让诸人，束缚之，驰骤之。”③明确提出中国要变法图强，必须学习西方资本主义国家的政治制度和文化教育制度。他大胆地宣传“民权论”，把历代帝王斥之为“民贼”，认为“君权日益尊，民权日益衰，为中国致弱之根源”④。呼吁“伸民权”、“设议院”，实行君主立宪制度。梁启超宣传变法的文字通俗流畅，笔锋犀利而又常带感情，很受人们特别是

① 《戊戌变法》第 2 册，第 189、190 页。

② 黄明同等主编：《康有为早期遗稿述评》，中山大学出版社 1988 年版，第 268 页。

③ 梁启超：《变法通议》，《饮冰室合集》文集之一，中华书局 1989 年版，第 8 页。

④ 梁启超：《西学书目表后序》，《饮冰室合集》文集之一，第 128 页。

青年知识分子的欢迎。他以《时务报》为阵地的出色宣传，不仅大大加强了维新变法的声势，也使他名声大振，时人把他与康有为并称为“康梁”。

谭嗣同(1863～1898年)，字复生，号壮飞，湖南浏阳人。出身于官僚家庭。少年时期倜傥不羁，好泛览群书而鄙薄八股时文。壮年时游历南北各地，足迹遍及十几个省份，不但眼界大开，还结交了不少维新志士，同时目睹了国家的贫弱和人民的苦难，更激发了他的爱国热情和对清朝统治的不满。中法战争后，谭嗣同开始有了变法思想，努力钻研自然科学和西方资产阶级社会政治学说。甲午惨败更坚定了他的救国信念和变法决心，积极投身于维新变法活动，成为维新运动中的骨干和杰出的思想家、政治活动家。

1896年，谭嗣同开始撰写《仁学》一书。在这部书和其他一些文章中，宣传资产阶级民权、平等学说，批判君主专制制度和封建的纲常伦理，提出了“冲决君主之网罗”、“冲决伦常之网罗”的口号。他在解释国家的起源和君民关系时说：“生民之初，本无所谓君臣，则皆民也。民不能相治，亦不暇治，于是共举一民为君。”既然君可以由民“共举之，则且必可共废之”，所以“君末也，民本也”[①]。这就从根本上否定了“君权神授”和君主“受命于天”的封建说教，为维新变法、实行君主立宪提供了理论根据。谭嗣同对封建纲常伦理的反动本质也进行了无情的揭露和深刻的批判，特别是对“三纲”中的“君为臣纲”的抨击尤为激烈。他说：“二千年来君臣一伦，尤为黑暗否塞，无复人理，沿及今兹，方愈剧矣。”[②]谭嗣同的思想在当时维新派中最为激进，在某些方面已超出改良的范畴，带有民主革命的色彩。

严复(1854～1921年)，字又陵，号几道，福建侯官人。少年时曾入福州船政学堂读书，1877年被派往英国学习海军，回国后先后在福州船政学堂和北洋水师学堂任教习和总教习。严复在留英期间，广泛阅读亚当·斯密、孟德斯鸠、赫胥黎、斯宾塞等人的著作，对西方资产阶级哲学、社会科学有较多的了解，并努力向西方寻求真理。甲午战争后，严复痛感民族危机的严重，认为非变法无以自存。他认为，要使中国富强，必须维新；要维新，必须大倡“西学”。强调要鼓民力、开民智、新民德，来达到民富国强的目的。严复除了撰写鼓吹维新变法的政论之外，更大的贡献是把西方的一些社会政治学说介绍到中国，其中尤以《天演论》影响最大。《天演论》是严复根据英国生物学家赫胥黎的论文集《进化论与伦理学及其他》中的前两篇意译而成的，并附加了许多按语，阐发自己的思想。严复认为，“物竞天择，适者生存”的法则不仅适用于生物界，也同样适合于人类社

---

① 谭嗣同：《仁学》，《谭嗣同全集》(增订本)，中华书局1987年版，第339页。

② 谭嗣同：《仁学》，《谭嗣同全集》(增订本)，第337页。

会。并结合当时中国的形势大声疾呼：中国若再不变法维新，就会被“天演”的规律所淘汰，导致亡国灭种。《天演论》出版后，风行全国，康有为、梁启超等人都受到很大影响。严复在提倡西学、传播资产阶级思想文化方面，对维新运动做出了重要贡献，他也因此成为近代中国向西方寻求救国真理的先进人物和著名的启蒙思想家。

五、变法维新派与顽固守旧势力的争论

维新运动的兴起和高涨，引起了封建顽固势力的极大恐惧和仇恨。他们攻击变法思想是“异端邪说”，要求严惩康有为，扑灭维新派。而维新派为了传播变法思想，不得不进行反击，于是双方展开了激烈的论争。论争主要围绕以下三个问题：(1)要不要变法；(2)要不要兴民权、开议院；(3)要不要废科举、兴学校、倡西学。

顽固守旧势力从维护封建专制统治的立场出发，坚持“祖宗之法不能变”，宣称祖宗之法是古圣先王留下来的治国之道，只能恪守，不能改变，否则就是违背天理，祸乱国家。维新派反驳道，世间的万事万物“无时不变，无事不变”，因此，祖宗之法也必须随着时代的变迁而有所改变。维新派还把变法与救亡直接联系起来，认为中国积弊已深，又面临被列强瓜分的严重危机，要挽救危亡，必须维新变法。康有为说：“观大地诸国，皆以变法而强，守旧而亡”，中国不变法就只有灭亡。他们诘问顽固派：“能守祖宗之法，而不能守祖宗之地，与稍变祖宗之法，而能守祖宗之地，孰得孰失，孰重孰轻？”①这是对顽固派反对变法最有力的驳斥。

顽固派和洋务派对维新派兴民权、开议院的主张更是惊恐万状，大肆攻击。曾一度支持过维新派的湖广总督张之洞在这个问题上也转而与维新派为敌。他于1898年3月写了一本《劝学篇》，成为对抗维新变法的代表著作。此书分内、外篇，“内篇务本，以正人心；外篇务通，以开风气”②。所谓“本”，指的是维护封建制度的纲常名教，这是不能改变的。所谓“通”，指的是要学习西方近代生产技术和坚船利炮，这是维护封建统治不可缺少的手段，可以变通兴办。但是对民权、自由、平等等西方资产阶级的观念，则极力反对，说什么“使民权之说，无一益而有百害”，“使民权之说一倡，愚民必喜，乱民必作，纪纲不行，大乱四起”，认为“民主万不可设，民权万不可兴，议院万不可变通”。此书重谈“中学为体，西学为用”的老调，是洋务派在戊戌时期的政治宣言，反映出洋务派与维新派之间在民

---

① 《戊戌变法》第2册，第197、198页。

② 《戊戌变法》第3册，第220页。

权问题上的原则分歧。

维新派变法的目的就是要改封建专制制度为君主立宪制度。他们不仅依据社会进化的原理论证君主立宪取代君主专制的必然性，更从挽救国家危亡这一现实要求出发，论证兴民权、开议院、实行君主立宪的必要性和紧迫性。他们认为，造成中国贫弱、西方资本主义国家富强的原因虽然很多，但主要是由于中西政治制度的不同而致。西方各国兴民权，设议院，人人有自由之权，国家大事取决于人民的公决，所以能日益富强；中国实行君主之权，视人民如草芥，如奴隶，自然就越来越贫弱。梁启超曾明确指出："泰西各国何以强？曰议院哉！议院哉！"[①]中国何以弱？"虽千因万缘，皆可归狱于君主。"[②]因此，维新派坚信救亡图存的唯一办法就是兴民权，设议院，实行君主立宪。

在要不要废科举、兴西学的问题上，顽固派认为尊孔读经、八股取士的教育制度不能变，他们攻击维新派兴办学校是"名为培才，实则丧才"。洋务派也把学习西学的范围局限在科学技术、船炮器械和某些维护封建专制制度的具体政策措施上，反对学习西方的社会政治学说。维新派一针见血地指出，科举制度是统治者"牢笼天下"的愚民政策，"为中国锢蔽文明之一大根源"。要变法维新、挽救民族危亡，就必须废除科举、兴办学校。梁启超指出："变法之本，在育人才，人才之兴，在开学校，学校之立，在变科举。"[③]至于如何向西方学习，严复批评洋务派的"中体西用"是"盗西法之虚声，而沿中土之实弊"[④]。仅袭其皮毛，而忽视了政本之大法。梁启超把西学分为政治学和艺学，他主张学习西学应该以"政学为主义，以艺学为附庸"[⑤]。

戊戌维新与守旧的争论是刚刚兴起的资产阶级第一次向封建思想挑战。维新派在论战中反复说明了要救国只有维新，要维新只有仿行资本主义的政治制度。他们批判封建专制制度，提出了君主立宪的要求，初步介绍了西方的进化论和资产阶级民主思想，有力地回击了封建顽固势力和洋务派对维新变法的攻击。通过争论，解放了人们的思想，改变了社会风气，推动了变法运动走向高潮。

六、百日维新及其失败

1898 年 6 月 11 日，光绪皇帝颁布"明定国是"诏书，宣布变法。从这一天开

---

① 梁启超：《古议院考》，《饮冰室合集》文集之一，第 94 页。
② 梁启超：《与严幼陵先生书》，《饮冰室合集》文集之一，第 108 页。
③ 梁启超：《变法通议》，《饮冰室合集》文集之一，第 10 页。
④ 严复：《救亡决论》，《戊戌变法》第 3 册，第 68 页。
⑤ 梁启超：《与林迪臣太守书》，《饮冰室合集》文集之三，第 2 页。

始，至9月21日慈禧太后发动政变，共103天，史称“百日维新”。

6月16日，光绪皇帝第一次召见康有为，商讨和确定变法的步骤和措施。为了减少来自慈禧太后和后党的压力和阻力，康有为建议“就皇上现在之权，行可变之事”。召见之后，光绪皇帝特许康有为专折奏事，并任命他为总理衙门章京上行走。从此，康有为接连向光绪皇帝上奏折、递条陈，提出了一系列改革建议。光绪皇帝根据康有为和其他人的建议，在百日维新期间先后颁布新政诏令百余道，主要内容有：政治方面，撤销闲散重叠的机构，删改则例，裁汰冗员；准许“旗人”自谋生计，准许百姓向朝廷上书。经济方面，保护农工商业，设立农工商局，切实开垦荒地，提倡开办实业，奖励新发明创造；设立铁路、矿产总局，修筑铁路，开采矿产；设立全国邮政局，裁撤驿站；改革财政，编制国家预算等。文教方面，废八股，改试策论；设立学校，开办京师大学堂；设立译书局，翻译外国新书；允许自由创立报馆、学会；派人出国留学、游历等。军事方面，训练海、陆军，陆军改练洋操，裁减旧军，力行保甲等。

值得注意的是，康有为的有些改革建议，光绪皇帝的新政诏书并未采纳，其中最重要的是开制度局和裁撤厘金两项。康有为在上清帝第六书和以后的改革建议中，多次提出在宫中开制度局，并视为当务之急。光绪皇帝将此项建议交朝廷大臣议复，结果行不通。裁撤厘金是发展资本主义工商业的重要措施，光绪皇帝从政府收入考虑，不同意裁撤，只表示要加以整顿。这些差异反映了光绪皇帝所要推行的新政与维新派的改革要求之间还有相当大的距离。至于康有为和维新派在过去多次提出的设议院、开国会、定宪法的政治主张，在百日维新期间，康有为并未提出，光绪皇帝颁发的新政诏令中也无此内容。康有为在此期间一再提醒光绪皇帝对国会、议院等不可操之过急，原因是民智未开，骤开国会是取乱之道。这固然反映了维新派政治上的软弱，也可以看作是他们面对顽固派的压力和中国当时的实情所作的政策策略上的调整。

尽管光绪皇帝没有完全按照维新派的建议实行变法，但他的新政诏令毕竟在政治上允许民间有一定的言论、出版、结社的自由，在经济上制定了一些有利于民族资本主义工商业发展的政策，在文教上提出了一些有利于改造旧学、传播西学的措施。所有这些，对开通社会风气、促进资产阶级文化思想的传播和民族资本主义工商业的发展都具有积极的作用。

光绪皇帝的新政诏令和改革措施受到维新派和开明人士的欢迎，但却遭到顽固守旧势力的强烈抵制和反对。对光绪皇帝颁布的新政诏令，除了手无实权的某些开明帝党官员表示支持，湖南巡抚陈宝箴能认真执行外，其他各省督抚则观望敷衍，甚至抵制。如湖广总督张之洞、两江总督刘坤一等采取拖延方法，直隶总督荣禄、两广总督谭钟麟竟置若罔闻。变法运动因此没有取得多少实效。

与此同时,以慈禧太后为首的封建顽固势力则加紧布置,准备反扑。6月15日,即"明定国是"诏书颁布后四天,慈禧迫令光绪一天中连下三道上谕:第一,免去翁同龢的军机大臣及其他一切职务,驱逐回籍。这是为了孤立光绪皇帝。第二,新授任的二品以上官员,必须到慈禧太后面前谢恩。这一反常的规定,无疑是为了抓住朝廷的用人大权,使光绪皇帝无法重用维新派和支持变法的帝党官员。第三,任命荣禄署理直隶总督,不久即实授,统领董福祥的甘军、聂士成的武毅军和袁世凯的新建陆军,这样就把军权牢牢掌握在自己手中。

面对慈禧太后的一连串打击,光绪皇帝也试图对抗。9月4日,他下令将阻挠礼部主事王照上书的礼部尚书怀塔布、许应骙等六人全部革职,并对王照加以奖赏。这一措施使顽固派极为震惊,他们纷纷到慈禧太后面前哭诉,请求太后废掉光绪,重新训政。9月5日,光绪皇帝又特别给谭嗣同、刘光第、杨锐、林旭等四人以四品卿衔,担任军机章京,加紧推行变法。这更引起了慈禧的恼恨,她下决心要扑灭新政。于是她不断派人与荣禄密谋,准备发动政变。

在此危急关头,光绪皇帝惊慌失措。9月15日,授密诏给杨锐,诉说慈禧太后及昏庸大臣反对变法及自己无权、帝位不保,要杨锐与林旭、谭嗣同、刘光第"妥速筹商"对策。17日,又密诏康有为离京出逃。[①]

维新派得此凶情,一筹莫展。在束手无策之中,便甘冒风险,想拉拢掌握新建陆军的袁世凯来对付慈禧太后和荣禄的武力威胁。袁世凯以小站练兵发迹,此时已掌握了7000余人的新建陆军,1895年又加入过强学会,表示支持维新。这就使维新派误认为袁世凯可为己用。9月16日,光绪皇帝召见袁世凯,赏以侍郎衔,专办编练事宜,把希望完全寄托在袁世凯身上。18日夜,谭嗣同只身前往袁世凯在北京的寓所,劝说袁世凯拥护光绪皇帝,诛杀荣禄。袁当面表示对光绪皇帝忠诚报效,同时又借口事态紧迫,须立即回天津部署。9月20日晚,袁世凯回天津后向荣禄告密。消息传到北京时,戊戌政变已经发生。政变虽未因袁世凯告密而引发,但袁世凯告密传到北京后,大大加剧了政变的激烈程度。[②]

21日凌晨,慈禧太后经过周密布置,先将光绪皇帝囚禁在中南海的瀛台,重新"训政",继而大肆搜捕维新派。康有为、梁启超得以逃脱,谭嗣同拒绝出走,表示:"各国变法,无不从流血而成,今中国未闻有因变法而流血者,此国之所以不昌也。有之,请自嗣同始!"[③]决心为变法而死。28日,谭嗣同、杨锐、林旭、刘光

① 关于光绪皇帝密诏之说,诸书记载有异。(参见汤志钧《关于光绪密诏诸问题》,载《近代史研究》1985年第4期)

② 参见黄彰健《戊戌变法史研究》,上海书店出版社2007年版;茅海建《戊戌变法史事考》,三联书店2005年版。

③ 梁启超:《戊戌政变记》,《饮冰室合集》专集之一,第109页。

第、康广仁、杨深秀等六人被杀于北京菜市口，这就是著名的“戊戌六君子”。其他维新派人士和参与新政及倾向变法的官员，或被囚禁，或被罢黜，或被放逐。政变之后，除京师大学堂被保留下来之外，其余各种新政措施全被取消。戊戌变法宣告失败。

七、戊戌变法的社会影响

戊戌变法的失败，使中国丧失了一次迅速走上近代化道路的机会。究其失败的原因，主要有以下两点：

第一，倡导变法的维新派及其所依靠的力量过于弱小，而反对变法的封建顽固势力过于强大。以康、梁为首的维新派是刚刚兴起的中国资产阶级的政治代表。由于资产阶级本身的软弱，他们虽有反帝反封建的强烈愿望，但却不能给维新派以强有力的支持。在此情况下，维新派所联络和依靠的是地主阶级中的开明分子及帝党官僚。以光绪皇帝为首的帝党，在甲午战争后，为挽救统治危机和与后党争权，有思变之心，但他们并没有多少实际权力。站在他们对立面的是掌握实权的封建顽固派和洋务派。双方力量的对比，决定了戊戌变法失败的命运。从戊戌变法的起因来看，与其说是中国资本主义发展到一定程度时提出的政治要求，不如说是一场在民族危机强烈刺激下掀起的救亡运动，因此显得准备不足，仓促发动，表面上看起来轰轰烈烈，但实际上力量有限，失败在所难免。

第二，变法的失败与维新派在变法理论、策略和措施上的错误也有密切的关系。维新派的变法理论主要是康有为的《新学伪经考》和《孔子改制考》。这两部书刊行后，在社会上引起很大反响，但反对者众多，接受者寥寥。反对变法的顽固派和洋务派自不必说，就是维新派和帝党官僚也很少有人接受。康有为杂糅西学和今文经学构建起的变法理论，本身存在着明显的缺陷：一方面因其学术上的过分武断和随意附会而削弱了其说服力；另一方面因其采用“托古改制”的宣传方式既无法摆脱封建思想的束缚，又影响了资产阶级社会政治学说对变法的指导作用。

维新派在变法策略和措施方面的主要错误是急躁冒进。戊戌变法是一场自上而下的改革，它的每一步骤、每一措施不仅应有进步意义，而且应该能够为社会所接受、所承受，必须照顾到社会各阶层的利益。但是康有为和年轻的光绪皇帝都缺乏政治斗争的经验，急于求成，在短短的103天中，光绪皇帝先后颁布了上百道新政诏令，社会难以承受。更何况这些诏令只有原则要求，没有相应的配套措施。譬如，废八股，改策论，使成千上万的读书人在毫无思想准备的情况下断送了前程，难怪他们中有些人声言要打死康有为。再如，裁并衙门，没有任何善后措施，使一部分官员和他们的家属在一夜之间便无以为生，这就不能不造成混乱。结果,变法除得到少数开明人士的支持外,一直未获得广泛的社会响应,反而不断地激起反对的声浪。这恰好给顽固派反对变法提供了机会和借口,导致变法失败。

戊戌变法虽然悲壮地失败了,但它在中国近代史上却具有重要的历史意义和深远的影响。

首先,戊戌变法是资产阶级维新派面对19世纪末帝国主义阴谋瓜分中国的严重危机而发动和领导的爱国救亡运动。维新派怀着满腔爱国热情,为变法救亡而奔走呼号,殚精竭虑,他们的行动符合维护民族独立和发展资本主义这一历史潮流,显示了中华民族不屈不挠的抗争精神。戊戌变法激发了中国人民的爱国热情,成为中华民族全面走向觉醒的一座里程碑。它高擎的爱国主义旗帜指引着一代又一代中国人为民族独立、国家富强而不懈奋斗。

其次,戊戌变法是资产阶级维新派学习西方以改变中国积贫积弱面貌的改革运动。为了摆脱帝国主义侵略,求得国家富强,维新派主张并大力宣传向西方学习,改革中国的政治、经济、军事、教育制度。百日维新期间,光绪皇帝根据维新派建议颁布的新政诏令,虽然政变后大部分被废止,但这些改革措施因符合中国走向民主、富强的发展趋势而在以后的历史进程中具有旺盛的生命力。戊戌变法作为一场改革运动,它所取得的实际成效很有限,但它揭橥的改革主题,提出的改革措施,对中国政治、经济、军事、教育的近代化都有着积极的推动作用。

再次,戊戌变法又是一场思想解放运动。维新运动期间,资产阶级维新派组织学会,创办报刊,创立学堂,大力宣传西方资产阶级的社会政治经济学说和思想文化,极大地冲击了封建的旧思想、旧文化。进化论的传入动摇了"天不变,道亦不变"的传统教条,民权思想的传播动摇了"君权神授"的专制思想。从此,民主主义成为汹涌的社会思潮,极大地改变了中国思想文化界的面貌。

戊戌变法还是中国近代新文化运动的起点。史学革命、诗界革命、文体革命、小说界革命、戏剧改良等资产阶级新文化运动相继而起。在教育方面,中国人有了自己创办的大学和相当数量的新式中学、小学;在新闻出版方面,中国人创办了一批具有社会影响的报刊和出版机构,为传播新文化开辟了新的途径。

戊戌变法还影响到社会风气和习俗的变化。延续千余年的缠足陋习受到社会广泛的抨击,以不缠足、兴女学为起点的中国妇女解放运动由此起步。其他如禁鸦片、讲文明、重卫生、讲简捷、重效率、剪发辫、易服装、反跪拜、重女权等新的社会风尚开始逐步为社会所认同和接受。因此,戊戌变法对中国社会的影响是多方面的,它不仅是一次救亡运动、改革运动,也是近代中国最早的一次思想解放运动和新文化运动。从更广泛意义上来说,戊戌变法是20世纪中国社会变革的原动力,是中华民族从苦难走向新生的一次大飞跃。

八、义和团的源流与义和团运动的兴起

戊戌变法运动失败之后，广大人民群众的反洋教斗争迅速发展高涨起来，终于汇集成席卷北中国的义和团反帝爱国运动。

义和团最初并非称作义和团，也不是戊戌变法失败后才兴起的。它的前身主要是中国北方有着悠久历史的民间会社，如“义和拳”、“红拳”、“神拳”、“大刀会”、“梅花拳”等。这些民间会社有的与白莲教有着不同程度的联系和渊源关系。早在甲午战争尚未结束之时，山东有的地区已经出现了义和团性质的组织和活动。甲午战争后，这类组织和活动在鲁西北地区接踵而起，不断扩散，但却没有统一的名称和领导机构，当然也没有公认的领袖，而始终是分散于各地、称谓各异的自发性群众团体。它们大多以自然村为单位，设立“坛口”或拳场，拥戴身怀武功和享有较高威望者为领导人，称之为“大师兄”、“二师兄”等名号。各团体人数多寡不一，少者数十人，多者百人以上。也有若干个团体联合起来，共推大家认可的领导人为首领，称为“老师”或“祖师”。这些团体无论是独立活动和联合行动，在组织上都是相互独立的，无上下隶属关系，有事则通过散播揭帖等方式联络聚合，事毕则各自分散开去。这种情形至运动高潮期间亦未改观，尽管那时大的“坛口”[①]有时聚众上千逾万。义和团的名称就是在这时取得了完全合法的地位而被广泛普遍使用的。原先互不统属、名称各异的反教会组织以及一些民间习拳练武、强身保家的群众团体和民团，在反对外国侵略的总目标下，虽然仍未形成集中统一领导，但却不约而同地打起了义和团的旗帜，形成了波澜壮阔的反帝爱国运动。

义和团运动是近代中国19世纪60年代以来中国人民反洋教斗争中的总爆发。这场运动首先兴起于山东远离通商口岸、经济较为落后的地区，有着深刻的历史文化根源和社会背景。

首先，山东为孔孟之乡，儒家传统文化根深叶茂，敬天法祖、名目繁多的民间宗教及封建迷信形式和活动极其普遍，与持一神论信仰、反对多神崇拜及各类祭祖、祭鬼神活动的西方基督教，有着尖锐、不可调和的文化矛盾和冲突。当外来宗教以温和方式和折中的形式散播其所谓福音时，淳朴善良的山东百姓尚可容忍，而一旦恃强灌输、蛮横干预民间传统文化生活方式时，便会引起激烈的反对，导致尖锐的冲突和斗争。

① 坛口，也称“坛厂”或“坛场”、“拳场”等。

其次,山东"民风素强,民俗尤厚"[①],特别是鲁西南和鲁直交界一带,尤具"北方民俗刚强"[②]性格,近代经济文化较为落后,而传统的民间结社和习武团体所在多有,习武以卫身家之风盛行。19世纪60年代以来,由于外国资本主义势力的入侵,沿海航运业的发展,造成南北运河运输业急剧衰落,大批赖运河维持生计的船户、挑夫、搬运等行业的工人纷纷失业,有些沦落为无业游民。而甲午战争后,山东地区又天灾频发,旱涝灾荒连年不断,以致饥民遍地,社会动荡。于是,在民族矛盾急剧上升、民间结社反对享有种种特权而仗势肆虐乡里的外国教会势力时,广大民众便很自然地聚集其旗帜之下了。

最后,甲午之战和战后德国入侵山东,是义和团运动首先爆发于山东的最重要、最直接的原因。

甲午之战,山东亲受其害,堂堂华夏神州竟受制于东洋岛国日本,这对于儒家正统思想浓郁且早已感受资本帝国主义侵略危害的山东人民来说,是很难接受的。"每言及中东一役,愚父老莫不怆然泣下"[③],久蓄于胸的反帝仇恨难以遏止。正是在这种情势下,以俄、法、德三国干涉还辽为契机,帝国主义掀起了阴谋瓜分中国的狂潮,德国借口巨野教案出兵强占胶州湾,并把整个山东划作它的势力范围,迫使清政府答应它在这里修筑铁路,开发铁路沿线矿产,进一步激化了民族矛盾,致民愤官怨,反对外来侵略势力的情绪迅速膨胀,义和团在山东境内基本合法化。

本来,在德国入侵山东以前,山东地方政府对各地的反洋教斗争,采取了同中央政府基本一致的严厉镇压政策。如1896年曹、单一带大刀会的反洋教斗争,就为山东巡抚李秉衡会同两江总督刘坤一奉清政府之命联合派兵严酷绞杀。在这次镇压大刀会反洋教斗争中,时任山东臬司的毓贤立下汗马功劳,得到了慈禧太后的赏识。德国出兵强占胶澳,激起山东地方政府官员的严重不安和极大愤慨,巡抚李秉衡以下各级官吏,不少人力主武力抗击,受软弱的清政府压抑,深感不满,对百姓反洋教斗争表示同情乃至默许,李秉衡为此一度丢官。李秉衡虽然比较守旧,但在山东官声颇佳,他因主张武力抗击德国入侵和同情百姓反洋教而丢官,致官绅更加痛恨德人,思图雪耻报复,与民众反教会反侵略斗争在某种程度上一致起来,对义和团首先爆发于山东起了至关重要的作用。

继李秉衡先后出任山东巡抚的张汝梅和毓贤,在德国入侵山东、民族矛盾加

---

① 故宫博物院明清档案部编:《义和团档案史料》(光绪二十二年五月～二十七年十二月)(以下简称《义和团档案史料》)上册,中华书局1959年版,第40页。

② 《义和团档案史料》上册,第15页。

③ 《义和团档案史料》上册,第178页。

剧、民众反洋教反侵略斗争日益高涨的形势下，继承并进一步发展了李秉衡同情、默许民众反洋教斗争的政策。

曹、单地区大刀会的反洋教斗争虽然遭到严酷镇压，但这次斗争是甲午战争期间及战后山东第一次大规模的反洋教斗争，对此后整个山东反洋教斗争的发展和义和团运动的兴起有着重要影响。不久，山东各地反洋教反侵略斗争接踵而起，而山东地方政府对这类斗争由“剿”到“抚”的政策也日趋明朗，终于促成了义和团反帝爱国漫天烽火。先是曹州府属的各种“拳会”及兖州府各地的大刀会纷起反教，其中以 1897 年冠县阎书勤等领导的义和拳较为著名。1898 年，冠县义和拳又与直隶威县、广平等地义和拳联合行动，推举威县赵三多（威县著名梅花拳首领，此次因参与反洋教将所属改称“义和拳”）为“大师兄”，在冠县蒋家庄马场起事，首次打起了“助清灭洋”的旗帜，正式拉开了义和团运动的帷幕。继而与冠县邻近的高唐、恩县、茌平、临清、平原、禹城一带，多种形式的反洋教斗争相继而起，其中规模和影响最大的是朱红灯领导的神拳。这支反洋教队伍先后汇聚了大刀会、义和拳等多种民间会社的力量，并受冠县义和拳的影响，树起了“天下义和拳兴清灭洋”的旗帜。差不多与此同时，德国勘测修筑胶济铁路，因掘毁坟墓、拆坏民居、打乱了一些地区的原有水系等，引起了筑路沿线城乡居民的强烈不满和反对，有些地区甚至发生了激烈的武装冲突。

正是在上述形势下，继李秉衡任山东巡抚的张汝梅，经再三权衡，采纳了属下州县官员的意见，于 1898 年 6 月，明确向清政府表示要“将拳民列诸乡团之内，听其自卫身家，守望相助”，并称各类反洋教的民间会社“名目不同，而情事则一”，即都是“义和团”[①]。这表明此时山东地方政府已经确立了同情默许民众反洋教斗争的政策。1899 年 3 月，毓贤升任山东巡抚后，继续并发展了这一政策，于是年夏季公开出示晓谕将义和拳改称“义和团”，标志着义和团在山东境内基本合法化。此后，各地义和团活动十分活跃，并纷纷打出了“兴清灭洋”、“助清灭洋”、“保清灭洋”、“扶清灭洋”等含义相近的旗帜，甚至德国军事统治较严密的“胶（州）、高（密）、即（墨）一带”，也“‘拳匪’充斥，会厂林立，地方官不为查禁”[②]，以致愈聚愈多。山东义和团运动进入高潮。

毓贤公开支持义和团引起了帝国主义的强烈不满，各国公使不断向清政府施加压力，要求撤换毓贤。在这种情况下，毓贤也曾采取了某些查禁各种民间会社和保护教堂的举措，并迫于压力或出于某种考虑，在离任前两天杀害了在平一

① 《义和团档案史料》上册，第 15～16 页。

② 中国社会科学院近代史研究所、中国第一历史档案馆合编：《筹笔偶存》，中国社会科学出版社 1983 年版，第 447 页。

带拳民首领朱红灯和心诚和尚。但是,这既不表明他对义和团反洋教斗争的看法和政策有了根本性的转变,也未能改变帝国主义对他的看法。1899 年 12 月,清政府终于应各国公使之请,将毓贤革职,改派袁世凯巡抚山东。

九、清政府对义和团的政策与义和团运动的发展

清政府改派袁世凯为山东巡抚,原是迫于帝国主义的压力,而袁世凯奉命至山东后,本意是要严厉镇压义和团。但恰在此时,清朝中央政府自戊戌政变后同帝国主义的矛盾激化,开始逐步改变了对义和团的态度和政策——由坚决镇压转变为默许以至支持利用。

早在戊戌变法失败之初,英、日等国帮助康、梁逃跑,使他们得以在国外大肆进行反对慈禧统治的宣传鼓动,即引起了依靠慈禧发动政变的顽固派的怨恨。随后,戊戌政变后控制了中央大权的顽固派担心一旦光绪恢复权力,将对他们极为不利,便阴谋废掉或加害光绪以另立新君,永绝后患,但因列强反对未能如愿。于是,他们又策划立端王载漪之子溥儁为大阿哥(皇太子),以待时机成熟废黜光绪,由他们长期操纵中央权力。1900 年初,清廷将立储一事公之于世,并邀请各国驻京公使入宫朝贺,但为各国公使所断然拒绝,这表明溥儁的大阿哥身份没有得到列强的承认。慈禧和一帮顽固派大臣们旧怨未消,又添新恨,遂开始考虑利用义和团教训外国人,要让列强知道,中国的局势是由他们控制的,希望能迫使列强承认他们在“家务事”方面的安排。此外,在帝国主义阴谋瓜分中国的狂潮中,清政府处处受制于列强,民族危机日益加剧,而国内人民群众各种形式汇成的反对外来侵略斗争的怒潮又不断高涨,也促使当权者要作出一些强硬姿态。否则,过于软弱、屈从,不但有损于其在百姓中的统治权威,甚至有可能导致人民群众的反侵略斗争怒火延烧到自己身上。因此,还在 1899 年 11 月 21 日,清廷就颁布过一道措辞强硬的上谕:“现在时事日艰,各国虎视眈眈,争先入我堂奥。……兹特严行申谕,嗣后倘遇万不得已之事,非战不能结局者……各省督抚必须同心协力,不分畛域,督饬将士杀敌致果。和之一字,不但不可出于口,并且不可存于心。”[①]明确表达了它对列强的严重不满和怨恨情绪,同时向天下昭示了它在万不得已时也要同外国人拼死一斗的意向,以期固结民心,维护自己的统治。

立储一事遭到列强公开反对之后,慈禧为首的清政府萌生了利用义和团的念头,便于 1900 年 1 月 11 日发布上谕,令地方官员对反洋教的各类民间结社,不可一概目为匪类,滥施镇压之策,而要分清“会”、“匪”以区别对待。“若安分良

① 《义和团档案史料》上册,第 37～38 页。

民，或习技艺以自卫身家，或联村众以互保闾里，是乃守望相助之义。"地方官吏今后遇有民教纠纷，也"只问其为匪与否，肇衅与否，不论其会不会、教不教也"①。很明显，清政府这道分清"会"、"匪"的上谕，实际上是承认了打着"扶清灭洋"一类旗号的义和团是"自卫身家"、"互保闾里"的合法组织，标志着清政府对义和团由剿到抚政策的转变基本完成。

清政府对义和团政策的转变，符合相当一部分地方官绅同情民众反洋教斗争的心理要求，有利于义和团运动走向高涨，同时也埋下了其盲目发展和悲剧结局的隐患，加剧了统治阶级内部主剿派与主抚派的争吵和矛盾。正是在中央政府分清"会"、"匪"政策的引导下，在主剿派与主抚派的争吵中，义和团运动的中心由山东转移到直隶、北京和天津，并首先在这些地区迅速蓬勃发展起来。

作为义和团运动的发源地山东，袁世凯就任巡抚之初，虽然骨子里欲剿平义和团，但因脚跟未稳，又畏于主抚派官员的弹劾，尚能遵照中央政府指令，主要采取出示晓谕解散的办法，未大肆出兵进行镇压。主要采取出示晓谕解散的办法，未进行大肆出兵镇压，随后，即派兵四出"弹压"义和团，"惩办祸首"，"解散胁从"，山东义和团运动随即陷入低潮，部分幸存者转入直隶境内进行活动。

直隶是清朝畿辅重地，也是外国在华教会势力较大的地区，天主教和耶稣教大小教堂 2200 余所，遍布全省城乡各地，民教矛盾一直较为尖锐，直隶人民长期以来开展了不同形式的反洋教斗争。赵三多、阎书勤在山东冠县竖起"助清灭洋"旗帜后，曾兵分两路：一路由阎书勤等率领活动于直鲁交界地区，一路由赵三多统率沿运河北上。势力发展至直隶南部，对当地民众反洋教斗争产生了很大影响。袁世凯在山东对义和团实施大肆镇压政策之后，有些团民以拳师身份自行转移或受邀请到直隶南部设坛授拳，义和团反洋教斗争烽火迅速蔓延开来。虽然由于直隶各地地方官员对义和团态度不一致，不时有清军镇压义和团事件发生，但在清朝中央政府分清"会"、"匪"政策之下，主抚派逐渐占据上风。义和团自 1900 年初春以来在直隶的发展，总的说来未受严重挫折，因为其斗争矛头始终指向外国教会势力，并不与官府为难，发展方式基本一直是以村镇为单位传播扩散，没有形成集中统一领导，地方官吏很难分清哪些是"会"，哪些是"匪"。至四五月间，包括省府所在地保定和直督驻地天津郊区在内，几乎无处不有义和团踪迹，反洋教斗争如火如荼，各地教堂大都被毁，连保定城里的教堂，也"无论天主、耶稣，悉付一炬"②。

---

① 《义和团档案史料》上册，第 56 页。

② 中国史学会主编：《中国近代史资料丛刊·义和团》(以下简称《义和团》)第 1 册，上海人民出版社 1957 年版，第 305 页。

在直隶全省义和团迅速发展的同时，北京城内也渐次出现义和团的活动，1900年5月中下旬前后已形成“外来拳民，居然结党横行”[①]的局面，城内本地居民参加义和团的人数也日益增多。

京城内外势如燎原的义和团运动，促使清政府进一步采取明确政策：要么全面镇压义和团，以杜绝帝国主义列强武装干涉的借口，保证清朝统治的安全；要么利用义和团的力量，共同对付外国侵略者，完全摆脱列强对中国内政的干涉。戊戌变法后操纵中央权力的载漪、刚毅、徐桐、赵舒翘等顽固守旧派大臣，从自身利益计，力主“联拳抗洋”。一些希望恢复闭关而治的士大夫，也坚持认为民心可用，要与洋人见一高低。以光绪皇帝为首的一些较为明智的朝中大吏和南方张之洞、刘坤一等督抚大员，则坚持要全力镇压义和团，以防外国列强借机武装入侵。作为最高统治者的慈禧，原打算利用义和团的反洋教斗争教训一下外国人，但她避居深宫，对义和团的具体情形、真实力量心中无底，担心义和团继续发展下去后果难料。为了摸清底细，便于决策，她于6月初先后派赵舒翘、刚毅前赴良乡、涿州等处“宣布朝廷德意”，实际是要去“看验”一下义和团。赵舒翘等人原本就主张对义和团“抚而用之，统以将帅，编入行伍，因其仇教之心，用作果敢之气，化私忿而为公义”[②]，到涿州后不但默许义和团为合法团体，而且以钦差大臣身份撤走了与义和团对阵的部分清军。结果导致地方官吏相继停止了对义和团的军事行动，各地团民成群结队涌入北京，一时间“官员任其猖獗，城门由其出入”[③]。城内广大手工业者、贫民以至部分清军，亦投身加入了义和团。

在义和团大批涌入北京之前，天津城内已遍布义和团匿名揭帖，广泛宣传“神助拳，义和团”，“扶助大清来练拳”[④]。近郊地区，也已坛口林立，西南城乡各地更是拳民蜂起，而且形成了较大规模的群体。如静海以游勇出身的曹福田为首的义和团聚众数千人，以操船为业的张德成为首的义和团先后在独流镇、杨柳青等地设坛，参加者多达2万人。不过，天津地区的义和团虽然组织较为严密，力量也相对集中，但由于时任直隶提督的聂士成反对招抚义和团，他统领的武卫前军是一支战斗力较强的近代化军队，在帝国主义武装入侵之前，一直没有放弃镇压义和团，致使义和团未能像在北京那样成批涌入城里。帝国主义武装进犯北京之后，聂士成遂改变立场，率部与义和团共同抗击侵略者，义和团始大批进入天津，“日以焚教堂、杀洋人为事”[⑤]，并毁掉天津海关道署和电报局，抢空了军

---

① 《义和团档案史料》上册，第121页。

② 《义和团档案史料》上册，第110页。

③ 《义和团档案史料》上册，第140页。

④ 陈振江等：《义和团文献辑注与研究》，天津人民出版社1985年版，第30～31页。

⑤ 《义和团档案史料》上册，第158页。

械所。义和团迅速在这里形成了继北京之后的又一斗争中心。

义和团进入京、津地区，在全国引起了巨大反响。其中南方因各省督抚与中央意见相左，坚持剿杀政策，虽然四川、湖北、湖南、浙江、福建都相继发生焚烧教堂甚至杀死外国教职人员等反洋教斗争事件，但始终都未能形成普遍的大规模群众性运动；而清政府控制严密的山西、河南、东北、内蒙古等北方省区，则迅疾掀起了义和团运动高潮。

1900年5月以前，山西并无义和团活动。5月以后，突然以省城太原为中心，迅速发展起来。这既是直隶及京津地区义和团斗争影响的结果，更与清政府启用毓贤出任巡抚紧密相关。毓贤在1900年3月受命为山西巡抚，到任后即鼓励群众的反洋教斗争，甚至公开发布“支持”义和团的告示，为山西燃起义和团斗争烽火创造了极为有利的条件。先是5月间在太原城里出现义和团揭帖，不久即有公开练拳活动，并很快传播开来。6月中旬以后，太原以外，大同、朔州、五台、徐沟、榆次、汾州、平定等地群众性的反洋教斗争相继蜂起，范围遍及11州6厅40余县，共焚毁教堂90余所。在这期间，毓贤出于其极端仇外心理和情绪，先后诱捕杀掉外国传教士及其眷属150余名，对促成山西义和团运动盲目排外的狂热起了恶劣的作用。

河南与山东交界地区早有大刀会等组织的活动，1900年春以来，随着京津地区义和团运动的发展，河南南阳、确山、周口、汤阴、襄城、林县等数十州县先后发生了不同规模的义和团反教斗争。6月中旬以后，南阳一带反对天主教会势力的斗争日益高涨，围攻靳岗教堂的义和团众达数万人之多。

内蒙古地区自1900年6月起，随着清政府招抚义和团政策的日益明朗化，先是西部地区出现了义和团揭帖，继而东部地区开始焚烧教堂，惩办外国传教士。清政府被迫对外宣战后，义和团运动便在整个内蒙古地区普遍进入高潮。

东北地区，甲午战争后多年来遭受沙俄的侵略，人民群众早就不断地进行反对沙俄占地筑路和掠夺矿产、森林资源的斗争。1900年初清政府利用义和团反对外国侵略者的分清“会”、“匪”上谕发布之后，2月，营口等地即出现了义和团公开练拳场面，3月，锦州、新民等地涌现出众多“拳坛”，随后旅顺开始散播“扶保中华，逐去外洋”的揭帖。东北各地义和团兴起后，先是进行焚烧教堂、扒毁沙俄铁路桥房的斗争。帝国主义武装入侵后，即与部分清军一道，奋力开展抗击沙俄侵略者的英勇斗争，整个东北地区，到处都燃起了义和团反侵略斗争的烽火。

义和团进入京津地区并迅速汇成波及北中国的广泛群众爱国运动之后，参加成员较在山东兴起时复杂，除了农村青年农民这一主体外，失业水手、运输业和筑路工人、散兵游勇、相当一部分中小地主以及城市中的小手工业者、政府官吏和清军也参加进来，有些地区甚至卷入了女青年和少年儿童，声势浩大。

高潮期的义和团，虽然依旧互不统属，各自为政，分散活动，没有形成集中统一的领导机构，但却有着高度一致的共同点。

首先是浓厚的封建迷信色彩。各地义和团开设的坛口或拳场，几乎都供奉各色“神灵”牌位，大搞偶像崇拜，通过一定仪式，请“神灵附体”，演练“刀枪不入”法术。这些“神灵”都是中国民众所熟知的流行小说或戏曲中的神仙和英雄人物，如洪钧老祖、玉皇大帝、孙悟空、关羽、张飞等等。

其次是同一的斗争目标。义和团自山东兴起之初，斗争矛头即直指外国教会势力和侵略者，只要官府不强行镇压，不但不与各级政府为难，而且要帮助清政府消灭外来侵略者。在发展到直隶、京津地区和北方数省以后，这一矛头对外的斗争目标始终非常明确。义和团的这一斗争目标集中体现在其口号上。山东义和团初起时，各地先后即出现了“助清灭洋”、“兴清灭洋”、“保清灭洋”、“扶清灭洋”的口号和旗帜。当直隶、京津和北方各省普遍形成义和团斗争高潮时，“扶清灭洋”口号不胫而遍布北方大地，广泛地写在了义和团的旗帜上，成了分散于各地的义和团的统一行动纲领。

“扶清灭洋”口号，表达了义和团的全部政治主张，表明其斗争同一方向、互相联结着的两个目标：“扶清”和“灭洋”。“扶清”是因为清王朝太过软弱，屡受洋人欺侮，以致不敢为百姓做主，而“灭洋”是为了保清，是“扶清”的具体内容，只有扫灭洋人，才能达到保清的目的。很明显，“扶清灭洋”口号的核心是“灭洋”。它反映了义和团运动时期中国社会主要矛盾的变化，即帝国主义与中华民族的矛盾成为最主要的矛盾，而封建主义与人民大众的矛盾暂时降到了次要和从属的地位；触及了救亡这一时代主题，鲜明表达了义和团群众对外国侵略者的刻骨仇恨和反抗侵略的强烈愿望及坚强决心，标明了义和团运动的反帝爱国性质。当然，义和团笼统的“灭洋”主张，也说明没有科学思想指导的近代农民群众不可避免地具有盲目排外的落后性。他们不可能把宗教本身与帝国主义利用宗教所进行的侵略活动区别开来，不能够将帝国主义侵略分子同一般外国人区分开来，不能够把近代资本主义先进事物和帝国主义利用这些先进事物侵略中国区分开来，从而要排斥、扫灭所有外国人及一切洋事物。这是义和团群众本身所无法克服的局限性。

“扶清”是“灭洋”的目的，它说明作为小生产者的广大义和团群众无法摆脱封建皇权思想的束缚，也表明义和团在主观上并不反对清政府和封建制度。因而“扶清”虽然在当时具有保国、爱国的性质，但却不可避免地夹杂着落后的封建主义因素。

总之，义和团以“扶清灭洋”口号作为行动纲领，在民族矛盾上升为最主要矛盾的历史关头，吸引和动员了范围广泛的人们加入到反对帝国主义侵略斗争的行列。它不仅使备受侵略奴役之苦的下层民众纷纷打起义和团的旗帜,同外来侵略势力展开殊死的搏斗,也召唤了相当数量具有爱国之心的中小地主、封建知识分子以及清朝官兵,相继起而加入"灭洋"运动中来,并在某种程度上影响了清政府的内外政策,有着推动义和团运动发展、壮大义和团声势和力量的作用。但是,这一口号同时也使义和团在斗争中加剧了盲目排外性,放松了对清朝封建统治阶级应有的警惕,以致最终为此付出了巨大而惨痛的代价。

十、八国联军侵华与清政府宣战

早在1900年1月11日清政府颁布分清"会"、"匪"上谕之时,列强驻京公使即纷纷表示不满。美国公使认为这道上谕措辞"奇怪",令人"担心",法国公使指责它语意"含糊不清,模棱两可",英国公使则指出"它有鼓励'义和拳'之类的结社成员的倾向"①。1月27日,英、美、法、德、意五国公使向总理衙门发出同文照会,要求清政府"发表一道上谕,宣布镇压两个反对外国人的秘密结社"②。此后,他们便通过各种方式,不断向清政府施加压力,胁迫其采取强硬措施镇压义和团,甚至警告清政府:如不照他们的要求去做,各国将"自行"采取行动。3月底,英国首先派出军舰驶抵中国海域。4月6日,英、法、美、德4国公使联合照会清政府,限"两月以内,悉将义和团匪一律剿平,否则将派水陆各军驰入山东、直隶两省,代为剿平"③。12日,英、法、美、俄等国又聚集舰队于大沽口,并照会清政府威胁说:"若于两月以内不能镇抚,则各国联合以兵力伐之。"④

面对列强的威逼,清政府内部主剿、主抚两派意见相持不下,义和团趁势迅速发展起来。5月中下旬,列强开始积极策划亲自出兵,而清政府也通过总理衙门表示准备采取同列强要求一致的严厉措施镇压义和团。5月25日,慈禧还批准由京城步军统领、五城监察院和顺天府衙门联合发布了《禁拳章程》和《告示》,要求"查毁揭帖",各刻字铺不准刻"违禁字样",如"查有此等奸民,缉获到案",一律"从重惩办"。并具体规定父兄要管束好子弟,如有青年子弟练拳,"唯尔父兄是问,立传到案,分别办理"。同时,要求邻里之间互相监督,共同负责,如有"聚众演术者","邻右同坐"⑤。27日,庆亲王奕劻和总理衙门的大臣们又相继接见

---

① [美]马士著,张汇文等译:《中华帝国对外关系史》第3卷,商务印书馆1960年版,第197～198页。

② 胡滨译:《英国蓝皮书有关义和团运动资料选译》,中华书局1980年版,第4页。按:两个秘密结社,指义和拳和大刀会。

③ 《义和团》第3册,第169页。

④ 《义和团》第3册,第169页。

⑤ 《近代史资料》编写组编:《义和团史料》下册,中国社会科学出版社1982年版,第701～702页。

了英国公使窦纳乐和俄国公使格尔斯，公开向他们表示：义和团既反对外国人和中国基督教徒，而且也反对中国政府，他们要履行自己的职责，“愿意亲自承担对所有外国人的保护”①。

清政府要严禁京城义和团的举措，特别是庆亲王等人的表态，似乎使各国公使稍微平静了些。但是，事隔一天，他们得知丰台车站被义和团焚毁，听到京津铁路遭破坏的谣传，便不顾一切决定联合出兵镇压义和团。自5月30日起，数日之间，各国侵略军400余人以保护使馆为名，陆续由天津乘火车进驻北京东交民巷使馆区。与此同时，英、俄、日、美、法、意等国在大沽口外集结军舰24艘，进驻天津租界侵略军2000余人。6月6日前后，列强相继批准了其驻华公使的联合出兵侵华计划。10日，俄、英、美、日、德、法、比、奥等八国组织侵略军2000余人，由英国海军中将西摩率领，从天津乘火车进犯北京，拉开了八国联军侵华战争的序幕。列强的这些举动，激化了中外矛盾，刺激了义和团运动的进一步发展。

西摩率领北上的侵略联军，遭到了义和团和清军的奋力抗击。为阻止联军北上，义和团和清军沿途拆毁铁路，迫使侵略军走了四天才行至廊坊。在廊坊，侵略军遭到了义和团的猛烈袭击，无奈于18日回撤至杨村，试图沿运河北上进京，又遭到清军和义和团的联合攻击。至此，西摩意识到“进京之路，水陆俱穷”，“惟回津之计可行”②，遂于19日启程回津。然而，在他率军沿北运河回撤天津途中，也不断遭到义和团的攻击，并不比北上容易多少，直至22日始到达天津西站，翌日由另一批俄、英组织的2000多名侵略军接回天津租界。在阻击西摩北上的历次战斗中，中国军民共击毙侵略军62人，击伤228人③。

6月11日，北京使馆区的各国公使按里程和时间推论，认为西摩联军早该抵京，遂派日本使馆书记生杉山彬出永定门，往马家堡火车站迎候。途中，遇董福祥所部甘军士兵，发生冲突，杉山彬被杀。以保护使馆为名先期进驻东交民巷使馆区的侵略军，开始肆意挑衅，同时四出捕杀、枪击义和团和清军，并封锁东交民巷，张贴告示说：“往来居民，切勿过境。如有不遵，枪毙尔命。”④一些国家的外交官也公然参与了屠杀活动，如：6月14日，比利时公使姚士登在东单以北大街上枪击团民，击毙“数十人”⑤；同日下午，德国公使克林德率德兵外出寻衅，在

---

① 胡滨译：《英国蓝皮书有关义和团运动资料选译》，第76～77页。

② 李杕：《拳祸记》上册，上海土山湾印书馆1905年版，第85页。

③ 胡滨译：《英国蓝皮书有关义和团运动资料选译》，第58页。

④ 《义和团》第2册，第399页。

⑤ 北京大学历史系中国近现代史教研室编：《义和团运动史料丛编》第1辑，中华书局1964年版，第75页。

内城见到练拳的团民,“即毫不迟疑发令开枪”[①],打死20人左右。正是在这种情势下,义和团开始焚烧京城内的外国教堂和部分洋行,并于6月15日与部分清军一起围攻侵略分子聚集的西什库教堂,在清政府被迫宣战的前一天,始奉命攻打东交民巷使馆区。

当西摩侵略军北上受阻之际,大沽口外的侵略军策划了更大规模的军事行动。6月15日和16日上午,在俄国太平洋舰队司令、海军中将基利杰勃兰特的主持下,各国侵华海军将领连续举行会议,详细讨论并部署了攻占大沽炮台的计划。16日下午,各国海军向清军大沽炮台守将、天津镇守总兵罗荣光发出最后通牒,限令17日凌晨2点交出炮台,但遭到严词拒绝。17日凌晨零时50分,侵略军从海面和炮台后侧提前发起猛烈攻击。守台将士奋起还击,激战6小时,炮台失守。作为京津门户的大沽,一变而为侵略者的滩头阵地,源源而至的八国联军由此纷纷登陆,进一步扩大侵略战争。

在八国联军大举侵华的情势下,清政府必须在和与战的问题上作出抉择。虽然慈禧自1900年初以来支持顽固派采取默许义和团“灭洋”的政策,但那只是作出姿态想要列强不至过于恃强威逼,太多地干涉她的“家务事”,并未真打算发动义和团同外国人彻底闹翻。随着义和团运动的发展和帝国主义列强的步步进逼,特别是西摩侵华联军大举进犯北京之后,清朝统治阶级内部早已存在的矛盾和争吵日益尖锐。中央决策集团中光绪皇帝和许景澄、袁昶等主和亦即主剿派,认为无力与八国同时开战,力主全面镇压义和团。操纵中央权力的载漪、刚毅等主战亦即主抚派,由于在“废立”问题上同列强产生的矛盾,坚持要“联拳抗洋”,招抚利用义和团与侵略者开战。最高统治者慈禧此时则陷于两难境地,在和与战的问题上举棋不定。当获悉西摩率军进犯北京的消息之初,她感到难以接受,遂于6月13日令直督裕禄“实力禁阻”,并要原本是准备用于镇压义和团的精锐聂士成一军“全数调回天津附近铁路地方扼要驻扎”,要求大沽守将罗荣光“一体戒严,以防不测”。明确表示“如有外兵阑入畿辅,定惟裕禄、聂士成、罗荣光是问”[②]。这一态度显然与前些时候阻止使馆卫队进京不同。那时只是“劝阻”,挡不住也就“准予放行”,并提供车辆,而这次是“实力禁阻”,如阻挡不住,则追究有关官员的守土之责。这一态度的转变,不能不说是西摩联军进犯北京促成的。

然而,富有几十年统治经验的慈禧深知洋人不是几句话就能禁阻得住的,不到万不得已,还是不敢轻易同列强决裂。15日,她连颁两道上谕:前一道针对城内义和团继续“明目张胆,沿途喊杀”的局势,令京城部队“严行惩办”,如“遇有持

① 《义和团》第2册,第225页。

② 《义和团档案史料》上册,第142页。

械喊杀之犯,立即拏获,送交提督衙门,即行正法",并将义和团在"城内外设立坛棚","尽行拆去"。后一道责令一向以反对义和团著称的袁世凯与惯于和洋人打交道的李鸿章"迅速来京","毋稍迟误"[①],并命袁世凯酌带所部队伍。这些安排表明,慈禧一方面准备对京城义和团严加镇压,又担心这里的军队不认真执行命令,故调袁世凯率部进京;另一方面则是考虑中央无同洋人打交道能手,不得不搬出李鸿章。可见她此时在是否同外国人闹翻的问题上仍有所犹豫。

但是,慈禧的上述措施毫无效果,义和团仍源源不断地从各地涌入京城,"灭洋"烽火越烧越旺。裕禄则因担心"衅自我开,不可收拾",而拒绝执行"实力禁阻"[②]洋兵进京的命令。于是,她于16日始多次召开御前会议,慎重商定对策。16日会议议定再次暂停镇压义和团,以备招抚,如洋兵继续进京,就不惜开战。但会后她又应各国公使之请,派兵保护外国使馆,对和平之事尚存一丝幻想。可惜这一幻想很快破灭。

17日,慈禧接到各国强索大沽炮台的奏报和列强要她归政光绪的谎报,随即召开第二次御前会议,意欲对外宣战。但鉴于光绪和主和派官员们的竭力反对以及不知各国是否已经武力攻取津沽,故又下令严备战守,以观时局发展。与此同时,又派许景澄等"三位总理衙门大臣"和立山等人前往外国使馆,"表示朝廷对最近的骚乱所感到的遗憾",保证局势"即将恢复平静",请求各国公使阻止洋兵进京,将侵华联军"留驻"离京约12英里的黄村,遭到拒绝。19日,清廷从非正式渠道获悉大沽失陷,慈禧立即召集第三次御前会议,决议对外宣战,并由总理衙门照会各国公使,要求各国使馆于24小时内启程前往天津。但此时她还未获大沽失陷确报,故虽已决定宣战,却没有立即发布谕旨,而是一面谕令各省督抚,说"拳民仇教","剿抚两难;洋兵麇聚津沽,中外衅端已成,将来如何收拾,殊难逆料",要求各省切实备战,"互相劝勉,联络一气,共挽危局"。一面谕令直督裕禄将天津有关情形,特别是"究竟大沽炮台曾否开仗强占"一事,"迅速咨明总署转呈"。其实,此时裕禄已送出关于大沽开战及天津军民与侵华联军激战的奏报。21日,清廷接到了裕禄奏报,慈禧召集第四次御前会议,不再理会光绪和主和派大臣的反对,下决心对外宣战,颁布了"向各国宣战谕旨"。声言"与其苟且图存,贻羞万古,孰若大张挞伐,一决雌雄"[③]。

显然,慈禧的所谓宣战,确切说仅仅是被迫应战而已。

---

① 《义和团档案史料》上册,第140～141页。

② 《义和团档案史料》上册,第143页。

③ 《义和团档案史料》上册,第156～157、157、162～163页。

十一、北方军民的反侵略斗争与南方诸省的"东南互保"

清政府宣战后，直到6月29日，一度认真地做了战守部署。在此期间，先后给北京义和团发放粳米2万石，银10万两，鼓励义和团与清军共守京城；征调各省军队赴京"勤王"，派马玉崑部和董福祥部能战之师赴津作战；令各省招民成团，共御外辱等。26日，又赏给守卫天津各军及义和团银各10万两、守卫京师的八旗满蒙汉骁骑营及两翼前锋八旗护军各1万两、刚到京师的宋庆所部武卫左军银10万两，要求各受赏"将士义团"，"奋勇力战，杀敌致果"，并责令裕禄等"迅速恢复"被占之大沽炮台。[①]

经过一番紧张部署之后，慈禧稍为平静下来，开始考虑这场战争的后果，为一旦战败求和预做准备。恰在这时，风传义和团要于26日晚、27日早"烧拆总理衙门"，致使总理衙门官员惊恐异常[②]。28日，京城各部院文武大小衙门一切事务已概行停止，官员四散出逃，行政陷于混乱、瘫痪状态。于是，她在29日谕令驻外使臣，要他们向各驻在国政府详细"切实声明"中国朝廷"万不得已"宣战的苦衷，表示"即不自量，亦何至与各国同时开衅，并何至持乱民以与各国开衅"，一定"设法相机自行惩办""乱民"，请求各国谅解。[③] 30日，又令前此奉命统率义和团的庄王载勋等对义和团民"严加约束"，不得令其"结党成群，肆意仇杀"[④]，为日后(无论战争成败)镇压义和团以及战败推卸责任做了先期准备。载勋、刚毅等人正是据此制定了《义和团团规》，规定各地义和团要服从"团总"指挥，缴获武器或抓获俘虏必须交给官府，遇事要禀告清军统领处理，并与官军连成一家；如有违背，即为"假团"，一律按"匪徒"论处，格杀勿论。

慈禧为战败求和所做的准备，最初并未对军民的抗敌斗争造成消极影响。事实上，京津军民早在清政府宣战前即投入了抗击外国侵略军的英勇斗争。

天津军民在6月17日大沽炮台失陷后，即开始围攻侵略者盘踞的租界。同一天，侵华联军为了防止天津武备学堂学生炮轰租界，攻打并焚毁了武备学堂及库存军火，守堂学生全部死难，激起了聂士成部清军愤慨，开始与义和团一起共同御敌。直督裕禄在清政府宣战后，改变了对义和团的态度，遵旨招民成团，并委派官员专办义和团粮食事宜，召集义和团各首领和各路清军将领联席会议，部

① 参见《义和团》第4册，第128页。

② 参见《义和团运动史料丛编》第1辑，第81页。

③ 参见《义和团档案史料》上册，第203页。

④ 《义和团档案史料》上册，第207页。

署抗击联军，保卫天津，阻敌北上。在此前后，天津一带爱国官兵和义和团同侵华联军殊死抗争，先后进行了老龙头车站争夺战、天津机器东局和西局之战，其中老龙头车站争夺战最为激烈。义和团曹福田部、张德成部及奉命来津的马玉崑部清军联合作战，数度夺下车站，给了侵略者以沉重打击。7 月上旬，围攻天津的侵华联军已近 2 万人，天津保卫战形势异常严峻。清军将领聂士成身先士卒，在身中数弹、腹破肠出的情况下还坚持战斗，直至子弹穿胸，壮烈牺牲。其部众及与他一起阻击侵略军的义和团民众，也大多为国捐躯。恰值此紧要关头，奉命帮办北洋军务大臣的四川提督宋庆来到天津后，先在城郊驱杀义和团，继而又入城捣毁了义和团设立的坛口，极大地削弱了义和团的力量。13 日，侵华联军集中兵力，分别猛攻南门和东门，裕禄、宋庆等人率部逃走，余部清军和义和团坚持战斗一昼夜，终于未能挡住敌人优势兵力的进攻，天津 14 日落入敌手。

八国联军攻陷天津后，几经策划，于 7 月 30 日成立了由俄、英、日三国指定人员组成的"天津临时政府"，又称"都统衙门"，对天津、静海、宁河等广大地区实行军事殖民统治。随后，沙俄、比利时及日本、法国等国又先后在这里强划或扩大租界。"天津临时政府"这一殖民机构直至 1902 年才撤销。

天津失陷后，侵华联军兵分两路，于 8 月 4 日沿运河两岸大举向北京进犯。此时北京城里，清军和义和团正在进行围攻西什库教堂和外国使馆的战斗。在京城重地，义和团群众出于对教会势力和侵略者的愤恨攻打外国教堂和使馆，虽然不能说是值得赞赏的反侵略斗争方式，但却是可以理解的，而清政府下令清军和义和团一起攻打使馆，则是十分愚蠢的。慈禧太后下令围攻使馆的真实原因，原本恐怕是和她默认义和团"灭洋"一样，要给外国人点颜色看，以外国公使为人质令侵华联军退兵。一旦未能奏效，便马上明白过来。20 日，载漪的虎神营士兵已打死了蛮横的德国公使克林德，不可再有类似事件发生，于是便开始暗中保护使馆，以防将来不可收拾，致使进攻使馆区前后 56 天未能攻下。尽管如此，下令攻打使馆，还是暴露了清政府的腐朽和愚笨，为列强增加了扩大侵略的借口，对清政府自身造成了政治上的被动。8 月 7 日，侵华联军大举北上第四天，慈禧任命李鸿章为议和全权代表，开始采取转战为和的政策，不再允许义和团进城，同时将城内部分义和团派赴前线。这些举措表明清政府已丧失抵抗到底的信心和勇气，尽管没有公开宣布停止抵抗，但无疑在高级官员和将领中造成恶劣影响。不过，清军士兵和义和团并没有因中央政府丧失信心而放弃抗击侵略的决心，他们合力拼死阻击侵华联军北上，先后进行了北仓之战、杨村之战、河西务之战、通州之战等战役。在这些战役中，部分清军和义和团表现了视死如归的反侵略精神，也有部分清军特别是各地派来的"勤王师"，在气势汹汹的侵略军面前不堪一击，毫无战斗力可言。直隶总督裕禄，前山东巡抚、此时奉命帮办武卫军事务的李秉衡,分别因杨村和河西务战败而自杀身亡。

8月13日,侵华联军进逼北京城下,并随即先后在东便门、朝阳门、广渠门发起攻击。其中,侵华军在东便门和朝阳门受到守城董福祥所部清军及部分义和团的顽强抵抗,战斗异常激烈,直至14日下午2点,两门差不多同时失守;而守卫广渠门的荣禄所部武卫军和载漪统辖的八旗兵,很快溃逃,致使侵略军由此率先入城。慈禧闻知敌兵入城,便挟光绪皇帝和一些王公大臣,仓皇出逃,出德胜门一路西逃,而京城内部分清军和义和团,却宁可战死而不愿逃生,坚持同侵略军进行了三天巷战,但终究无法挽回败局。

北京失陷后,东北爱国官兵和义和团仍在同沙俄侵略军浴血苦战。沙俄除了同列强组合八国联军攻占天津、北京并四处肆虐之外,还单独出兵中国东北,从1900年7月至10月间,疯狂地相继占领了海拉尔、珲春、三姓(今依兰)、哈尔滨、瑷珲、营口、齐齐哈尔、吉林、辽阳、奉天、锦州等几乎东北所有主要城市和交通线。在此期间,先后制造血洗海兰泡、江东六十四屯大屠杀、火烧瑷珲城等灭绝人性的血腥惨案。11月8日,俄国远东司令阿历克谢耶夫又用武力胁迫清朝盛京代表签署了所谓《奉天交地暂且章程》,沙皇尼古拉二世据此授意炮制了《俄国政府监理满洲之原则》,欲将东北全境变成俄国的殖民地,俄国的报纸竟据此将东三省改称"黄俄罗斯"。

面对沙俄穷凶极恶的侵略行径,东北清军、义和团和各族人民怀着强烈的民族仇恨,奋起进行武装抗击。他们一面恪尽守土之责,顽强阻击侵略者的进攻,如瑷珲、三姓、珲春、海城等地军民,在强大敌人的进攻面前,均坚守城池数月,多次击退俄军进犯,给了敌人以沉重打击;一面组织规模大小不等的抗俄武装,活跃于丛山密林之中,驰骋于平原大川之间,分散进行抗俄斗争,其中最典型的是号称"忠义军"的抗俄武装,先后收复了大批失地。

由于东北军民坚持斗争,致使入侵东北的沙俄侵略者寝食难安,加之其他帝国主义列强不愿意看到俄国独占东北,纷纷出面干涉,沙皇政府被迫于1902年4月8日,同清政府签订了《交收东三省条约》,规定俄国军队分三期撤出东北。沙俄乘八国联军侵华之机妄图独吞东北全境的"黄俄罗斯"迷梦破灭。

义和团运动时期,与清朝中央政府对外宣战形成鲜明对照的,是地方督抚同帝国主义列强搞起了"东南互保"。

所谓"东南互保",是指义和团运动高潮期间,由英国首先出面倡议,两江总督刘坤一、湖广总督张之洞积极响应,督办芦汉铁路大臣盛宣怀从中穿针引线,东南各省与帝国主义列强之间为维护南方各省原有的半殖民地半封建统治秩序,防止义和团和其他反帝斗争而共同承担相关义务,保护各自有关区域内的中外商民教士生命财产安全、"两不相扰"所达成的谅解和推行的政策,是义和团运动史乃至中国近代史上的一件大事。

早在中国北方义和团和部分清军反帝斗争渐次进入高潮之际，英国担心这种局势波及它所控制的长江流域，影响其在那里已有的巨大权益。1900 年 6 月 14 日，英国驻上海代总领事霍必澜致电该国外交大臣索尔兹伯里，建议说："我们应当立即与汉口及南京的总督达成一项谅解。我完全相信：如果他们可以指望得到女王陛下政府的有效支持，他们将在所辖地区内尽力维护和平。"翌日，索尔兹伯里即复电霍必澜，指示他"通知驻南京的总督（刘坤一）：如果他采取维护秩序的措施，他将得到女王陛下军舰的支持"，同时给驻汉口的湖广总督张之洞"一项同样的保证"[①]。霍必澜接到指示后随即采取行动，分别与刘、张两位总督取得了联系。刘坤一和张之洞都是洋务派重要成员，他们原本就不满顽固守旧派支持义和团，担心一旦中外因此决裂，导致列强全面出兵，清政府垮台，中国为列强所瓜分。因而，他们主张坚决镇压义和团，维护中外现有的局面和秩序，而随着北方义和团进入高潮和帝国主义出兵侵华，他们更害怕南方也卷入战争。所以，在了解到英国的意向之后，他们立即积极响应，首先通过清政府驻英公使向英国政府保证尽力镇压辖区内的反帝斗争。随后，又经多种渠道进行商讨，并封锁消息，拒绝执行清政府 6 月 21 日发布的"宣战上谕"，授权一直关心时局动向的盛宣怀和上海道余联元，同各国驻上海领事正式商定东南互保事宜。几经反复，最后订立了两个有关东南互保章程。

所谓"东南互保章程"，是一种习惯叫法，其实并不准确。事实上，"东南互保"应是一个事件。关于东南互保事件的《章程》计有两项，最终因列强反对并未签署。这两项章程一为《保护上海长江内地通商章程》，共 9 款[②]；一为《中西官议定保护上海租界城厢内外章程》，共 10 条[③]。后来，福建地方当局又同各国驻福州领事签订了《福建互保协定》[④]。前两项章程的内容，要而言之是"上海租界归各国共同保护，长江及苏杭内地均归各督抚保护，两不相扰"。具体说来，就是上海外国租界内部由外国列强维持正常秩序，负责保护那里的中外商民的生命财产安全；租界以外地方以及长江和苏杭内地由中国各地方督抚维持正常秩序，保护中外商民教士等生命财产安全，不得发生如同北方地区那样的"灭洋"斗争。因此，外国兵舰不得驶入长江，兵舰及士兵不得驶近或靠近吴淞及长江各守军炮台、上海制造局和火药局，以免引起误会和冲突，从而达到"两不相扰"的目的。

---

① 胡滨译：《英国蓝皮书有关义和团运动资料选译》，第 41～42 页。

② 参见《义和团》第 3 册，第 338 页。按：该章程又称《东南互保约款》、《东南保护约款》。

③ 参见《义和团》第 3 册，第 339～340 页。

④ 参见胡滨译《英国蓝皮书有关义和团运动资料选译》，第 205～206 页。

实行东南互保的主要动机和目的，从帝国主义列强方面来说，是要中国南方督抚镇压他们各自辖区内的反帝斗争，保证各国的既得利益。从南方各督抚方面看，则是要以保证列强已有利益、镇压任何形式的反帝斗争为代价，换取列强军舰暂不驶入长江，以防止冲突，避免南方各省卷入已在北方爆发的战争。

中国地方督抚同列强驻上海领事商定的上述有关"东南互保"的章程，各国政府因其中有限制列强在长江流域行动的规定，拒绝签署。不过，几经反复谈判后，各国领事以照会形式承认了章程中所规定的内容，中、外各按所议章程内容行事，东南互保事实已成。此后，在刘坤一、张之洞、盛宣怀等的串通之下，东南各省、四川以及北方的山东、陕西两省，相继承认互保原则，加入了互保行列。

东南互保既保护了帝国主义列强特别是英国在华既得利益，破坏了东南各省人民的反帝斗争，在一定程度上方便了侵华联军集中兵力进军京、津；客观上也有着避免八国联军大举侵入南方、维护南方社会经济免遭战争破坏的作用。

十二、义和团运动的失败和《辛丑条约》的订立

京、津陷落后，列强仍不断增兵，9月中旬，已达10万人左右。几经争吵，各国公推德国元帅瓦德西为八国侵华联军统帅。瓦德西率军到达北京后，为迫使清政府彻底屈服，又派兵四处攻掠，东据山海关，南占保定，北犯张家口，西扰娘子关。侵华联军每到一地，肆意烧杀抢掠。此前在天津和北京城内所犯的罪行尤为严重。天津沦陷后，"自城内鼓楼迄北门外水阁，积尸数里，高数尺"[①]；而"满载着抢来的毛皮、丝绸、瓷器等物的军人和文职人员，更是随处可见"[②]。在北京城里，侵略军"曾特许军队公开抢劫三日。其后更继以私人抢劫。北京居民所受之物质损失甚大"[③]。皇宫、国库及王公大臣私家金银财宝、珍贵文物，几乎扫地净尽。

八国联军的烧杀抢掠暴行，自北京陷落后又持续了数月之久。据侵华联军统帅瓦德西供认："所有中国此次所受毁损及抢劫之损失，其详数将永远不能查出，但为数必极重大无疑。"[④]而就在中国人民惨遭侵略者铁蹄蹂躏之时，一路西逃的慈禧太后，则为了保住自己的统治地位，早在出山西往西安的路上，即一面命李鸿章和庆亲王奕劻为议和大臣尽速议和，一面把战争责任一股脑儿推到了

① 《义和团》第2册，第157页。

② [俄]科罗斯托维茨著，李金秋等译：《俄国在远东》，商务印书馆1975年版，第50页。

③ 《义和团》第3册，第31～32页。

④ 《义和团》第3册，第34页。

义和团身上，下令各地官兵诛杀义和团。轰轰烈烈的义和团反帝爱国运动，既遭到帝国主义的残酷镇压，又为清朝封建统治者所出卖，终归失败。

清政府被迫屈服后，义和团运动失败。帝国主义列强联合出兵侵华的共同目标已经实现，但这不但没有消除它们以往在争夺中国权益过程中错综复杂的旧有矛盾，反而随着形势的变化又导致了新的争夺和斗争。沙俄趁八国联军侵华之机单独出兵中国东北，为达永远占据目的，此时极力摆出一副对清政府“友好”的姿态，主张各国先行从北京撤军，然后同清政府指派的议和代表李鸿章等开始谈判，幻想以此换取清政府对它占领东北既成事实的认可。然而，早与沙俄在华权益有激烈冲突的英国，却认为以慈禧为首的清政府亲俄，因此反对俄国的主张，表示联军应继续占领北京，直至中国建立一个“合例政府”再开始进行谈判，现行政府既然不“合例”，当然它所指派的议和代表也就无谈判资格。于是，以俄、英为首，列强在是否承认清政府及其议和代表并先行撤军开始谈判问题上，争吵不休。日本因与沙俄在争夺中国东北问题上矛盾尖锐，德国由于计划趁这次机会侵占烟台并进一步控制山东，向清政府索取更多权益，均表示支持英国的主张。法国为了抵制英国势力向两广扩张，基本倾向于俄国的建议。美国则重谈“门户开放”老调，提出了《第二次门户开放宣言》，支持俄国的主张。最后至1900年底，英、日、德向俄、法、美作出让步，以清政府接受列强提出的全部条件为前提，承认了以慈禧为首的现行政府和议和代表资格。

1900年12月24日，联合出兵侵华的俄、英、日、德、法、美、意、奥8个国家，与比利时、西班牙和荷兰11国，共同向清政府提出了他们拟定的“议和大纲十二条”，并宣称这些条件已不能再改。逃亡西安的慈禧接到“大纲”条款，见没有牵涉她个人的内容，随即传旨，令奕劻、李鸿章等答应列强的条件。此后，又围绕惩办所谓“灭洋”祸首及赔款问题进行了长时间的讨价还价，终于在1901年(农历辛丑年)9月7日，被迫与前述11个国家签订了丧权辱国的《辛丑条约》。《辛丑条约》除正约外，另有19个附件，是帝国主义列强强加给中国的一个严重不平等条约。通过这个条约，帝国主义向清王朝进行了穷凶极恶的敲诈勒索，规定清政府向各国赔款4.5亿两，以关税、盐税和常关税作担保，年息4厘，本息共计9.82亿两。各省地方赔款2000万两。同时彻底压服了清政府，迫其同意在北京设立各国可以驻兵的“使馆区”，拆除从大沽到北京的所有沿路炮台，准许列强派兵驻守从北京到山海关铁路沿线的12个战略要地，惩办支持义和团“灭洋”的官吏，并承诺镇压嗣后中国人民的反帝斗争。另外，条约还规定改总理衙门为外务部，“班列六部之前”，办理对外交涉。

以“扶清灭洋”为宗旨的义和团运动失败了，但它打乱了帝国主义阴谋瓜分中国的计划，使帝国主义侵略者认识到中国“地土广阔，民气坚劲”，“尚含有无限蓬勃生气"[①],"无论欧、美、日本、各国,皆无此脑力与兵力,可以统治此天下生灵四分之一也"[②]。同时,也无须讳言,义和团运动中盲目排外的"灭洋"方式,只会为帝国主义列强发动侵华战争提供借口,根本起不到阻止帝国主义侵略的作用,其直接结果只能是一场历史的悲剧。

【导　读】

1. 列宁:《中国的战争》,《列宁选集》第 1 卷,人民出版社 1972 年版。此文是列宁 1900 年在《火星报》创刊号上发表的第一篇关于中国革命的论文。在文章中列宁揭露了帝国主义侵略中国的强盗行径,特别对俄国侵占中国东北领土、屠杀中国人民的暴行予以严厉的谴责。

2. 毛泽东:《论人民民主专政》,《毛泽东选集》第 3 卷,人民出版社 1991 年版。此文写于 1949 年 6 月 30 日,是为纪念中国共产党成立 28 周年而作的。毛泽东在此文中概述了 19 世纪 40 年代至 20 世纪初中国人学习外国的情况,对维新运动有精辟的论述,是学习中国近代史必读的经典文献。

3. 中国史学会主编:《中国近代史资料丛刊·戊戌变法》(共 4 册),神州国光社 1953 年版,上海人民出版社 1957、1961 年再版。本书辑录了关于戊戌变法的论著、记载、上谕、奏折、日记、书牍、报刊及外文资料共 173 种,比较系统地反映了维新运动和戊戌变法的若干史实,是研究戊戌变法最基本的史料。

4. 翦伯赞、郑天挺主编:《中国通史参考资料·近代部分》(修订本)下册,中华书局 1985 年版。该书围绕着中国近代史教学中提出的问题,系统地选择比较完整的原始资料,供高等学校历史系学生阅读。

5. 梁启超:《饮冰室合集》(共 40 册),中华书局 1936 年版,1989 年影印再版 12 册。此书分文集、专集两大类:文集收论文、题跋、寿序、祭文、墓志铭等 700 余篇,诗话 1 种,诗词 300 余首;专集收录著作 104 种。此书是目前收集最全、考订较精审的梁启超著作集,也是研究中国近代政治、思想、文化的重要资料。

6. 汤志钧:《戊戌变法史》,人民出版社 1984 年版。此书分八章,从甲午战争后中国政治、经济、思想的变化一直写到 1903 年前后资产阶级革命派与改良派的斗争,是一部系统研究戊戌变法的著作。

7. 王栻:《维新运动》,上海人民出版社 1986 年版。该书从甲午战前维新思想的酝酿写起,既介绍各地维新运动的发展情况,又对康、梁、谭、严等维新人物的思想进行剖析,是系统研究戊戌变法的又一部力作。

---

① 《义和团》第 4 册,第 245 页;《义和团》第 3 册,第 86 页。
② 《义和团》第 3 册,第 244 页。

8. 中国史学会主编:《中国近代史资料丛刊·义和团》(共4册),神州国光社1951年版,上海人民出版社1957年再版。这是建国后出版最早且较系统的义和团资料集,辑录各类史料48种,目前仍是研究义和团最基本的史料。

9. 路遥主编:《国家清史编纂委员会文献丛刊·义和团运动文献资料汇编》,山东大学出版社2011年版。全书5卷8册,其中中文卷2册,英、日文卷各2册,法、德文卷各1册,每册70余万言,8册共计550万言。所选资料为以前国内研究者大多难以见到的时人记述或评论,为深入研究义和团运动极为珍贵的历史资料。

10. 李文海等编著:《义和团运动史事要录》,齐鲁书社1986年版。该书以时为经,以事为纬,从1896年3月山东曹、单大刀会酝酿起事始,至1901年9月《辛丑条约》签订止,逐日录述义和团运动期间各派政治力量的重要活动。既有史实记述,又有"按语"说明所据史料来源、出处。对了解和研究义和团运动的全貌极具价值。

11. 蔡尚思、方行编:《谭嗣同全集》(增订本),中华书局1981年版。

12. 王栻主编:《严复集》(共5册),中华书局1986年版。

13. 黄彰健:《戊戌变法史研究》,上海书店出版社2007年版。

14. [日]佐藤公彦著,宋军等译:《义和团的起源及其运动》,中国社会科学出版社2007年版。

15. [美]柯文著,杜继东译:《历史三调:作为事件、经历和神话的义和团》,江苏人民出版社2010年版。

16. [德]狄德满著,崔华杰译:《华北的暴力与恐慌》,江苏人民出版社2011年版。

17. 中国义和团研究会编:《义和团运动110周年国际学术讨论会论文集》,山东大学出版社2012年版。

【思考与讨论】

1. 概述甲午战争后帝国主义在华强租海港和划分势力范围情形。
2. 甲午战争后民族资本主义的发展概况及其原因。
3. 试析维新变法运动发生的原因。
4. 康有为维新变法理论的主要内容及评价。
5. 概述《大同书》的成书、公开面世年代及原因。
6. 简述康有为的维新变法活动。
7. 概述梁启超、谭嗣同、严复的思想特点及其主要活动。
8. 戊戌时期维新派与顽固守旧派是如何进行争论的?

9. 如何看待维新派在变法期间政治纲领的变化？
10. 怎样评价光绪皇帝在戊戌变法运动中的表现？
11. 分析戊戌变法失败的原因及其历史意义。
12. 试论戊戌变法与洋务运动、辛亥革命的关系。
13. 试析义和团源流。
14. 义和团运动为什么首先爆发于山东？
15. 概述义和团运动兴起、发展过程及原因。
16. 评析义和团“扶清灭洋”的口号。
17. 概述清政府对义和团政策的演变并分析其原因。
18. 如何评价“东南互保”？
19. 评述《辛丑条约》的主要内容及其对中国的影响。
20. 试析义和团运动失败的原因及其历史作用。

辛亥革命

义和团运动以后，中国近代历史进入了第五个发展时期。在这一时期中，帝国主义列强以《辛丑条约》为后盾，更进一步地加强了对中国的政治控制和经济掠夺，并不断地在中国的东北、西藏以及长江流域等地区掀起新的争夺势力范围的斗争，从而造成了20世纪初年中国民族灾难的持续加深和社会矛盾的继续激化。而在义和团运动中遭到沉重打击和削弱的清王朝，面对帝国主义的压力和国家统治机器的衰败，改弦更张，开始主动地自上而下搞起了变法“新政”。正是在这样一种历史条件下，以孙中山为代表的资产阶级革命力量迅速地登上了历史舞台，勇敢地担负起了领导资产阶级民主革命的重任。与此同时，民族资产阶级也在人民群众高昂的爱国热情的推动下，发动和领导了一系列爱国运动。但是，孙中山领导的辛亥革命尽管取得了推翻清王朝和建立资产阶级共和国的巨大胜利，最终却由于自身的阶级局限性和帝国主义的干涉破坏，被代表大地主大资产阶级的袁世凯窃取了革命果实。

清末新政是由清政府主持和领导的一场带有近代化性质的全面改革运动。它开始于1901年1月，到1911年武昌起义爆发为止，前后共持续了十余年的时间。在长达十余年的新政过程中，大体以1905年为分界线，可以划分为前、后两个阶段：前一阶段是新政的全面启动推行时期，内容广泛，规模宏大，改革举措涉及政治、经济、军事、文化教育等各个方面；后一阶段，在经济、军事、文化教育等新政措施继续推行的同时，在政治上则开始由原来的一般性改革逐渐深入到政治体制的改革方面，特别是在1906年9月1日颁布“预备仿行宪政”诏令以后，变君主专制政体为君主立宪政体的宪政改革就成为后期新政的重要内容。综观整个新政，尽管清朝统治集团在主观上还是为了维护和巩固自己的统治，但其客观效果却完全背离了统治者的主观愿望。新政不仅为中国资本主义的发展提供了条件，加快了中国向近代化迈进的步伐，还直接促进了辛亥革命的到来。

与清末新政相辅而行的是资产阶级民主革命运动的兴起和发展。早在1894年底，孙中山就建立起了中国第一个资产阶级革命团体——兴中会，开始了武装反抗清王朝、建立资产阶级共和国的努力。20世纪初年，伴随民族危难的继续加深和新政的推行，以孙中山为代表的资产阶级革命势力不断发展壮大。革命派以西方资产阶级革命时期的自由平等、天赋人权等学说为武器，广泛地开展宣传和组织活动，从而在思想上和组织上为统一的资产阶级革命政党的建立奠定了基础。1905 年，中国同盟会的建立和三民主义纲领的提出，标志着资产阶级民主革命进入了一个新的发展阶段。在同盟会的统一领导下，革命派一面在思想领域内同改良派展开论战，扫除革命道路上的思想障碍；一面不断地组织和发动武装起义，为实现民主革命的目标而奋斗。在革命形势不断发展和走向高涨的过程中，资产阶级发动和领导的拒俄、抵制外货、收回利权等爱国运动也造成了巨大的规模和影响。这些持续不断的爱国运动以及人民群众自发的斗争与资产阶级革命派的民主斗争交相辉映，共同推动着革命进程的发展。经过革命党人长期不懈的努力和奋战，终于在 1911 年取得了武昌起义的成功，推翻了清王朝的封建统治，结束了在中国延续了两千多年的封建君主专制制度，在世界的东方建立起了第一个资产阶级共和国。

辛亥革命的这一伟大历史功绩，是太平天国、洋务运动、戊戌变法等所无法比拟的。它是一次比较完全意义上的资产阶级民主革命，在中国近代历史上占有极其重要的地位。然而，辛亥革命最终却是一次失败的革命，反帝反封建的任务并没有完成。尽管革命党人又发动了挽救共和制度的“二次革命”，但却没有能够推翻袁世凯的专制独裁统治，挽回革命的失败局面。

一、20 世纪初年深重的中国民族灾难和民族资本主义的艰难发展

1900 年义和团运动以后，苦难的中国并没有摆脱帝国主义的奴役和蹂躏，随着《辛丑条约》的签订，帝国主义列强更进一步地加强了对中国的控制和掠夺，致使 20 世纪初年中国民族灾难愈加深重。这一时期，帝国主义列强对中国的控制和掠夺，主要表现在以下两个方面：

(1)政治方面，加强对清政府的控制，操纵和干涉中国内政。帝国主义列强利用不平等条约所给予的种种特权，通过驻扎在东交民巷使馆区的外交使团，严密地控制清政府，操纵和干涉清政府对内对外政策的制定和执行，甚至干预清政府对地方督抚大员的任用。

(2)经济方面，控制和掠夺中国的矿产资源，垄断中国的财政金融。具体表现为：

第一，掠夺水陆交通运输权，控制中国的交通命脉。从 1902 年至 1903 年，英、美、日三国先后同清政府签订了新的《通商行船条约》，取得了免征厘金、增开

商埠、扩大内河航行等一系列特权，控制和霸占了中国长江及其他内河的交通运输权，大大便利了外国资本深入中国内地设厂开矿，进行资本输出和商品倾销。1901年，帝国主义列强开始对中国的铁路利权展开激烈争夺，其争夺的焦点主要集中在东北、长江流域以及华南三大地区。截至1911年武昌起义爆发之前，中国共修筑铁路9618公里，其中为帝国主义直接修筑和经营的有中东铁路及其支线，胶济、滇越等铁路，总长度为3759公里。帝国主义列强不仅把持了这些铁路，而且还取得了开采、砍伐铁路沿线矿产和森林的权利，甚至拥有驻军的权利。在1901年至1911年间，帝国主义列强对华的铁路借款总额达43600多万元。中国由于借款修筑而被帝国主义控制的京汉、津浦等铁路，总长度为5192公里。以上这两类铁路合计达8951公里，占中国已建成铁路的93.1%，而中国自主的铁路仅有665公里，只占全部铁路的6.9%。

第二，霸占矿权，掠夺中国的矿产资源。在19世纪末年至20世纪初年，帝国主义列强为了掠夺中国的矿产资源，主要采取了以下几种手段：一是强迫清政府在不平等条约基础上订立条款强取矿权；二是假借“华洋合办”的名义实际夺取矿权；三是非法“接办”矿权；四是窃取甚至强占矿权。据不完全统计，从1895年至1911年间，帝国主义列强迫使清政府签订的掠夺矿权的条章即有41项之多。更为严重的是，帝国主义列强攫取某处矿权时，往往附有更换他处矿权的权利，实际上等于霸占了全省全区的矿权。在这一时期，日本和沙俄分占了中国东北地区的矿权，德国控制了山东省的矿权，英国控制了华北地区的矿权。另外，英国和法国还联合控制了长江流域和西南各省的矿权。

第三，开办和扩充银行业务，操纵和控制中国的财政金融。为了便于资本输出和掠夺中国人民，20世纪初年，帝国主义列强继续在中国开办银行，扩充银行业务，建立更加庞大的银行网络。这些遍布于中国各地的外国银行及其分支机构，大肆在中国经营外汇，对清政府进行政治性贷款，直接投资铁路、工厂和矿山，吸收中国的闲散资金，利用特权发行纸币，逐步垄断和霸占了中国的金融事业和金融市场。这一时期，在中国的城乡市场上不仅充斥着外国在华银行发行的各种纸币，而且外国货币也大量地流入中国市场。1910年，在中国市场上流通的外国银元总数约有11亿。清政府虽然在1889年就开始铸造银元，并于1910年宣布以元为单位，但中国银元并不占主导地位，外国货币和外国银行在中国发行的纸币依然霸占着中国的金融市场。

20世纪初年，帝国主义侵略势力在中国政治、经济等方面的大肆扩充和渗透以及由此而引起的列强之间的激烈矛盾冲突和争夺，很快便打破了《辛丑条约》订立时其侵华利益的暂时平衡。因此，在我国的东北地区、西藏地区以及长江流域，帝国主义列强又掀起了日趋激烈的争夺势力范围的斗争。

在东北地区,发生了为争夺中国东北而进行的日俄战争。

1904 年 2 月 6 日,日本不宣而战,突然袭击驻旅顺口的俄国舰队,日俄战争爆发。腐朽的清政府竟然宣布"局外中立",听任两个帝国主义国家在中国领土上厮杀。经过一年多的交战,俄国在海、陆战场上相继失利,加之国内爆发革命,因此希望及早结束战争。日本虽然获胜,但也精疲力竭,难以继续作战。于是,双方在美国的调停下,于 1905 年 9 月 5 日签订了《朴次茅斯条约》。条约规定:两国除铁路警备队外,同时将军队撤出中国东北;俄国把租自中国的旅顺口、大连湾以及长春至旅顺口的铁路(即南满铁路)与其他一切有关权益全部"转让"给日本。同年 12 月,在日本的逼迫下,清政府同日本签订《中日会议东三省事宜》正约及附约,承认日、俄订立的《朴次茅斯条约》,并增开凤凰城、辽阳、铁岭、长春、吉林、哈尔滨等 16 处为商埠,日本可以在奉天、营口、安东等地划定租界,并有权改建和经营安奉铁路以及采伐鸭绿江右岸森林等。

在日、俄争霸中国东北地区的同时,一直对中国西藏地区怀有侵略野心的英国,也加紧了对西藏的侵略。1903 年 8 月,英国派遣以麦克唐纳为首的一支侵略军,以"护送"使节荣赫鹏入藏谈判为名进入西藏地区。12 月,英军大举向西藏发起进攻。次年 5 月,攻占江孜宗(县)政府,进而侵入拉萨。1904 年 9 月,英国侵略者胁迫西藏地方官员签订《拉萨条约》,规定赔偿英国军费 50 万英镑,拆除自印度至江孜、拉萨的所有炮台和山寨,开放江孜、噶大克、亚东三地为商埠。英国试图以此把西藏变为其独占的势力范围,并进而分割西藏。《拉萨条约》不仅遭到西藏军民的强烈反对,清政府也认为失权太多而拒绝签字。一直到 1906 年 4 月,清政府才迫于英国的压力,在北京与英国驻华公使签订了《中英续订藏印条约》。在这个条约中,英国虽然得到了《拉萨条约》中规定的许多特权,但不得不承认西藏是中国领土不可分割的一部分,其分裂西藏的阴谋最终没有得逞。

乘英国入侵西藏之机,德国则把扩张目标瞄向了英国的势力范围长江流域。1904 年,德国向清政府提出租借洞庭湖或鄱阳湖的要求,并派遣兵舰驶入长江,闯入鄱阳湖鸣炮示威。英国对此大为震惊,它一面向清政府提出租借舟山群岛的要求,一面调动军舰予以监视。与此同时,美、法两国也蠢蠢欲动,致使长江流域一度出现了各国争夺的紧张局面,最后因德国放弃要求而中止。

随着帝国主义列强对中国东北、西藏和长江流域的激烈争夺,远东形势的格局开始发生了重要变化。日本跻身于世界强国之林,而欧洲各国为了准备重新瓜分殖民地的世界大战,也纷纷拉拢日本和调整它们相互之间在远东的关系。1907 年,日法、日俄、英俄先后订立协定,相约维持现状,"尊重中国的独立与完整",同时又相互保证各自在华的"特殊利益"。

20 世纪初年,在持续的民族灾难的重压之下,中国的民族资本主义近代工业仍然在艰难地向前发展着。据不完全统计，1901～1911 年间，新设立的厂矿达到 386 家，资本额 8.8 亿多元，超过了前此 30 年间设立的厂矿和资本额总数的 2 倍以上。特别是 1905～1908 年间，由于资产阶级领导的抵制美货和收回利权运动的推动，民族工业出现了一个兴盛和发展的高潮期。这四年间，资本在万元以上的新设厂矿共 238 家，资本额 6121.9 万元，较之 1895～1898 年民族工业发展的高潮期增长了 3 倍以上。值得注意的是，商办民用企业的迅速发展成为这一时期的突出特色。1901～1911 年间，各地开办的水、电厂共 36 家，资本额 1900 多万元，其中商办 31 家，资本额 1150 多万元；矿冶企业 55 家，资本额 1600 多万元，其中商办 26 家，资本额 700 多万元。在纺织、食品方面，也仍然是民族资本的主要投向。1901～1911 年间，新设立的纺织厂共 85 家，资本额 400 多万元；食品工厂 95 家，资本额 1300 多万元，除少数几家属于官商合办之外，几乎全部都是商办企业。此外，卷烟、造纸、火柴、玻璃等轻工业，也都有一定程度的发展。

随着民族资本主义的发展，民族资产阶级的力量和组织程度也开始有所加强，其上层势力尤为明显。这一时期，中国工商界在各地重要城市和集镇纷纷设立商务总会、分会、商务分所、商务集议所等工商组织。此外，还成立了一些专业商会，如茶叶商会等。一些重要城市的商会组织，基本上都掌握在资产阶级上层人物手中。这部分人虽然在根本利益上同帝国主义、封建主义存在着矛盾，但他们在政治上和经济上又同帝国主义、封建主义有着密切的联系，因而具有很大的妥协性。他们反对暴力革命，担心暴力革命会使自己已有的财富和地位受到损失，但又希望清政府进行自上而下的改革，以便参与政权，保护自己的政治经济利益，并谋求进一步的发展。因此，这个阶层的政治代表是立宪派，张謇就是这个阶层的重要代表人物。民族资产阶级中下层虽然具有强烈的反帝反封建要求，但软弱的经济地位使他们惧怕风险，在政治上往往顺从于上层人物，成为立宪运动的追随者。所以，民主革命的真正倡导者和组织者，是资产阶级知识分子，他们才是资产阶级民主革命的中坚力量。

这一时期，民族资本主义虽然得到了一定程度的发展，但民族工业的基础依然十分脆弱，突出表现就是资金的严重不足。资金的贫乏，不仅使重工业得不到应有的发展，而且也造成了轻工业规模的狭小，资本有机构成低下，经不起大风大浪的冲击，易于破产倒闭。这种情况，充分反映了民族资本主义发展的坎坷与艰难。

二、清政府的新政

这一时期清政府推行的新政，史称"清末新政"。清末新政是晚清历史上继洋务运动（自强新政）、维新变法（戊戌新政）的第三次大规模集中推行的新政。这次新政是由清政府主持和领导的一场带有近代化性质的全面改革运动。它开始于1901年1月，到1911年武昌起义爆发为止，前后共持续了十多年的时间。在长达十年的新政过程中，大体以1906年为分界线，可以划分为前后两个阶段：前一阶段是新政的逐步全面启动时期，内容广泛，规模宏大，改革举措涉及政治、经济、军事、文化教育等各个方面；后一阶段，在经济、军事、文化教育等新政措施继续推行的同时，在政治上则开始由原来的一般性改革逐渐深入到体制，特别是在1906年9月1日颁布"预备仿行宪政"诏令以后，变君主专制政体为君主立宪政体的宪政改革就成为后期新政的主要内容，许多改革措施此后都或多或少与政体改革有关。

义和团运动和八国联军大举侵华，致使中华民族危难进一步加深。这一严酷现实极大地震动了中国社会。就统治阶级特别是决策集团而言，被迫诛戮"联拳抗洋"诸臣，派亲贵大臣出国赔礼道歉，允许列强在华驻军，答应拆除山海关至天津要塞炮台，保证镇压国内各种形式的反帝斗争，等等，可谓丢尽了脸面，失尽了国体。但同时也使他们承认了这"实与亡国无疑"[①]的事实，认识到了欲"挽回厄运"，"断非苟且补苴"所能奏效，"惟有变法自强"以求"转机"，"舍此更无他策"[②]。义和团运动的失败，终于使统治阶级特别是决策集团基本清楚地认识到祖宗留下来的传统制内御外之法，在拥有现代工业和军事力量的西方列强面前，是何等的不中用，即便是孤注一掷，大规模地利用民众的力量，也无济于事。于是，只有走上可供他们选择的"变法自强"这一条求生存之路了。

与此同时，随着八国联军的入侵和义和团运动的失败，大批顽固守旧官僚，上自皇亲国戚、极品大员，下至七品县令，由于支持或直接参与义和团"灭洋"，不仅从此丧失了政治生命，其中不少人还作为"祸首"被处以极刑。各级政权中残存的顽固守旧分子，或思想上倾向保守的官员，也由于"庚子国变，几构灭亡之祸"，而"知改革为不可缓"[③]之事了。

此外，义和团运动曾促使统治阶级内部不同派别之间的矛盾空前尖锐。北

---

① 《刘坤一遗集》第5册，中华书局1959年版，第2289页。

② 朱寿朋：《光绪朝东华录》，总第4771页。

③ 《东方杂志》第9卷第7号，第80页。

方数省遵照中央指令招民成团，共御外侮，义和团运动如火如荼；以南方数省督抚为首则与中央分庭抗礼，拒不执行中央指令，与帝国主义列强搞起了“东南互保”，在辖区内坚决镇压义和团。参与“东南互保”的各省督抚，大多是主张“借法自强”的新老洋务派。义和团运动之后，这些人空前得势，从而也逼使最高统治者改换统治方式和倚靠力量，以维护大清王朝统治的统一，无形中极大地增强了推行新政的力量。

正是在上述形势下，逃亡到西安的清政府以光绪帝名义于 1901 年 1 月 29 日发布了变法改革的谕旨，说“世有万祀不易之常经，无一成不变之治法”，宣布决计今后“要参酌西法，严祛新旧之名，混融中外之迹”；指出以前“学西法者，语言文字、机器制造而已。此西艺之皮毛，而非西学之本源”；令中外大臣、各省督抚“各就现在情弊，参酌中西政治，举凡朝章、国故、吏治、民生、学校、科举、军制、财政，当因当革，当省当并”，“各举所知，各抒己见，通限两个月内悉条议以闻”[①]。这份诏书实际上是清政府全面推行变法新政的宣言书和动员令。经过义和团运动的教训，统治阶级无奈地彻底转向了，两年以前还是禁词的“变法维新”，目前已成了时髦的字眼。

在清廷推行变法新政动员令下达之后，驻外使臣、京内外官员陆续条陈上奏，其中以江督刘坤一、鄂督张之洞著名的联衔“江楚会奏变法三折”最为切要完备，清末新政初期大致是以此为蓝本进行的。

1901 年 4 月 21 日，清政府在北京成立督办政务处，作为推行新政的专门机构；同时任命奕䜣、李鸿章（同年 11 月李死后由袁世凯接任）、荣禄、昆冈、王文韶、鹿传霖为督办政务大臣，刘坤一、张之洞遥为参与，具体负责规划和办理新政的有关事宜。从此，逐步推出各项新政，主要内容包括以下几个方面：

1. 政治方面

政治方面，主要是增设新机构；裁撤冗衙冗员，裁汰书吏差役；整饬吏治，调整满、汉关系；修订刑律；预备立宪。政治方面的这些新政措施，是随着改革的深入循序渐进逐步推行开来的，在时间上互相交织，许多措施贯穿清末十年整个新政时期，并没有严格的界限。

增设新机构。1901 年 7 月，将总理衙门改为外务部，“班列六部之前”，中国从此有了专管外交的中央机构。1903 年 9 月，设立商部（1906 年与原有工部合并，改为农工商部，同时分离出邮传部），中国历史上第一次建立了专门主管工商经济发展的国家机关。1903 年 12 月，中央设立练兵处，主管全国练兵事务。1905 年 10 月 8 日，设立巡警部，将绿营兵裁汰精选编为巡警，专门负责地方治

① 朱寿朋:《光绪朝东华录》，总第 4601～4602 页。

安。同年12月6日，为适应教育改革的需要，设立学部，主管全国教育事宜。1906年实行官制改革时，将中央新旧各部改建重组为11部。

裁撤冗衙冗员，裁汰书吏差役，整饬吏治，调整满、汉关系。这些措施基本上是在1906年之前完成的。统计先后裁撤闲散重叠衙门有：中央的詹事府、通政司、太常寺、太仆寺、光禄寺、鸿胪寺以及户部三库（银库、缎匹库、颜料库）等；地方上的东河总督，原督抚同城的湖北、广东、云南三省巡抚，以及广东海关、淮安海关、江南织造衙门、福建水师提督衙门等。裁撤的冗员中，中央各机构裁减主事、员外郎、掌库、苑承等职位75个，地方一省即裁撤闲散和不适应新政要求的各类职位一百数十个之多。与此同时，从中央到地方，大举裁撤书吏差役，整顿吏治，查处革除劣迹官员，停止捐纳实官，尽力消除腐败。为消除统治阶级内部和社会、民族矛盾，清政府还下令旗人"自食其力"，允许满汉通婚，尝试在法律上给予汉人与满人以平等地位。

修订刑律。清代刑律苛虐，曾是西方列强攫取领事裁判权的主要借口。清末推行新政，旧刑律已不适应新形势的需要。1902年3月，清廷下诏修订《大清律例》。1902年5月，诏设修订法律馆，派刑部左侍郎沈家本、出使美国大臣伍廷芳（后由英瑞、俞廉三相继接任）为修订法律大臣，令"将一切现行律例，按照交涉情形，参酌各国法律，悉心考订，妥为拟议，务期中外通行，有裨治理"[①]。从此至清王朝灭亡，修订刑律大致经历了两个阶段：1902～1905年，主要是删除旧例，为取世界各国法律之长做准备，组织人力翻译外国刑法典；1906～1911年，是统治阶级内部各派系围绕修律进行激烈争吵，先后制定出《大清新刑律草案》、《大清现行刑律》、《大清新刑律》阶段。其中，《大清新刑律草案》因遭到朝廷大多数官员的反对，未能通过。经修改出台的《大清现行刑律》，作为过渡性刑律，废除了凌迟、枭首、戮尸、刺字、缘坐等酷刑，停止了部分刑讯；将刑事与民事区分开来，把旧律中关于继承、分产、婚姻、典卖、田宅、钱债、违约等纯民事的内容分离出来，不再科刑；增添了一批适应新形势的刑事法规。这部刑律具有由封建法典向资本主义刑法转变的意义，于1910年奉旨颁行。最终出台的《大清新刑律》，大量删减了有关封建礼教的法律条款，增添了若干体现人道主义、法律面前人人平等的内容，具有明显的近代资本主义刑法色彩，于1911年1月25日颁布施行。

预备立宪。预备立宪是政治改革领域最深层次的改革，主要包括改定官制、实行地方自治和预备仿行立宪。其中改定官制和地方自治是为实行立宪政体打基础，预备仿行立宪是核心。

---

① 朱寿朋：《光绪朝东华录》，总第4864页。

实行立宪政体，并非是清末新政时期才提出来的，早在维新变法时期，维新派就主张实行君主立宪，尽管他们在百日维新期间又变得消极起来。新政推行以后，流亡海外的维新派又不遗余力地宣传鼓吹立宪，国内资产阶级上层代表人物这时也起而鼓动实行君主立宪制，这些人构成了这一时期的立宪派。他们鼓吹立宪的目的是要早日挤进统治阶级行列，以和平手段建立资产阶级政权，争取消弭日渐兴起的资产阶级革命运动。立宪派的君主立宪主张和呼声，得到了清政府驻外使臣和国内开明官僚即新老洋务派的支持。1904 年，驻法公使孙宝琦奏请朝廷，谓新政推行数年以来，“中国民智大开，凡有血气者，无不痛国势之衰微，愤外侮之凭陵，倡言改革，莫不能遏”，建议清廷“仿英、德、日本之制定为立宪政体治国”[①]。同年，直督袁世凯、江督周馥、鄂督张之洞联衔奏请派员出国考察宪政。

1905 年 7 月 16 日，清廷谕令载泽等五大臣分赴东西洋考察政治，由于发生了革命党人的爆炸事件，至 12 月始正式出发。五大臣历时 8 个月，分别考察了日、美、英、德、法、比等 11 国，于 1906 年 8 月陆续回国，上奏密陈说实行君主立宪有“皇位永固”、“外患渐轻”、“内乱可弭”三大好处。值得注意的是，出国考察宪政的大臣曾先至日本，请梁启超、杨度代拟考察报告，陈述实行立宪政体的诸多好处。接到考察宪政大臣们的考察报告后，经过近一个月的讨论酝酿，清廷决定根据考察宪政大臣们的意见，仿行立宪，于 9 月 1 日诏令“预备仿行立宪”，本着“大权统于朝廷，庶政公诸舆论”的原则，先行改革官制、厘定法律、广兴教育、清厘财务、整饬武备、普设巡警以及试行地方自治等，以为正式实行立宪之准备。1907 年 8 月，清政府将原设考察政治馆改为宪政编查馆，编译西方各国宪法，筹划有关立宪事宜。同时谕令在中央筹设资政院，各省筹设咨议局，作为将来正式立宪时中央国会和地方议会之预备。1908 年 8 月，清廷根据宪政编查馆、资政院会奏的《宪法大纲暨议院法选举法要领及逐年筹备事宜折》，颁布了《九年预备立宪逐年推行筹备事宜谕》，明确宣布以九年为预备期，开列了九年内每年应办事项，深化各项新政改革措施，并严令京内外官员谓：“逐年应行筹备事宜，均属立宪国应有之要政，必须秉公认真次地推行。”[②]

预备仿行立宪诏令颁布后，各项预备立宪活动即紧锣密鼓地进行，其中地方自治和改定官制动作较大。

地方自治。首先由袁世凯在天津试办，1907 年即成立了天津县议事会，以后又普选产生了天津自治局。在天津的带动和中央的督催下，截至辛亥革命前，

① 《东方杂志》第 1 卷第 7 期(1904 年)，第 82 页。

② 故宫博物院明清档案部编:《清末筹备立宪档案史料》上册，中华书局 1979 年版，第 68 页。

全国各省大都仿照天津的办法，依次设立自治筹办处，开办自治研究所，选举各级议事会，建立了府厅州县自治公所。

改定官制。中央于1906年底将原有各机构合并、整改、增扩为：外务部、吏部、礼部、学部、民政部、度支部、法部、农工商部、邮传部、陆军部、理藩部11部，保留内阁和军机处。1907年，改大理寺为大理院，作为全国最高司法审判机构。1910年10月，正式成立带有议会性质的资政院，设总裁2人，议员钦选、民选各半。11月，宣示预备立宪期缩短为5年。1911年5于8日，裁撤军机处，设立责任内阁；同时设弼德院，作为皇帝的国务顾问机构。责任内阁由皇帝任命的总理大臣1人、协理大臣2人及外务部、民政部、度支部、学部、陆军部、海军部、法部、农工商部、邮传部、理藩部大臣13人组成（撤礼部，改设典礼院；裁吏部，另设铨选、制诰等局）。责任内阁向皇帝负责，但又有一定的独立性，皇帝各类诏令须由总理大臣或主管大臣“署名”。地方自1906年底起，陆续将各省学政改为提学使司，主管一省教育行政；改按察使司为提法使司，主管一省司法行政；并增设各级审判厅，专司审判；增设交涉使司，主管一省交涉事宜及洋务。1909年10月，各省正式成立了咨议局。在地方官制改革中，东北改为行省制，以东三省总督为长官，分设奉天、吉林、黑龙江三省，各省设行省公署，置巡抚，为东三省总督之下的一省最高长官。值得注意的是，清末地方官制改革的许多方面以东三省试点先行。

2. 经济方面

经济改革内容十分广泛，其中心是振兴商务，奖励实业，即倡导鼓励发展资本主义工商业。具体包括大力倡导发展近代工矿企业，开发商业；改良农业，促进农产品商品化；整顿财政金融；设立新式金融机构银行；统一币值和度量衡，努力建立近代金融体制；发展和完善近代交通设施；设立和推广围绕发展近代资本主义工商业这一中心的近代实业教育，等等。

清政府经济改革是通过设立振兴事业的政府机构，制定颁布一系列保护和促进工商业发展的章程律例，倡设保护和促进农工商业的民间组织等逐步推进的，时间上贯穿清末十年。预备立宪加大政治改革力度，并没有放松经济改革的步子。

为振兴实业而设立的政府机构，除1903年设立的商部、1906年改组的农工商部及增设的邮传部外，还于1908年在中央设立了清理财政处，地方上设立了劝业道；1909年设立了督办盐政处（1911年改为盐政院）。

商部兼并了以前的路矿总局，主管全国所有近代工商事宜，举凡农工商业、铁路、轮运、邮政、采矿、银行、工商交易、度量衡、货币、工商诉讼等，均归其统辖。商部以下设通艺司、农务司、商律馆、公司注册局、工艺局、商报局等专门业务主管机关，并附设高等实业学堂和艺徒学堂培养工商实业人才。商部的设立不仅说明清政府对发展工商实业的重视，同时也标志着政府职能的重大变化。1906年将原有的工部并入商部改组为农工商部后，原属商部管辖的轮运铁路邮政等划归了新增设的邮传部，此后即由农工商部和邮传部负责继续推行工商经济改革，负责全面发展农工商实业事宜。1908年设立的清理财政处，主管核定全国预、决算案，查核度支部各司有关工作，审定清理财政章程。同年设立的劝业道，主管各所属省份的农工商事宜。1909年设立的盐政处，主管全国盐务有关事宜。

为保护、促进农工商实业制定颁布章程律例，早在商部设立之前即以着手准备。1902年3月，清廷谕令驻各国使臣查取各国通行律例，以供参酌制定矿律、路律、商律之用。翌年4月，诏令载泽、袁世凯、伍廷芳“先订商律，作为则例”，并统筹商定“如何提倡工艺，鼓舞商情一切事宜”[①]。商部设立后，随即颁布《商部章程》12条，随后至1910年，先后订定颁布了《铁路简明章程》、《奖励公司章程》、《商会简明章程》、《重订铁路简明章程》、《商人通例》、《公司律》、《劝办商会简明章程》、《矿务暂行章程》、《公司注册章程》、《商标注册章程》、《破产律》、《奖给商勋章程》、《劝办农会章程》、《华商办理实业爵赏章程》、《奖励华商公司章程》、《大清商律草案》、《银行通行则例》、《储蓄银行则例》、《清理财政章程》、《通行银钱票章程》、《币制则例》等一系列保护鼓励发展农工商实业的章程律例。此外，尽管清末进行政治体制改革，准备仿行立宪，但皇帝的谕旨依然具有法律效力。新政改革期间，关于保护倡导发展农工商业的经济改革谕令几乎月月颁布，充分显示出清廷发展农工商实业的急切心情。

倡设保护促进农工商实业发展的民间组织主要是商会和农会。

清末新政以前，大中城市中有一些商业行会和手工业行会组织，中世纪色彩浓郁，极不适应近代工商业的发展。清末推行新政后，少数大城市在某些官员的倡导下，开始建立近代商会组织。1901年，驻沪修订商律大臣盛宣怀奏准设立上海商业会议公所，委托严信厚为总理；翌年正式成立，为中国最早的近代商会组织。稍后，北京、天津也相继成立了类似组织。商部成立后，上奏朝廷要求在全国普遍设立商会，认为“东西各国，交通互市，殆莫不以商战角胜，驯致富强，而揆厥由来，实得力于商会”；为“保商情”、“通商利”、收利权、塞漏卮，“当务之急，非设商会不为功”[②]。获朝廷批准。根据商会颁行的《商会简明章程》，全国凡商务繁庶之区，无论是否省会，均应设立商务总会，商务稍次之地则应设立分会，各

① 朱寿朋：《光绪朝东华录》(五)，总第5013～5014页。

② 朱寿朋：《光绪朝东华录》(五)，总第5122～5123页。

分会分别隶属于本省总会。据不完全统计,清末十年全国共设商务总会 23 处,分会 733 处,遍布全国 24 省,另有外洋设中华商会 39 处。其中 1906 年即设 81 处(总会 13 处,分会 68 处,不含外洋各埠商会)①。商会的普遍设立,不仅极大地加强了政府与商人、商人与商人之间的联系,促进了资本主义工商业的发展,而且为资产阶级提供了广阔的政治活动舞台,在清末抵制外货、收回利权、促进政治改革中发挥了重要作用。

创设农会,早在甲午战争后就有人提出这一主张,戊戌维新时期光绪皇帝也曾谕令各省府州县"广开农会",但均未落到实处。清末新政推行后,随着各项改革的进行,1906 年农工商部成立时又明确提出要在各省组设农会。翌年,直督袁世凯在直隶保定首设农务总会,并咨农工商部奏准立案。同时,清廷通饬各省一律仿办。是年 10 月,农工商部奏定《简明农会章程》23 条,谕允颁行。该章程规定:商会以开通知识、改良种植、联合社会为宗旨,各省应在省城设商务总会,府州县设分会,乡镇村落集市设分所;各农会负责调查各地适宜作物、灾害情况,开办农业学堂和农事试验场,研究改良办法,制定兴修水利、开垦荒地方案,兴办蚕桑、纺织、森林、畜牧、渔业等各项事宜,并代农民申诉怨抑,核实奖励阐明农学、创制农具、改良农产、编译农书有贡献者等等。② 据统计,1910 年全国奏准设立农务总会 15 处,分会 136 处③;1911 年全国已设农务总会 19 处,分会 276 处④。这些统计数字总会无大出入,分会则显然统计不全,分所更无全面统计。如四川一省 1910 年即已创设分会 114 处,分所 711 处⑤;山东各地 1911 年已创设农务分会 106 处⑥。清末创设农会,在改良农业、改变传统小农生产方式、促进农产品商品化等方面发挥了积极作用。

3. 军事方面

军事方面的改革主要是裁汰旧军,编练新军,举办警政。裁旧军、练新军、办警政,除编练新军的起步阶段外,大致是同时交错进行的。期间,还伴随着废武科试、兴办新式军事教育、派遣留学生学习军事等。

清末的各项新政改革,实际上许多早自甲午战争后就曾启动过,只是由于当时

---

① 参见农商部总务厅总务科主编《中华民国元年第一次农商统计表》上卷,北京法轮印字局 1914 年版,第 111~197 页。

② 详见《大清光绪新法令》第十类《实业,农会》,商务印书馆刊行,第 42 页。

③ 参见刘锦藻《清朝续文献通考》卷三七八《实业一》,浙江古籍出版社 1988 年影印本,第 11247 页。

④ 参见张玉法《中国现代化的区域研究——山东省(1860~1916)》,中国台湾"中央研究院"近代史研究所 1982 年刊印,第 609 页。

⑤ 参见刘锦藻《清朝续文献通考》卷三七八《实业一》,第 11247 页。

⑥ 参见张玉法《中国现代化的区域研究——山东省(1860~1916)》,第 609 页。

保守势力还过于强大,又中经戊戌政变和义和团运动搁置,没有认真全面推行而已。编练新军,早在中日甲午战争期间(1894 年 11 月),清政府就接受洋员汉纳根建议编练新军,命办理东征粮台的广西按察使胡燏棻,在天津小站主持新法练兵。次年春,成军十营,含步兵、骑兵、炮兵、工程兵等兵种,计 4750 人,号"定武军"。是年底,胡燏棻奉调督办卢汉铁路,改派时任浙江温处道的袁世凯"专仿德国章程","督练新建陆军"[①]。1895 年底成军 7000 人。大致与此同时,署两江总督张之洞在江南编练新军,从天津调用和在德国聘用洋将,完全仿照德国营制,于 1896 年初练成 13 营 2860 人[②],号"自强军"。后袁世凯在义和团运动中奉命巡抚山东时,将所部新军扩编至 17000 人;南方的自强军则未得到相应发展。

1901 年 9 月 11 日,清廷令全国停武科试,命各省仿照北洋、湖北武备学堂及山东所设随营学堂,"酌量扩充",以充新军军官。12 日,谕各省督抚将军在"广建武备学堂"的同时,为应急需,仍从原有将弁中择优擢用,并"将原由各营严行裁汰,精选若干营,分为常备、续备、巡警等军,一律操习新式枪炮,认真训练"[③]。12 月,为全国编练新军"期归一律",命"所有河南、山东、山西各省",选派"将弁头目,赴北洋操练;江苏、安徽、江西、湖南各省,选派将弁头目,赴湖北操练。俟练成后,即发还各原省,令其管带新兵"[④]。1903 年 12 月,清廷在中央设练兵处,命奕劻为总理大臣,总理全国练兵事宜;袁世凯为会办大臣,铁良为襄办[⑤],大权实操于袁世凯手中。1904 年,练兵处和兵部会同奏准在全国编练"常备军"36 镇(师),每镇官兵 12500 人,总计 45 万人,按省分配,限年编成。1905 年 7 月,诏令各省新军统一名称,均称"陆军"。1906 年官制改革中央设陆军部,统一事权,统一番号。截至辛亥武昌起义前,由于种种原因特别是经费问题,总共只练成了 14 镇(一说 13 镇)、18 混成协(旅)、4 标(团)以及禁卫军 1 镇,共约 17 万人。新军士兵有较严格的年龄和文化素质限制,军官则大多由军事学堂毕业生或归国留学生担任。

建立各级各类军事学堂和派遣留学生学习军事,是清末军事改革的主要内容之一。义和团运动前,清朝军队的军官正常情况下主要是通过武科举考试选拔出来的,极不适应清末改练洋操和使用新式枪炮军队的需要。1901 年诏停武科试后,主要仿照北洋袁世凯和湖北张之洞模式,逐步在全国范围内推广军事学堂,建立起了比较完善的近代军事教育体制。计有陆军小学堂、陆军中学堂、军

① 《清德宗实录》卷三七八,第 9 页;《容庵弟子记》卷二,第 6 页。

② 参见朱寿朋《光绪朝东华录》(四),总第 3711~3713 页。

③ 朱寿朋:《光绪朝东华录》(四),总第 4718~4719 页。

④ 朱寿朋:《光绪朝东华录》(五),总第 4964 页。

⑤ 参见朱寿朋《光绪朝东华录》(五),总第 5108 页。

官学堂和大学堂，以及速成式的随营将弁学堂、陆军速成学堂、师范学堂，军医、军需、炮兵、工程兵、测绘学堂等等，培养新军所需各类军官。自1904年底，清政府先后制定颁行了《新军官制》、《陆军军官佐任职等级》、《陆军人员补官体制》、《陆军人员补官暂行章程》、《陆军参谋章程》，对新军军官的任职专业、学历资格等作了比较明确详尽的规定，结束了搏击型军官主宰军队的时代。在国内兴办学堂培养军官的同时，清政府还逐步派出了大批留学生到国外学习军事，其中派往日本的最多。截至1908年，即达1000多人。这些人不但学习了近代军事知识，而且接触了资产阶级政治经济思想，他们回国之后，都担任了新军各级军官。

举办警政最初是清末一般改革措施之一，中后期始与军事改革联为一体，由袁世凯和张之洞开其端。八国联军侵华期间，曾在北京、天津设立巡警维护殖民统治。1902年8月，袁世凯仿照西法在保定设立警务局和警务学堂，创设巡警并培养警务骨干，已备推行警政。义和团运动后，外国列强根据不平等条约不准中国在天津及其周围20里内驻军，袁世凯以维护治安为名，将军队改编为警察进驻天津，并设天津警务学堂，不久又将保定警务学堂并入，改称"北洋警务学堂"，逐步完善了天津及周围四乡的巡警制度。大致与此同时，张之洞在湖北创设警察。1902年10月，清政府下令在全国推广警政。此后，全国大兴警政，"有改绿营为巡警者"；"有全裁绿营，另办巡警者"；"有以绿营裁汰之饷练巡警者"；"亦有由防营改名，不尽绿营者"。[①] 警员来源不一，但大都与绿营有关，质量难有保障。1905年设巡警部后，逐步划一。1906年月，徐世昌上奏"请饬下各省督抚，将现存绿营马步战守各兵，挑选年富力强、体量合格、粗识文字、别无嗜好者改编巡警，余悉裁汰"；并将选留之兵派送巡警学堂"教以浅近警法"[②]，以提高警员素质，得到朝廷谕允。从此，清代绿营兵制开始自行终结，近代警察制度在全国普遍推设并日趋完善起来。

此外，在编练新军和举办警政过程中，一些落后省份由于新军未成、警察尚未普及，绿营并未能即时裁汰净尽；另外也还有一些防军、练勇等杂军，"原定规制，彼此分歧"，且"大部分驻扎已久，一时未便议撤"。为防务和暂时安置这些军队起见，清政府陆军部1907年依照练兵处意见，制定了《巡防队试办章程》，拟将防军、练勇等各项杂军一律"改为巡防队"，获清政府批准。巡防队亦称"防营"，按《巡防队试办章程》规定，每省须将巡防队划分为若干路，一般每省所设不得超过5路，每路10营，"步队全营额设官弁兵夫301员名，马队全营额设官弁兵夫

① 徐世昌：《请饬各省将绿营兵弁挑改巡警折》，《退耕堂政书》卷三。

② 徐世昌：《请饬各省将绿营兵弁挑改巡警折》，《退耕堂政书》卷三。

189 员名，马 135 匹”[①]。巡防队在装备、训练方面比旧军好，但远不如新军。

4. 文化教育方面

清末文化教育方面的改革，主要是兴学校，废科举，派遣奖励游学。其中兴学校内容广泛，不是一般意义上的学制改革、兴办普通学校教育，而是随着政治、经济、社会习俗等各项改革的推进，大举兴办包括社会、实业、女子、幼儿、法政、农业等在内的标志着社会迅速转型的全面近代化教育。

清末推行新政，急需各类新式人才，清政府对此自始就有比较清醒的认识。1901 年推行新政谕令颁布之后，紧跟着就三番两次发布各类广求各类新式人才的诏令。6 月 3 日，令在全国范围内“破格求才”[②]。6 月 5 日，谕整顿翰林院，斥责该院“专以诗赋小楷为功，弊精神为无用，而经世之务，或转不暇考求，殊非造就人才之意”，表明朝廷要“侧席旁求，冀得通儒硕彦，朝夕论思，用恢治道”[③]。7 月 4 日，谕令出使各国大臣，在国外访求出国留学人员，“分别等第，咨送回华”，由督办政务处按其所学，分别考试，“予以进士、举人、贡生等出身”，“俟将来著有实在劳绩，即当重予擢用”[④]。明确表白了求取新式人才以行新政的意向和急切心情。正是在中央政府这些求才诏令的催促下，刘坤一、张之洞于 7 月 15 日上《变通政治人才为先遵旨筹议折》提出兴学育才的主张，指出“盖非育才，不能图存，非兴学不能育才，非变通文武两科不能兴学，非游学不能助兴学之不足”[⑤]。这种说法与维新变法时期的变科举兴学校、培养人才的一些说法几乎完全一致，所不同的是，清末这次兴学育才不仅未再遇到激烈反对，而且日益深入地形成了举国一致的、大规模的文教改革实践。

1901 年 8 月 29 日，清廷谕令自明年起，禁用八股文程式，改试策论，并废武科试。[⑥] 9 月 14 日，令各及所属府州县书院，一律改为学堂，“省城均改设大学堂，各府及直隶州均改设中学堂，各州县均改设小学堂，并多设蒙养学堂。其教法当以四书五经、纲常大义为主，以历代史鉴及中外政治艺术为辅”[⑦]。12 月 5 日，颁布政务处会同礼部核定品《学堂选举鼓励章程》，规定各级学堂毕业经考试合格者，分别授给贡生、举人、进士等功名。[⑧] 显然，清政府这时的文教改革，尚

① 刘锦藻：《清朝续文献通考》卷二〇四《兵三》，第 9525 页。

② 朱寿朋：《光绪朝东华录》(四)，总第 4668 页。

③ 朱寿朋：《光绪朝东华录》(四)，总第 4670 页。

④ 朱寿朋：《光绪朝东华录》(四)，总第 4681 页。

⑤ 舒新城：《中国近代教育史资料》(上)，人民教育出版社 1961 年版，第 58 页。

⑥ 参见朱寿朋《光绪朝东华录》(四)，总第 4697～4698 页。

⑦ 朱寿朋：《光绪朝东华录》(四)，总第 4719 页。

⑧ 参见朱寿朋《光绪朝东华录》(四)，总第 4788 页。

未步入建立近代新式教育体制之路。

1902年1月10日，清廷诏“派张百熙为管学大臣，将学堂一切事宜，责成经理”[①]，并负责核定有关章程。8月15日，颁布由张百熙拟订、朝廷批准的《钦定学堂章程》。该章程主要是规定了京师大学堂及各省高等学堂、中等学堂、小学堂等普通学校教育的学制、入学办法和条件，并规定3～7岁儿童应入蒙养学堂即幼儿园接受学前教育，史称“壬寅学制”。实业、师范教育这时尚未与大学堂、高等学堂分离。“壬寅学制”虽经颁布，但因不够完备，实际上并未实行，只是为后来出台的新学制奠定了基础。

1903年6月，清政府命张之洞会同张百熙、荣庆再行商议大学堂有关事宜，厘定各级各类学堂章程。

1904年1月13日，清政府颁布《奏定学堂章程》(章程颁布时为夏历癸卯年，史称“癸卯学制”)。这一章程是由张之洞、荣庆、张百熙在“壬寅学制”的基础上修改增补而成的，因此又有“壬寅癸卯学制”之称。“壬寅癸卯学制”规定了各级、各类学堂的学制、性质、任务、入学条件等；普通学校教育以外，规定将师范、实业等学堂从大学堂和高等学堂中分离出来单独设置，提高了师范和农工商实业教育的地位；同时，还涉及了职业教育的某些领域(如实业补习学堂、艺徒学堂等)，对各级、各类学堂的管理体制、教员任用规则等也都作出了具体规定。《奏定学堂章程》于1906年起正式全面实施。它的颁布实施，标志着中国近代教育体制的确立。

1905年9月，清廷诏令自明年起停止所有科举考试，结束了延续1300多年的科举制。12月，中央设学部主管全国学堂；各省裁学政改设提学使司，主管一省教育行政；府、州、县设劝学所，主管府、州、县教育行政。翌年3月，学部奏定“忠君、尊孔、尚公、尚武、尚实”[②]教育宗旨。

1907年3月8日，清廷批准学部制定的《女子师范学堂章程》、《女子小学堂章程》[③]，中国女子学校教育从此取得了合法地位。

清末文教改革中，除建立和逐步完善了从幼儿园学前教育、小学直至大学的普通学校教育、师范教育、实业教育等近代教育体制外，还初步建立起了比较完备的社会教育体制，借以提高整个国民素质。清末新政时期，清政府制定颁布了许多发展社会教育的章程和政策法令，涉及半日学堂(含半夜学堂、夜学校、平民补习学堂等)、简易识字学塾、宣讲所、阅报社、图书馆等。

---

① 朱寿朋:《光绪朝东华录》(四)，总第4798页。

② 朱寿朋:《光绪朝东华录》(五)，总第5493～5494页。

③ 朱寿朋:《光绪朝东华录》(五)，总第5637～5638页。

半日学堂是为无力入正规学堂读书的贫困子弟开办的。据不完全统计，清末新政时期，仅1907～1909年间，全国设半日学堂2400余所，在读学生近7万人[①]。简易识字学塾原本是预备立宪措施之一，直接目的是扫盲。1908年开始推行，截至1911年，全国已设近3万所，在读学员50万人[②]。宣讲所是为宣传政府政策、时事、农工商知识及配合新政的推行而设的，自1906年学部颁布《奏定劝学所章程》及《教育会章程》令各地设立算起，数年间全国先后共设近9000个[③]。阅报社名目不一，像阅报总会、阅报公会、阅报处、阅报所、阅报室等等，实际都是为传播新知识、启迪民智而向人们提供的阅报场所。初兴于维新变法时期，清末新政时期有了较大发展，遍布全国。许多阅报社还开展读报、讲报、演说等活动。图书馆，由戊戌维新时期的公共藏书楼发展而来。清末预备立宪时为开民智，经学部不断催促各省"迅速筹设图书馆"[④]。至辛亥武昌起义前，全国大多数省份都设立了省级公共图书馆，一些文化教育较为发达的市县设立了近代公共图书馆。新设立的公共图书馆注意收藏近代中外文新书，收藏和开放借阅流通并重，在传播科学知识、辅助社会教育方面发挥了积极作用。

清末文教改革兴学育才的另一项重大措施，是派遣、奖励游学。早在洋务运动时期，洋务派就曾有计划地派遣留学生赴欧美学习，但由于顽固守旧势力的反对，收获不大。中日甲午战争后，由于形势的变化和地缘的关系，开始注重向日本派出留学生。因为日本离中国近，省费用易考察；而且在当时日文近于中文，"中东情势，风俗相近"，日本已经筛选了西方、西政中之切于用者，易通晓适于用，"易仿行"[⑤]。清末新政时期，清政府自1901年就不断诏令各省派学生出国游学，不但要求公费派遣出国游学，而且出台政策奖励私费出国游学；不但要求派出一般国民出国游学，而且令选派宗室、八旗子弟出国留学，以"广为造就"，"图治育才"[⑥]。1904年颁布的《奏定学堂章程》中的《学务纲要》等有关文件又规定把出洋留学、游历作为选官晋阶的重要条件，因而当废科举诏令颁布后，举国上下迅速形成了出国留学热潮。1906年，赴日留学生即达12000～13000人之多。此后，除日本为中国留学生主要留学地外，清政府还逐步增加了赴欧美留学的名额，特别是自1909年美国正式"减收"庚子赔款后，清政府决定以减收的庚

---

① 据清学部学务司编：第一、二、三次教育统计图表。

② 关于简易识字学塾，各类研究统计数字相差悬殊。此据俞庆棠《民众教育》，正中书局1946年版，第60页。

③ 据清学部学务司编：第一、二、三次教育统计图表。

④ 《学部催设图书馆》，载1907年5月4日《大公报》。

⑤ 张之洞：《劝学篇》二，《张文襄公全集》卷二〇三，第7页。

⑥ 《清德宗实录》卷四九二，第10页。

款每年派60名学生赴美留学,这样,又出现了留美求学高潮。

清末文教改革,在中国历史上产生了深远影响。这一改革废除了传统教育制度,开办新式学堂,系统引进西方近代教育体制和教科书,派遣和奖励出国留学,实施社会教育,开展女子教育、职业教育。在这一过程中,不仅开办了普通综合性高等学堂,而且设立了农、工、商、矿、法、医、军事等专门学堂;中等学堂也不仅仅局限于普通中学,而是较普通地开办了各类专业和职业教育学堂;同时还开办了专门女子学堂及幼儿教育机构。新学制引进了数十种近代新专业,新学堂开设了数百种近代新课程,比较系统地介绍和传授了西方自然科学和部分社会科学知识,留学生则更是较全面地接受了西式教育。因此,清末文教改革不但极大地改变了人们的知识结构,同时也不同程度地改变了人们的思想观念,开阔了人们的视野,从而导致了许多人对传统社会和生活方式的否定。总之,清末文教改革,是我国历史上西学的一次大传播、大扩散、大普及,对当时及以后的科技文化、政治经济的发展和人们生活方式、思想观念,都产生了难以估量的影响。

此外,清末新政还涉及了社会习俗的改革,像准许满汉通婚、禁止妇女缠足、厉禁鸦片等等。其中,厉禁鸦片取得了极大成效。辛亥武昌起义前,在全国范围内基本禁绝了鸦片进口和种植。

综观整个清末新政,就其内容而言,可说是中国近代史上一次规模最大、范围最广的近代化改革运动。清政府推行新政的目的,固然是为了挽救和维护自己的统治,但新政措施中有不少是其迫于时势对资产阶级作出的让步,客观上为中国资本主义经济、文化、科技、教育、近代军事等的发展创造了条件,有利于中国近代化。因此,清政府推行新政的结果,不但没有起到维护自己统治的目的,反而挖了封建统治的基础,培养和造就了异己的社会力量,加速了清王朝的灭亡。

三、孙中山早期的革命活动

毛泽东指出:“中国反帝反封建的资产阶级民主革命,正规地说起来,是从孙中山先生开始的。”[①]孙中山是中国资产阶级民主革命的伟大先行者。

孙中山(1866～1925年),名文,字德明,号日新,后改号逸仙,1897年留居日本期间曾化名为中山樵,后来即以中山为号。他出生于广东省香山县(今中山市)翠亨村一个贫苦的农民家庭,自幼对农民的疾苦有着深切的感受。1878年,在家乡旧式书塾读了两年多书的孙中山,跟随母亲来到檀香山,和他的哥哥、当

① 《毛泽东选集》第2卷,人民出版社1991年版,第563页。

时已经是华侨资本家的孙眉一起生活，并在当地英、美教会开办的学校里读书，开始接受西方资本主义教育。1883 年回国后，孙中山又先后进入香港拔萃书室、香港中央书院、广州博济医院附设的南华医学堂等学校读书学医，并加入基督教。1892 年毕业于香港西医书院，从此即开始在广州、澳门等地行医。

孙中山青少年时期所受的主要是资产阶级思想文化和科学知识的教育，这对他资产阶级民主革命思想的产生和发展，具有至关重要的作用。早在学生时代，孙中山就已经萌发了反清思想和改造社会的志向，对农民领袖洪秀全极为赞赏，称其为“反清第一英雄”，并以“洪秀全第二”自居。不过，在 1892 年毕业前后，尽管他已经酝酿着反清革命的思想，但还没有能够从当时流行的改良主义思潮的影响下摆脱出来。1893 年冬天，他在广州行医之余，曾与陆皓东、郑士良等人集议创设兴中会，以“驱除鞑虏，恢复华夏”为宗旨，但未建立具体的组织形式。此后不久，孙中山在家乡草拟了一份长达 8000 余字的《上李鸿章书》，并于翌年春天北上天津求见李鸿章，希望通过这个掌握实权的洋务派官僚，推行有利于发展资本主义的社会改革，使中国富强起来。在这道上书中，孙中山指出，西方国家富强的本源并不完全在于船坚炮利，垒固兵强，“而在于人能尽其才，地能尽其力，物能尽其用，货能畅其流”①。主张以西方国家为楷模，改革教育制度，兴学育才，采用先进的科学技术以发展农工商业，以期达到国家富强的目的。但是，孙中山的上书并没有得到他所期望的结果。此后不久，中日甲午战争爆发，前线清军节节败退，而清朝统治集团却在大张旗鼓地准备庆祝慈禧太后六十大寿。孙中山深切地感到，和平改革之途已绝，依靠这样的政府实行改革，不可能使中国富强起来。从此，他放弃了要求清政府进行社会改良的幻想，坚定了用暴力革命推翻清王朝的决心。

1894 年 10 月，孙中山来到檀香山，联合当地的 20 余名华侨工商界人士，于 11 月 24 日建立了中国第一个资产阶级革命团体——兴中会。孙中山亲自起草《兴中会章程》，痛陈中国所面临的严重危机和清政府的腐败，指出立会宗旨是为了“振兴中华，维持国体”，并在会员入会的秘密誓词中，明确提出了“驱除鞑虏，恢复中国，创立合众政府”的革命纲领和奋斗目标。次年 2 月，孙中山回到香港，联合当地的进步团体辅仁文社，于 21 日成立兴中会总部，重新修订《兴中会章程》，将入会誓词中的“恢复中国”改为“恢复中华”，并建立健全了各级组织。檀香山兴中会的创建和香港兴中会总部的成立，标志着孙中山民主革命思想的基本形成，从此坚定地走上了推翻清王朝、建立资产阶级共和国的革命道路。

兴中会总部成立后，孙中山即开始策划在广州发动起义。经过半年的准备，

---

① 《孙中山全集》第 1 卷，中华书局 1981 年版，第 8 页。

预定在农历重阳节(公历10月26日)起事,夺取广州为根据地。由于起义队伍内部行动参差,消息泄露,革命志士陆皓东和准备参加起义的部分会党首领被捕遇害,起义未及发动即遭失败。孙中山本人幸免于难,被迫流亡国外。广州起义标志着中国资产阶级进行革命活动的开始。由于当时民族资产阶级中下层的力量还很弱小,国内资产阶级革命的社会基础极其薄弱,而孙中山又主要是在海外华侨中间进行活动,故对国内的政治生活没有产生多大的影响。

广州起义失败后,孙中山逃亡日本,在横滨建立了兴中会组织,随后前往美、英等国。在欧美将近两年的时间里,他一面以兴中会的名义在华侨中进行宣传和组织工作;一面研读欧美资产阶级革命时期的重要著作,考察西方社会,从而使他的民主革命思想有了进一步发展,基本上形成了他后来在1905年正式提出和阐发的三民主义思想。1897年7月,孙中山回到日本,在东京、横滨等地宣传和扩大革命力量,但成效不大。此时正值国内维新运动兴起之际,康有为在知识界影响广泛,孙中山一时难以打开局面。戊戌变法失败以后,康有为、梁启超先后逃亡日本,经日本进步党领袖犬养毅介绍,孙中山多次同康、梁会谈,希望与他们合作反清。但康有为表示"不能忘记今上",顽固地坚持保皇立场,拒绝了孙中山的建议,并前往加拿大等地建立"保皇会"(即"保救大清光绪皇帝会"),继续鼓吹君主立宪主张。梁启超则在横滨创办《清议报》和《新民丛报》,一面颂扬光绪皇帝"圣德";一面又指斥慈禧太后、荣禄、袁世凯等清朝当权者为"逆后贼臣",大力宣传资产阶级社会政治学说和思想文化,在知识分子中间产生了很大影响。这一时期,梁启超与孙中山的交往一度比较密切,虽然他对民主革命持怀疑态度,但同时又认为"讨满为最适宜之主义",要救国就必须进行破坏,表示愿与孙中山进行合作,甚至同意建立一个组织,拟以孙中山为首,他本人副之。后因康有为坚决反对,合作计划未能实现。

1900年6月,当义和团运动在北方蓬勃发展、唐才常在长江流域组织自立军起义之机,孙中山决定再次在广东发动起义,并派郑士良前往惠州联络会党,史坚如前往广州策动响应。10月6日,郑士良率领会党群众600余人在惠州三洲田起义,迅速占领了清安、大鹏至惠州、平海一带沿海地区,队伍一度扩展到2万多人。随后,起义军移师闽南,等待海外接济。孙中山原计划由香港潜入内地直接指挥起义,因香港当局阻挠未果,被迫由日本转渡台湾,准备从台湾转运军火并进入内地。但日本帝国主义害怕孙中山在台湾的活动会危及其殖民统治,突然宣布禁止军火出口,使孙中山自海外接济起义军的计划落空。起义队伍苦战半月之久,最后因弹尽援绝,被迫解散,起义失败。

惠州起义虽然以失败而告终,但却博得了人们的广泛同情。据孙中山后来回忆:1895年广州起义失败后,"举国舆论莫不目予辈为乱臣贼子,大逆不道,咒诅漫骂之声，不绝于耳”，而此次惠州起义失败后，“则鲜闻一般人之恶声相加，而有识之士且多为吾人扼腕叹息，恨其事不成矣。前后相较，差若天渊”[①]。这说明，孙中山的民主革命事业已经开始得到人民群众的拥护和支持。

惠州起义失败后，孙中山以更加坚定的信念从事民主革命的宣传和组织发动工作，推动民主革命进程的继续发展。而此时康有为、梁启超宣扬的保皇主张则日益失去人心，保皇会在海外华侨和留学生中的地位急剧衰落。为了抵制革命，挽回颓势，康有为在1902年抛出《答南北美洲诸华商论中国只可行立宪不可行革命书》(简称《论革命书》)，竭力为清王朝和光绪皇帝辩护，把清政府对各族人民的残酷剥削和压迫，说成是“唐虞至明之所无，大地各国所未有”的“至仁之政”；认为中国人大多愚昧无知，只能实行君主立宪，不能实行民主共和；断言革命不仅起不到挽救中国危亡的作用，反而会导致“天下大乱”和“亡国灭种”的危险。与此同时，梁启超则极力宣扬他们“名为保皇，实则革命”，在海外华侨和留学生中造成了极坏的影响。

为了揭露保皇派，将革命继续推向前进，孙中山于1903年12月发表了针对康有为的《敬告同乡书》一文，深刻地揭露了保皇派假革命真保皇的本来面目，明确指出革命与保皇是两条截然相反、不可调和的政治道路，号召人们与保皇派“划清界限”，不要受骗上当。次年1月，孙中山又发表《驳保皇报》一文，抨击清政府媚外卖国的罪行，尖锐地指出保皇派所标榜的“爱国”实际上是“害国”，并驳斥和批判了保皇派对中国人民的污蔑，表示相信中国人民在推翻清王朝之后，完全有能力建设一个民主共和的国家。1904年，孙中山更在《中国问题的真解决》一文中发出号召，要求推翻清王朝，废除封建的君主政体，建立一个“新的、开明的、进步的政府来代替旧政府”[②]。

孙中山坚定的革命信念和立场，出色的革命宣传和组织发动工作，从思想上、组织上划清了革命与保皇两条道路的界限，有力地推动了民主革命思想的传播和革命力量的发展壮大。

四、民主革命思想的传播与革命团体的建立

20世纪初年，随着新的知识分子群体的形成和发展，资产阶级民主革命思想也广泛地传播开来。这一时期，民主革命思想的传播主要有两种方式：一是大量的有关西方资产阶级社会政治、经济、哲学、历史等方面书籍的翻译出版；二是

① 《孙中山选集》上卷，人民出版社1956年版，第74页。

② 《孙中山全集》第1卷，第255页。

一系列政治性刊物的创办发行。

20世纪初年翻译出版并在社会上广为流传的书籍，主要有严复翻译的《原富》、《群学肄言》、《法意》、《名学》、《群己权界论》，以及杨廷栋翻译的《民约论》，蔡元培翻译的《哲学要领》等书。与此同时，海外留学生也翻译了《政治学》、《经济通论》、《万国宪法比较》、《美国独立战史》、《世界近代史》、《欧洲最近政治史》等书。这些著作的翻译出版，不仅有力地冲击了维护封建专制的传统思想观念，而且也极大地开阔了资产阶级知识分子的眼界，成为他们宣传民主革命思想的重要理论武器。

在翻译出版西方资产阶级社会政治、经济、哲学、历史等方面书籍的同时，海外留学生和国内知识界还掀起了创办革命报刊的热潮。早在1901年，留日学生就创办了《开智录》、《国民报》等政治刊物，宣传民主革命思想。随后，留日学生又创办了《游学译编》、《湖北学生界》、《浙江潮》、《江苏》等宣传革命的刊物。与此同时，国内知识界也先后创办了《大陆》、《童子世界》、《国民日日报》、《中国白话报》、《女子世界》等主张和宣传革命的刊物。在这些革命报刊的影响下，一些原来比较保守的报纸如上海的《苏报》等，也开始宣传革命。大批革命报刊的出现和革命书籍的流传，使资产阶级民主革命思想迅速而广泛地传播开来。

伴随着民主革命思想的传播，涌现出一批著名的思想家和宣传家，章炳麟、邹容、陈天华等人是其中的杰出代表。

章炳麟(1869～1936年)，又名绛，字枚叔，号太炎，浙江余杭人。他青年时期曾就读于晚清著名学者俞樾主持的“诂经精舍”，是一位在经学、史学、文学、音韵文字学等方面造诣很深的学者和国学家。甲午战争以后，在严重的民族危机的刺激下，他开始关注国家大事，研读明代爱国思想家的著作和西方资产阶级哲学、社会学等方面的书籍。戊戌变法运动兴起后，积极投身于救亡图存活动，加入强学会，参与编撰《时务报》等刊物，进行变法维新的宣传鼓动工作。变法运动失败后，逐渐与改良派决裂，从爱国排满走上了民主革命的道路。

1903年，章炳麟在上海《苏报》发表著名的《驳康有为论革命书》一文，对康有为提出的“中国只可行立宪，不可行革命”说，进行了针锋相对的批驳。他热情地歌颂革命是“启迪民智，除旧布新”的良药，阐明“合众共和”是大势所趋，相信中国人民经过革命，一定能够建立起共和制度，在当时的知识界产生了很大的影响。同年6月，章炳麟因《苏报》案入狱，被判监禁三年。1906年6月出狱后，被同盟会迎赴东京，担任《民报》编辑，继续从事民主革命的宣传工作。

邹容(1885～1905年)，字蔚丹(威丹)，四川巴县人。青少年时期即受到维新思想的影响，喜新学而厌科举。1902年，自费赴日留学，就读于东京同文书院。留日期间，他广泛阅读了西方启蒙思想家的著作，积极参与留学生的爱国活动，很快成长为一名坚定的民主革命战士。1903年春，因受到清廷驻日公使的迫害而被迫回国。回国后即参加了蔡元培创办的上海爱国学社的革命活动，并与章太炎等人相识。同年5月，写作完成了被誉为近代中国“人权宣言”的《革命军》一书，由章太炎作序，蔡元培、柳亚子等人集资出版，署名“革命军中马前卒邹容”。6月因《苏报》案入狱，备受折磨摧残，1905年4月3日死于狱中，年仅21岁。

《革命军》一书共分7章，约2万字。邹容以犀利新颖的笔锋，通俗易懂的文字，满腔热情地歌颂了革命和民主，论述了进行革命的必要性和正义性；无情地揭露了清政府的卖国专制，极力鼓吹欧美资产阶级革命时期的自由平等、天赋人权学说，大声疾呼打倒帝国主义的“奴隶总管”清王朝，建立一个美利坚、法兰西式的“中华共和国”；认为只有推翻清政府，扫除外来侵略势力，中国才能获得民族的独立和社会的进步，明确提出了反帝反封建的民主革命任务。《革命军》一书出版后，风行海内外，发行量超过100多万册，对传播民主革命思想，推动民主革命的发展，产生了重大的作用。

陈天华(1875～1905年)，字星台，号思黄，湖南新化人。戊戌变法运动期间，考入湖南实业中学堂(新华求实学堂)。1903年，由该学堂资送赴日留学，进入东京弘文学院学习师范科。在日本求学期间，他深感国家主权沦丧之痛，积极投身于留学生的爱国活动，先后参与了华兴会、同盟会的创建工作，是华兴会、同盟会的发起人之一。与此同时，他还先后参加了《新湖南》、《游学译编》、《民报》等杂志的编辑出版工作，写下了大量的宣传民主革命和介绍欧美资产阶级社会政治学说的文字，其中以1903年写的《猛回头》、《警世钟》两书最为重要。1905年12月8日，为抗议日本政府颁行取缔中国留学生规则，愤而蹈海自杀，时年31岁。

《猛回头》和《警世钟》两书，是以文艺说唱的形式写成的，文字通俗流畅，浅显易懂，富于鼓动性和感染力。两书的中心内容，是“指明了中国在帝国主义侵略下的危亡局势，号召人们为改变这种局势而奋斗”，表达了鲜明的反帝爱国和反清革命的思想。两书出版后，重印达十余次之多，深受广大读者的喜爱，流传很广，对动员人们起来进行民主革命，发挥了巨大的作用，成为资产阶级革命派进行革命宣传的锐利武器。

章炳麟、邹容、陈天华等革命宣传家的涌现，极大地促进了资产阶级革命思想的传播。他们的政治热情和言词行动，对于在清政府黑暗统治下的中国人民具有强大的感染力和鼓动性，充分起到了革命的先锋作用和桥梁作用。但是，这一时期民主革命思想的传播，也暴露出了资产阶级革命派严重的阶级局限性。一是民族复仇色彩浓厚，突出地表露了大汉族主义的思想，其中尤以邹容、章炳麟最为严重。资产阶级革命派强烈的排满宣传，尽管具有反帝反封建的内容与要求，起了动员人们起来推翻清王朝的巨大作用，但却不利于中华民族大家庭的团结，有损于中国各民族间的友好合作关系；同时也容易给人们造成一种错误认识，即认为只要是汉人掌权中国就可以富强了，从而忘记了中国落后挨打的根源是封建的专制制度，忽略了中国人民最凶恶的敌人是帝国主义，进而给革命带来不利的影响。二是革命派在宣传民主革命思想的过程中，虽然触及到了资产阶级民主革命所必须解决的革命对象、动力和领导权问题，自觉地意识到了自己的历史使命，但却没有能够清醒地认识到农民群众的力量，更没有涉及如何去组织发动农民群众从事反帝反封建斗争的问题。

在民主革命思想广泛传播和革命形势不断发展的基础上，资产阶级革命团体也相继出现，其中比较重要的有华兴会、科学补习所和光复会。

华兴会是由黄兴等人创建的。黄兴（1874～1916 年），原名轸，字廑午，号克强，湖南善化县（今湖南长沙）人。1898 年进入武昌两湖书院读书，初步接触到西方资产阶级民主思想。1902 年被选派官费留学日本，进入东京弘文学院速成师范科学习，同时留意学习军事技能。留日期间，他积极参加留学生组织的爱国活动，先后参与了《湖南游学译编》和《湖北学生界》等刊物的创办以及拒俄义勇队、军国民教育会的活动。1903 年 6 月，他被东京军国民教育会以“运动员”名义派遣回国发动革命，从此坚定地走上了反清革命的道路。同年 11 月 4 日，他在家乡邀集刘揆一、陈天华、宋教仁等秘密聚会，决定组织反清革命团体华兴会，并被推为会长。次年 2 月 15 日，华兴会正式成立，先后入会的有四五百人，大都是两湖地区的留日学生和国内新式学堂出身的知识分子。

华兴会成立后，经过半年多的联络和准备，黄兴等决定在 11 月 16 日湖南全省官员在长沙集会庆祝慈禧太后七十寿辰之际发动起义，后因计划泄露，起义未及发动即遭破坏，黄兴等人被迫出走日本。

科学补习所是湖北最早出现的革命团体。1904 年 7 月，由湖北革命志士吕大森、刘敬庵、张难先等人联合华兴会派往武昌活动的宋教仁、胡瑛在武昌成立，吕大森任所长。以研究科学为名，暗中宣传鼓动革命，后因华兴会起义事败而中止活动。不久，刘敬庵等又利用基督教武昌圣公会附设的阅报室“日知会”作掩护，继续进行革命活动，并于 1906 年 2 月正式以日知会为名称建立起了新的革命团体。从科学补习所到日知会，湖北革命志士一直把运动新军作为开展革命活动的主要对象，全力在新军中发展和组织革命力量，为以后辛亥武昌新军首义做出了重大贡献。

光复会是由浙江革命志士创立的。从 1903 年下半年开始，浙江留日学生陶成章、龚宝铨等人即密议回国建立革命组织，开展武装反清斗争。随后，龚宝铨受东京军国民教育会派遣回到上海，陶成章回到浙江，分头进行联络和组织。1904年10月，光复会正式在上海成立，公推蔡元培为会长。同年12月，陶成章又在日本东京建立光复会分部。在陶成章等人的积极努力下，光复会以会党、新军和青年学生为联络对象，很快便发展成为江、浙、皖一带势力最大的革命团体。

除了上述几个重要的革命团体外，1904年前后，国内还先后出现了其他的一些革命小团体，如福建的汉族独立会、安徽的岳王会、江西的易知社、云南的誓死会、贵州的科学会等。这一系列革命团体的建立，充分说明了资产阶级革命力量的发展和壮大。这些革命团体虽然在革命纲领、组织形式以及活动地区等方面，与孙中山建立的兴中会不尽相同，但都是在资产阶级革命知识分子的领导下，以推翻清王朝、建立共和国作为自己的斗争目标的。因此，这些革命团体的建立，不仅成为资产阶级民主革命发展的重要标志，而且也为统一的资产阶级革命政党同盟会的建立奠定了基础。

五、资产阶级领导的爱国运动

20世纪初年，资产阶级及其知识分子领导的爱国运动的兴起，是社会政治生活中具有重要意义的大事，有力地促进了资产阶级民主革命运动的蓬勃发展。

资产阶级领导的爱国运动，主要有拒俄运动、抵制外货运动和收回利权运动。其中，以收回利权运动持续时间最长，范围最广，斗争也最为激烈。

拒俄运动爆发于1903年，是资产阶级及其知识分子领导的爱国运动的先声。根据《中俄交收东三省条约》的规定，从1902年4月开始，俄国分三期撤出在中国东北地区的侵略军队，将东北三省交还中国政府。但是，1903年3月第二期撤兵的最后期限到来时，俄国不仅拒不按照条约规定撤军，反而向清政府提出了七项无理要求，妄图长期霸占中国东北。消息传出以后，立刻激起了全国各界人民群众的强烈愤怒，拒俄运动迅速兴起。

4月27日，上海爱国人士1000多人在张园举行集会，抗议沙俄的侵略暴行。大会致电清政府，指出如果接受沙俄的无理要求，则会“内失主权，外召大衅，我全国人民万难承认”，并通电各国外交当局，严正声明：“即使政府承允，我全国国民万不承认，倘从此民心激变，遍国之中，无论何地，再见仇洋之事，皆系俄国所致。”[①]4月29日，中国留日学生在日本东京举行大会，参加者达500多人，大会一致主张对俄开战，并决定组织拒俄义勇队，奔赴前敌，与沙俄进行血战。会后，拒俄义勇队（后改名为学生军）随即成立，并聘请教官进行训练，同时

① 杨天石、王学庄编：《拒俄运动》，中国社会科学出版社1979年版，第63～64页。

选派代表回国向清政府请愿，表示学生军愿做先锋，以血肉之躯捍卫祖国领土主权。但是，留日学生的爱国举动却遭到清朝当局的非难和镇压。严酷的现实使学生们认识到，在腐败的清王朝的统治之下，爱国有罪，报国无门，要摆脱帝国主义的侵略和奴役，就必须首先推翻清王朝。5 月 11 日，留日学生再次集会，在学生军的基础上组织军国民教育会，以派遣“运动员”的方式回国活动，开始从事反清革命斗争的实际工作。

除上海、东京之外，拒俄运动在国内其他地区也普遍兴起。4 月 30 日，清朝最高学府京师大学堂学生举行集会，通电各省学堂，呼吁“发大志愿，结大团体”，“勿将东三省予俄”，并决定联名上书管学大臣，请其代表拒俄。武昌、安庆、南昌、广州、杭州、福州、长沙等地的爱国学生和群众也纷起响应，一场具有全国规模的群众性的爱国运动蓬勃兴起。

由于广大爱国学生和群众的强烈反对以及英、美、日等国的干预，清政府最终拒绝了沙俄提出的七项无理要求。

抵制外货运动是资产阶级领导的爱国运动的重要组成部分，它开始于 1905 年的抵制美货运动，随后在 1907 年和 1908 年，又相继爆发了江浙地区的抵制英货运动、山东的抵制德货运动、两广等地的抵制日货运动。其中，规模和影响最大的是抵制美货运动。

1905 年的抵制美货运动，是中国人民为抗议美帝国主义虐待华工、迫害华侨、拒不废除期满的限制华工条约而发起的一场群众性的大规模的反美爱国运动，同时也是 19 世纪末年以来中国人民反对美帝国主义虐待旅美华工斗争的总爆发。

从 19 世纪的 40 年代开始，美国为了开发西部地区，大量诱骗华工赴美做苦工，以弥补本国劳动力的不足。到 1883 年，在美华工已达到 30 多万人。这些华工担负了开矿、筑路、建厂、垦荒等繁重艰苦的体力劳动，对美国西部的开发和繁荣做出了不可磨灭的贡献。但是，唯利是图的美国资产阶级在其国内不断发生经济危机、劳动力开始过剩的情况下，又转而排斥华工。美国政府一面散布种族仇视，说美国工人的失业是由华工造成的，故意煽动排华情绪，以转移国内工人斗争的视线；一面订立排华法律，制定限制华人、虐待华工的各种条例，迫害华工。民主、共和两党甚至还将“排斥华人”列入竞选纲领。在美国资产阶级的指使下，排华反华事件接连不断。1904 年，为期十年的“限制来美华工”不平等条约期满，海外华侨和中国人民强烈要求废除这一不平等条约。美国政府无视中国人民的正义要求，不仅拒绝改约，反而蛮横地坚持续约，且条件更加苛刻，致使长期积压在中国人民心头的怒火迅速迸发出来，从而在全国范围内掀起了一场声势浩大的反美爱国运动。

1905 年 5 月 10 日，上海商务总会召开特别会议，决定以两月为限，如果美国政府拒绝改约而强迫清政府续约，则以不再运销美货进行抵制。7 月 20 日，上海商务总会在同美国驻沪领事多次交涉无效之后，决定采取行动，掀起抵制美货运动，得到全国各地的热烈拥护和响应。各行各业各阶层乃至穷乡僻壤的人民群众都踊跃参与，海外华侨和留学生大力声援，拒约会、争约处、拒约公所等爱国团体相继成立，迅速汇成一股广泛的群众性的反美爱国运动的巨大浪潮。商店不订、不卖美货，人们不买、不用美货，码头工人不装、不卸美货；美国人开办的学校和工厂，学生退学，工人离职。全国人民团结一致，同仇敌忾，充分显示了群众爱国运动的巨大威力。

中国人民的反美爱国运动极大地震动了美国资产阶级。为了阻止运动的继续发展，美国政府通过各种手段和措施迫使清政府出面镇压。腐朽的清政府屈从于美国的压力，于 8 月 21 日发布上谕，宣称抵制美货"有碍邦交"，命令各省督抚"从严查究，以弭隐患"。在中外反动势力的淫威面前，上海商务总会会长曾铸发表《留别天下同胞书》，表示不再参加运动。发起这场运动的资产阶级上层势力最后动摇妥协了，但广大人民群众仍然继续坚持斗争，一直到 1906 年，这场斗争才渐次平息。

抵制美货运动由于清政府的破坏和民族资产阶级上层势力的退却而告结束，但它却成功地阻止了迫害华工条约的续订，挫败了美国政府的续约企图，有力地推动了资产阶级革命运动的发展和高涨。

资产阶级领导的收回利权的爱国运动，主要表现为各阶层人民反对帝国主义掠夺我国铁路和矿山的斗争，要求清政府收回被帝国主义霸占的路矿利权，用民族资本开矿筑路。这一运动兴起于 20 世纪初年，一直持续到辛亥革命爆发。

收回矿权的斗争几乎遍及全国各地。在这一斗争中，青年学生积极宣传鼓动，各省绅商则成为主导力量。他们或以本省"士民"名义致电清廷，要求收回矿权；或出面成立矿务公司，自行筹资开矿。从 1905 年山西人民首先开始掀起收回矿权的斗争，到 1911 年武昌起义爆发之前，各地先后收回了山西福公司矿区、奉天锦西暖池塘煤矿、山东峄县中兴煤矿及茅山等五处矿产，安徽铜官山、四川江北厅煤矿、云南七府矿区、湖北阳新炭山煤矿等矿权。

收回路权的斗争与清政府的新政有着直接的关系。1903 年 11 月，清政府批准颁行商部制定的《铁路简明章程》，章程规定经商部批准，各省绅商可以自行集资修筑铁路。于是，各省相继建立铁路公司，收回路权斗争随之兴起。

收回路权斗争首先发生在四川。1903 年，清政府拟出卖川汉铁路修筑权，以便向英商借款，这一举措立即遭到四川人民的强烈反对。1905 年，四川人民成立川汉铁路总公司，准备集资修路。为了防止帝国主义趁机窃夺路权，公司章程规定:“不招外股,不借外债,是以专集中国人股份。”数年之间,公司集资达千余万元,并于1909年动工修筑宜昌至万县段的铁路,为各地争回路权斗争作出了榜样。

在四川人民掀起争路斗争的同时,广东、湖南、湖北三省人民也掀起了收回粤汉铁路利权的斗争。粤汉铁路是1898年经盛宣怀之手出卖给美国华美合兴公司的。经过三省人民的坚决斗争,最终迫使清政府出资675万元“赎回”已经修筑的广州至三水段的铁路,废除原订合同,将铁路交由三省绅商自办,从而开创了赎路自办的先例。

收回粤汉路权斗争的初步胜利,直接推动了苏、浙人民收回路权的斗争。1905年和1906年,浙江、江苏两省绅商先后成立商办铁路公司,集资修筑浙路杭州至嘉兴和苏路上海至嘉兴两段铁路。英国以1898年曾订有《苏杭甬铁路草约》为由,胁迫清政府改订正约,并勒令停筑苏、浙两路。1907年10月,清政府下诏“借款修筑”苏杭甬路,将路权送给英国。这一决定立即激起了两省人民的强烈反对,几经斗争,在1911年春,苏杭甬路权终于争回。与此同时,收回广九和津镇铁路利权的斗争也在广东、直隶、山东等省蓬勃兴起。而清政府从维护自己的利益出发,对人民群众的争路斗争,一面敷衍应付,一面暗中继续出卖路权,致使收回路权斗争日趋激烈,最后终于酿成1911年的声势浩大的保路运动。

20世纪初年,资产阶级领导的一系列反帝爱国运动,不仅沉重地打击了帝国主义的侵略势力,揭露了清政府的腐朽无能,而且也有力地促进了资产阶级革命运动的发展,起到了加速革命高潮到来的积极作用。

六、中国同盟会的成立及其政治纲领

资产阶级革命思想的广泛传播和各地革命团体的相继出现,为统一的资产阶级革命政党的建立奠定了重要的基础。

1905年夏天,孙中山结束环球旅行,从欧洲到达日本。鉴于革命形势的飞速发展,孙中山认识到,各革命团体分头活动,力量分散,已经不能够适应革命继续发展的需要。因此,他广泛地与各革命团体的负责人交换意见,倡议建立一个全国规模的统一的革命组织,以便团结和组织各种反清力量,领导全国的民主革命运动。7月30日,孙中山、黄兴、宋教仁、陈天华等在东京召开会议,讨论建立统一组织的问题,参加会议的有各革命团体的代表以及留学生、旅日华侨的代表共70多人。大会一致同意孙中山的提议,决定建立全国性的统一的革命组织中国同盟会,简称同盟会,以孙中山提出的“驱除鞑虏,恢复中华,创立民国,平均地权”作为政治纲领,并推举黄兴、陈天华等人起草同盟会章程。8月20日,中国同盟会正式在东京举行成立大会。会议通过了黄兴等人起草的章程,确定了同盟会的政治纲领和组织形式。根据章程规定，同盟会总部设在日本东京，国内分设东、西、南、北、中五个支部，各支部以下按省设立分会；国外设南洋、欧洲、美洲、檀香山四个支部，支部以下按国别或地区设立分会。根据三权分立的原则，同盟会总部设总理一人，总理以下分设执行、评议、司法三部，其中权力最重的是执行部，负责处理日常事务和组织革命的实际工作，可代行总理职权。大会一致推举孙中山为总理，黄兴为执行部庶务科总干事。

同盟会是第一个全国性的资产阶级革命政党，具有明确的政治纲领和完整的组织机构。同盟会的纲领，不仅同历代农民战争的纲领有着本质的区别，而且也从根本上同资产阶级改良主义划清了界限，“是带有共和制度要求的完整的民主主义”纲领。同盟会的组织机构，也是按照西方资本主义国家和政党的组织形式建立起来的。《同盟会总章》规定的领导人选举办法，体现了资产阶级的民主选举原则。同盟会的成立，基本上结束了各革命团体分散斗争的局面，使中国的民主革命有了一个统一的领导核心和明确的奋斗目标。

1905 年 11 月，同盟会机关报《民报》创刊。孙中山在《民报发刊词》中，将同盟会的十六字政治纲领归结为“民族、民权、民生”三大主义，简称“三民主义”。这是孙中山民主革命思想的集中概括。

民族主义包括“驱除鞑虏，恢复中华”两项内容，即推翻以满洲贵族为首的清政府，建立以汉族为主体的民族国家。当时，中华民族与帝国主义、人民大众与封建主义这两大社会矛盾，集中反映在中国人民同清朝统治者这一内部矛盾上。因此，孙中山的民族主义实际上包含着反对外国侵略和本国封建压迫的双重意义，把斗争的矛头直指清王朝，也就打击了侵略中国的帝国主义。

孙中山在强调实行民族革命的同时，也批判了革命派内部存在的片面的“反满”思想，与带有封建色彩的种族复仇主义划清了界限。他指出：“民族主义，并非是遇着不同族的人便要排斥他”，革命党人“并不是恨满洲人，是恨害汉人的满洲人。假如我们在实行革命的时候，那满洲人不来阻害我们，决无寻仇之理”。①此后，革命派的“反满”宣传基本上遵循了这一原则，从而极大地孤立了清朝统治者，加速了清王朝的崩溃。

民权主义的内容是“创立民国”，即推翻封建的君主专制主义的统治，建立资产阶级民主共和国，这是孙中山三民主义思想的核心。在《东京〈民报〉创刊周年庆祝大会的演说》中，孙中山着重说明了推翻封建君主专制制度的必要性。他认为，“中国数千年来都是君主专制政体，这种政体，不是平等自由的国民所堪受的”，“就算汉人为君主，也不能不革命”。因此，孙中山强调指出：实行民族主义

① 《孙中山全集》第 1 卷，第 325 页。

和民权主义,是革命党人的统一任务;民族革命与政治革命并不是分别进行的,而是一次革命的两个方面,推翻满洲政府,“从驱除满人那一面说是民族革命,从颠覆君主政体那一面说是政治革命”;单纯的民族革命不可能废除君主专制制度,必须在进行民族革命的同时进行政治革命。民权主义作为孙中山三民主义思想的核心,从理论上解决了革命派当时迫切需要解决的问题,即夺取政权与建立政权的问题。

民生主义的内容是“平均地权”,也就是孙中山所说的社会革命,其核心是解决土地问题。孙中山认为,鉴于西方资本主义国家贫富严重不均、劳资尖锐对立、社会动荡不安的状况,中国在革命成功后应立即解决土地问题,“举政治革命、社会革命毕其功于一役”,以防止西方社会的各种弊端在中国重演,避免重蹈欧美各国的覆辙。为了解决土地问题,孙中山认为最好的办法就是:“核定天下地价,其现有之地价,仍属原主所有;其革命后社会改良进步之增价,则归于国家,为国民所共享。”[①]这样做的结果是:“私人永远不用纳税,但收地租一项,已成为地球上最富之国。”从而才能够“肇造社会的国家,俾家给人足,四海之内无一夫不获其所”。总之,孙中山平均地权的主张,是防止资本主义贫富分化的一种社会政策,它反映了孙中山对劳苦大众的深切同情和对世界潮流的敏锐观察。但是,孙中山的民生主义纲领,只是一种主观空想,缺乏现实的社会基础,根本不可能实现,因为平均地权是资本主义的土地纲领,是为资本主义的发展服务的。

孙中山的三民主义,是中国旧民主主义革命时期比较完整的资产阶级民主革命纲领。它号召人民群众积极行动起来,推翻清王朝,提出了建立资产阶级民主共和国的明确奋斗目标,设计了一个为中国资本主义发展扫除障碍的解决土地问题的方案。因此,它在本质上是进步的、革命的,推动了资产阶级民主革命运动的发展。但是,这一纲领又存在着明显的弱点,是一个不彻底的民主革命纲领。它主张民族主义,但却不敢明确地提出反对帝国主义的口号,甚至还幻想“世界各国列强赞成中国之革命事业”,企图用对帝国主义妥协的办法,取得对外的民族独立,这只能是无法实现的空想;它主张民权主义,但又不敢依靠广大的人民群众;它主张民生主义,却又缺乏使农民获得土地的内容,也没有号召农民起来进行土地革命,彻底废除封建的地主土地所有制。同盟会纲领中的这些弱点和不足,充分反映了中国资产阶级的软弱性和妥协性。

同盟会的成立及其政治纲领的提出,为资产阶级革命派同改良派在思想领域的论战和组织发动武装起义,奠定了良好的基础,准备了有利的条件。以同盟会的成立为标志,资产阶级革命运动开始进入了新的发展阶段。

---

① 《孙中山全集》第1卷,第297页。

七、革命派与改良派的论战

同盟会成立以后，资产阶级革命派一面派人回国活动，发展壮大革命力量，组织发动武装起义；一面通过《民报》及其他革命报刊，大力宣传同盟会的政治纲领，广造革命舆论。《民报》公开宣布，以“倾覆现今之恶劣政府”、“建设共和政体”和“土地国有”为主义。革命派运用资产阶级民族理论分析中国的满汉民族关系，指出满族对汉族压迫的不合理性和汉民族起来反抗的正义性，并通过世界资产阶级革命的历史，说明只有与君权浴血奋战，才能争得民权。革命派还认为，除民族革命、政治革命外，社会革命当与政治革命并行，并热情地宣传了“土地国有”思想。通过宣传，以孙中山“三民主义”为理论武装起来的《民报》，迅速占据了进步舆论的中心领导地位，受到了海内外进步知识分子的广泛欢迎。

在革命时机日渐成熟的历史条件下，以康有为、梁启超为代表的资产阶级改良派，仍然顽固地坚持保皇立宪道路，攻击和污蔑革命。对于改良派的进攻，革命派针锋相对，认为必须彻底揭露其反对革命、反对共和的真面目，才能够扫除革命道路上的思想障碍，进一步推动革命形势的发展。

从 1905 年至 1907 年间，革命派与改良派在思想领域内展开了一场激烈论战。论战的规模之大，持续时间之长，斗争之激烈，影响之深远，在中国近代历史上都是罕见的。双方论战的中心战场在日本，革命派的主要阵地是《民报》，由章太炎主编。改良派的主要阵地是《新民丛报》，由梁启超主编。另外，两派在新加坡、檀香山、旧金山、香港等地的报纸也都投入了这场论战。

这次论战的内容和范围相当广泛，涉及了民主革命的对象、任务、方法、前途等一系列重大问题。但概括起来，论战的焦点主要还是围绕着同盟会提出的三民主义纲领进行的，即要不要以暴力推翻清王朝的统治，要不要实行民主政治、建立资产阶级共和国，要不要改变封建的土地制度。

在要不要以暴力推翻清王朝的问题上，改良派认为，清朝取代明朝，只是政权的更迭，不是亡国；满族入关后已与汉族同化，不存在民族歧视和民族压迫；满汉在各方面已经完全平等，清政府是四万万人的政府，根本没有必要用革命手段来推翻它。他们说革命派实行民族革命的主张是无的放矢，攻击“革命排满”是种族复仇主义。认为暴力革命是杀人盈野的残酷行动，不仅会引起下等社会的暴动，从而造成内乱，而且会招致帝国主义的干涉和瓜分，最后导致亡国。

针对改良派的攻击，革命派以无可辩驳的事实，揭露了清政府实行民族压迫和专制统治以及投降卖国的罪行，有力地论证了推翻清政府的必要性和正义性。革命派反复宣传满族非中国臣民；满族入主中原，中国实际上早已亡国；满族入关后对汉民族实行的是血腥统治,是以"劣等"民族居于"优等"民族之上。指出革命虽然难免"杀人流血之惨",但如果不用革命手段推翻清政府,苦痛就会更加剧烈。强调只有通过暴力革命,社会才会进步;中国"欲求免瓜分之祸",只有进行革命;"外人之所以敢觊覦中国者,以中国政府之敝败也。颠覆政府,当以兵力去其敝败,而瓜分之途塞"[①]。因此,只有推翻清政府,使中国富强起来,才能避免帝国主义的干涉。

在要不要实行民主政治、建立资产阶级民主共和国的问题上,改良派认为,革命派要建立资产阶级共和国,实在是"大谬不然",有悖于时势国情。康有为继续坚持"三世说"的庸俗进化论观点,断言政治改革只能循序渐进,"苟未至其时,实难躐等"。梁启超则认为,只有具备自治能力的国民才能享受民主共和,而国民的自治能力又必须进行长期的培养,像中国这样"数百年卵翼于专制政体之人民","既缺乏自治之习惯","又不识团体之公益",如果骤然实行民主共和,必然会险象环生,"民无宁岁",而最后仍归于专制。因此,他指出:"与其共和,不如君主立宪;与其君主立宪,又不如开明专制。"而在当时的形势下,唯一可行的办法是"劝告"清政府实行"开明专制",或"要求"清政府实行"君主立宪"。梁启超甚至还标榜他的这种主张是"政治革命",以此来混淆革命派提出的民主革命口号。

革命派从"天赋人权"的理论出发,以菲律宾人民和美国黑人为争取独立自由而斗争的事实为例,阐明推翻封建专制制度、建立资产阶级共和国是大势所趋,人心所向;指出民权的兴起是不可抗拒的时代潮流,相信通过革命实践,人民的政治程度能够得到迅速提高,完全有能力建立世界上最完善的"共和政体"。同时,革命派揭露改良派鼓吹"君主立宪"和"开明专制"的目的,是要中国人民永远做满清王朝的奴仆;指出"政治革命"的真实含义是推翻清王朝,建立共和国,这与"君主立宪"和"开明专制"毫无共同之处,进一步划清了革命与改良的界限。

在要不要改变封建的土地制度的问题上,改良派认为,地主占有土地是"正义"的权利,应当得到保护,攻击革命派的主张是危害"国体",是煽动"下等社会"革命。他们诋毁平均地权是革命派"欲夺富人之所有以均诸平民",借以博得下等社会的同情;斥责土地国有违背了私有制的"自然法制",必将妨碍生产力的发展,阻碍社会文明的进步。宣称:"敢有以社会革命与他种革命并行者,其人即黄帝之逆子,中国之罪人也,虽与四万万人共殊之可也。"

革命派认为,土地掌握在少数地主手里,是当时中国社会经济组织的最大弊端;土地属于自然资源,理应由全民所共享,地主阶级垄断土地,徒手坐食,不仅陷亿万贫民于苦难深渊,而且也阻碍了工商业的发展。为了国家的繁荣昌盛,必

① 张枏、王忍之编:《辛亥革命前十年间时论选集》第2卷下册,三联书店1978年版,第798页。

须废除封建的土地制度，实行平均地权或土地国有，这样才能调动劳动者的积极性，推动社会生产力的发展，促进整个社会的进步。革命派强调指出：如果不改变封建土地所有制，势必会导致贫富不均，引起新的社会革命。坚持"社会革命"不仅能够与"政治革命"并行，而且必须与"政治革命"并行，阐明了改变土地所有制的极端重要性。

通过持续两年的激烈论战，革命派揭露了改良派抵制民主革命的面目，进一步划清了革命与改良的界限，在舆论上为即将到来的资产阶级革命高潮做了准备。通过论战，使同盟会的政治纲领更加深入人心，建立资产阶级共和国的主张受到了当时进步人士的更加普遍的拥护，促使更多的知识分子冲破君主立宪的思想束缚，投身到革命事业中来，壮大了革命阵营。论战的结果，使以康、梁为首的改良派陷入了极端孤立的境地，而资产阶级革命派则在思想理论战线上取得了前所未有的巨大胜利。

但是，由于阶级的局限性，资产阶级革命派在这场论战中，也暴露出了自身难以克服的严重缺陷，尤其是在论战围绕的三大焦点问题上，表现更为突出。

在关于要不要以暴力推翻清王朝问题的论战中，革命派在驳斥改良派关于革命会导致帝国主义干涉、招致被瓜分的谬论时，不敢理直气壮地提出反对帝国主义的口号，只是含混地说明中国革命合乎"世界各国潮流"，帝国主义不会干涉，甚至还天真地认为帝国主义会赞助中国革命，表现了革命派对帝国主义的不切实际的幻想和软弱的妥协立场。

在关于要不要建立资产阶级共和国问题的论战中，革命派没有提出发动群众参加革命斗争的主张，也不敢承认革命就是被压迫阶级反抗统治阶级的暴力行动，而是希望"有秩序"地进行革命。这说明资产阶级革命派并不真正相信人民群众，不可能依靠人民群众将革命进行到底。

在关于要不要改变封建土地制度问题的论战中，革命派对于改良派关于平均地权和土地国有是"夺富予贫"的指责，没有进行有力回击，甚至还极力否认土地国有是"夺富人之有"，不敢断然宣布剥夺封建地主阶级的土地为资产阶级的国家所有，反映了中国资产阶级的软弱性和对地主阶级的妥协态度。

八、革命党人发动和领导的武装起义

同盟会成立以后，资产阶级革命派在同改良派进行论战的同时，积极地联络会党和新军，展开武装反清斗争。从 1906 年底到 1911 年武昌起义爆发之前，革命党人组织和发动了一系列武装起义，其中在同盟会影响下的起义一次，同盟会直接领导的起义八次，光复会发动和领导的起义两次。

在同盟会影响下的武装起义，是1906年12月发生在萍乡、浏阳、醴陵地区的会党起义。1905年，活动在浏阳、醴陵一带的会党首领马福益因参与华兴会起义而被清政府杀害，会党群众为替马福益报仇，一直在谋划起义。1906年，受黄兴委派，同盟会员刘道一、蔡绍南从日本回到湖南发动革命，与当地会党首领龚春台等人建立联系，计划在农历十二月清朝官府封印后举行起义。由于消息泄露，起义被迫提前举行。12月3日，龚春台率领会党群众2000余人在麻石揭竿而起，起义军称"中华国民军华南革命先锋队"，以龚春台为都督，蔡绍南、魏宗铨为左、右卫统领。龚春台起义后，萍、浏、醴一带的会党首领也先后起义，广大农民群众、防营士兵以及萍乡煤矿工人纷纷加入，起义队伍在数日之间便迅速扩充到3万多人。

萍、浏、醴起义坚持了一个多月，最后在优势清军的围攻下失败。这次起义虽然没有克服会党起义的弱点，如仓促发难、各股蜂起、号令不一等，但从起义军发布的檄文来看，则明显地表现出了同盟会的政治影响。在以龚春台的名义发布的《中华国民军起义檄文》中，明确宣布起义目的"不但驱除鞑虏，不使少数之异族专其权利；且必破除数千年之专制政体，不使君主一人独享特权于上。必建立共和民国，与四万万同胞享平等之利益，获自由之幸福"，同时还提出了要"使地权与民平均"的主张。[①]

萍、浏、醴起义的爆发，极大地振奋了革命党人的反清斗志，加快了革命党人武装反清的步伐。从1907年开始，同盟会直接领导了八次规模不等的武装起义，为辛亥武昌起义的成功奠定了重要的基础。

1907年5月至1908年4月，在不到一年的时间里，孙中山直接领导同盟会在华南沿海和沿边地区连续发动了六次武装起义，分别是饶平黄冈起义、惠州七女湖起义、防城起义、镇南关起义、钦州马笃山起义以及云南河口起义。当时，孙中山的战略思想是：夺取两广为根据地，然后挥师北上，长江南北革命党人纷起响应，直捣北京，一举推翻清王朝的反动统治，完成革命大业。但是，由于革命党人缺乏足够的准备，没有广泛地发动和组织群众，没有进行长期艰苦战斗的决心，再加上饷械的接济又往往遭到帝国主义的阻挠破坏，因而造成了历次起义的失败。

同盟会利用会党起义屡次失败以后，逐渐认识到会党势力的缺陷，开始把工作重点转移到新军方面，吸收新军中的进步分子加入同盟会，同时又派遣一些革命知识分子进入新军当兵，以扩大同盟会在新军中的力量。同盟会东京总部也指示各省分会，"竭力向清朝新军之初级军官运动"。由于革命党人的积极活动，

---

① 中国史学会主编：《中国近代史资料丛刊·辛亥革命》第2册，上海人民出版社1957年版，第477页。

使新军中的革命力量不断增长，从而为运动新军起义奠定了重要基础。1910 年 2 月 12 日，由同盟会员、新军炮兵排长倪映典组织发动的广州新军起义，就是革命党人运动新军的结果。尽管这次起义没有成功，但却是革命党人利用新军起义规模比较大的一次。

广州新军起义的失败，使同盟会的一些领导人产生了悲观失望的情绪，有的甚至放弃了武装斗争，开始从事个人暗杀活动。甚至连同盟会的重要领导人之一黄兴，也准备从事暗杀活动。孙中山虽然在原则上不反对使用暗杀手段，但认为应当把主要精力放在武装起义方面。1910 年 11 月，孙中山召集黄兴、赵声等同盟会骨干，在马来半岛的槟榔屿举行会议，决定继续在广州发动起义，由孙中山负责筹集经费，黄兴、赵声等人从事起义的组织发动工作。

1911 年 1 月，同盟会在香港成立起义领导机构统筹部，由黄兴、赵声分任正、副部长。统筹部在广州先后设立了数十处秘密活动机关，进行起义的联络准备工作。4 月 8 日，统筹部召开会议，决定于 4 月 13 日正式起义，分兵十路进攻广州，另由香港选派 500 名（后增至 800 名）革命党人作为敢死队至广州发难。会议当天，由于发生了革命志士温生才刺杀广州将军孚琦事件，广州地方当局加强了戒备，再加上海外饷械尚未运到，起义被迫延期。4 月 25 日，黄兴潜入广州组建起义指挥部，将原来十路进攻广州的计划改为四路，重新决定于 4 月 27 日发动起义。

4 月 27 日起义开始后，黄兴亲率一路攻打总督衙门，但其他三路却未能按时策应。由于敌我力量悬殊，革命党人虽然浴血奋战，起义最终仍然遭到惨败。事后，广州人民收殓烈士遗骸 72 具，合葬于广州郊外的黄花岗，史称“黄花岗七十二烈士”。这次起义也因此被称为“黄花岗起义”。

黄花岗起义是同盟会成立后准备最为充分、动员人力和投入财力最多的一次起义。但是，由于革命队伍内部没有形成统一的思想和行动，在起义的紧要关头不能齐心协力，只有黄兴一路孤军奋战，结果导致失败。这次起义的失败，使同盟会失去了许多优秀分子，给革命力量造成了巨大损失。但这次起义也沉重地打击了清王朝，极大地鼓舞了全国人民的斗志，促进了革命高潮的到来，其历史功绩是不可磨灭的。正如孙中山后来所总结的：“是役也，集各省革命党之精英，与彼虏为最后之一搏。事虽不成，而黄花岗七十二烈士轰轰烈烈之慨已震动全球，而国内革命之时势实以之造成矣。”①

在同盟会开展武装斗争的同时，光复会在安徽、浙江也积极地进行武装斗争。同盟会成立后，徐锡麟等光复会在国内的负责人因意见分歧没有加入，仍然

① 《孙中山选集》上卷，第 207 页。

以光复会的名义进行革命活动。为了打入敌人内部,徐锡麟花钱捐官,以道员衔分发安徽任用,先后被安徽巡抚恩铭委派充任武备学堂副总办、巡警处会办以及巡警学堂监督等职。他利用自己的合法身份,以浙江绍兴大通学堂为基地,招纳会党头目,联络革命青年,积极准备起义。1907 年初,女革命家、同盟会浙江分会负责人秋瑾主持大通学堂后,进一步扩大革命力量,并与徐锡麟一起秘密组织光复军,以徐锡麟为首领,自任协领,约期于 7 月中旬皖、浙两省同时发动起义。后因地方官府对起义行动有所觉察,徐锡麟担心计划泄露,遂于 7 月 6 日巡警学堂举行毕业典礼之际,乘机刺杀前来参加典礼的安徽巡抚恩铭,仓促起义。由于势单力孤,起义很快失败,徐锡麟被捕,英勇就义。皖省起义的失败很快牵连到浙江大通学堂,7 月 14 日,秋瑾被捕,次日在绍兴轩亭口英勇就义。

光复会领导的另一次起义是安庆新军起义,这是由光复会的外围组织岳王会的骨干分子、安徽新军炮营队官(连长)熊成基组织和领导的。1908 年 11 月 22 日,熊成基趁光绪和慈禧相继死去、清朝统治集团"群情震骇"之机,率领新军一千余人发动起义,后因起义新军伤亡严重,孤立无援而失败。

从 1906 年到 1911 年,革命党人发动的一系列武装起义,都沉重地打击了清王朝,为最终推翻其反动统治准备了条件。但是,这些起义最后都以失败而告结束,考察其失败原因,主要有以下几个方面:

第一,没有坚强的领导和指挥,不能够形成统一的计划和行动,从而导致革命力量的分散和削弱,被敌人各个击破。这种情况,充分反映了同盟会组织的涣散无力。

第二,革命党人缺乏建立根据地的思想,没有建立起巩固的革命根据地。没有根据地作为依托,就不可能使起义长久坚持下去。参加起义的革命党人大都是临时集中,缺乏训练,只凭一腔热血。枪械弹药主要靠海外接济,数量有限且困难重重。发动和组织起义的资金基本上是靠从华侨中筹集,缺少其他经济来源,难以持久。这种人力、物力和财力的困难,就使起义经不起敌人的长期围攻而失败。

第三,革命党人只注重运动会党和新军,而不去做艰苦细致的组织、发动和武装群众的工作,没有和民主革命的主力军农民结成巩固的联盟,而是搞单纯的军事冒险。其结果只能是使自己游离于人民群众之外,得不到人民群众的支持而处于孤立无援的境地,最后导致起义无法坚持下去而失败。

九、群众性的自发斗争

这一时期群众性的自发斗争,形式多种多样,规模大小不等。其中较为普遍和主要的斗争形式是与反清联系起来的"灭洋"、"闹教"斗争,抗捐税斗争和抢米风潮；而规模和影响较大的则有直隶广宗县景廷宾“扫清灭洋”起义、湖南长沙的抢米风潮、广西会党因抗捐税发动的反清起义以及山东莱阳的抗捐税斗争等等。

义和团运动失败后，清政府在同帝国主义订立的《辛丑条约》中，同意承担替帝国主义镇压中国人民反帝斗争的义务，但中国人民并没有被中外反动势力所吓倒。广大群众吸取义和团运动的教训，在继续开展反对帝国主义斗争的同时，举起了反清斗争的大旗。早在1901年，直隶深州、安平、雄县、霸县等地的群众就先后举起了“扫清灭洋”、“反清灭洋”的旗帜，开展反帝反封建的武装斗争。1902年，四川资阳、湖南邵阳等地也先后以“反清灭洋”、“灭洋剿清兴汉”等相号召，积极开展反帝反封建的斗争。同年4月，直隶广宗县群众在武举景廷宾率领下，高举“扫清灭洋”大旗，联合巨鹿、南宫、威县一带农民发动武装起义，攻城池、毁教堂、抗官兵、驱杀外国传教士，影响及于冀、鲁、豫三省，引起清廷震动。这些群众自发的武装斗争，虽然最终都失败了，但给了清王朝及外国侵略者以有力打击，说明中国人民在斗争实践中已经开始自发地把反帝反封建两大任务联系起来了。

1903年以后，全国各地的反洋教斗争不断发生，截至1908年，多达六七十起，遍及十几个省区。这些斗争从“仇教”、“闹教”、“毁堂杀教”到“戮官劫狱”，反帝反封建同时进行，预示着清王朝的末日即将到来。

20世纪初年以来，清政府为了偿还对外巨额赔款，筹措举办新政和推行“预备立宪”所需费用，便不惜对广大农民敲骨吸髓，无情搜刮，苛捐杂税多如牛毛，把本来无以为生的穷苦农民驱至绝境，致使抗捐税这一反抗封建剥削和压迫的传统斗争形式迅速发展为普遍的群众运动。自1901年起，全国各地抗捐税斗争风起云涌，由农村波及城市，其中约有半数发展成为武装暴动，广西会党起义和山东曲诗文起义就是比较典型的两个事例。

19世纪末，广西陆川、武鸣等地不断发生小股会党起义，至1902年，已遍及20余州县，清政府不断地增捐加税，迫使汉、壮、苗、瑶各族群众纷起响应，随即汇成席卷广西，波及粤、湘、黔、滇四省的农民大起义。清政府先后调兵数十万，费时三年，耗饷300余万两，才勉强将起义镇压下去，但却未能扑灭起义的火种。1907年5月至1908年4月，同盟会在西南边境发动的多次起义，其基干力量就是参加这次广西大起义的群众。

1910年5月，山东莱阳爆发了曲诗文领导的抗捐税斗争，全县各地农民纷起响应，随即汇成有数万人参加的抗捐税起义。山东巡抚孙宝琦急派登州镇总兵李安堂、新军协统叶长盛率领新旧各军赶往镇压。起义农民由于组织不够严密，行动难于统一，武器尽是锄头、棍棒和少量旧式刀枪，遂被清军分别镇压下去。莱阳农民抗捐税起义虽然失败，但他们的斗争无疑壮大了民主革命运动的声势。

在广大群众掀起抗捐税斗争的同时，全国各地"抢米"事件也连年不断，截至1910年，仅长江中下游各省就发生五六十起，其中规模、影响较大的，则首推1910年春爆发的湖南长沙抢米风潮。

1909年，湖南同全国各地一样，出现了数十年所未有的严重灾荒，饥民遍地。地主、奸商及外国洋行与官府互相勾结，狼狈为奸，乘机抢购粮食，囤积居奇，或偷运外地高价出售。1910年，长沙米价一日数涨，竟至有人因此全家投水自尽，城内人心大乱。4月中旬，饥民们忍无可忍，一夜之间将城厢内外百余家碓房和米店全部抢空捣毁，随后又放火烧了巡抚衙门，并焚烧捣毁了一批外国教堂、洋行和洋货店。清政府闻讯惊恐不已，立即撤换了湖南巡抚，从湖北增调军队，在英、美、日、法、德等帝国主义的公开支持下，肆意残杀手无寸铁的饥民，镇压了长沙群众的斗争。

但是，清政府只能以血腥大屠杀来对付"抢米"的饥民，却根本无法解决连年灾荒所带来的饥饿问题。1911年，两湖地区"抢米谷者不知凡几"，农民群众"相约执戈蜂起"。人民群众再也无法照旧生活下去了，革命时机已经成熟。

十、立宪运动与保路风潮

立宪运动是资产阶级立宪派发动和领导的旨在敦促清政府尽快仿行立宪，以便早日挤进统治阶级行列，参与政权，进一步发展、提高其经济政治实力的政治运动。保路风潮，又称"铁路风潮"。"保路运动"，则是资产阶级立宪派发起的有各阶层群众参加的反对清政府"铁路国有"政策的运动，它直接引发了四川、湖北各地推翻清政府的武装起义。

清政府宣布"预备仿行立宪"，国内主张实行君主立宪的资产阶级上层人物，戊戌政变后流亡海外的康、梁等人，立即欢呼雀跃起来，纷纷发起成立各种各目的促进立宪团体，支持、敦促清政府加快仿行立宪的步伐。国内江苏、湖北、湖南、广东等地资产阶级上层人物和部分官僚，先后相继组织成立了预备立宪公会、湖北宪政筹备会、湖南宪政公会、广东自治会等立宪团体，宣传鼓吹立宪。国外康有为于1907年初，将保皇会改组为国民宪政会，计划回国帮助清政府实行宪政；梁启超等人在日本东京发起组织政闻社，创办机关刊物《政论》，并于1908年初将政闻社本部迁至上海，广泛联络，大造舆论，推进立宪。这些主张实行君主立宪政体，支持、敦促清政府预备仿行立宪的人，被称为"立宪派"。

清政府在为仿行立宪而进行官制改革过程中，注重加强满洲贵族对实权的掌控，削弱汉族实力派官僚的权力。在官制改革之初，中央主要部门如度支部、陆军部的权力即交由满人掌控。1907年9月，将湖广总督张之洞、直隶总督袁世凯同时调入军机处，明为荣升，实则暗降，剥夺了这两位实力最强的汉族总督的实权。

立宪派最初是抱着满腔热情敦促清政府尽快立宪的。政闻社总部迁至上海后，设立法政学堂，在全国各地广设分支机构，上结王公大臣及地方督抚，下联各地大小立宪团体，并与上海预备立宪公会一道发起“速开国会”的请愿运动。1908 年 8 月，各省立宪团体选派代表入京，草拟了请清政府速开国会的请愿书，求都察院代为呈递。结果是清政府以政闻社内有梁启超等“悖逆要犯”为借口，下令查封该社；同时为了搪塞各省督抚请速开国会的要求，颁发了《钦定宪法大纲》、《议院法选举法要领》和《逐年筹备宪政事宜清单》，宣布以九年为期预备立宪。

1908 年 11 月 14 日、15 日，光绪和慈禧太后先后死去。不满 3 岁的溥仪继位，改元宣统。由于溥仪年幼，由其父醇亲王载沣摄政。载沣摄政后，首先以袁世凯患“足疾”为由，命其回河南彰德老家“养疴”。袁世凯的被罢斥，是清统治集团的重大分裂。同时，载沣诏令各级官员认真筹办立宪事宜，务必于 1909 年内成立各省咨议局；翁同龢、陈宝箴被“开复原官”，陕甘总督升允、甘肃布政使毛庆蕃则以玩误宪政之名而被革职。载沣的目的是借此显示新朝廷的魄力。

清政府颁布的《钦定宪法大纲》及其所规定的九年预备立宪期限，立宪派大为不满，而清政府改革管制的措施又激化了统治集团内部满汉之间的矛盾。于是，立宪派在一些担心失势的大官僚的支持下，积极酝酿敦促清政府速开国会和成立责任内阁的请愿活动。1909 年，各省咨议局先后正式成立，立宪派从此取得了“国民代表”的资格和参与政治的合法地位，立即着手组织全国规模的请愿活动。1909 年 10 月，由江苏咨议局议长张謇倡议，各省咨议局选派代表 30 多人聚会上海，商定诣阙上书，请清政府“速开国会，成立责任内阁”。次年 1 月，各省咨议局代表先后到京，举行了第一次请愿活动，结果为清政府所拒绝。代表们随即通电各省，呼吁积极开展活动，并在北京成立了“国会请愿同志会”，创办《国民公报》，派人四处宣传鼓动，准备发动第二次请愿。6 月，各省咨议局代表联合各省立宪团体和商会组织，组成了 11 个请愿团，第二次赴京请愿，又遭拒绝。两次请愿活动失败，立宪派并没有绝望，他们一面推湖北咨议局议长汤化龙为主席，在北京召开各省咨议局第一届联合会，讨论拟定向资政院提出的请开国会的议案；一面动员社会舆论，活动各省督抚共同促请清政府设内阁、开国会，筹划进行第三次请愿。

1910 年 10 月，资政院在北京正式开会，各省咨议局代表向资政院呈递了请愿书，资政院随即迅速通过了“陈请速开国会的具奏案”；与此同时，各省立宪派策动了 17 个省的督抚联衔上奏，敦请清政府立即设内阁、开国会，是为立宪派的第三次请愿。这次请愿由于有各省督抚和资政院的参与，取得了一定成效，清政府虽然没有马上召开国会，但宣布缩短立宪预备期，定于宣统五年（1913 年）召开国会，并在此之前先行设立内阁。至此，立宪派中一部分人认为请愿已有成效，应适可而止；而另一部分人认为预备立宪期还是太长，计划组织第四次请愿，要求清政府按他们的意见在宣统三年召开国会。对此，清政府认为不能再作出让步，强力阻止了这次请愿活动。

立宪派在第四次请愿活动被阻之后，虽然对清政府十分不满，但还没有对立宪完全丧失信心。1911 年 5 月，载沣颁布新内阁官制，组成所谓“责任内阁”。内阁大臣共 13 人，汉族 4 人，满族 8 人（其中皇族 7 人），蒙古贵族 1 人，时人称之为“皇族内阁”或“亲贵内阁”。皇族组阁是违背立宪精神的，消息传出后，立宪派深感失望，各省咨议局联合会在发表的《宣告全国书》中说：“新内阁如此，吾人民之希望绝矣。议员等一再呼号请命而不得，救亡之策穷矣。”[①]资政院的议员们分别组织了“宪友会”、“辛亥俱乐部”、“宪政实进会”等政团，谋求新的出路，有的则开始倾向革命。

保路风潮源于清政府的铁路国有政策。早在 1911 年 1 月，盛宣怀就任邮传部尚书时，就向清政府提出把各省“商办”铁路“收归国有”、“借款兴办”的具体办法，并开始与帝国主义国家协商大批借款。1911 年 4 月，清政府以“币制改革”和“振兴东三省实业”为名，与英、美、法、德四国银行团订立了 1000 万英镑的借款协定。5 月 9 日，清政府便以“上谕”形式宣布“干线均为国有”，“从前批准干路各案，一律取消”。并宣告：“有抗争路事者，以违制论。”由于清政府贷款卖路心切，急于求成，仅过十天，即 5 月 20 日便与四国银行团订立了《粤汉川汉铁路借款合同》，借“国有”名义把铁路利权出卖给帝国主义，从而激起了湘、鄂、川、粤四省的保路风潮。

消息传出后，全国舆论大哗，各地人民纷纷起而反对，其中以四川人民斗争的声势最大。四川各界人民在给邮传部的电报中严正指出：“川人之所极端反对者，不在借款，而在借此丧失国权之款；不在路归国有，而在名则国有，实则外国所有。”[②]湖南绅商学界刊发传单，要求清政府收回成命，否则，“集全力抵抗，无论酿成如何巨案，在所不顾”[③]。旅美华侨更激愤地表示：“有劫夺路权者，格杀勿论。”甚至连当时的护理四川总督王人文也认为，铁路国有“乃举吾国之国权、路权，一畀之四国”，“损失国权，莫此为甚”。所有这些情况表明，中国人民为保

---

① 《国风报》第 2 年第 14 期。

② 戴执礼编：《四川保路运动史料》，科学出版社 1959 年版，第 221 页。

③ 宓汝成编：《中国近代铁路史资料》第 3 册，中华书局 1963 年版，第 1257 页。

护路权而开展的斗争是爱国群众反对列强和清政府卖国的革命行动。

四川绅民为了组织力量，有效地开展保路运动，于 1911 年 6 月 17 日在成都召开川汉铁路股东代表大会，并决定成立“保路同志会”。四川的保路运动由成都开始，迅速遍及全省。署四川总督赵尔丰诱捕咨议局议长蒲殿俊等人，并制造了“成都血案”，导致全川的武装暴动。同盟会员龙鸣剑等组织保路同志军进攻成都，吴永珊(玉章)和王天杰在荣县宣布独立，建立革命政权。

清政府闻讯，急派铁路督办端方率军前往“弹压”。湖广总督瑞澂又派两部增援，以遏制四川保路运动的发展。然而，就在此时，湖北革命党人乘省防空虚之机，发动了武昌起义。

十一、武昌起义的胜利与各省的响应

在全国保路风潮不断高涨的形势下，湖北武汉的两个革命团体文学社和共进会积极准备发动武装起义。文学社是由科学补习所等团体演变而来的，1911 年 1 月成立于武昌，领导人是同盟会员蒋翊武、刘复基等。共进会是部分同盟会员为联络会党于 1907 年 8 月在日本东京成立的，领导人有焦达峰、刘公、孙武等。这两个团体在湖北新军中进行了长期的组织工作，吸收了湖北新军约三分之一的士兵和下级军官加入，有五六千人，为武昌起义的发动奠定了坚实的基础。

黄花岗起义失败后，宋教仁、谭人凤等于 1911 年 7 月组织中部同盟会，把工作的重点放在两湖地区。保路风潮兴起以后，湖北革命党人决定利用这个大好时机在武汉发动起义。为加强对武汉地区革命力量的领导，文学社和共进会经过初步接触与磋商并在同盟会中部总会的斡旋下决定联合行动，于 1911 年 9 月 24 日召开了联合大会，推举蒋翊武为总指挥，孙武为参谋长，拟定于农历八月十五(10 月 6 日)中秋节发动起义，并派人到上海迎接同盟会领导人来鄂主持大计。同时与邻省进行联系，策动响应。后由于出现意外和准备不足，决定延期至农历八月二十日(10 月 10 日)起义。10 月 9 日，孙武在制造炸弹时不慎爆炸，沙俄巡捕闻声赶来，孙武负伤出逃，但准备起义用的旗帜、符号、文告、印信等全被搜去。同日，指挥起义的机关又遭破坏，刘复基、彭楚藩等被捕，蒋翊武出逃。武昌形势顿时紧张起来，但是，清政府始终不知道起义的确切时间。革命党人在失去指挥机关的紧急情况下，自行联系，坚决发动了起义。

10 月 10 日晚，武昌城内新军第八镇工程第八营的革命党人熊秉坤、金兆龙打响了武昌起义的第一枪。随后，革命士兵攻占了楚望台军械库，并在吴兆麟指挥下，向总督衙门发起进攻。革命党人血战一夜，攻占了总督衙门、藩库等重要机关,湖广总督瑞澂逃往停泊在长江的兵舰上。起义军在一夜之间攻占了武昌城,取得了首义的胜利。11日晚12日晨,驻汉阳、汉口的新军先后起义,武汉三镇完全被革命党人所攻克。

起义胜利后,革命党人面临的迫切问题是建立革命政府。但此时孙中山远在海外,黄兴和同盟会的其他领导人也都在香港、上海等地。负责此次起义的领导人有的出逃,有的负伤,有的牺牲,因此,在领导层形成了权力真空。加上革命党人未能意识到应把军政府的权力掌握在自己手里,错误地认为需要社会上有名望、有地位的人出面以资号召。于是,经过协商会议,决定推举清朝高级军官、第二十一混成协(旅)统领黎元洪为军政府的都督。黎元洪(1864～1928年),湖北黄陂人。早年毕业于北洋水师学堂,甲午战争后投奔张之洞,颇受器重。由于黎元洪平时在汉族官僚中以"开明"著称,同时又是保路运动湖北军界代表,所以起义前革命党人就有推举他为都督的拟议。在决定黎元洪为都督后,革命党人把黎元洪带到了军政府,黎元洪被迫就任,湖北军政府就这样产生了。

湖北军政府成立后,在策反清军、对外宣传、稳定社会、保护工商业等方面做了大量的工作,为以后其他各地军政府的建立树立了榜样。

首先响应武昌起义的是湖南省和陕西省。10月22日,湖南革命党人焦达峰、陈作新等发动起义并攻占长沙,起义军推举焦达峰、陈作新为正、副都督,建立湖南军政府。同日,陕西同盟会员景梅九、井勿幕等发动起义,陕西军政府在西安建立,张凤翙为都督。

10月23日,驻江西九江的新军响应武昌起义,成立九江军政分府。31日,同盟会员蔡公时在南昌发动起义,建立江西军政府,后由李烈钧任都督。

10月29日,山西新军中的革命党人发动起义,杀死巡抚陆钟琦,组成山西军政府,阎锡山任都督。

10月30日,云南同盟会员和新军发动起义,组成云南军政府,蔡锷为都督。

11月3日,上海的同盟会员发动工人、防营和会党起义,组成上海军政府,陈其美为都督。

11月4日,浙江独立,立宪派首领汤寿潜任浙江军政府都督。

11月4日,贵州革命党人起义,成立贵州军政府,杨荩诚为都督。

11月5日,江苏独立,原江苏巡抚程德全任江苏军政府都督。

11月5日,安徽同盟会联合团练发动起义,推举原皖抚朱家宝为都督,后起义军内部发生武装冲突,朱家宝逃离安徽,同盟会员孙毓筠、柏文蔚先后任安徽军政府都督。

11月6日,广西军政府成立,推举巡抚沈秉堃为都督。后陆荣廷发动兵变,夺取了都督的职位。

11月9日，许崇智在福州发动起义，建立福建军政府，推举孙道仁为都督。

11月9日，广东独立，成立广东军政府，胡汉民为都督。

从10月10日武昌起义到11月9日，仅一个月，全国已有13个省和最大的城市上海及其他许多州县宣布起义独立，革命在全国范围内飞速发展，有些地区的农民在农村中也掀起了反封建斗争的风暴。同时，许多少数民族地区也发生了响应武昌起义的革命运动。武昌起义后，各省的响应和席卷全国的群众自发斗争，融合成为资产阶级民主革命的巨大洪流。在革命浪潮的冲击下，腐朽昏庸的清王朝土崩瓦解了。

武昌起义后，一方面是全国革命形势的继续高涨；另一方面却出现了立宪派与旧官僚、旧军阀相勾结，篡夺革命领导权的严重问题，形势错综复杂。有相当一些省份的立宪派分子和旧官僚利用革命派的软弱和缺乏经验而窃取了政权，诸如湖北、江西、山西、浙江、福建等省。有的省份在革命党人起义获胜后，立宪派和旧官僚利用武力手段从革命派手中夺权，如湖南就是典型。湖南的立宪派唆使旧军官在湖南起义后十天发动兵变，杀害都督焦达峰等人，推举立宪派首领谭延闿为都督，贵州的情况亦类似。更有些省份在所谓"和平光复"的名义下，把旧的督抚衙门改称都督府，旧官僚穿上新都督的外衣，建立起换汤不换药的政权，原江苏巡抚程德全就是突出代表，广西、安徽等省的情况也基本如此。

武昌起义后的复杂局面还表现在反革命阵营方面的急剧变化。清政府在武昌起义后曾派陆军大臣荫昌率大军赴湖北镇压，但荫昌根本指挥不了由袁世凯培养起来的北洋军。袁世凯虽然被载沣罢斥，但其势力依旧。因此，朝中立即出现了重新起用袁世凯的呼声。这时，帝国主义列强一方面将军舰开赴武汉，进行武力恫吓，以图干涉中国革命；另一方面又鉴于清政府的不可救药，重新物色在华利益的代理人。他们发现袁世凯正是合适的人选，因而各驻华使馆官员不断制造"非袁不能收拾"的舆论。这样，清政府迫于各省纷纷独立的形势，又迫于帝国主义的压力，不得不重新起用袁世凯，袁世凯也由此成为帝国主义和封建势力绞杀革命的代理人。

南方革命阵营内的立宪派、旧军阀等也迫不及待地谋求与袁世凯的妥协，革命党的多数领导人也有这种想法，甚至幻想拉袁世凯参加到推翻清朝、建立共和的革命行列中来。

上述情况表明，轰轰烈烈的辛亥革命潜伏着严重的危机。

十二、南京临时政府的成立及其纲领、政策

革命的根本问题是政权问题。资产阶级革命派长期斗争、梦寐以求的就是

要推翻清王朝的封建君主专制统治，建立资产阶级的民主共和国。武昌起义的胜利和各省独立以后，形势的发展迫切要求建立一个统一的中央政权。但在建立统一的中央政权问题上，出现了极为复杂的政治局面。作为革命派旗帜的同盟会，此时已迅速分化。这种情况使同盟会本身无力组织一个统一的中央政权。而混在革命阵营中的立宪派、旧官僚、旧军阀对新政权的建立竞相操纵和制约，他们把推翻清政府、建立民主共和的希望，主要寄托于同袁世凯的妥协、寄托于袁世凯赞同共和上。以袁世凯为代表的中外反动势力亦施加压力。因此，南京临时政府实际上是在与袁世凯的妥协气氛中建立的。

11月9日和11日，湖北和上海两地先后发出建议成立临时中央政府的通电。由于湖北方面的据理力争，各省代表于24日迁往武昌开会，每省留一人在上海以便联络。11月30日，各省代表联合会由武昌改在汉口英租界举行。12月2日代表联合会作出两项决议：一是通过《临时政府组织大纲》；二是决定“虚临时总统之席以待袁君反正来归”。反映出革命派对封建势力的妥协和对袁世凯的深切期望。同日，江浙联军攻克南京，各省代表议决临时政府设在南京。12月14日，汉口、上海两地的代表齐集南京开会。当代表们获悉袁世凯的议和代表唐绍仪到达武汉以及袁世凯表示赞同“共和”的消息后，决定暂缓选举临时总统，虚位待袁，而推举大元帅、副元帅“专征北伐”，但在大元帅人选问题上又僵持不下，临时政府的组建陷于难产。

12月25日，孙中山从海外回到上海，受到革命党人和各界民众的热烈欢迎。29日，17省的代表在南京续会，决定选举临时大总统，最终孙中山以16票的绝对多数、众望所归地当选为中华民国临时大总统。

1912年1月1日，孙中山在南京宣誓就职，宣告中华民国临时政府成立，以1912年为民国元年，改用公历。3日，各省代表会议选举黎元洪为副总统，通过了孙中山提名的各部总长、次长名单，组成中华民国临时政府。9名国务员(各部总长)为：陆军总长黄兴、外交总长王宠惠、教育总长蔡元培(以上3位均为同盟会员)、实业总长张謇、交通总长汤寿潜(以上2位为江浙立宪派首领)、内务总长程德全、司法总长伍廷芳(以上2位为旧官僚)、海军总长黄钟英(起义的舰长)、财政总长陈锦涛(理财专家，曾在清政府任职)。根据同盟会设计的“部长取名，次长取实”的方案，由孙中山任命的各部次长、局长和总统府秘书长等，除海军次长外，都是同盟会的重要骨干。程德全、汤寿潜、张謇等人没有到南京就职，各部几乎都由次长代理，故当时有“次长内阁”之称。可见，南京临时政府的实权是掌握在革命派手中的。1月28日，在各省代表会议的基础上成立了临时参议院，推选林森、王正廷为正副议长，临时参议院成为临时政府的最高立法机关。至此，中国历史上第一个资产阶级共和国政府经过曲折斗争终于诞生了。

以孙中山为首的南京临时政府，是资产阶级领导的民主革命的产物。临时政府中虽然有立宪派和旧官僚参加，但资产阶级革命派居于领导地位。南京临时政府在其存在的三个多月里，颁布了一系列有利于推行民主政治和发展资本主义的政策和法令。

南京临时政府期间，孙中山公布了许多法令，内容极为广泛。根据资产阶级“天赋人权”、“自由平等”的原则，宣布人民享有选举、参政等“公权”和居住、言论、出版、集会等“私权”；通令保护华侨，禁止贩卖华工；严禁买卖人口，禁止蓄奴，解放“疍户”、“惰民”等所谓“贱民”；命令各级官厅焚毁刑具，停止刑讯；革除历代官厅“大人”、“老爷”等称呼；禁止蓄辫、缠足、赌博；严禁种植和吸食鸦片，等等。南京临时政府上述除旧布新的各项政令，强有力地震动了封建专制统治和各种社会陋习，具有解放思想、移风易俗的作用。它对中国以后的改革和民主建设，有着深远的影响。

“临时之政府，革命时代之政府也。”这是南京临时政府发表的《临时大总统宣言书》中庄严宣布的。早在1905年同盟会成立的时候，孙中山在演说中就表达了“振兴中国”以赶上西方列强和日本的强烈愿望。孙中山在从巴黎回国时，念念不忘的也是在共和国建立以后如何发展资本主义的问题。他说：“此后社会当以工商实业为竟点，为新中国开一新局面。”①因此，孙中山就任临时大总统后不久，即下达了有关保护私有财产的五条命令。在制定《临时约法》的时候，又根据资产阶级宪法保护私有财产的原则，在第六条中明文规定：“人民有保有财产及营业之自由。”即中国民族资产阶级的私有财产不可侵犯和有经营资本主义企业的自由。目的是要解放生产力，促进中国民族资本主义的发展。

南京临时政府不仅在中央设实业部，而且要求各省设实业司。在政府的积极号召和鼓励下，民间纷纷兴起各种实业团体，如中华工学会、中华民国实业协会、中华民国商学会、中华民国工业建设会等。在南京临时政府的大力提倡下，各地工商界(包括侨商)纷纷投资申请开办工厂、企业。这种兴办实业的热潮，促使中国民族资本主义经济得到了一定程度的发展。由此，孙中山在1912年的《中国革命的社会意义》一文中写道：“中国处在大规模的工业发展的前夜，商业也将大规模地发展起来，再过五十年我们将有许多上海，要能预见未来，我们必须是有远见的人。”

中国民族资本主义虽有一定程度的发展，但是南京临时政府对农村经济，尤其是对农民的土地问题缺乏必要的关注，封建主义的土地制度仍像枷锁一样束

① 中国国民党中央委员会党史委员会编：《国父全集》第3册，中国国民党中央委员会党史委员会1973年印行，第163页。

缚着农民。既然土地问题得不到合理解决,农村生产力便不可能得到解放,中国的民族资本主义也就得不到充分的发展。

在文化教育方面,提倡以"自由平等博爱为纲"的"公民道德";禁用清政府学部颁布的教科书,新编教科书必须合乎"共和民国宗旨"等。这些法令同样体现了民族资产阶级的原则和利益。

南京临时政府成立于南北议和开始之后,革命党人普遍希望通过和谈争取袁世凯反正和清帝退位,以尽快结束革命。同时又把争取帝国主义的承认,作为临时政府的首要目标。孙中山在其《宣告友邦书》中,明确宣布愿与各国建立友好关系,这是正确的。但是,临时政府为取得帝国主义的同情和承认,主动承受、承认清朝政府与帝国主义缔结的一切不平等条约、外债和赔款,却只能是一种幻想。南京临时政府于 1 月 11 日、17 日、19 日接连三次照会列强,要求承认,均无一字答复,使临时政府处于外交上的困境。

南京临时政府的财政困难是十分严重的。它是由两方面的原因造成的:一是帝国主义的破坏;二是临时政府内部不统一。在此情况下,临时政府不是从发动群众、争取人民支持中寻找出路,而是通过举借内外债作为解决财政困难的主要途径。尽管孙中山多方努力筹措,但是,临时政府始终未能摆脱财政困难的处境。

南京临时政府的基础是脆弱的。它名义上是一个全国性的中央政府,但其政治上并未实现真正的统一。作为资产阶级革命政党的同盟会早已处于四分五裂、十分涣散的境地,已发挥不了革命政党的领导作用。1912 年 2 月,同盟会在南京召开改组会议,制定了新的总章。此时,清帝退位已成定局,新总章遂以"巩固中华民国,实行民生主义"为宗旨,具体政纲有九条。新政纲虽然还保持着民主精神,但缺乏应付时局的革命对策,起不到统一革命党人思想和行动的作用。在组织上,成分较以前更为复杂,更有许多会员蜕化变质,致使孙中山等少数人在同盟会中处于孤立无援的境地。因此,早在孙中山当选为临时大总统的当天,他便不得不致电袁世凯,表示"暂时承乏","虚位以待"。

以孙中山为首的南京临时政府,尽管存在着其自身无法克服的弱点,但其民主共和的立场是坚定的。尤其在促成清王朝的覆灭和民国成立的事业上,仍有着不可替代的历史作用和功绩。

十三、辛亥革命的失败

武昌起义的消息传到北京,中外反动势力惊恐万状。清政府急忙派陆军大臣荫昌率领北洋军赶往武昌镇压,但荫昌指挥不灵,清政府对此束手无策。武昌起义后，英、美、德、日、俄、法、奥等帝国主义国家驻远东的舰队，纷纷驶向汉口，随时准备武装干涉。驻北京的各国外交使团连续举行会议，共商如何维护其在华利益，共同主张清政府起用袁世凯，企图通过袁世凯手中掌握的北洋军来稳定局面。

10月14日，清政府任命袁世凯为湖广总督，命其统率北洋军南下镇压革命。但袁世凯想趁机索取更大的权力，借口“足疾未痊”，不肯出山。27日，清又任命袁世凯为钦差大臣，节制湖北水陆各军，袁世凯仍不满意，提出召开国会、组织责任内阁、授予军事全权等条件，清政府犹豫不决。这时，全国革命形势不断高涨，召开国会的呼声日高，驻直隶滦州新军第二十镇统制张绍曾等又电奏“政纲十二条”，这都给清政府以巨大的压力。清统治者万分惊慌，被迫屈服，载沣以宣统的名义下“罪己诏”，解散“皇族内阁”，任命袁世凯为内阁总理大臣，组织责任内阁。这样，清政府的军政大权都落入袁氏之手。11月1日，袁世凯南下视师，指挥北洋军攻陷汉口，然后又带大队人马返回北京，并于11月16日组成袁世凯“责任内阁”。

11月26日，英驻华公使朱尔典和袁世凯密谋后，由英驻汉口领事出面，向湖北军政府提出南北停战议和的建议。武昌方面表示接受。12月初，南北双方达成停战协议。12月18日，袁世凯的代表唐绍仪和南方各省军政府的代表伍廷芳，在上海开始了和平谈判。当南北议和代表举行第二次会议时，驻上海的英、美、俄、日、法、德等六国总领事向双方代表提出照会，要求其尽快和解，停止冲突。实际上是迫使南方革命势力向袁世凯妥协。

同时，革命阵营内部的立宪派害怕革命继续发展危及自己的利益，希望袁世凯出山维持社会“秩序”和“治安”，稳定动荡的局面。张謇在给袁世凯的密电中说：“甲日满退，乙日拥公，东南诸方一切通过”，“愿公奋其英略，旦夕之间勘定大局”。[①] 而且，革命派内部的妥协思想也已占上风，黄兴在给袁世凯的电文中说：“吾辈十余年兢兢业业以求者，真正之和平，圆满之幸福。今目的已达，掉臂林泉，所得多矣。”同盟会另一重要骨干汪精卫，因行刺载沣未遂而被监禁，出狱后立即投靠了袁世凯，在南北议和之际，力劝南方革命党人对袁妥协。

南京临时政府在派兵北上受挫和财政困难的形势下，加上西方列强的不断破坏和干涉，最终被迫同北方达成了一项协议：革命党人同意让出政权，袁世凯则答应逼清帝退位并赞同实行“共和”。袁世凯为逼清帝退位，制定了一个《优待条例》，其中规定：清帝称号不变；每年由民国政府给予经费400万元；清帝暂居皇宫，后移居颐和园；原有私产由民国保护等。南京临时参议院于1912年2月

① 《张季子九录·政闻录》卷四，第1页。

6日正式通过。

袁世凯在得到南方革命党人同意让权的确切保证后，立即对清帝实行逼宫。授意段祺瑞等北洋将领联名通电，要求实行共和，否则，将率军进攻北京。2月12日，清帝宣布接受优待条件，正式退位。清帝退位，宣告统治中国260多年的清王朝的结束。次日，袁世凯声明赞成“共和”，孙中山辞职。2月15日，临时参议院选举袁世凯为临时大总统。

孙中山对袁世凯是有所警惕和防范的。他在向临时参议院提出辞职时，附有三个条件：一是临时政府定都南京；二是新总统必须到南京就职；三是新总统必须遵守参议院制定的《临时约法》。2月25日，孙中山派出以蔡元培为首的迎袁专使团前往北京，迎接袁世凯南下。袁世凯表面上张灯结彩，热烈欢迎，并一再表示自己愿意南下就职，暗地里却指使亲信制造兵变，作为他不能南下的借口。孙中山被迫再次让步。3月6日，临时参议院议决同意袁世凯在北京宣誓就职。

南京临时政府颁布的《临时约法》，在当时具有重要的意义。《临时约法》共7章56条，其基本精神是按照西方资产阶级的民主制度和行政、立法、司法“三权分立”的原则，要在中国建立一个实行议会制和责任内阁制的资产阶级共和国。这是中国历史上第一部具有资产阶级共和国宪法性质的成文法。袁世凯一方面表示他是《临时约法》的拥护者，另一方面又说以后要对其“修改”。4月1日，孙中山正式解除临时大总统职务。次日，临时参议院决定临时政府迁往北京。至此，袁世凯窃取了辛亥革命的胜利果实，成立不到百日的南京临时政府不幸夭折，革命遭到了严重的挫败。

南北统一是袁世凯北洋集团、资产阶级革命派和改良派等各种政治势力相互妥协的结果。革命派虽然让出了大总统，但仍控制南方数省和临时参议院，企图以临时参议院、《临时约法》、“责任内阁制”来限制袁世凯的专制独裁。1912年3月，袁世凯提名唐绍仪为国务总理，在南京组成第一届内阁，接收临时政府。新内阁内政、陆军、海军、外交四个重要的部都由袁世凯的亲信掌握，财政部也掌握在拥袁的立宪派手中。同盟会员宋教仁、蔡元培、陈其美分别担任农林、教育、工商等部总长。同盟会原来企图掌握陆军、财政两部，由于袁世凯坚决反对，未能实现。新内阁的成立表明，革命党人再次遭到重大失败。但袁世凯对唐内阁并不满意，最后唐绍仪被迫辞职。

唐内阁倒台后，宋教仁主张积极从事民主政治的建设，通过全国民主选举产生国会，制定宪法并由国会中的多数党组阁，实行“责任内阁制”。1912年8月25日，在征得孙中山、黄兴的同意后，宋教仁以同盟会为基础，联合其他几个小党派，组成国民党，推举孙中山为理事长。由于孙中山此时政治上消极，所以，宋教仁已成为实际上的党魁。国民党的革命精神与同盟会相比已大为减退，但由于吸收了各方面人物的参加，声势颇大，在临时参议院中占据多数，成为第一大党。同时并立的还有共和党、民主党等党派，实际上是袁世凯的附庸。

1912年12月至1913年2月，第一届国会选举在全国范围内进行。宋教仁等全力以赴，结果国民党在参众两院的870个席位中获392席，占绝对优势，共和党、民主党总共才占223席。宋教仁为实现其把中国建成一个独立、富强、民主的资产阶级共和国的理想，亲自到长江流域各省演说，力图组织真正的国民党内阁，自己也俨然以内阁总理自居。因此，宋教仁也遭到袁世凯的嫉恨。

1913年3月20日，宋教仁准备北上组阁，在上海火车站遭暴徒枪击，伤重逝世。当袁世凯听到宋教仁被刺的消息时，表示"愕然"，电令江苏都督程德全"迅缉凶犯，穷究主名，务得确情，按法严办"。然而，案情扑朔迷离，众说纷纭。孙中山等人认为是袁世凯主使刺杀了宋教仁，主张立即兴师讨袁，但许多革命党人对武力讨袁没有信心，而主张以国会的力量"法律倒袁"。

袁世凯为对付南方异己势力，多方筹集经费。1913年4月26日，指派赵秉钧同英、法、德、日、俄五国银行团谈判，以关税、盐税为抵押，签订"善后借款合同"，总额为2500万英镑，但在扣除折扣、到期的借款和赔款，袁世凯实际拿到手的不过760万英镑，而规定47年还清的本息却高达6785万英镑。尽管借款的条件苛刻，但袁世凯为了镇压革命的需要，不交国会审议，擅自签订了这笔借款合同。

袁世凯准备就绪后，1913年6月，借口江西都督李烈钧、广东都督胡汉民、安徽都督柏文蔚曾通电反对善后大借款是不服从中央，下令免职，并派兵南下，进入江西。7月12日，李烈钧在江西湖口誓师，组织讨袁军，发表讨袁通电。紧接着黄兴在南京逼迫都督程德全宣布讨袁。上海、安徽、湖南、广东、福建、重庆等地先后宣布独立。这就是"二次革命"。在袁世凯的进攻面前，国民党人被迫应战，但由于指挥不统一，一开始就处于被动挨打的局面。不到两个月，南方诸省的国民党军队就被袁世凯击溃，二次革命终归失败，孙中山、黄兴被迫流亡海外。

"二次革命"的失败，标志着辛亥革命无可挽回地失败了。辛亥革命虽然取得了推翻帝制、建立民国的伟大成功，但却未能改变中国半封建半殖民地的社会性质。

十四、辛亥革命时期的文化

随着向西方学习的深入、资产阶级民主思想的传播，20世纪初中国的文化领域也呈现出异彩纷呈的景象，各种新思潮、新观念、新的文化设施和形式纷纷出现。

新思潮如泉涌动，是这一时期文化发展的显著特点之一。这是学习西方的必然结果，也是人们探求救国救民真理的必经之路。此时出现的新思潮不下十几种之多，如民族解放思潮、民主共和思潮、君主立宪思潮、地方自治思潮、社会主义思潮、无政府主义思潮、国粹主义思潮、教育救国思潮、实业救国思潮，等等。正如梁启超所说："日本每一新书出，译者动数家。新思想之输入，如火如荼。"[①] 在诸多新思潮中，具备资产阶级、小资产阶级属性的国粹主义思潮和无政府主义思潮最具特色。

所谓"国粹"，是指我国古代历史、人物、学术中固有的精髓，所以又称"国学"或"国故"。用章太炎的话说，国粹就是"我们汉种的历史"，包括"语言文学"、"典章制度"、"人物事迹"[②]。提倡国粹的人们主张用"保存国粹"的形式，宣传排满复汉和反对君主专制的思想，激发人们的革命意识。因此，当大多数革命者主要从西方引进的进化论、天赋人权学说和资产阶级共和国方案中寻找革命的思想武器的时候，这部分主要着眼于中国古代传统思想文化，在经学、史学、诸子学领域探幽索微、比较爬梳的人们，就被称为"国粹派"。

国粹派和国粹主义作为一个派别和一个思潮的兴起，以1905年《国粹学报》的创刊为主要标志。这一年2月，受章太炎思想影响的光复会会员刘师培、邓实等人在上海创办《国粹学报》，刘师培、邓实、章太炎及陈去病、黄侃、马叙伦等为该报主要撰稿人。此后，他们又出版了《国粹丛编》、《国粹丛书》。章太炎出狱后在自己于东京主编的《民报》上，大量发表宣传"国粹"的文字。一时间，国粹主义思潮颇具声势。

国粹主义思潮之所以兴起，有以下几点原因：第一，是对帝国主义和买办阶级贩卖的奴化思想的一种抗议。20世纪初年，买办文人以及少数资产阶级上层分子，大量散布民族自卑感和崇洋媚外思想，致使许多人"醉心欧化"，盲目崇拜欧美、日本，并由盲目崇外发展到完全否定传统文化的民族虚无主义。这不能不引起许多爱国知识分子的警觉和愤慨，而"振兴国学"，"用国粹激动种性，增进爱国的热肠"的国粹主义，便是这种反应的一个侧面。第二，是对西方资本主义政治弊端的一种补救。他们对资产阶级共和国方案有所怀疑，对资本主义的社会制度缺乏信心，企图从中国的典章制度中去寻找救世的药方。第三，是"排满"革命的宣传需要。鉴于民族危机的深重，他们凭借"国粹"，首先从古代经籍中撷取

---

① 《饮冰室合集》专集之三四，第71页。

② 汤志钧编：《章太炎政论选集》上册，中华书局1977年版，第276页。

那些关于民族斗争的材料，为其所用，以唤醒人们的民族意识。

国粹派继承了明末清初地主阶级反满派的思想，但注入了新的内容。除强调“排满”是反对“满洲政府”而不是一般满族平民外，还把“排满”与政体改革、社会进步联系起来，从而使之获得了新的阶级和时代的特色。不过，他们对古代历史、民族起源和民族关系作了许多错误的论述，并散发着浓厚的大汉族主义的气息，具有消极作用。

国粹派并不是封建的复古主义者。他们倡导的“古学复兴”，是以西欧早期的文艺复兴为蓝本的，把祖国复兴的希望寄托在所谓“国学”或“古学”的复兴之上。他们号召“好学信古”的书生学者们，精研细琢“必有大发明以影响于全球学界”的儒家经典和诸子学，“安见欧洲古学复兴于15世纪，而亚洲古学不复兴于20世纪也”①。

但是，国粹派学者们的封建文化因袭负担毕竟太沉重了，他们扛着国粹主义的招牌在国学范围内所做宣传的积极作用是有限度的，而它散布的封建思想影响却产生过相当大的消极作用，尤其是国粹派在宣传中所表现的复古倒退和以古附今、以中附西的倾向。国粹派企图从中国的古人、古学中寻找思想武器来对抗帝国主义文化与封建文化，实际这种复古思想是一种比软弱无力的西方资产阶级的进化论和天赋人权论等等更加软弱的武器。当这种武器抵挡不住买办文化和封建文化的进攻，革命遭受挫折和失败时，国粹派这些曾经企图借用和指挥“亡灵”的人们就很快地颓丧动摇了，那时，不再是他们指挥“亡灵”，而是“亡灵”摆布他们，拉着他们倒退。即使像章太炎这样激进的革命者，最终也退回书斋，向封建文化妥协。

无政府主义最早出现于18世纪的欧洲，并在19世纪成为一种政治思潮，它反对一切权力和权威，鼓吹个人绝对自由，幻想建立无政府的社会，是一种反映小资产阶级和流氓无产者要求的思想潮流。

中国革命者从20世纪初年开始宣传和赞扬无政府主义和虚无党。1903年张继编译的《无政府主义》和1904年金天羽编写的《自由血》两书在上海出版，主要介绍俄国无政府主义者的恐怖、暗杀主张。1905年，《民报》开始大量介绍无政府主义。1907年，张继、刘师培等在日本出版《天义报》，李石曾、吴稚晖在法国巴黎出版《新世纪》周刊，成为宣传和传播无政府主义的两个中心。他们各以所据刊物为阵地，鼓吹无政府主义，标榜“倾覆一切强权”，从而在资产阶级革命队伍中形成了一个无政府主义派别，在留日、留法学生中产生了一定的影响。

中国无政府主义者宣传的主要内容是怀疑和非议资产阶级的民主制度，这主要集中在两个方面：第一，平等制度并不平等。他们通过研究已经实行议会民

① 张枬、王忍之编：《辛亥革命前十年间时论选集》第2卷上册，第60页。

主政治的美、法等国的现实，认为那里虽然号称人人平等，其实不平等的情况仍然十分严重，最明显的标志就是在资本家和佣工之间。第二，民主国家并不民主。他们列举大量事实和数据，证明经济上的不平等，决定了政治上的不平等，说明欧美日本号称实行了民选代议制度，实质上却丝毫没有改变富人掌权的国家本质，“国会议院，均以有财产者充其选，一国之显贵之职，或属于少数致富民”。这些国家名曰普遍选举，实则被少数人操纵。因此，“所谓民权者，实富权也。初以为民主最平等，共和最自由，殊不知自由者，富者之自由也，平等者，富者之平等也。而贫民之困苦如故，自由平等于贫民乎何有？……故主民权主义者，非为贫民计也，实为己之富贵计也”①。为了根除这种名为平等民主，实为不平等、不民主的现象，他们认为必须去强权，无政府，去国界，均财均力，鼓吹“大同主义”，提出“无政府革命”、“完全革命”、“最后革命”以及“无父无君无法无天”、“反对法律”、“反对财产”等过激口号。

无政府主义者这种憎恶资本主义制度、想超越资本主义发展阶段飞步进入“大同”之世的偏激情绪，是时代的产物。企图避免中国的资本主义前途，是辛亥革命前中国思想界一个带普遍性的问题。为此，孙中山设计过“举政治革命、社会革命毕其功于一役”的方案，章太炎也设计过行使直接民权、不设议员以防止新权贵出现的补救办法。中国无政府主义者提出的“最后革命”也同样具有上述性质。因此，他们的思想有其合理的、进步的一面。然而，无政府主义也有其空想和反动的一面。首先，他们企图跳越资本主义发展阶段，在落后的自然经济的基地上实现“大同主义”，这就违背了历史发展的规律，陷入空想性。其次，他们对资本主义制度的批评也带有很大的片面性。不管资本主义平等、民主有多么大的虚伪性，但比较封建专制制度毕竟是一个巨大的历史进步。对资本主义采取一概骂倒的态度，既不全面，也不利于当时正在进行的资产阶级民主革命斗争。

正是由于无政府主义者的这些缺点，使其在辛亥革命后的几年间开始分化。到 1919 年五四运动后，无政府主义的思想影响逐渐缩小，一些曾经信仰无政府主义的青年转向了马克思主义。

20 世纪初年，史学、文学都出现了新的倾向。资产阶级改良派和革命派都提出建立新史学的主张。梁启超在《中国史叙论》和《新史学》两篇文章中，强调了史学的社会作用。他用进化论的观点，对中国过去的历史书进行批评，认为历史应该“叙述人群进化之现象，而求得其公理公例”。夏曾佑在 1904 年出版了《中学中国历史教科书》，后改名《中国古代史》；刘师培也出版了《中国历史教科书》。他们都用资产阶级的观点解释历史，以宣传资产阶级民主革命思想。辛亥

① 张枬、王忍之编：《辛亥革命前十年间时论选集》第 2 卷下册，第 1007 页。

革命时期文学艺术的最大特色是强调它的社会教育功能，从而推动了小说的繁荣和戏剧的革新。小说在过去是“君子弗为”的。1902 年，梁启超创刊《新小说》，发表《论小说与群治之关系》，认为小说“有不可思议之力”，足以支配人的心理，改变社会风气。这一观点很快得到了人们的普遍认同，一时间一批专刊小说的杂志纷纷出现，有《绣像小说》、《新新小说》、《月月小说》、《小说林》、《小说月报》、《小说时报》、《小说世界》等。据估计，当时创作的成册的小说，至少在 1000 种以上。此时最著名的作家有李宝嘉(伯元)、吴沃尧(趼人)等。李宝嘉的《官场现形记》、《文明小史》，吴沃尧的《二十年目睹之怪现状》以及曾朴的《孽海花》、刘鹗的《老残游记》等，最为人所称道。

20 世纪初年，新式教育逐渐推广，科学技术也得到提高。到 1910 年，全国学堂总数为 42696 所，学生总数为 1300739 人。留学生人数也不断增加，仅以留日学生为例，1906 年即达 12000 多人[①]。这些留学生回国后，不仅带来了革命思想，而且带来了民主思想和科学技术。当时，中国的科学技术还很幼稚，基本上属于“引进”阶段，即使如此，中国科技人士仍有不少值得称道的成就，铁路工程师詹天佑就是杰出的一位。

【导　读】

1. 列宁:《中国的民主主义和民粹主义》,《列宁选集》第 2 卷，人民出版社 1972 年版。该文写于 1912 年 7 月。列宁通过对中国民主革命的考察和分析，对孙中山的三民主义纲领作了高度的历史唯物主义的评价，充分肯定了辛亥革命的伟大历史功绩，并为中国资产阶级革命派指明了前进的方向，表达了一个马克思主义者对中国民主革命的深切关注。

2. 中国史学会主编:《中国近代史资料丛刊·辛亥革命》，上海人民出版社 1957 年版，1981 年再版。该书是一部反映辛亥革命全过程的大型资料集，以记述资产阶级革命派活动的资料为主，是研究辛亥革命的基本参考资料。全书共分 8 册，325 万字，辑录资料 120 余种，时间范围为 1894～1912 年，按顺序分为兴中会时期的革命活动、同盟会时期的革命活动、武昌起义及各省起义经过、南京临时政府的成立四部分。书末附有征引书目和参考书目。

3. 中国第二历史档案馆编:《中华民国史档案资料汇编》(第 1、2 辑)，江苏人民出版社 1979 年、1981 年版。第 1 辑为辛亥革命专题，收录档案资料 192 件，分各地人民反抗斗争和武装起义、预备立宪、保路运动、武昌起义及各省响应四部分。第 2 辑为南京临时政府专题，收录档案 439 件，分政治、军事、财政、金

① 参见李喜所《清末留日学生人数小考》，载《文史哲》1982 年第 3 期。

融四部分。均具有重要的参考价值。

4. 广东省社科院历史研究所、中国社科院近代史研究所中华民国史研究室等编:《孙中山全集》(共12卷),中华书局1981～1986年版。内容完整,注释准确,考订精良,是目前国内外出版的孙中山全集中收文最多、规模最大的一种,其中有不少文章是上个世纪80年代初期国外发现的珍贵资料。

5. 金冲及、胡绳武:《辛亥革命史稿》(多卷本),上海人民出版社1991年版。

6. 章开沅、林增平:《辛亥革命史》(上、中、下册),人民出版社1980～1981年版。

7. 李新主编:《中华民国史》第1编,中华书局1982年版。

8. 贺觉非编著:《辛亥武昌首义人物传》(上、下册),中华书局1983年版。

9. 韦庆远等:《清末宪政史》,中国人民大学出版社1993年版。

10. 李凡:《孙中山全传》,北京出版社1991年版。

11. [美]薛君度著,杨慎之译:《黄兴与中国革命》,湖南人民出版社1980年版。

12. 金冲及选编:《辛亥革命研究论文集》(上、下册),三联书店2011年版。

13. 王磊主编:《百年共和与中国宪政发展:纪念辛亥革命100周年学术研讨会论文集》,法律出版社2012年版。

【思考与讨论】

1. 为什么说20世纪初年中国面临着严重的民族灾难?
2. 清末新政的主要内容有哪些?你是怎么评价的?
3. 评析孙中山的早期思想与活动。
4. 资产阶级和小资产阶级知识分子是怎样由爱国走向革命的?
5. 简述辛亥革命时期资产阶级领导的爱国运动的主要内容,并对其进行评价。
6. 同盟会成立之前,资产阶级革命派在思想上和组织上做了哪些准备?
7. 试析章太炎、邹容、陈天华的民主革命思想与活动。
8. 中国同盟会的性质、纲领及其评价。
9. 试述革命派与改良派论战的内容与意义。
10. 革命党人历次武装起义失败的原因是什么?
11. 分析辛亥武昌起义成功的原因。
12. 试论南京临时政府。
13. 试述临时约法的内容与性质。
14. 帝国主义是怎样破坏中国革命的?
15. 谈谈辛亥革命的失败原因和历史意义。

16. 评析辛亥革命时期的“反满”问题。
17. 评述辛亥革命时期的主要社会思潮。
18. 为什么说辛亥革命是一次失败的革命？
19. 比较分析清末新政与洋务运动、戊戌变法运动。
20. 谈谈会党、新军在辛亥革命中的地位与作用。
21. 试论留学生与辛亥革命。
22. 如何评价预备立宪运动与立宪派？
23. 如何认识和评价孙中山的“让位”问题？

中华民国北京政府前期的中国社会

这是中国近代史上的第六个重要时期。辛亥革命后，以袁世凯为首的北洋派人物先后执掌中央政府权力，定都北京，是为中华民国北京政府时期，亦称“北洋政府时期”。在北京政府前期，先后发生了白朗起义、袁世凯称帝改共和制为君主立宪制、护国运动、张勋复辟、护法运动等重大事件。与此同时，中国人民也同帝国主义侵略者顽强斗争，用生命和鲜血保卫国家领土主权完整。在反帝反封建的斗争中，先进的中国人继续探索救国救民的真理，发起了新文化运动，并将其进一步发展为广泛学习和宣传马列主义的运动。近代中国的历史出现了新趋势。

袁世凯在镇压了“二次革命”后，面对不稳定的政局，一心要建立集权政治。从临时大总统到正式大总统，再到终身大总统，又进而想改行君主立宪制，自己当皇帝。1915 年 12 月 12 日袁世凯宣布承认帝位，并准备于 1916 年元旦登极。

各种社会势力不满袁世凯的集权统治，纷纷起而抗争。先是 1913 年左右，白朗率众起义。这支农民起义军，驰骋豫、鄂、皖、陕、甘五省，给袁世凯的政权以有力打击。接着，以孙中山为首的资产阶级革命派举起了反袁旗帜，成立了中华革命党。不久，资产阶级改良派也与袁世凯分道扬镳。于是，资产阶级各派力量联合发起了护国运动。

在全国人民的反对下，加以北洋军阀内部的众叛亲离，袁世凯不得不于 1916 年 3 月 22 日宣布取消帝制，不久后去世。

袁世凯死后，北洋军阀分裂为皖系和直系两大派，同时全国各地还出现了大大小小的军阀，形成了军阀割据的局面，政局更加动荡不宁。

此后，又出现了段祺瑞掌控中央政府、张勋复辟的政治局面。以孙中山为首的革命志士，继续为实现共和制的理想而奋斗，发动了护法运动。但最终还是失败了。

资产阶级革命派反对北洋政权的斗争之所以屡遭失败，除了革命党本身涣散、脱离群众外，还在于他们的斗争得不到本阶级的有力支持。民族资产阶级在辛亥革命后曾经认为这是发展实业的大好时机，唯恐过激斗争会造成对工商业的“无限”损失，因此在维护共和的护国、护法运动中，不能为了共同目标，紧密团结奋斗,从而削弱了自身力量。这一切只能说明,中国民族资产阶级已缺乏“竟辛亥之功”的勇气,无力承担领导中国民族民主革命的历史重任了。中国旧民主主义革命已经走到了尽头。

自鸦片战争以来,中国人以西方为师,学坚船利炮、声光电化,学资本主义的政治制度,但仍然未能摆脱帝国主义的压迫。残酷的现实迫使先进的中国人继续探寻救国救民的真理。

当时,一批资产阶级激进民主派站在历史潮流的前列,发起了新文化运动。它以“民主”、“科学”为旗帜,矛头直指腐朽反动的封建文化思想,在一定程度上打击了反动势力在思想文化领域的统治,起了空前的思想解放作用。《新青年》主编陈独秀及其撰稿人李大钊、鲁迅等是这一运动的领导者。但初期的新文化运动仍属于旧民主主义范畴,有很大局限性。

此后,随着十月革命的爆发和中国工人阶级的成熟,一部分先进的中国人由激进的民主主义者逐渐转变为具有初步共产主义思想的知识分子,开始宣传十月革命,传播马列主义,把新文化运动逐步推进为广泛学习和宣传马列主义的运动。“这时,也只是在这时,中国人从思想到生活,才出现了一个崭新的时期。”①

这一时期,我国各族人民也面临着保卫边疆、维护祖国统一的重任。他们积极投入反对沙俄继续入侵我国北部、西部边疆和英国侵略西藏的斗争,用生命和鲜血保卫国家领土主权完整,增强了民族团结。

一、袁世凯的集权统治

“二次革命”的失败标志着辛亥革命的结束。袁世凯发动的武装统一政策一时取得了成功,除桂、黔、川、滇四省由地方军阀盘踞外,其他各省都在北洋派势力的统治下。

袁世凯为建立集权统治,首先从临时大总统变为正式大总统。以原立宪派为主的进步党人,为袁世凯集权统治的建立起了极大推进作用。1913 年 9 月在袁世凯授意下,由进步党人熊希龄组阁。这届内阁除陆军、内务等部外大多为进步党人,包括立宪派名流梁启超、张謇等人,而国民党议员则遭分化、收买或逮捕、监禁厄运。

1913 年 10 月,袁世凯突击制定了“总统选举法”。10 月 6 日,举行国会选举。袁世凯命令京师警察厅和拱卫军联合派出军警“保卫”国会;此外,又派数千名便衣军警包围会场,所有入场的议员,不准自由离去,胁迫国会议员选举自己

① 《毛泽东选集》第 4 卷,第 1470 页。

为大总统。从早晨8时至晚上10时,议员们忍饿终日,被迫连续投票三次,终于"选举"袁世凯为正式大总统。

袁世凯当上大总统后,便向孙中山主持制定的《临时约法》和国会发动进攻。10月16日袁世凯向国会提出增修约法。10月25日又以国民党议员破坏宪法编纂为借口,解散国民党,撤销了国民党议员。通过这些措施,使国会不足法定人数无法开会。他又以政府不能无咨询机构为由,于11月26日下令组织政治会议,作为他的御用工具。1914年1月10日,袁世凯公然下令取消国会。

袁世凯在解散国会之后,立即转过手来向《临时约法》开刀,要求"政治会议"修改约法。这个御用工具马上议决,召开一个新的"约法会议"。根据袁世凯提出的"修改约法大纲七条",约法会议很快就炮制出《中华民国约法》,于5月1日正式公布,同时废除《临时约法》。至此,辛亥革命以来具有民主性的法制被袁世凯废抛殆尽。这个袁记"约法"把总统的权力扩大到和君主专制时代的皇帝一样,规定在总统府内设政事堂,政事堂设国务卿,作为辅助总统的办事机构和人员。袁世凯任命徐世昌为国务卿,内阁制完全取消。时人揭露袁世凯"拥共和之名,行专制之实"[①]。此时,袁世凯做皇帝的企图已明显地暴露出来。

袁世凯当上总统后,为巩固统治,于1912年9月下令尊崇伦常,要"全国人民恪守礼法";次年6月,他又颁发了"尊崇孔圣"的通令。1914年1月,政治会议决定恢复祭孔。袁世凯在随后正式发布的祭孔告示中说:"孔子之道,亘古常新,与天无极。……国纪民彝,赖以不坠。"他认定辛亥革命以来"纲常沦弃,人欲横流,几成为土匪禽兽之国"。[②] 随后,他亲率百官到孔庙祭孔。12月,袁世凯又下令正式恢复前清的祭天制度,并亲自到天坛祭天。当时《北京日报》发表的一篇文章说:祀孔祭天是"帝制复活"之"先声"。

二、白朗起义

在袁世凯逐步加强集权统治的过程中,资产阶级革命派由于脱离人民群众和自身的软弱,已无力反抗。"二次革命"不到两个月时间就全盘失败了。就在这个时期,工人、农民纷起抗争,掀起了大规模的反袁斗争。以白朗为首的广大群众自发的反袁武装起义,是其中规模最大的一次。

白朗(1873～1914年),河南宝丰县人。辛亥革命时期,他在宝丰一带率众进行反清斗争。袁世凯北洋派掌控民国政权后,"民生凋敝,日益加甚",河南人

---

① 白蕉:《袁世凯与中华民国》,人文月刊社1936年版,第137页。

② 《大总统告令》,载1914年9月26日《政府公报》。

民“十(之)八九不能自活”。[①] 于是，参加起义的群众越来越多。1913 年夏，白朗率领农民武装攻破河南唐县(今河南唐河)、禹县等城，并以“抚汉讨袁司令大都督”名义发布告示，声震豫西。

袁世凯严令河南都督张镇芳限期肃清，同时增兵河南，进入豫西的兵力达 3 万人。白朗避实击虚，由豫西东进，1914 年 1 月，入安徽，攻克六安；2 月，攻克霍山，大败袁军。袁世凯大为震惊，将张镇芳撤职，派陆军总长段祺瑞驰赴信阳“督剿”，指挥数万北洋主力，要聚歼白朗军于“霍山、六安、霍丘之间”。白朗避敌主力，突围入鄂，在老河口一战歼敌 2000 余人，缴获大批武器弹药，并打劫当地富豪和外商英美烟草公司、美孚洋行、亚细亚煤油公司等的分支机构，震惊中外。各国驻华公使接连集会，并照会袁世凯政府外交部说：“外人之财产损失颇巨，即各国之商务间接受其影响亦非浅鲜。如再不能即日剿平，拟电请本国政府各派兵若干，帮同剿办，以期早日肃清。”[②]袁世凯致电段祺瑞：“白匪久未平，各国报纸谓政府力弱，不足以保治安，乱党又从中鼓吹，殊损威信。因而近日中国债票跌至百分之十二三，续借款愈难办，关系全局甚重。”[③]

攻克老河口后，白朗召开军事会议，讨论今后大计。这时部队已逾万人，加以整编，称“中原扶汉军”，又称“公民讨贼军”，白朗自任大都督、总司令，决定进军西北。在攻克紫荆关及进入陕西后，白朗张贴安民布告：“我国自改革以来，神奸主政，民气不扬，虽托名共和，实厉行专制。本都督辍耕而太息者久之！用是纠合豪杰，为民请命”；肯定辛亥革命“君权推倒，民权伸张”的历史功绩。[④] 白朗还提出“平等自由”的要求和“逐走袁世凯”、“设立完美政府”的奋斗目标。[⑤] 显然，白朗斗争受到资产阶级革命的影响。孙中山曾经非常重视白朗起义，并试图给予支持。一些资产阶级革命党人也先后到白朗军中工作。

白朗起义军没有进攻西安，而是用兵渭南，随后进入甘肃境内。此后，白朗军转战陕、甘，多次击败北洋军。袁世凯调集陕、甘、川、晋等省的军队分堵合围，先后拼凑兵力达 20 万之多。白朗军在十倍于己的军队追击围攻下，英勇战斗，沉重打击了袁世凯的统治，鼓舞了资产阶级革命派的反袁斗争。但是，由于起义军没有建立根据地，长期流动作战，补给困难，逐渐陷入困境。1914 年 7 月，起义军突破重围，回军河南。8 月，白朗率领战士数十人，在宝丰山区一次战斗中牺牲。这场纵横五省震惊中外的大起义最后失败了。

---

① 《白朗猖獗记》，载《时事汇报》第 3 号《记录三》，第 1 页。

② 《外交团干涉乱事》，载 1914 年 3 月 8 日《大公报》。

③ 中国第二历史档案馆藏：《北洋政府陆军部档案》。

④ 《白朗起义》，中国社会科学出版社 1980 年版，第 224～225 页。

⑤ 乔叙五：《记白朗事》，载《近代史资料》1956 年第 3 期；1914 年 4 月《北洋政府内务部档案》。

三、孙中山与中华革命党

“二次革命”失败后，孙中山逃亡日本。以孙中山为首的资产阶级革命派，尤其是国民党左派，并没有放弃革命斗争。孙中山先后派人联络东北农军和白朗起义军，还派人组织上海起义，但都没有成功。

在日本，孙中山总结了以前失败的经验教训，认为革命事业最重要的是立党，只有以革命党为根本，才有希望重振精神，拯救革命，完成铲除民贼、还我共和的重任。1913 年 9 月 27 日，孙中山在东京筹组中华革命党，亲手拟定入党誓约，吸收了第一批党员。在孙中山的感召和努力下，此后履行入党手续的人不断增多，至 1914 年 4 月间已达四五百人。同年 7 月 8 日，中华革命党在东京举行成立大会，孙中山被选举为总理。《中华革命党总章》规定：“以实行民权、民生两主义为宗旨”，“以扫除专制政治、建设完全民国为目的”。[①] 孙中山认为，国民党是一盘散沙，乌合之众，只有“正本清源”，“摈弃官僚”，“淘汰伪革命党”，严密党的组织，才能“协力同心，共图三次革命，迄于革命成功”。[②]

中华革命党以不屈不挠的革命精神，坚持民主革命的道路，在袁世凯集权专制统治下，再度举起民主主义的战斗旗帜，具有积极意义。但其弱点和错误也较明显。首先，它认为民族主义已经完成，没有明确提出反帝纲领。其次，在组织上为防“异党入据以伪乱真”而陷入严重的宗派主义。党员分“首义”、“协助”、“普通”三种，以参加时间之早晚来区别；凡入党者必须宣誓绝对服从孙中山个人，“如有二心，甘受殛刑”，并按指印等，个人集权色彩明显，民主精神荡然无存，以至相当多老的同盟会员也不愿参加。中华革命党的强烈宗派性，限制了人民的革命积极性和政治权利，这使中华革命党尽管在反袁斗争中最坚决，也只能是一个狭隘的反袁秘密团体，不能产生较大影响。再次，中华革命党坚持武装斗争是正确的，但过分着重军事，严重脱离群众，陷于单纯的军事冒险。

黄兴等一批同盟会、国民党骨干力量没有参加中华革命党。这一方面是由于他们不同意服从个人和入党办法的规定，另一方面也是由于他们和孙中山早已存在分歧。“宋教仁案”发生后，孙中山决心武力讨袁，而黄兴等人主张“以法处置”，二人意见不一。黄兴周围的一些原同盟会、国民党成员，“拟公推克强为领袖”，另行组党，同孙中山派分裂。黄兴没有同意，“为避免党内纠纷，决计到美

---

① 《孙中山全集》第 3 卷，中华书局 1984 年版，第 97 页。

② 《孙中山全集》第 3 卷，第 113 页。

国游历"[①]。

第一次世界大战爆发后,留在日本未加入中华革命党的部分国民党人,以讨论欧事为名,于1914年8月在东京成立"欧事研究会"。它的成员在反对"二十一条"时,主张"联袁对外";袁世凯公开废共和改行立宪后,他们又利用蔡锷、唐继尧曾参加过同盟会的老关系,联合原国民党议员和进步党一起反袁,积极参加护国战争,但他们没有能形成一支独立的政治力量。

中华革命党成立后,设支部于国内外各地,国内支部专门组织武装讨袁,国外支部负责筹款。袁世凯帝制自为时,革命党人在上海、广东、江苏、东北、山东、陕西、湖北、福建等地发动武装起义。武装起义的蓬勃兴起,极大地增强了孙中山讨袁的信心,他要求联合全国反袁势力,并派人同蔡锷取得联系。由于中华革命党群众基础薄弱,在国内政治生活中影响较小,未能在反袁战争中掌握领导权。

四、洪宪帝制和护国运动

袁世凯从临时大总统到正式大总统,进而成为终身总统,但他还不满足,又妄想当皇帝,实行君主立宪制。

正当袁世凯着手恢复帝制改行立宪的时候,1914年8月,第一次世界大战爆发。欧洲的主要国家都卷入战争,无暇东顾。日本以为独占中国的时机已到,从各方面加紧进行侵略中国的活动。

首先,日本宣布参加英、法、俄组成的协约国集团,借口对德宣战,于1914年9月派兵入侵我国的龙口、莱州等地,并占领胶济铁路沿线和青岛,攫取了德国在山东的特权。

接着,日本于1915年1月18日提出了灭亡中国的"二十一条"。日本驻华公使日置益在向袁世凯面递条款时说:"总统如接受此种要求……日本政府从此对袁总统亦能遇事相助。"[②]后来他又对负责交涉的外交部次长曹汝霖说:"中国如欲改国体为复辟,则敝国必赞成。"[③]

"二十一条"共分五部分,其主要内容是日本扩大在中国的侵略范围,把东北、内蒙古、沿海各地、长江流域、福建等,都置于日本的势力范围,同时还进一步操纵中国的政治、经济、军事、警政等。按照"二十一条",中国实际上将成为日本

① 柏文蔚:《五十年经历》,载《近代史资料》1979年第3期。

② 王芸生:《六十年来中国与日本》第6卷,三联书店1980年版,第91页。

③ 白蕉:《袁世凯与中华民国》,第139页。

的殖民地。袁世凯称帝心切,急于取得日本支持,于是派外交总长陆征祥、次长曹汝霖与日本代表秘密谈判。5月9日,袁世凯正式承认"二十一条",除在中国中央政府聘请日本顾问、由日本控制中国警察机关与兵工厂等内容作为"日后协商"外,其余条款全部予以承认。

自此以后,袁世凯的党徒及其御用机构紧锣密鼓地鼓吹君主立宪制。1915年8月,袁世凯的宪法顾问、美国人古德诺在上海《亚细亚报》上发表《共和与君主论》,说共和体制不宜于中国国情,认为:"中国如用君主制,较共和制为宜。"[①]接着杨度、孙毓筠、严复、刘师培、李燮和、胡瑛等六人,在袁世凯的示意下,组织了"筹安会"。他们打着学术团体的幌子,呼吁实行君主立宪。后来,他们又带头组织所谓"公民请愿团",上书请求实行君主制。袁世凯的亲信还搞了一个"国民代表大会"进行国体投票,不到一个月的时间,即通过改行君主政体的决议。12月12日,袁世凯宣布承认帝位。12月13日,袁世凯在北京居仁堂公然接受百官朝贺,册封黎元洪为武义亲王,宣布1916年为洪宪元年,准备于元旦正式登极。

袁世凯逆历史潮流而动的行为,引起了全国人民的反对,各地掀起了反袁爱国运动。"二十一条"谈判与签订时,各地商民、学生及海外华侨纷纷集会,一致抗议日本的侵略行径。反日爱国团体纷纷涌现,上海有"国民对日同志会"、"外交后援会",杭州有"爱国会",山东有"救亡团",江西有"妇女救国会",广东有"中华商务救亡会"等。他们宣传反日救亡,号召"抵制日货,勿忘国耻"。1915年上半年,日本输华商品价值较上年下降了1790万美元。全国教育联合会决定,各学校以每年5月9日为"国耻纪念日"。

各地反袁斗争促进了护国运动的爆发。护国运动的主要发起人是云南都督蔡锷。蔡锷(1882～1916年),字松坡,湖南邵阳人。1898年入长沙时务学堂学习,是梁启超的学生,后留学日本,1904年回国,在新军任职。辛亥革命时领导云南起义,后被袁世凯调至北京。蔡锷与梁启超关系密切。辛亥革命后,梁启超等立宪党人曾是袁世凯的追随者,当他们认识到袁世凯的称帝野心后,转而反袁。梁启超与蔡锷秘密协商离开北京,回到云南,利用蔡锷在云南军队中的影响,联络云南唐继尧等,策动反袁起义。在蔡锷回云南以前,孙中山已命吕志伊去云南活动,得到部分滇军官兵支持,初步议决举行武装起义。国民党人李烈钧、方声涛、熊克武等也至云南参与策划。蔡锷到云南后,积极联络各派反袁势力,广获支持,与唐继尧、李烈钧组成护国军。1915年12月25日.云南宣布独立。1916年元旦成立"云南军政府",推唐继尧为都督,蔡锷、李烈钧、唐继尧分

① 白蕉:《袁世凯与中华民国》,第172页。

任一、二、三军总司令，分兵向四川、贵州、广西进军。

护国军得到各种社会力量的广泛支持，造成浩大的反袁声势。昆明人民自动张贴“拥护共和万岁”的标语，踊跃参军，“缴纳捐款的争先恐后，早晨一开门，就拥挤来交，至晚不止”[①]。海外华侨也捐资支援，“美洲华侨、澳洲华侨来电认捐，闻数在二百万左右”[②]。在这种形势下，贵州、广西、广东、浙江、陕西等省相继宣告独立。孙中山发表第二次《讨袁宣言》，号召不仅除掉袁世凯，而且要消除一切实现资产阶级民主的障碍，“决不肯使谋危民国者复生于国内”[③]。

袁世凯意图恢复帝制改共和为立宪，帝国主义各国最初持观望态度，但随着全国各阶层人民的反对，它们担心恢复帝制改行立宪会直接或间接影响各国在华利益。于是，当袁世凯加紧酝酿帝制时，日、英、俄、法等国一再提出警告，指出变更国体或将“惹起意外之扰乱”。云南起义后，日本料定袁世凯迟早必败，转而变为倒袁政策。1916 年 1 月 15 日，日本突然宣布，不接待原来准备以亲王殊礼接待的袁世凯派向日皇赠送勋章的特使周自齐，而且在通知中责备袁世凯“断行帝制，无视友邦劝告”，“日政府当然不能承认”。[④]

在袁世凯集团内部，他的专制统治也引起了不满。北洋军队开始出现分裂，冯国璋、段祺瑞等各自进行谋取权力的活动。袁世凯在众叛亲离的情况下，只得于 3 月 22 日宣布撤销帝制，废除“洪宪”年号。袁世凯取消帝制后，仍要做大总统，任命段祺瑞组阁，而南方组织护国军的蔡锷、梁启超、唐继尧等，反对袁世凯继续担任大总统，并在广东肇庆组成军务院，指挥全国军政，宣布在大总统选出前代行国务院职务。袁世凯的亲信江苏将军冯国璋，见袁世凯大势已去，也利用北洋军阀与南方护国军对峙的局势，提出举行南京会议的建议，企图以研究大总统去向问题，拉拢他省势力，扩大自己的权势。

袁世凯在一片反对声中，还企图以武力做最后挣扎。由于反袁势力的增长，继广西、广东、浙江、陕西宣布独立以后，为袁世凯亲信所控制的四川、湖南也宣布独立。1916 年 6 月 6 日，袁世凯忧愤交加，一命呜呼。

袁世凯复辟帝制的失败，是全国人民反抗斗争的结果。他的所作所为极不得人心，与历史前进的方向背道而驰，必然遭到全国人民的反对。孙中山曾感慨地说：民国“亡而复存，强有力者究竟不可恃”，“共和真理，其入于人心者深矣”。[⑤] 护国运动具有资产阶级民主运动的性质。各派反袁势力，包括进步党人

---

① 由云龙：《护国史稿》，载《近代史资料》1957 年第 4 期。

② 邓之诚：《护国军纪实》，载《史学年报》1935 年第 2 卷第 2 期。

③ 《孙中山全集》第 3 卷，第 285 页。

④ 王芸生：《六十年来中国与日本》第 7 卷，三联书店 1981 年版，第 30 页。

⑤ 《孙中山全集》第 3 卷，第 318 页。

在内,不论他们抱有怎样不同的企图,都不能不以维护民国、翼赞共和、恢复民主制为口号。从这个意义上讲,护国运动有着积极的作用。但护国运动后,民国北京政权虽仍掌握在北洋派手中。群龙无首,军阀混战,政局更加混乱。

五、军阀割据与张勋复辟

袁世凯死后,帝国主义各国纷纷寻找培植自己的代理人,力图扩张在华权益。在列强激烈争夺下,中国出现了各派军阀割据和互相火并的局面。“这种现象产生的原因有两种,即地方的农业经济(不是统一的资本主义经济)和帝国主义划分势力范围的分裂剥削政策。”①

早在袁世凯统治时期,北洋军阀内部便已存在着以段祺瑞(今安徽合肥人)为首的皖系和冯国璋(今河北河间人)为首的直系。袁世凯死后,两派的分裂逐渐明朗。皖系得到日本的支持,盘踞北京政府,控制皖、鲁、陕、浙、闽等省。直系得到英、美的支持,控制着苏、赣、鄂等省,占据长江流域的富庶地区。还有北洋军阀的别支奉系军阀张作霖(今辽宁海城人),他在日本的支持下,控制着东北地区,成为皖、直两系以外的一支举足轻重的军阀力量。在西南,由于在反袁运动中扩大势力而形成了唐继尧的滇系与陆荣廷的桂系。除以上较大的几派军阀外,各地还有一些较小的军阀势力,如张勋割据徐州、阎锡山割据山西、陈树藩割据陕西等。这些大小军阀身后都有帝国主义的支持,帝国主义之间的争斗,通过各派军阀的混战反映出来。

袁世凯死后,黎元洪继任大总统,恢复了《临时约法》和国会,重新任命段祺瑞为国务总理兼陆军总长,补选冯国璋为副总统。北京中央政府的实权主要掌握在段祺瑞手中。段祺瑞继承袁世凯的衣钵搞集权统治,企图实行“武力统一”。但各地军阀拥兵自重,并不接受段祺瑞的命令。在北京政府内部,段祺瑞独断专行,排斥黎元洪,引起黎元洪与副总统冯国璋的不满。黎、冯两派势力联合起来反对段祺瑞。北京政府内部钩心斗角,面和心异。

各种政治势力、军阀派系的矛盾和斗争,首先反映在重新召开的国会中。当时争夺中央权力的政治势力主要可分为三派:一是由进步党人梁启超等改组成“研究系”(宪法研究会),支持段祺瑞;二是由张继等人纠合部分原国民党员组成的“商榷系”(宪法商榷会),是反段祺瑞的势力;三是由段祺瑞指使其亲信拼凑一些小政团成立的中和俱乐部。在国会中,“研究系”与“商榷系”因政治体制问题争执不断。“研究系”主张采用一院制,而“商榷系”主张采用两院制。在中央与

① 《毛泽东选集》第1卷,第49页。

各省的关系问题上，前者主张中央集权，反映了段祺瑞企图实行武力统一建立集权统治的目的；后者主张地方分权，代表了一部分资产阶级与地方实力派的意见。两派的争执可以说是反映着拥段与反段的斗争。

上述矛盾和斗争，更重要地反映在“府院之争”上。“府”是总统府，指黎元洪代表的政治集团；“院”是国务院，指段祺瑞代表的政治集团。二者的矛盾早先仅表现为权力、人事之争，在讨论中国是否参加第一次世界大战的问题上，府院之争公开化。1917 年 2 月，德国击沉几艘美国商船。美国宣布对德绝交，准备参战，要求中国与它采取一致行动，并提议向中国贷款以作参战经费。亲美的黎元洪同意美国的要求，3 月 14 日，经国会议决同意与德绝交。日本获悉后，惟恐落在美国后面，也积极支持中国参战，并以减缓交付庚子赔款、提高关税和提供参战军费为诱饵。美国为了与日本抗衡，随即改变态度，反对中国参战，并唆使黎元洪、冯国璋拒绝参战。所以，当段祺瑞提出对德参战案时，遭到了黎元洪以及国会的反对。5 月 10 日，国会众议院讨论参战问题，段祺瑞沿用袁世凯的手法，组织“公民请愿团”包围国会，殴辱议员，并以武力胁迫黎元洪解散国会。黎元洪则免去段祺瑞的国务院总理职务。段祺瑞愤然去职，授意皖系、奉系的各省督军纷纷宣布独立。6 月初，段祺瑞在天津设立独立各省总参谋部，准备进军北京，以武力倒黎。黎元洪陷入困境，无力应付局势。这时，军阀张勋别有用心地自愿出面调停，黎当即应允。

张勋，江西奉新人，他统率的“定武军”一直拖着辫子，以示不忘被推翻的清朝，人们称他的军队为“辫子军”，称张勋为“辫帅”。他早就同清朝的复辟势力勾结在一起，蓄谋颠覆共和，复辟清朝。在国际上，他得到俄、德、日等国的支持。

1917 年 6 月 14 日，张勋率“辫子军”进入北京，赶走了黎元洪。接着，保皇党头目康有为也秘密赶往北京，支持张勋演出一场复辟的丑剧。7 月 1 日，他们请出 12 岁的溥仪，恢复清朝旧制，改这一年为“宣统九年”，通电全国，改挂龙旗。

这种倒行逆施立即遭到全国人民的强烈反对。孙中山在上海发表《讨逆宣言》，号召反对复辟。此时的段祺瑞政敌已去，随即通电全国宣布讨伐张勋。冯国璋也通电反对复辟。7 月 3 日，段祺瑞在天津马厂召集军事会议，组织“讨逆军总司令部”，自任总司令，梁启超被聘为参赞。各省军阀也纷纷表示反对复辟。7 月 12 日，“讨逆军”攻入北京，溥仪再次宣布退位。复辟丑剧仅维持了 12 天，便以失败告终。段祺瑞以“讨逆”有功自居，再度出任国务总理兼陆军总长，重掌北京政府的大权。

六、护法运动

段祺瑞再度执政后，冯国璋就任大总统，“研究系”梁启超等参加内阁，组成一个北洋军阀与研究系合作的内阁，其实权仍操在段祺瑞手中。1917 年 8 月 14 日，段祺瑞政府在日本的支持下，对德、奥宣战。他借“参战”之名，加紧向美、日，大借外债，扩充皖系势力。

从 1917 年到 1918 年，段祺瑞向日本借款 3.86 亿元，其中仅西原龟三就经手八笔借款。通过这些借款，日本攫取了东北、蒙古的铁路权，东北的森林、矿产权以及军队的训练权等。1918 年，段祺瑞又与日本订立旨在反对俄国十月革命的《中日陆军共同防敌军事协定》和《中日海军共同防敌军事协定》。通过中日军事协定，日本取得了在中国驻兵和军队自由出入中国东北与蒙古的特权。

段祺瑞损害国家权益与日本结盟，在政治上集权，拒绝恢复国会与《临时约法》，宣称一不要约法，二不要国会，三不要旧总统。为了彻底取消原国民党人占多数的国会，段祺瑞提议另行召集所谓“临时参议院”，来代行国会的立法权，达到取消国会和废弃《临时约法》的目的。

孙中山揭露了段祺瑞进行集权统治的目的，提出打倒假共和，建立真共和的主张，号召拥护《临时约法》，恢复国会。1917 年 7 月初，当张勋复辟出现时，孙中山在上海召集会议，决定南下广州组织武力讨伐。当孙中山一行还没有到达广州时，复辟已破产。孙中山便敦促段祺瑞“规复约法，尊重国会”，段予以拒绝。于是，毁法与护法之争不可避免。孙中山将斗争矛头指向段祺瑞，明确表示：“非护约法无以维持国本，非讨国贼无以荡涤瑕秽。”[①]7 月中旬，孙中山召集到达广州的议员成立非常国会，通过《中华民国军政府组织大纲》。9 月 1 日成立护法军政府，推举孙中山为大元帅，陆荣廷、唐继尧为元帅，建立了与北京段祺瑞相对抗的南方政权，开始了护法运动。

但西南军阀桂系陆荣廷和滇系唐继尧等，并不真心赞同孙中山的政治主张。他们响应护法是为了利用孙中山的名望对抗段祺瑞，以保持和扩大自己的势力。孙中山既没有革命武装和坚强的革命组织，也没有去“唤起民众”。护法斗争的基础很不牢固。

日、美两国支持段祺瑞讨伐南方护法运动。段祺瑞命军队进入湖南、四川，对西南各省用兵，企图通过战争削弱西南各省的实力，以便达到“武力统一”的目的。战争开始后，直、皖两系发生矛盾，冯国璋提出“和平统一”的口号，与西南军

① 《孙中山全集》第 4 卷，中华书局 1984 年版，第 192 页。

阀联盟。段祺瑞被迫于1917年11月下台，后又在奉系军阀支持下，于1918年3月再次上台，组织参战军和安福俱乐部。1918年5月，西南军阀准备与北方妥协，取消大元帅制以排斥孙中山。护法战争无法继续，孙中山被迫离开广州去上海。

孙中山坚持《临时约法》，倡导护法运动，反对段祺瑞的集权统治，有积极意义。但护法运动没有触及反帝反封建的根本问题，孙中山对军阀的本质缺乏认识，没有依靠广大人民群众，以失败告终。从护法运动失败中，孙中山深刻认识到："吾国之大患，莫大于武人之争雄，南与北如一丘之貉。"[①]护法运动的失败，表明中国资产阶级旧民主主义革命已陷入绝境，中国资产阶级不能领导中国革命走向胜利。

此后，军阀混战形势更为严重。段祺瑞与奉系军阀张作霖结盟反对直系军阀，又对直系军阀进行分化瓦解，唆使曹锟、吴佩孚出兵攻打西南军阀。曹、吴又在英、美支持下，与西南军阀达成妥协。但段祺瑞仍然梦想实现武力统一，他操纵国会选举，拼凑了"安福国会"，将直系冯国璋驱逐出北京政府，也抛弃了"研究系"。段祺瑞的疯狂集权注定了他失败的命运。1918年10月，段祺瑞被迫下台，但军阀混战局面并未改变，中国人民仍处于水深火热之中。

七、俄、英侵略中国边疆的活动

辛亥革命前后，俄、英加紧分裂中国的活动，屡次在中国边境策动武装叛乱，甚至公然出兵进行侵略。

从19世纪中叶起，沙俄不断兼并我国东北和西北大片领土。20世纪初，它又企图把外蒙古从中国领土上分裂出去。

1910年，清政府在外蒙古实行"新政"，沙俄乘机煽动一部分封建领主和活佛，酝酿叛乱。1911年7月，沙俄与外蒙杭达多尔济亲王等秘密策划分裂活动。武昌起义爆发后，沙俄更明目张胆地怂恿杭达多尔济等进行叛乱活动。它借口保护领事馆，增派军队侵驻库伦，并拨给杭达多尔济集团大批军械弹药。在沙俄的策划下，叛乱分子于10月18日宣布"独立"。12月1日，他们发表"独立宣言"，宣布成立"大蒙古国"，以活佛哲布尊丹巴为皇帝（额真汗），杭达多尔济为外交大臣。沙俄从军事、财政和外交等方面，大力扶植傀儡政权。1912年11月，沙俄诱使这个傀儡政权与之签订了《俄蒙协约》和所附《商务专约》以及一连串关于开矿、筑路、电讯等条约，取得许多特权。外蒙实际上成了沙俄变相的殖民地。

---

① 《孙中山全集》第4卷，第471页。

1912年1月,孙中山以大总统名义致电外蒙古王公,劝告他们不要投靠外国。一些群众团体和报刊,不断发表电文,抗议沙俄侵略外蒙古的暴行。部分爱国王公也声讨哲布尊丹巴的叛国罪行,要求外蒙取消独立,宣布不承认非法的《俄蒙协约》。1912年11月7日中国政府外交部正式向俄国驻华公使提出抗议,严正声明俄国与外蒙叛乱集团所签订的一切条约,"中国政府概不承认"。

袁世凯出任民国大总统后,沙俄"承认中华民国",向袁世凯政府"示好"。中俄于1913年11月签署《声明文件》,表示:俄国承认外蒙古土地为"中国领土的一部分",中国承认外蒙"自治"。这个声明,实际上承认了沙俄对蒙古的控制。

根据中俄《声明文件》,双方于1914年9月又举行了蒙恰克图会议,并于1915年6月签订《中俄蒙协约》,沙俄承认中国对外蒙的"宗主权",哲布尊丹巴取消"大皇帝"称号,由中华民国大总统册封,用中华民国年历,兼用蒙古干支纪年。北京政府承认外蒙的"自治"和沙俄在外蒙的各种特权。俄国"十月革命"爆发后,中国人民积极要求解决外蒙问题。1919年11月,外蒙宣布"情愿取消自治",与沙俄所订有关条约无效。

沙俄在策动外蒙"独立"的同时,还在我国内蒙古、黑龙江、新疆进行侵略和分裂活动。

英国对我国的西藏一直抱有侵略野心。辛亥革命前,英国极力收买藏族的上层分子,进行分裂活动。1910年春,达赖十三世与少数亲英分子逃入印度。武昌起义后,英国的印度当局暗助饷械,唆使达赖十三世派遣亲信回藏,组织叛乱,阴谋使西藏脱离中国。

1913年10月,英国操纵的中英藏会议在印度北部的西姆拉召开。会上,英国指使西藏的"代表"提出西藏"自治"等五项要求。英国代表麦克马洪也提出"中国承认西藏独立"等六条提案,均遭中国代表拒绝。1914年4月,英国提出了一个条约草案,主要内容为:"承认外藏自治",其"内政暂由印度政府监督";"西藏中央政府"在"内藏""仍保留其已有之权";中国不得驻兵藏境;中国政府与西藏有争议时,由英印政府从中调停。① 中国政府拒绝接受。7月3日,英国代表与"藏独势力"私自签订了《西姆拉条约》。中国政府代表拒绝在条约上签字,并严正声明:"凡英国同西藏地方当局本日或他日所签订的条约或类似的文件,中国政府一概不能承认。"②会议宣告破裂。

在"西姆拉会议"期间,英国代表麦克马洪背着中国政府代表而同西藏地方代表在会外以秘密换文的方式,私自捏造了一条中国和印度东段的边界线——

① 参见《三方条约草案(副本)》,《近代史资料》总第60号,第70～71页。

② 《中英边界问题》(增订本),人民出版社1962年版,第34页。

“麦克马洪线”，把中国西藏东南部面积达9万平方公里的领土划归英属印度。“西拇拉会议”根本没有讨论过中印边界问题，更没有提出“麦克马洪线”，当时和以后历届中国政府以及西藏当局，也从未承认过“麦克马洪线”。“麦克马洪线”是非法的、无效的。

八、中国资本主义的进一步发展

辛亥革命后，特别是第一次世界大战期间，中国的资本主义得到了进一步发展，民族工业出现了短暂繁荣。

辛亥革命推翻了封建君主专制制度，在一定程度上提高了民族资产阶级的政治和社会地位，刺激了人们投资实业的热情。除资产阶级代表人物掌握了南京临时政府的领导权外，不少商界人士参加各地军政机构并担任要职。袁世凯组建北京政权后，在政府中安排了一些资产阶级上层分子。他们制定了若干有利于振兴实业的政策法令。工商部于1912年12月5日颁布了《暂行工艺品奖励章程》，1914年1月公布了《公司条例》和《公司保息条例》，1915年公布了《农商部奖章规则》等。资产阶级热情高涨，在他们看来，推翻了专制统治，建立了民国，自然就为工商业的发展开辟了广阔的前景。因此，旨在发展实业的各种团体——“中华民国工业建设会”、“中华实业团”、“实业协会”等，犹如雨后春笋，纷纷成立。海外华侨也竞相投资国内近代企业。全国范围内顿时掀起了一个兴办近代工业的热潮。

第一次世界大战期间，入口货值较战前有所减少，1915年比1913年减少20.3%。1918年较1913年增加20.5%。① 由于大战期间西方国家对粮食等战备物资的需求，刺激了民族工业中面粉、蛋粉等业及铁、锑、钨等矿业的发展。1872～1911年，厂矿中的民族资本总共有1.6亿多元。② 1912～1919年，建成厂矿470余个，加上原有企业的扩建，新增资本达1.3亿元以上，几乎相当于辛亥革命前50年的投资总额。③

辛亥革命后民族资本主义的进一步发展，还得益于群众性反帝爱国斗争的高涨，特别是1915年反对日本灭亡中国的“二十一条”所掀起的大规模的抵制日货运动。“抵制外货”、“发展实业”和“实业救国”的口号，成为各阶层人民的共同

---

① 参见翦伯赞、郑天挺主编:《中国通史参考资料·近代部分》下册，中华书局1985年版，第511页。

② 参见严中平等编《中国近代经济史统计资料选辑》，科学出版社1955年版，第93页，第1表。

③ 据中国社会科学院近代史研究所、中国第二历史档案馆史料编辑部编《五四爱国运动档案资料》(中国社会科学出版社1980年版)第7～11页统计表推算。

要求。此外，这一时期自然经济进一步解体，对近代工业品需求的增长，也都是资本主义得到发展的重要因素。

民族工业的进一步发展主要是轻工业，尤其是棉纺织业和面粉业。1911年，全国有华商纱厂20家，纱锭约50万枚，资本1700万元；1919年增至35家，纱锭65万多枚，加上正在筹备和即将开工的二三十家，投资总额约达6000万元。纱厂盈利增收十分明显。1914年每包盈利为19.58元，1917年达36.93元，1919年更高达70.56元。[①] 面粉业增长很快，由入超变为出超。在大战期间，中国的面粉畅销英、美、法、俄、日及东南亚各地。其他如针织、卷烟、榨油、火柴等行业，也在大战期间获得了不同程度的发展。

随着轻工业的发展，重工业在这一时期也获得了难得的发展时机。钢铁冶炼业：1914年开始兴建大冶铁厂等6个钢铁厂。1916年建立龙关(后改名"龙烟")铁矿公司，1917年上海成立和兴钢铁公司，1918年北京石景山钢铁厂开始兴建。采煤业：全国华商机器采煤量，由1912年的80余万吨增加到1919年的330余万吨。航运业：1915年成立中国轮船公司；1919年又成立中华航业公司，航行旧金山、横滨、爪哇等地。银行业也有发展，已逐渐出现代替钱庄而居金融业主要地位的趋势。

资本主义企业分布地区不断扩大，已从沿海逐渐发展到内地城市。资本积累在这时期也较为迅速，1912年，资本百万元以上的大企业约25个，1919年增加到43个。

中国民族工业虽然取得了较大的发展，但它在整个国民经济中所占比例仍然很小，半殖民地半封建的色彩仍然很浓。民族资产阶级的软弱性并没有改变。

首先，民族工业的发展主要在轻工业方面，重工业基础极为薄弱。重工业企业的数量不多，规模很小，生产技术也很落后，机器制造业几乎还没有建立起来，机器设备仍须依靠外国进口。

其次，中国民族工业在大战期间虽然出现了一些上百万元的大公司，但发展较快的还是中小企业和工场手工业。据统计，1903～1908年，注册公司数为127家，资本总额为5122万元。平均每年设立公司21家，每个公司的平均资本为40.5万元。1913～1915年，新注册的公司数为124家，资本总额为2442万元，平均每年设立公司41家，每个公司的平均资本为19.6万元。

再次，即使在第一次世界大战期间，中国民族工业也没有摆脱帝国主义的控制和压迫。在一些主要工业部门，外国资本仍然超过本国资本。外国资本直接和间接地控制了全国机器采矿的75%。外国在中国占有46%的纱锭和59%的

① 参见严中平等编《中国近代经济史统计资料选辑》，科学出版社1955年版，第165页，第41表。

织布机。日本资本直接和间接地控制了全国钢铁生产能力的94%。

此外，封建经济在全国经济中仍占绝对优势，许多资本主义企业不仅受到极大束缚，而且与之保持着密切的关系。

民族工业发展中的上述特点，决定了民族资产阶级的力量仍是微弱的。辛亥以后几次反帝反封建斗争都由于中国资产阶级的软弱无力而归于失败。

九、中国工人阶级的壮大

随着民族工业的发展，中国工人阶级也迅速成长壮大起来。辛亥革命以前，中国近代产业工人大约有60万，到1919年五四运动前，已达200万左右。由于中国资本主义企业发展和分布的不平衡，中国产业工人的发展、分布也不平衡，大多集中在东南沿海地区，特别是沿海大城市。在各大城市，又多集中于铁路、矿山、航运、造船、纺织、面粉等大企业。

在军阀统治下，工人阶级受到帝国主义、封建主义和资本主义更加沉重的压迫，地位非常低下，生活极端贫困。一般工人的工资，每天只有两三毛钱，连最低的生活都很难维持。女工和童工的收入，更少得可怜。工人的劳动时间，一般在12小时左右，有些厂矿甚至长达16～18个小时。[①] 由于设备简陋，劳动条件十分恶劣，工伤事故层出不穷。如抚顺煤矿，仅1913年一年就发生事故2000余起，死伤工人3000多人。许多厂矿还普遍存在着把头制、包身制、监工制、学徒制等封建勒索和压榨现象。

在政治上，工人毫无权利。北京政府统治时期，先后颁布了《中华民国暂行新刑律》、《治安警察条例》、《治安警察法》等法令，严禁工人进行集会、罢工等活动。如1914年《治安警察法》第一章明文规定："最高当局为维护社会秩序和安宁……起见，决定采取警察力量，防止一切工人结合与行动。"

中国无产阶级所受的剥削和压迫，"是世界各民族中少见的，因此他们在革命斗争中，比任何别的阶级来得坚决和彻底"[②]。中国工人阶级身受三重剥削和压迫，具有坚强而彻底的革命斗争性。这段时间，工人罢工的次数明显增多了。据统计，从1912年1月至1919年5月的短短七年半内，就发生了130多次罢工，这比以往70年里罢工的总数还要多。这期间的罢工次数也有逐年增加的趋势，如1916年为17次，1918年增加到30次。

这一时期，中国工人的罢工斗争，主要是要求提高工资、改善劳动条件和缩

① 参见汪敬虞编《中国近代工业史资料》第2辑下册，科学出版社1957年版，第1202页。

② 《毛泽东选集》第2卷，第644页。

短劳动时间,多属于经济斗争的范围。但罢工也明显地开始由经济斗争转向反帝反封建的政治斗争。1915年反对日本"二十一条"和1916年反对法国强占天津老西开为租界的斗争,是这一时期两次大规模的群众性的反帝运动。工人阶级在这两次运动中都起了主力军的作用,把运动推向高潮。

中国工人的斗争日益采取联合行动和同盟罢工的形式。1917年,上海商务印书馆工人因厂方无理解雇工人而举行罢工,中华书局和其他印刷厂的工人同时举行罢工支援。工人在斗争中逐渐认识到原来的行帮组织已不能适应新的斗争形势,要求成立近代的工会组织。1912年和1913年,上海、武汉、广州、香港等地工人开始组织了一些初级形式的工会。

随着政治性罢工的增加,工人在反帝反封建斗争中的地位和作用日益显著,工人运动由分散的、自发的斗争到联合的、有组织的斗争,这些都表明:中国工人阶级正在迅速成长,正由一个"自在的阶级"转变为"自为的阶级"。无产阶级的成长和政治觉悟的提高,为马克思列宁主义在中国传播并和中国工人运动相结合,为中国共产党的成立、旧民主主义革命转向新民主主义革命,准备了阶级条件。

十、新文化运动的兴起

辛亥革命时期,民族资产阶级开展过一些宣传资产阶级思想文化的活动,批判封建文化思想。袁世凯掌控民国北京中央政权以后,与政治上力图实行集权统治相适应,在思想文化方面也掀起了一股尊孔复古的逆流。

1913年2月,《孔教会杂志》创刊;同年6月,袁世凯发布《尊孔祀孔令》;8月,孔教会代表陈焕章等人上书国会,请定孔教为国教;1914年2月,袁世凯定春秋丁酉为祀孔日;3月,颁布维护纲常名教的《褒扬条例》;1915年1月,民国北京中央政府制定《教育纲要》,旨在尊孔读经;1917年3月,各省公民尊孔会在上海成立。一时间,传统儒家文化再次被奉为至尊。

为了反对以袁世凯为首的北洋派集权统治,清算专制制度的思想根源,提高人们的民主主义觉悟,唤起人们的觉醒,一批激进的资产阶级知识分子开始了新的求索和斗争,他们在思想文化领域发起了比辛亥革命时期更猛烈的反封建的"新文化运动"。陈独秀、李大钊、鲁迅等人是新文化运动的主要领导者,《新青年》杂志是新文化运动的主要思想阵地。

陈独秀早在辛亥革命前即在《国民日报》、《安徽俗话报》上发表文章,批判封建思想文化,宣传民主主义思想。1915年9月,他在上海创办《青年杂志》。在创刊号上,他发表了《敬告青年》一文,旗帜鲜明地提出"人权"(即后来的"民主")与"科学"的口号。《青年杂志》的创刊标志着新文化运动的开始。《青年杂志》自

1916年9月的第2卷起，改名《新青年》。不久，杂志编辑部从上海迁到北京，李大钊、鲁迅、胡适等人先后成为《新青年》的编辑和主要撰稿人，影响日益扩大。

新文化运动的基本内容是提倡民主（“德谟克利西”）和科学（“赛因斯”），呼唤“德先生”和“赛先生”落户中国。

当时提倡的民主，就是资产阶级的民主政治，用来反对君主专制和军阀独裁，以及为其服务的旧思想、旧文化。1916年3月，陈独秀在《吾人最后之觉悟》一文中指出，中国欲求生存，必须抛弃数千年相传的“官僚的专制的个人政治”，实行“自由的自治的国民政治”。他认为要实现真正的民主政治，必须依靠人民的政治觉悟，使人民真正当家做主，而不能把实现民主共和的希望寄托在“善良政府、贤人政治”[①]上面。李大钊发表《民彝与政治》，指出：“民与君不两立，自由与专制不并存，是故君主生则国民死，专制活则自由亡。”[②]

当时提倡的科学，是指自然科学和科学态度、科学方法，反对迷信、盲从和武断，树立起积极、进取的科学精神。陈独秀认为，“科学之兴，其功不在人权说下，若舟车之有两轮焉”[③]，表明提倡人权、民主必须同时提倡科学。他号召人们用科学的态度来对待传统观念和一切社会问题，破除迷信，坚持真理，打破“宗教上、政治上、道德上自古相传的虚荣、欺人、不合理的信仰”，树立“真实的合理的”[④]信仰。

新文化运动的倡导者在提倡民主、科学，反对专制、迷信的斗争中，对以孔子和儒家学说为代表的维护封建专制制度的旧礼教、旧道德，发动了猛烈的攻击，树起了“打倒孔家店”的大旗。

辛亥革命后，一贯叫嚷“共和不适合中国国情”的君主立宪派人士康有为等，掀起了尊孔复古的逆流。他们认定民主主义是异端邪说，是辛亥革命后社会动荡的根源，认为要“挽救人心，维持国是”，只有“扶翼圣道”，尊崇孔子，恢复旧的纲常名教。对此，陈独秀、李大钊、吴虞等人都撰文予以坚决回击。首先，他们针对康有为的攻击，坚定地维护辛亥革命和资产阶级共和制的声誉。接着，他们对孔子和儒学为代表的旧文化进行全面猛烈的批判，用民主与科学的新文化、新思想启发人们的理性，使人们从封建专制主义造成的盲目与蒙昧中解放出来，进行新的思想启蒙运动。李大钊通过分析民国初年政治的反动与儒学的兴盛，发现“中国的圣人与皇帝有些关系”[⑤]。陈独秀更直接地指出：“孔教与帝制有不可离

① 陈独秀：《吾人最后之觉悟》，载《青年杂志》第1卷第6号。

② 《李大钊文集》上册，人民出版社1984年版，第175页。

③ 陈独秀：《敬告青年》，载《青年杂志》第1卷第1号。

④ 陈独秀：《偶像破坏论》，载《新青年》第5卷第2号。

⑤ 中国李大钊研究会编注：《李大钊文集》第3卷，人民出版社1999年版，第61页。

散之因缘"[①];"主张尊孔,势必立君","信仰共和,必排孔教"[②],尊孔是为了复辟。他们从批孔出发,进而将批判的锋芒指向以儒学为理论基础,以"三纲五常"为中心的旧伦理、旧道德。他们认为:"孔子生长封建时代,所提倡之道德,封建时代之道德也。所垂示之礼教,即生活状态,封建时代之礼教……与多数国民之幸福无与焉。"[③]因此,"对于此新社会、新国家、新信仰不可相容之礼教,不可不有彻底之觉悟,猛勇之决心,否则不塞不流,不止不行"[④]。为了谋求"新生活之便利,新道德之进展",对于不合时宜的旧道德,必须"以人为之力,冀其迅速蜕演,虽冒毁圣非法之名,亦所不恤"[⑤]。

随着新文化运动的深入发展,又掀起文学革命运动。1917 年 1 月 1 日,胡适在《新青年》上发表《文学改良刍议》,提倡白话文以及文学形式的改革。激进民主主义者陈独秀等提出"文学革命"的口号,号召打倒"贵族文学",提倡"写实文学"等。李大钊在《新青年》上发表《什么是新文学》,论述了"社会现实文学"的基本特点。在这次文学革命中,鲁迅做出了重要贡献。他从 1918 年后,陆续在《新青年》上发表《狂人日记》、《孔乙己》、《药》等白话小说与散文,成为反对旧文化、旧思想的革命内容与新形式相结合的典范。

新文化运动是辛亥革命在文化思想领域中的继续,是中国资产阶级文化反对封建文化的一次激烈的斗争。它在政治上和思想上给封建主义以空前的沉重打击,对中国人民,特别是知识青年的觉醒起了巨大作用。这是在新的历史条件下的又一次思想解放的潮流,它促使人们更迫切地追求救国救民的真理,为马克思列宁主义在中国的传播创造了有利条件。

"五四"前的新文化运动,就其内容来看,仍然属于资产阶级旧民主主义革命的范畴,有着阶级和时代的局限性。首先,新文化运动未和人民群众相结合,仅局限于知识分子阶层,没能把新文化思想普及到广大群众中去。其次,有形式主义的偏向。新文化运动的某些领导人物不能用历史唯物主义的观点看待中西方文化,认为中国文化一切皆坏,西方文化一切皆好。这种形式主义的偏向,必然影响到运动的发展。五四运动后,新文化运动分成两股潮流:一部分人在十月革命的影响下,学习、宣传马克思列宁主义,成为共产主义者;另一部分人则在资产阶级的道路上继续走下去。

---

① 陈独秀:《驳康有为致总统总理书》,载《新青年》第 2 卷第 2 号。

② 陈独秀:《复辟与尊孔》,载《新青年》第 3 卷第 6 号。

③ 陈独秀:《孔子之道与现代生活》,载《新青年》第 2 卷第 4 号。

④ 陈独秀:《宪法与孔教》,载《新青年》第 2 卷第 3 号。

⑤ 李大钊:《自然的伦理观与孔子》,载 1917 年 2 月 4 日《甲寅》(日刊)。

十一、中西文化论战

新文化运动时期，随着启蒙思想的传播和对以孔子为代表的儒家思想的批判，文化思想界兴起了一场关于中西文化的论战。

1915年，陈独秀在《青年杂志》的创刊号上明确提出中国要“改弦更张”，力主学习西方文化，旗帜鲜明地批判中国的旧思想，尤其对孔教进行了挞伐，一时在中国文化论坛上造成巨响。《新青年》的作者们认为要建立民主共和国，必须大张旗鼓地宣传民主主义的新思想、新道德、新文化，彻底反对封建主义的旧思想、旧道德、旧文化。他们直言不讳地主张：“所谓新者无他，即外来之西洋文化也；所谓旧者无他，即中国固有之文化也。”[①]陈独秀在《青年杂志》第1卷第4号发表《东西民族根本思想之差异》一文，第一次对东方文化（主要是中国文化）与西方文化进行系统比较。他从三个方面对比了西方文化与东方文化的优劣：(1)西方民族文化以战争为本位，“恶侮辱，宁斗死”；而东方民族文化以安息为本位，“恶斗死，宁侮辱”。(2)西方民族文化以个人为本位，充满着纯粹的、彻头彻尾的个人进取精神；而东方民族文化则以家族为本位，个人无权利可言，一家之人听命于家长，整个社会国家也如同一个家族，重忠孝，尊君主。这样一种宗法制度本位损坏了个人独立自尊的人格，窒息了个人意志，养成了人们的依赖性。(3)西方民族文化以法治、以实利为本位，社会成员不相依赖，人自为战养成独立人格；而东方民族文化以感情、以虚文为本位，重家族感情，以五世同堂、累代同居传为佳话，虚文炫世，貌似家族和乐，实则黑幕潜张，生机日促，依赖成性，游惰成风，故“以君子始，以小人终”[②]。通过比较东西文化，陈独秀毫不隐讳地认为“西洋文明在中国之上”、“西洋种种的文明制度都非中国所及”[③]。他旗帜鲜明地主张中国应全面地“取法西洋”，才有复兴救亡的希望。

《新青年》对中西文化差异的比较和认识当然还是初步的、肤浅的、偏激的，他们对中西文化不同类型、不同时代异质文化的民族性和时代性只作横向而不作纵向比较，尚缺乏深入的分析和理性的思辨，即使这样，这种对中西文化的比较，在中国文化界还是掀起了轩然大波。

与《新青年》的年轻作者相对抗的有两种人：一种是固执地重唱祖宗教化是世界上最优秀文化的清朝遗老遗少，如林纾、辜鸿铭等人；一种是以《东方杂志》

---

① 汪叔潜：《新旧问题》，载《青年杂志》第1卷第1号。

② 陈独秀：《东西民族根本思想之差异》，载《青年杂志》第1卷第4号。

③ 陈独秀：《近代西洋教育》，载《新青年》第3卷第5号。

主编杜亚泉为代表的保守人士，他们并不否认中西文化的差异，而是采取一种融通中西、公允持平的姿态，发表一些不可把两种文化比较高下，只应“取长补短”之类的议论。实际上，他们是借此反对对固有文明实行根本改造。

杜亚泉从1916年开始，以“伧父”为笔名，发表了一系列论述东西文化差异的文章，与新文化运动的倡导者们进行论战。他认为中国文明是“静的文明”，西方文明是“动的文明”，而“动的文明”要“以静为基础”。“西洋文明与吾国固有之文明，乃性质之异，而非程度之差。而吾国固有之文明，正足以救西洋文明之弊。”[①]他指责新思想、新文化自西方输入，“直与猩红热、梅毒等之输入无异”，破坏了以儒家思想为举国上下衡量是非的统一标准，造成“人心迷乱”、“国是丧失”、“精神破产”；认为要结束这种“混乱的局面”，只有从儒家思想中寻求挽救人心的“国是”与“国基”，使西洋学说“融合于吾固有文明之中”，再进而“融合西洋思想以统整世界之文明”。[②] 不难看出，杜亚泉对中西文化的主张是保守的，实质上仍然是“中体西用”论在新的历史条件下的再现。

由于杜亚泉等人既懂得自然科学知识，又深知西方文明弊端所在，加之《东方杂志》的影响，因而在知识界、舆论界的吸引力不容小觑。陈独秀、李大钊等新文化运动的倡导者，十分重视杜亚泉等人的议论，并认真地进行了反驳。李大钊采纳杜亚泉的东方文明主静、西洋文明主动的观点，但得出相反的结论，认为“中国文明之疾病已达炎热最高之度，中国民族之运命已臻奄奄垂死之期”，应该“竭力以受西洋文明之特长，以济吾静止文明之穷”。[③] 陈独秀则坚持西方学术从根本上优于中国传统的“圣人之道”，“吾人之于学术，只当论其是不是，不当论其古不古，只当论其粹不粹，不当论其国不国”[④]。“若是决计革新，一切都应该采用西洋的新法子，不必拿什么国粹，什么国情的鬼话来捣乱。”[⑤]这虽然表现了反对旧文化的革命精神，但却失之偏激、绝对，开了“全盘西化”之先河。

“五四”前夕关于东西文明的论战，只是中西文化论战的第一阶段，虽然争论的问题还没有充分展开，论战双方还只是通过列举某些表面现象拟出一些“特征”，用以说明中西文化的差异，但将向西方学习的深度推向新的层面。中西之间从最早的“制造或政法制度之争”深入到思想观念之争，亦即从中西之间的形而下的争论进入到形而上的争论，这是中西文化争论的一个转折，它从某种程度上规定了此后中西文化论争的基本态势。

---

① 伧父：《静的文明与动的文明》，载《东方杂志》第13卷第10号。

② 伧父：《迷乱之现代人心》，载《东方杂志》第15卷第4号。

③ 李大钊：《东西文明根本之异点》，载《言治》(季刊)第3册，1918年7月。

④ 陈独秀：《随感录(一)》，载《新青年》第4卷第4号。

⑤ 陈独秀：《今日中国之政治问题》，载《新青年》第5卷第1号。

1919年五四运动的爆发,促成了新文化运动的高涨,中西文化问题的论争更广泛展开。同年9月,章士钊鼓吹"新旧调和"论,将文化论战推向新旧文化能否调和阶段。1920年,梁启超游历欧洲后回国,发表了《欧游心影录》一书,认为经过第一次世界大战,以民主、科学为基础的西方文明已"破产",因此,中国人也不必到西方寻求救世药方了。他认为,解决问题的办法是以中国固有文化为主体,"拿别人的补助他,叫他起一种化合的作用,成了一个新文化系统",并"把这新系统往外扩充,叫人类全体都得着他好处"。这就是中西文化"化合"说,由此展开了关于"中国文化向何处去"问题的争论,中西文化论战进入了第三阶段。

这场关于中西文化的论战,从1915年起,直到1927年因思想战线上争辩的焦点转到社会性质等问题上去,方才告一段落。

五四运动前后发生的这场关于中西文化问题的大论战,是当时中国社会政治矛盾激化的反映,同时也充分说明中西文化的冲突与较量达到了一个空前的阶段,标志着文化上的变革进入了一个新的历史时期。通过这场论战,提出和部分解决了文化发展和交流上的许多问题,为马克思主义的传播创造了条件。

十二、马克思主义学说的早期传播

正当新文化运动兴起的时候,俄国十月社会主义革命爆发了。十月革命对中国革命产生了极大的影响。

十月革命后的第三天,即1917年11月10日,上海的《民国日报》即以《突如其来之俄国大政变》为题,报道了这一消息。接着,中国各地报纸上不断报道俄国革命的消息。1918年2月《申报》登载了列宁领导的苏维埃政府宣布废除不平等条约的消息,振奋了中国人民。人们热情欢迎并关注俄国十月革命的胜利发展。同年夏天,孙中山致电列宁和苏维埃政府表示祝贺,指出:"中国革命党对贵国革命党所进行的艰苦斗争,表示十分钦佩,并愿中俄两党团结共同斗争。"[①]

十月革命对中国最大最深刻的影响是送来了马克思列宁主义,使中国的激进革命者们开始用无产阶级革命学说观察分析中国问题。其实,有关马克思主义及社会主义运动的信息,早在19世纪后半叶就已经传入中国。70年代,张德彝将自己目睹的巴黎公社起义的情况,记录于他的著作《三述奇》中。王韬在《普法战纪》中也介绍了巴黎公社的情况。1898年,上海广学会出版的《泰西民法志》较早提到了马克思和马克思主义。[②] 1899年2月和4月,李提摩太在《万国

---

① 《孙中山全集》第4卷,第500页。

② 参见陈铨亚《马克思主义何时传入中国》,载1987年9月16日《光明日报》。

公报》第121～124册上发表《大同书》一文中，也提到马克思的名字，译为“马克偲”。1902年以后，梁启超、马君武等都曾在他们的文章里介绍过马克思及其主张。1903年，马君武在《译书汇编》上发表了一篇《社会主义与进化论比较》的文章，在提及马克思时说：“马克司者，以唯物论解释历史学之人也。马氏尝谓阶级竞争为历史之钥。”[①]并在文后附录了许多马克思著作书目。辛亥革命前夕，资产阶级革命派开始介绍马克思主义，其中朱执信的介绍较为详细。1906年，朱执信在《民报》第2号和第3号上发表了《德意志社会革命家小传》，介绍了马克思和恩格斯的生平及其学说，并评述了《共产党宣言》和《资本论》的要点，摘译了《共产党宣言》的十大纲领。早期无政府主义者也曾对马克思主义学说作过介绍。不过，早期在中国介绍马克思主义的人，成分比较复杂，他们介绍马克思主义的目的各不相同，介绍的重点也不同，有些介绍还有歪曲。总之，那时马克思主义学说还未被人重视，在中国的影响非常有限。

马克思主义作为一种社会思潮在中国传播，是在俄国十月革命之后。中国的先进分子受到十月革命胜利的鼓舞，从十月革命的胜利看到了中国的新出路，于是由向西方学习转向研究和宣传俄国十月革命和马克思列宁主义。这使1915年开始发展起来的新文化运动发生了根本变化，由一个资产阶级文化革命运动转变为一个广泛宣传马克思列宁主义的运动，

李大钊是中国第一个马克思主义的积极传播者。《法俄革命比较观》是李大钊第一篇论述十月革命的文章，发表于1918年7月的《言治》季刊。在这篇文章中，他指出了十月革命的社会主义性质，阐明了十月革命的意义，并将十月革命与法国资产阶级革命进行了对比分析。同年11月，他又发表了著名的《庶民的胜利》和《Bolshevism的胜利》（即《布尔什维主义的胜利》）两篇文章，进一步歌颂十月革命，指出马克思主义必将在全世界取得胜利。他说：“由今以后，到处所见的，都是Bolshevism战胜的旗。到处所闻的，都是Bolshevism的凯歌的声。人道的警钟响了！自由的曙光现了！试看将来的环球，必是赤旗的世界！”[②]1919年元旦，《每周评论》上发表了李大钊以《新纪元》为题的社论，认为十月革命开辟了新纪元，“带来新生活、新文明、新世界”[③]，号召中国人民应沿着十月革命照亮的道路前进。

李大钊的几篇文章，是当时中国最早、最科学地认识十月革命及其伟大历史

---

① 林代昭、潘国华编：《马克思主义在中国——从影响的传入到传播》上册，清华大学出版社1983年版，第75～76页。

② 李大钊：《Bolshevism的胜利》，载《新青年》第5卷第5号。

③ 李大钊：《新纪元》，载《每周评论》第3号，1919年正月初五日。

意义的划时代作品，同时也标志着李大钊从一个激进的民主主义者向共产主义者转变，表明了中国先进分子在十月革命影响下的新觉醒。

在这一时期，李大钊组织了“马克思主义研究会”，团结一些进步青年，学习和研究马克思列宁主义和俄国革命。1919 年 5 月，在李大钊的主持下，《晨报副刊》开辟了马克思主义研究专栏。与此同时，他又在《新青年》编辑了《马克思研究专号》。李大钊还利用高校讲坛向学生宣传马克思主义。

陈独秀也是这一阶段宣阐马克思主义的先驱。十月革命后，他在自己创办的《新青年》上积极刊载一系列介绍俄国社会主义革命和马列主义的文章。1918 年 12 月，他又与李大钊一起创办了《每周评论》，第一次刊载了《共产党宣言》的摘译。

李大钊、陈独秀等人在宣传马克思主义方面虽有许多不够成熟的地方，但他们为早期马克思主义的传播做出了巨大贡献。正如鲁迅在《守常文集序》中所说：“他的遗文将永存，因为这是先驱者的遗产，革命史上的丰碑。”[①]

五四运动爆发后，马克思主义更加广泛地传播。毛泽东、周恩来、蔡和森、邓中夏、恽代英、瞿秋白等人，也都为此做出了重要贡献。马克思主义这一新的世界观和方法论，不仅为中国人民的救亡运动提供了新的理论指导，而且为中国带来了全新的文化观念。从此中国革命的面貌焕然一新了。

1919 年的五四运动是中国革命的历史转折点。它标志着资产阶级领导的旧民主主义革命的终结和无产阶级领导的新民主主义革命的开始。在俄国十月革命的影响下，在马克思列宁主义传播过程中，中国产生了具有初步共产主义思想的知识分子，并为中国共产党的成立准备了条件。马克思列宁主义与中国革命的具体实践相结合，使中国革命在中国共产党的领导下走上胜利的道路。

【导　读】

1. 毛泽东：《新民主主义论》，《毛泽东选集》第 2 卷，人民出版社 1991 年版。

2. 中国第二历史档案馆编：《北洋政府档案》，中国档案出版社 2010 年版。该档案共 190 册（附《索引》8 册），内容涉及民国北京（北洋）政府时期的政治、经济、军事、文化、外交、教育、司法、监察、民族及社会，是一套颇具研究价值的民国档案专题资料大型图书。

3. 章伯锋、李宗一主编：《北洋军阀（1912～1928）》（共 6 卷），武汉出版社 1990 年版。该书所收资料，起自 1912 年，止于 1928 年，包括文献档案、未刊稿本、政府公报、有关专著、回忆录、文集、资料汇编（包括台湾编辑出版的资料）中的文电记载、外文资料以及解放后出版的近代史史料专刊或期刊。第 1 卷“北洋

---

① 《鲁迅全集》第 4 卷，人民文学出版社 1981 年版，第 402 页。

军阀与北京政府”，第2卷“袁世凯的独裁统治”，第3卷“皖系军阀与日本”，第4卷“直系军阀的兴衰”，第5卷“北洋军阀的覆灭”，第6卷“北洋军阀大事要录”。所收资料以北洋军阀统治下北京政府的活动为主，至于在此期间南方军政府及其各地军阀的资料，除与该书各题有关联者外，一般不予涉及。

4. 来新夏主编：《北洋军阀史稿》，湖南人民出版社1983年版。该书吸取了当时新发现的档案、资料和新发表的研究成果，并对若干问题作出了新的分析和论断，学术价值较高。

5. 丁中江：《北洋军阀史话》(共4集)，中国友谊出版社1992年版。此书是以“史话”形式撰写成的，所引文电和资料均未注明出处，但通俗易读。由于作者对历史的一些提法、用语以及事件的分析评价，与大陆学界有许多不同，应批判地借鉴。

6. 张华腾：《北洋集团崛起研究(1895～1911)》，中华书局2009年版。该书对北洋集团的形成，北洋集团成员的出身、经历、受教育程度、思想特点、精神面貌和工作作风及作为进行了深入细致地考察，在考察的基础上概括出北洋集团不同于其他政治集团的特点，认为兴起之初的北洋集团，是清末统治集团中新兴起的一种具有某种进步性的势力。

7. 钱实甫：《北洋政府时期的政治制度》，中华书局1984年版。

8. 谢本书等：《护国运动史》，贵州人民出版社1984年版。

9.《五四前后东西文化问题论战文选》，中国社会科学出版社1985年版。

10. 杨绪盟：《移植与异化——民国初年中国政党政治研究》，人民出版社2005年版。

11. 皮明庥：《近代中国社会主义思潮觅踪》，吉林文史出版社1991年版。

【思考与讨论】

1. 袁世凯是怎样复辟帝制的？
2. 日本提出的“二十一条”的主要内容和性质是什么？
3. 试述袁世凯复辟帝制的社会基础和败亡原因。
4. 试析护国、护法运动的性质和作用。
5. 概述军阀割据的形成及主要军阀派系。
6. 评述新文化运动的基本内容、性质和历史功绩。
7. 谈谈中西文化之争的三个阶段及其主要内容。
8. 中国旧民主主义革命转变为新民主主义革命的基本历史条件是什么？

下　编

第一章 中国近代史的基本线索与历史分期

在学习和研究中国近代史的过程中，需要对中国近代社会的发展规律和发展方向予以高屋建瓴的把握。这样，透过历史的现象、人物的活动以及重要事件的相互关系来寻找历史发展的基本线索是完全必要的。就中国近代史发展的基本线索来看，它代表和体现着近代中国社会的发展趋势和前进方向，反映和揭示着中国近代历史向前发展的基本脉络和历史主题。在1840～1919年的中国近代史中，反抗外国资本主义的侵略以争取民族独立，打击中国封建主义的专制腐败统治以获得社会进步，顺应从传统农业社会向近代工业社会的转型以谋求近代化，成为近代中国社会向前发展的三条基本线索。

一、近代中国的三大历史主题

世界历史在15、16世纪之交出现了一体化的趋势，随后资本主义在西方的萌生和崛起，既推动了世界历史进程的迅速发展，也使世界的格局骤然改观。与此相伴随的是，西方国家在其向资本主义过渡和发展的进程中，却是在殖民扩张的基础上步入近代资本主义工业社会的，是"用血和火的文字载入人类编年史的"[①]。

近代中国的起始，不是由封建社会进入资本主义社会，而是由封建社会一步步地变成了半殖民地半封建社会。自1840年的鸦片战争起，外国资本主义列强发动了多次侵华战争，他们通过不平等条约，强迫中国割地、赔款、开放通商口岸，并攫取到协定关税、领事裁判权、片面最惠国待遇、开设工厂和修筑铁路权等许多侵略权益，使中国丧失了独立的主权，给中华民族带来了沉重的民族灾难。在近代中国历史中，外国资本主义的侵略不断加深，不但破坏了中国的领土主权、司法主权、关税主权，而且还肆意欺压中国人民。外国资本主义的殖民侵略，导致了中国半殖民地化的程度日益加深，民族危机日趋严重。

---

① 《马克思恩格斯全集》第23卷，人民出版社1972年版，第783页。

正是在民族危难的关头，中华民族以自强不息和不屈不挠的抗争精神，为挽救民族危机和反对外来侵略进行了前仆后继的英勇斗争。中华民族奋起抗争的民族凝聚力和英勇气概，使帝国主义始终没有灭亡中国；中华民族反对外来侵略的壮举，延缓了中国社会向半殖民地、殖民地沉沦的过程。经过反对英国侵略的鸦片战争等一系列反侵略战争的失败之后，中国人民终于赢得了1945年抗日战争的胜利，为中华民族取得独立地位和站立起来打下了坚实的基础。可见，反对帝国主义的侵略以赢得民族的独立，成为中国近代历史的首要任务和第一大历史主题。中国近代反抗外国资本主义侵略的斗争，包括军事、经济、思想、文化、社会诸方面的内容，涵盖不同阶级、阶层的各种形式的奋争。在中国人民争取民族独立的过程中，既有林则徐、左宗棠等一批封疆大吏的反侵略举措，也有三元里抗英、黑旗军抗法、义和团抗击八国联军的群众性斗争；既有像关天培、冯子材、邓世昌、聂士成这样的爱国将领以及英勇献身的士兵，也有如魏源、冯桂芬、康有为、孙中山式的从知识分子层呼喊民族觉醒的先驱人物。近代中国的80年，从爱国救亡到振兴中华，成为时代的强音。

外国资本主义在侵略中国的过程中，与中国封建主义相结合。清王朝作为一个封建专制主义政权，其腐败统治已成为中国近代社会发展的桎梏。它对外无力对抗外国资本主义列强的侵略和渗透，由于统治集团的昏聩虚骄和昧于世界大势而备尝战败的苦果；对内则进行专横统治，政治昏暗，经济凋敝，国力衰弱，阻碍中国社会的进步。

在近代中国，中国人民肩负着反对封建主义的历史重任。这就是只有推翻清王朝的腐朽统治，或只有改变君主专制制度，进行改革和革命，才能谋求社会的发展和争取社会的进步。太平天国农民运动以急风暴雨之势席卷了半壁河山，打乱了清王朝的统治秩序，削弱了它的统治机器，使清朝统治集团的结构发生紊乱和重组，清朝中央对地方的控制有所减弱，这有利于中国人民反清斗争的开展和社会的前进。戊戌维新运动在政治上要求改革旧的封建专制制度，要求实现资产阶级的君主立宪，要求兴民权，并争得某些言论、出版、结社的自由权利，冲破了封建王朝为钳制人们的思想和行动所规定的种种禁例，具有进步作用。接着而起的以建立共和国为嚆矢的辛亥革命成为近代中国首次带有正规意义上的资产阶级民主革命。中国的历史经过辛亥革命的洗礼和刷新而发生了重要的变化，这就是随着清朝封建政权的垮台，在中国延续了两千多年的封建君主专制制度也土崩瓦解了，代之而起的是资产阶级民主共和制。虽然辛亥革命最后以失败而告终，但它毕竟在中国人民中间“撒播了民主共和国思想的种子”，使中国历史前进了一大步。由此可见，反对清王朝统治的三次国内的变革或革命运动，以谋求社会的进步和清扫前进的路障为目的，对于打破清朝封建专制统治的桎梏确实起到了推动历史前进的作用。这是中国近代历史的又一主题。在近代反对清王朝的腐败统治以谋求和争取社会进步的历史发展脉络中，从太平天国经戊戌变法至辛亥革命，呈现逐步向上发展的趋势。

近代中国历史的发展趋势本应是资本主义代替封建主义，实现中国的近代化。但是，外国资本主义侵入中国，却阻碍了中国向资本主义发展的历史进程。尽管如此，从鸦片战争起，林则徐、魏源“师夷长技以制夷”主张的提出，标志着近代中国的近代化思想观念的萌生。19 世纪 60 年代，近代化观念的转换与近代企业的创办开始融为一体。90 年代以后至 20 世纪初，中国的近代化经过戊戌维新、清末新政和辛亥革命，不仅在近代观念的变迁、近代企业的创办方面有长足的进展，而且对君主立宪与民主共和的近代制度的学习和尝试均提高了近代化的层次。中国的资本主义经济冲破外国资本主义和本国封建主义的阻挠，在 20 世纪初有了一定的发展。正是中国近代化的日趋发展，才给近代中国带来了新的生产力，这是中国从传统社会向近代社会转型的一大标志。谋求近代化、求得国家富强，成为近代中国的又一重要的历史主题。

中国近代史的这三大历史主题，构成了近代中国社会发展的三条基本线索。

二、关于中国近代史基本线索问题的讨论

有关中国近代史基本线索问题的讨论，缘起于 1954 年史学界对中国近代史分期的讨论。胡绳在《历史研究》1954 年第 1 期发表的《中国近代历史的分期问题》一文中说：“要解决分期问题，必先确定划分时期的标准，这也就是要确定，我们在叙述中国近代史的主要任务时，是在说明什么，以什么来做基本的线索，循此线索，即可按照发展程序把各方面的历史现象根据其本身的逻辑而串联起来。”显而易见，基本线索概念的提出是为了确定分期的标准。1980 年第 1 期的《历史研究》发表了李时岳的《从洋务、维新到资产阶级革命》一文，该文对“近代中国历史前进的基本脉络”进行了新的阐述，引起了史学界对中国近代史基本线索问题进行深入讨论的兴趣。于是自 20 世纪 80 年代以来，在中国近代史研究领域，关于中国近代史基本线索的讨论成为学者们关注的一大热点问题。学者们普遍认为，这个讨论意义重大，不仅关系到对近代中国社会所发生的一系列重大事件的认识和理解，对中国近代社会各阶级作用的重新评价，而且关系到如何确立中国近代史的体系，怎样理解中国近代史的基本内容，如何阐述中国近代历史的进程与发展脉络或趋向，怎样确定近代中国历史的主题。在讨论中，学者们提出了十几种探讨中国近代史基本线索的说法，既丰富了这个问题研究，也繁荣了学术，更开阔了视野，从而有助于提高从总体上把握与认识中国近代历史进程

的水平。这些说法大体上按照提出的时间顺序并兼顾论点相近分类如下：

1. 三次革命高潮说

胡绳在1954年发表的文章中以太平天国运动、义和团运动和辛亥革命为线索而串联起来，称此为中国近代史中三次革命运动的高涨，并认为革命运动高涨是通过激烈的阶级斗争而充分表露出来的。他的这一观点被史学界概括为“三次革命高潮说”。胡绳在1981年出版的《从鸦片战争到五四运动》一书以三次革命高潮为基本线索，提出本书不认为有理由按照“洋务运动——戊戌维新——辛亥革命”的线索来论述这个时期的历史和进步潮流。他所说的三次革命高潮为太平天国运动、戊戌维新和义和团运动、辛亥革命。

2. 两个过程说

把中国近代史的基本线索称为“两个过程”，是一些学者根据毛泽东在《中国革命和中国共产党》一文中有关“帝国主义和中国封建主义相结合，把中国变为半殖民地和殖民地的过程，也就是中国人民反抗帝国主义及其走狗的过程”这一论断归结而来的。张海鹏认为，毛泽东在这里实际上勾画出了近代中国历史过程的客观内容，是对中国近代社会历史过程的基本概括，也是完整的概括。他还认为，“两个过程”论只是概括了中国近代史的主要线索。我们在论述整个中国近代史的时候，只能以它为指导，不能用它来代替或者包括中国近代史丰富多彩的内容。中国近代史上还有“新学与旧学之争”、“西学与中学之争”，甚至还有统治阶级内部的矛盾和斗争，等等，都是近代史的重要内容，都是近代史研究的对象，都是撰述近代史时应着重说明的问题。但是应当承认，它们在历史发展过程中都包括在“两个过程”的范围之内，都是可以用“两个过程”论的思想来加以解释的。从“两个过程”的线索来看，近代中国人民面临的首要任务是进行反帝反封建的资产阶级民主革命。反对帝国主义以实现民族革命，反对封建主义以实现民主革命。因为帝国主义和封建主义都是阻碍、压制中国民族资本主义发展的反动势力，反帝反封建的民主革命完成了，就可以使中国资本主义的发展走上健康的轨道。①

3. 四个阶梯说

1980年，李时岳在论述中国近代史的基本线索时提出了新的见解。他指出要重视近代史上资本主义经济发生发展的意义，给予资产阶级政治运动以应有的历史地位，并强调说：“1840年到1919年的中国近代史，经历了农民战争、洋务运动、维新运动、资产阶级革命四个阶段……它反映了近代中国社会的急剧变化，反映了近代中国人民政治觉悟的迅速发展，标志着近代中国历史前进的基本

① 参见张海鹏《中国近代史的“两个过程”及有关问题》，载《历史研究》1984年第4期。

脉络。”[①]李时岳所阐述的这四个阶段被史学界称为“四个阶梯”说。

1984年，李时岳对四个阶梯说作了进一步的阐述。他认为不能用帝国主义的侵略作为叙述中国近代史的主线，因为这是中国向半殖民地并向殖民地演化的向下沉沦的趋向。而反映半资本主义化的向上发展的趋向的线索是为资本主义开辟道路的各种斗争，突出的标志则为太平天国农民战争、洋务运动、维新运动和资产阶级革命。李时岳表示“赞成基本上用阶级斗争的表现为线索，不过，必须紧密地联系社会经济的变动进行考察”。在帝国主义和中华民族、封建主义和人民大众这两个根本矛盾基础上发展起来的阶级斗争、革命运动，它们对近代中国社会的演化都起了很大的作用。民族战争失败的结果是中国一步一步地沦为半殖民地和殖民地，国内斗争虽然也是失败，却提供了中国走向独立、民主的一个个阶梯。[②]

4. 争取独立谋求进步说

1983年，胡滨在关于中国近代史基本线索问题的笔谈中指出，近代中国是一个半殖民地半封建社会，当时中国人民面临着争取民族独立(反对帝国主义)和谋求社会进步(发展资本主义)两项根本任务。这两项任务贯串着整个中国近代史，一切斗争，包括政治的、经济的、思想文化的斗争在内，都是围绕着这两项根本任务进行的。它们构成中国近代史的基本线索。在当时的社会历史条件下，要争取民族独立和社会进步，就必须向先进的西方资本主义国家学习，改变中国贫穷落后的状况，实现中国的近代化。这一观念的立论依据是将毛泽东在《新民主主义论》中所说的“帝国主义侵略中国，反对中国独立，反对中国发展资本主义的历史，就是中国的近代史”一段话联系起来，认为中国近代史的基本内容，除了“两个过程”之外，还包含中国发展资本主义和帝国主义反对中国资本主义发展的历史过程在内，强调要重视阶级斗争在经济领域和思想文化领域内的反映，克服阶级斗争理论简单化、片面化的倾向。[③]

5. 反帝反封建双线说

从近代中国反帝反封建的资产阶级民主革命的视角来阐述中国近代史的基本线索，可以称之为“双线说”。孔令仁指出，在中国近代史上，主要有两种反帝反封建的斗争，一种是农民革命运动，另一种是资产阶级的革新、改良和革命运动。前者主要体现为太平天国革命、义和团运动，后者主要体现为洋务运动、戊

---

① 李时岳：《从洋务、维新到资产阶级革命》，载《历史研究》1980年第1期。

② 参见李时岳《中国近代史主要线索及其标志之我见》，载《历史研究》1984年第2期。

③ 参见胡滨《打破框框，开阔视野》，载《文史哲》1983年第3期。

戌变法和辛亥革命。这两种反帝反封建的斗争都是中国近代史的主流。[①] 陈月清认为，中国近代半殖民地半封建社会的性质决定了中国人民的斗争目标是争取民族独立和发展资本主义，而长期的斗争任务便是反帝反封建。由于“帝国主义侵略中国，反对中国独立，反对中国发展资本主义”，所以中国人民的首要任务是反帝，但是由于中国封建势力根深蒂固，而且它又同帝国主义紧密地勾结在一起，所以反帝反封建的任务是不可分的。[②] 苏双碧认为中国近代史的发展线索是制约于半封建半殖民地这个社会性质的，包括中国社会各阶级、阶层在进行反帝反封建的斗争中，认清了帝国主义侵略中国的本质，并努力寻找救国的药方，这个过程就构成了近代历史发展的主要线索。[③]

6. 民族运动的三次高涨说

与“两个过程”和“三次革命高潮”说比较接近的一种说法是“民族运动说”。章开沅指出，综观世界，几乎每个国家进入近代都曾经历过一次或大或小或显或晦的民族运动。中国近代民族运动属于范围更为广泛的殖民地半殖民地人民把反对外国资本主义侵略与反对本国前资本主义落后统治结合起来的民族运动类型。其特点有：其一，人民大众与帝国主义的矛盾是社会的主要矛盾，反对帝国主义的斗争与反对封建主义的斗争一样是历史的主题，近代中国的民族运动，是一种兼具民族独立和社会革新双重要求的混合型运动，中国近代史的基本线索，必须能够概括从鸦片战争到义和团运动历次民族战争的实质。其二，民族运动本身的内容也是很丰富的，民族战争只是它的一个方面，它还包括经济、文化等其他方面。其三，由于当时国内也存在着民族歧视与民族压迫，所以民族运动也包含着被统治民族逐步觉醒并反对统治民族这方面的内容。民族运动的三次高涨，是近代中国历史客观存在的发展整体态势，是由于中国人民反抗帝国主义及其走狗的斗争的兴起与低落而自然形成的波涛式曲线，它体现了中国近代史的基本线索和发展规律。[④]

7. 三个阶梯说

1985年，戚其章通过对此前的有关中国近代史基本线索讨论中的几种观点作了评析后，提出了“三个阶梯说”。他认为，对于中国近代史基本线索的界说，必须要结合中国近代史的具体实际，使之成为一个便于掌握的尺度。在考虑基本线索时，一定要同近代中国社会发展的前途联系起来，反帝斗争固然不能体现

---

① 参见孔令仁《中国近代史上存在着两种反帝反封建的斗争》，载《文史哲》1983年第2期。

② 参见陈月清《要注意经济政治的综合研究》，载《文史哲》1983年第2期。

③ 参见苏双碧《关于中国近代历史的发展线索问题》，载1983年11月9日《光明日报》。

④ 参见章开沅《民族运动与中国近代史的基本线索》，载《历史研究》1984年第3期。

基本线索，就是反封建斗争也不一定每次都能体现基本线索。基本线索的标志，应该是能够反映近代中国社会发展前途的国内阶级斗争。这些斗争，犹如一座座里程碑，标志着中国近代历史发展的进程，从而能够反映中国近代史的发展规律。中国旧式资产阶级民主主义革命的前途就是发展资本主义，那么它是通过什么样的国内阶级斗争来逐步实现呢？这就是它不仅仅表现为改变经济基础的斗争，而且还表现为改革上层建筑的斗争，只有推动社会变革的国内阶级斗争才能体现中国近代史的基本线索。太平天国——维新运动——辛亥革命，构成了近代中国历史发展的三个阶梯。①

8. 历史发展的非线性说

在有关中国近代史基本线索的讨论中，有一种观点认为，尽管这个讨论把中国近代史的研究大大推进了一步，但这场争论又表明这种进步并不意味着根本性的突破，争论各家在观点上的歧义，正反映了他们理论出发点上的同一性，这就是关于历史的线性发展观，而要实现新突破的关键，就是摆脱关于历史的线性发展的束缚。姜进指出，近代中国社会在一个世纪的风云动荡之中，经历了从传统社会到近代社会的巨大变化，这些变化不仅表现为哲学革命和政治革命，而且也在社会结构的最底层，在人们意识形态的最深处悄悄进行着。研究者只有透过表象，进入深层结构中去，才能比较真切地把握近代社会变迁的性质。姜进还认为，20 世纪哲学思维在方法论意义上的新突破，如系统论、信息论、控制论的兴起，使人们突破了传统归纳法和线性因果思维的方法而注意到事物的多维性质和建构主义特征，她希望能超越关于历史的线性发展观。②

9. 近代化说

1988 年，徐泰来提出了以独立的资本主义近代化作为中国近代史基本线索的看法。他认为这一提法既包括了反帝反封建又包括发展资本主义。强调只有把独立的资本主义近代化作为中国近代史的基本线索，才能把中国近代史各方面的历史现象根据其本身的逻辑联系起来，并指出从 1840 年到 1949 年中国近代史的主题就是资本主义近代化以及围绕近代化所展开的一系列斗争。以阶级斗争为基本线索和以独立的资本主义近代化为线索是一致的。③

王晓秋通过对晚清改革史的研究，认为对晚清改革历史作用的认识也涉及中国近代历史的发展线索问题。他指出，中国近代历史发展的根本任务是使中华民族赶上世界潮流，把一个以小农经济为主体的封建专制主义国家，改造成一个独

① 参见戚其章《关于中国近代史基本线索的几点意见》，载《历史研究》1985 年第 6 期。

② 参见姜进《历史研究的非线性化及其方法论问题》，载《历史研究》1986 年第 1 期。

③ 参见徐泰来《关于中国近代史体系问题》，载《湘潭大学学报》1988 年第 1 期。

立、富强、民主、文明的工业化国家，也就是实现中国近代化的目标。只有近代化才能使中国真正自立于世界民族之林。中国近代史上的历次革命、改革及各种反侵略战争、爱国运动、民众斗争，都是为了实现这一根本任务的不同方式和手段。[①]

10. 新陈代谢的新三次革命高潮说

1988 年，陈旭麓提出了以新陈代谢来表达中国近代史基本线索的观点。他指出，研究近代中国社会的线索应分作三个层次来说明：第一，它始终处于大变革的过程，如危崖转石，不达其地不止；第二，一个又一个变革的浪头表现为急剧的新陈代谢，螺旋地推进，螺旋特别多；第三，中国近代社会新陈代谢的本质是一步步有限地推向近代化，即推封建主义之陈，行民主主义（资本主义）之新。近代中国经历的变化是前此数千年的历史所未有，新陈代谢的快速节奏打破了千百年的停滞状态。陈旭麓还从新陈代谢的角度阐述了近代 110 年间的三次革命高潮，因此他的观点还被称作“新三次革命高潮说”。这三次高潮应该是：资产阶级领导的 1911 年（辛亥）革命，推翻了清朝政府；国共合作的 1927 年大革命即国民革命，打倒了北洋军阀政府；中国共产党领导的解放战争，1949 年推翻了国民党的统治，夺取全国胜利。三次革命高潮是新陈代谢的集中体现，都要求全面性的变革，它们的依次发生，在中国近代史上都是划时代的，反映了政治上、思想上新陈代谢的快速步骤。[②]

11. 多条线索说

在中国近代史基本线索问题的讨论中，诸如“三次革命高潮”、“四个阶梯”等说法，大多是属于单一线索论。对此，有的学者阐述了“多条线索”的说法，试图以此来顾及中国近代史的方方面面，从多视角来探寻彼此相关的多条线索。

李双璧指出，以马克思主义的历史合力论为指导，从“大文化系统”（它的历史画面是以递次推进的形式而展开）这一新视角来观察，我们就会发现，近代史发展的“基本线索”不应该只有一条，而应该有若干条。他认为贯穿于整个近代史全过程的线索主要有三条：一是人民大众反对帝国主义和封建主义的斗争；二是在社会生产力变革的影响下，中国步入近代化；三是近代中西文化的冲突，使中国政治结构和文化结构发生裂变。[③]

12. 一条主线与两个过程相结合说

夏东元主张应以“一条主线”（即资本主义酝酿、发生和发展为线索）、“两个

① 参见王晓秋、尚小明主编《戊戌维新与清末新政——晚清改革研究》，北京大学出版社 1998 年版，第 4 页。

② 参见陈旭麓《关于中国近代史线索的思考》，载《历史研究》1988 年第 3 期。

③ 参见李双璧《大文化系统：观察中国近代史体系的新视角》，载《求索》1988 年第 2 期。

过程”(即“帝国主义和中国封建主义相结合,把中国变为半殖民和殖民地的过程,也就是中国人民反抗帝国主义及其走狗的过程”)相结合,来阐明中国近代110年的历史规律。他认为,从1840年到1949年的110年间,中国社会所面临和必须解决的问题,最主要也是最重要的就是如何发展资本主义。中国唯有发展资本主义,才能够达到独立和民主,改变半殖民地半封建社会的性质,这既是中国近代社会发展的客观规律,也是那一个时代先进的中国人追求的中心目标,这是110年近代社会贯穿始终的主要内容。因此,以资本主义的酝酿、发生和发展与“两个过程”相结合,以实现民主与反实现民主规定资本主义的发展和不能顺利发展为基本线索,是比较能全面体现历史发展规律的。①

13. 民族独立与近代化说

近年来,随着近代化研究热的兴起,许多学者不约而同地把近代化纳入中国近代史基本线索问题的讨论中,刘大年提出的民族独立与近代化说具有一定的代表性。刘大年认为,110年中国近代历史基本的运动是民族运动,其内容有两项,一是要求民族独立,二是要求近代化。从西方侵略中国的这一天起,就是民族运动的开始,也就在我们面前提出了近代化的问题。这两个问题不能互相代替,但两个问题又是连在一起,不能分开的。我们说中国近代史的主题基本上是民族问题,就是说鸦片战争到中华人民共和国成立这段时期,中国所有的阶级,没有一个不参加民族斗争,不卷入民族斗争的。他又认为,整个民族运动的过程,也就是中国要求改变社会落后、实现近代化的过程。人们早就提出要自强,希望民族振兴,但总是自强不起来,振兴不起来,走不上近代化道路,原因就在于有帝国主义与封建主义相勾结,使中国遭受民族压迫,处在殖民地半殖民地、半封建统治秩序下,就因为那种统治秩序所竭力保护的生产关系,严重阻碍着中国新生产力的发展,阻碍中国实现近代化。由此可以得到一个结论,中国要使新生产力得到发展,实现近代化,必须先争取民族独立,推倒半殖民地半封建统治秩序,即解决生产关系问题。②

张海鹏也阐述了与此说法比较接近的观点。他指出中国近代史要回答的问题既包括中国如何在外国资本主义、帝国主义侵略下走上半殖民地半封建道路的等内容,也包括中国新的社会阶级力量怎样同帝国主义、同封建主义作斗争,去争取中国的民族独立,去准备中国现代化的起步条件的内容。近代中国历史是自1840年起逐渐走向半殖民地半封建社会的历史,也是中国人民从旧民主主义革命走向新民主主义革命并最终赢得民族解放的历史。从另一个意义说,是

---

① 参见夏东元《110年中国近代史应以戊戌变法为分段线》,载《历史研究》1989年第4期。

② 参见刘大年《中国近代历史运动的主题》,载《近代史研究》1996年第6期。

世界主动走向中国、中国被迫走向世界的历史,也是中国艰难地走向现代化的历史。这110年历史变化的深度、广度、剧烈程度及其给中国未来发展所带来的推力,恐怕为中国五千年历史变化所仅见。[①]

14. 四大趋向说("四重奏"说)

对于近代中国百余年来的历史发展趋向,北大学者罗荣渠用"衰败化"、"半边缘化"、"革命化"、"现代化"这四大趋向来阐述,这一理论框架集中体现于其《走向现代化的中国道路》一文。[②]

"衰败化"的主要标志是"国家政治权威的衰落与立国的阶级基础农业和农村的衰败"。从19世纪初道光朝以来,国家面临着极为严重的变故。咸丰朝以后,清廷皇帝的年幼与慈禧太后垂帘听政,再加上内外困局面的滋扰,逐渐导致军政大权从中央向地方转移。这一衰败之势不但没有在清王朝解体与"虚幻共和"建立之后结束,反而使得国家政治权威进一步衰败,进而导致地方军阀混战的局面。一直到1949年中华人民共和国成立,才真正结束了这种内部衰败化的严峻局面。与政治衰败平行发展的是经济衰败。传统小农经济受到落后生产技术与生产关系的束缚,加上当时巨大的人口增长压力与连年不断的天灾人祸的双重打击,世界经济危机的影响等因素,进一步加剧了农村下层阶级的破产、分化与流亡。

"半边缘化"即半殖民地化。鸦片战争后,西方资本主义入侵,导致以中国为中心的东亚朝贡体系解体,中国仍保有主权与独立,但不可避免地逐步沦为新兴的西方资本主义世界体系的半边缘地位,这一趋势被称为"半边缘化"。这方面的研究是过去革命史学的一个中心课题。但按照"两个过程"论的分析框架,对"边缘化"的解释,过往都从帝国主义侵略的视角立论,这从政治和道义上来说是完全正确的;但从世界历史的进程来看,问题却要复杂得多。从现代化的视角来看,在西欧中心地区孕育并发展起来的现代经济推动力的向外扩张,首先是作为一种破坏力量去改变农业世界的社会经济结构和国际秩序,使之从属于中心地区发展的需要,为西方发展资本主义提供了外在条件。但在农业社会被边缘化进而纳入资本主义世界体系过程中,这些农业社会地区本身也在发生着社会变革而逐步走向现代化,以适应工业化的全球扩张趋势与格局建构。清王朝的衰败之所以未能引向另一次王朝循环,就是因为世界史上的一种新力量介入了中国的变革,从而根本上改变了中国历史的航向。

---

① 参见张海鹏《关于中国近代史研究的思考》,载1999年3月12日《光明日报》。

② 参见罗荣渠《走向现代化的中国道路》,载《现代化新论续篇——东亚和中国的现代化进程》,北京大学出版社1997年版,第102~107页。

"革命化"，这是过去运用革命史范式研究的最多的一个问题。"革命化"中的"革命"泛指在"衰败化"与"半边缘化"两种趋势冲击下出现的各种激进形式的斗争，通常说法就是用暴力对抗和推翻旧政权的造反或起义。但现代意义上的革命应该有新的内涵，它一般发生在政治发展落后于社会经济变革的社会之中，是具有现代纲领的革命政党实现政治结构大变动的各种激进斗争。近百年来中国的革命既包括传统形式的农民战争，也包括现代形式的资产阶级激进改革以及民族、民主革命运动，这些革命都充当了现代中国变革的加速器。

"现代化"，是中国在世界发展大潮的推动下，实现现代经济增长、制度革新、文化复兴的各种努力引起的社会变革趋势。这里所谓的"现代化"，是指引进现代生产方式后中国发生的深刻的社会革命。19世纪后期以来，中国先后发生了适应现代世界生活的重大变革，具体表现为：兴办现代工业，建立民主共和体制，废除科举制实行新的学制，引进西方科学技术，发展铁路、公路、航空等现代交通运输与通讯事业，改革旧礼俗与建立新风尚，等等。尽管中国仍然是一个落后的农业大国，但传统的乡土社会已经开始解体，城乡关系已发生急剧变化，显现出许多复杂的过渡社会特征。中国正在经历深刻的社会变革，缓慢地从传统社会走向现代社会。

"四大趋向说"将近代中国的历史性巨变从单向度分析转变为多向度、多侧面的分析。多种趋势的同时存在反映了现代化过程是一个多线性、多方向的矛盾运动。罗荣渠以上关于近代中国社会演进的"四大趋向说"，既不同于传统的阶级斗争史观指导下的"一点论"，也不同于认为近代中国既有"沉沦"又有"上升"的"两种趋势说"（"两点论"）。此外，他还进一步指出了近代中国社会演化的"四大趋向"是由近代中国的"三大矛盾"决定的，这"三大矛盾"是：殖民主义侵略和反殖民主义侵略的矛盾；资本主义新生产方式与中国古老的小农与手工业结合的生产方式的矛盾；以基督教文化为核心的现代工业—商业文明与以儒家文化为核心的农耕文明的矛盾。

经过广大史学工作者的探索与争鸣，有关中国近代史基本线索的讨论无论在深度上还是在广度上都有所进展，而且出现了宏论迭出、观点各异的情况，形成了进行学术研讨的氛围。现在我们应当扬各种说法之长，避各种说法之短，对中国近代史的基本线索进行比较客观的阐述。

首先，应当准确、完整地理解毛泽东关于中国近代史的一些论述。毛泽东在《中国革命和中国共产党》中讲过"帝国主义和中国封建主义相结合，把中国变为半殖民地和殖民地的过程，也就是中国人民反抗帝国主义及其走狗的过程"的话，在《新民主主义论》中也曾指出："帝国主义侵略中国，反对中国独立，反对中国发展资本主义的历史，就是中国的近代史。"从这两段话中，我们可以看出有三层含义:一是帝国主义要把中国变成它们的半殖民地和殖民地,也就是反对中国的独立;二是中国人民肩负着反帝反封建的双重任务;三是近代中国应当发展资本主义,而帝国主义却不容许中国资本主义的发展。显然,能够反映近代中国前进脉络的是后两层含义,即进行反帝反封建斗争和发展资本主义。

其次,近代中国处于前所未有的时代巨变之中,矛盾复杂,曲折多态,内容极为丰富。因此,仅用三次革命高潮说或四个阶梯说寻找一个历史发展的线索,未免过于单薄,不能充分反映中国近代史各个层面之间的关系,未免给人以跳跃或跨越某一重要历史阶段之感。综观近代中国八十年,至少可以归出三条历史发展线索。线索之一:反对帝国主义侵略的斗争。帝国主义通过发动一系列的侵华战争,使中国半殖民地化的程度不断加深。同时,中国人民进行了反对外国侵略斗争,尽管中国的反侵略战争均以失败告终,但这些战争仍带有抵抗外来侵略的意义。从这个角度来看,中国近代史上所进行的所有反侵略战争,包括两次鸦片战争、中法战争、中日战争、义和团战争等展示出这条历史发展的线索。线索之二:反对清政府封建统治的斗争。清政府的腐败统治是近代中国社会进步的一大障碍,它对外不能有效地抵御列强的入侵,对内又阻止各种进步潮流,于是有太平天国农民运动、戊戌变法运动和辛亥革命运动,代表了人民大众反对封建统治的主流,形成又一条历史前进的线索。线索之三:发展资本主义,实现中国的近代化。从林则徐、魏源的“师夷长技以制夷”,到洪仁玕的《资政新篇》;从洋务派的“自强”、“求富”,创办近代军事工业和民用企业,到维新派、革命派要求振兴工商、主张发展实业,都反映了中国近代由资本主义经济替代封建主义经济的历史趋向。虽然中国的近代化并未实现,但洋务运动、维新运动、革命运动都程度不同地促进了中国资本主义的产生和发展,这也构成了中国近代史发展的一条线索。

三、中国近代史的分期

中国历史分为古代史、近代史、现代史三个部分,基本上是按照社会性质的不同而划分的。由于 1840 年的鸦片战争之后,中国一步步地变成了一个半殖民地半封建社会,因此,史学界较为一致的看法是以 1840 年作为中国近代史的开端。在 1954 年开始的有关中国近代史的分期问题的讨论中,大体上是把近代史的界限划定在从鸦片战争到五四运动,而把 1919 年五四运动以后的历史称作现代史。从 1956 年起,有学者提出因为从 1840 年的鸦片战争到 1949 年中华人民共和国成立前,中国的社会性质是半殖民地半封建社会,中国的革命性质是民主主义革命,所以中国近代史应当指从鸦片战争到新中国成立前 110 年的历史。

这一见解目前已得到史学界的肯定，而且许多有关中国近代史的著述逐步将1840～1919年的中国近代史延伸至1949年。如白寿彝为总主编的《中国通史》（上海人民出版社1999年版）中，龚书铎主编的第11卷为近代前编（1840～1919年），王桧林、郭大钧、鲁振祥主编的第12卷为近代后编（1919～1949年）。当然，受到高等学校的学科专业设置方面的影响，许多教材的内容仍然是把1840～1919年的历史作为近代史来阐述，如李侃等著高等学校文科教材《中国近代史》（中华书局版）、王桧林主编的高等学校文科教材《中国现代史》（高等教育出版社版）则是从1919年开始阐述到中华人民共和国成立的历史。因此，无论是把近代80年还是110年作为中国近代史的内容来阐述，都是可行的。

有关中国近代史分期问题，最初是由胡绳提出的，目的是为了克服以往许多近代史著作中或以皇帝年号、或以某些表面政治现象（如“积弱”、“变政”、“共和”）划分近代史时期和阶段的做法，主张要着重解决划分时期的标准问题，提出了以三次革命运动高涨来作为划分时期的标准。[①] 确实，中国近代史的开端是以外国资本主义打开了中国的大门，中国社会逐步变为半殖民地半封建社会，中国人民不断进行着反帝反封建的斗争，中国由传统农业社会向近代工业社会转型为特征的。这些状况的出现和发生是在清朝的晚期，因此，不少学者把1840年鸦片战争到1911年辛亥革命期间的历史又称作“晚清史”，把此后的1912～1949年的历史称作“民国史”。这样，尽管110年的中国近代史包括晚清和民国两个时期，但正由于中国近代史的开端不是以朝代的更替为标志的，所以简单地从表象上把近代史的分期按晚清史和民国史来区分是不适当的。正如陈旭麓所言，这个110年不同于秦汉以来任何一个历史时期，而是一个特殊的历史社会形态，即在封建社会崩溃中被卷入资本主义世界的半殖民地半封建社会。[②] 于是，史学界在如何把握中国近代史的分期标准和怎样划分近代史不同的阶段方面进行的各种探讨，一方面使近代史分期问题成为近代史研究中的一个热点，另一方面对中国近代历史时期的划分也有助于在教学科研中掌握不同时期或阶段的特点。

在怎样对中国近代历史进行分期，掌握什么样的标准来划分历史的不同时期，史学界的一些观点是有借鉴价值的。

刘耀从中国近代历史前进的方向着眼，根据中国近代史上出现的三次不同程度的资产阶级性质的运动，把中国近代史划分为四个时期：(1)1840～1864年，这是中国半殖民地半封建社会开始和旧式农民战争时期。这个时期的推动

---

① 参见胡绳《中国近代历史的分期问题》，载《历史研究》1954年第1期。

② 参见陈旭麓《关于中国近代史线索的思考》，载《历史研究》1988年第3期。

历史前进的动力是农民阶级。(2)1864～1895年,这是半殖民地半封建社会形成和地主阶级改革派推行带有资产阶级倾向的洋务运动时期。资产阶级改良主义思想的酝酿,普遍的反洋教运动,在这个时期也占有重要的地位。(3)1895～1905年,这时资产阶级改良主义形成高潮,发生了戊戌变法,同时,又发生了义和团反帝爱国运动。(4)1905～1919年,这是中国民族资产阶级领导中国革命的时期。这个时期所发生的事件都是围绕着辛亥革命进行的。[①] 胡绳在《从鸦片战争到五四运动》一书中主张以社会政治力量配置的变化和革命运动的高涨作为划分历史时期的标准,并把从鸦片战争到五四运动这80年的历史分为四个时期:从鸦片战争到太平天国失败(1840～1864年);从太平天国失败到义和团运动(1864～1901年);从义和团运动失败后到辛亥革命(1901～1912年);从辛亥革命失败到五四运动(1912～1919年)。李侃等的《中国近代史》根据中国近代阶级斗争和经济结构的变化,把1840年至1919年近代史分为六个时期:(1)1840～1851年,鸦片战争与中国近代史的开端;(2)1851～1864年,太平天国农民战争;(3)1864～1895年,中国资本主义的产生和外国侵略的加深;(4)1895～1901年,戊戌变法和义和团运动;(5)1901～1913年,辛亥革命;(6)1913～1919年,旧民主主义革命的终结。[②] 李新认为,历史的分期应该按照马克思主义关于社会发展的学说,应该根据生产方式、社会制度来划分。他主张将1840～1949年的中国近代史具体地划分为十二个阶段:其中前六个阶段为:(1)1840～1851年,中国近代史的开始,外国资本主义的侵入;(2)1851～1864年,太平天国运动;(3)1864～1894年,列强侵略的加深,洋务运动的破产;(4)1894～1901年,资产阶级改良主义运动的破产,义和团运动的失败;(5)1901～1912年,资产阶级革命运动的兴起,清朝封建专制政府的覆亡;(6)1912～1922年,北洋军阀政府的建立,旧民主主义革命的失败。[③] 胡维革、程舒伟认为,110年的中国近代史应以"时代中心"为分期标准,"时代中心"是政治、经济、思潮、阶级、阶层或派别的有机相连、环环相扣的复合体。他们把110年的中国近代史分为三个时期:第一时期,1840～1895年,是封建主义延续和衰落的时期;第二时期,从1895～1927年,是资本主义发展和停滞的时期;第三时期,从1927～1949年,是新民主主义产生、发展和胜利的时期。[④] 张海鹏主张应以中国近代新的社会阶级力量怎样同帝国主义、封建主义作斗争,去争取中国的民族独立,去准备中国现代化的起

① 参见刘耀从《中国近代史研究中的几个问题》,载《社会科学战线》1980年第2期。

② 参见李侃等《中国近代史》(第3次修订本),中华书局1983年版。

③ 参见李新《关于中国近现代历史分期问题》,载《历史研究》1983年第4期。

④ 参见胡维革、程舒伟《也谈110年中国近代史的分期问题》,载《东北师范大学学报》1991年第3期。

步条件为标准进行分期，并把1840～1949年的中国近代史分为六段：1840～1864年，既是中国初步沦为半殖民地半封建社会的时期，也是中国社会的积极力量作出强烈反应的时期；1901～1915年，是中国半殖民地半封建社会向下沉沦到谷底时期，虽有辛亥革命推翻清政府，但袁世凯取得政权又部分回到清朝统治的局面；1916～1937年，中国社会内部发展开始呈现上升趋势；1937～1945年，日本全面侵华，中国进行全民族的抗日战争；1945～1949年，是中国两大政治势力决定中国发展方向而决战的时期。[①]

李良玉不赞成以1919年将中国近代史分为前、后两个时期，而主张建立以国家政权为轴心，以政治、经济、文化、外交、法律和社会生活的全面框架为对象的叙述体系，将110年的近代史划分为五个阶段，即1840～1861年，1861～1894年，1894～1912年，1912～1927年，1927～1949年。[②] 房德邻认为中国近代史应该是通史，而不是专门史。以1919年划界的中国近代史其实是民主革命史，属于专门史而不是通史，所以不应被称为中国近代史。中国近代史不是晚清史与中华民国史的简单相加。他进一步指出，通史分期划分的主要依据是社会形态和政权形态，因此，1912年中华民国成立的意义远远超过1919年五四运动的意义。110年的近代史以1912年为界划分为前、后两个阶段：前一个阶段其实只是"前近代"，后一阶段才是"近代"，因为1912年南京临时政府的成立才建立了一个近代的国家政体，明显不同于帝制下的晚清历史。[③] 姜涛认为不必拘泥于1840～1919年或1840～1949年的所谓近代史的上下限之划分，以1919年五四运动等为标志的相对史（中国革命史也是一种相对史），逐渐让位于1912年清帝逊位、中华民国成立等为标志的绝对史的分界，其实也正是我们身处的"现在"的时点已逐渐后移的一种必然。近代史是一门真正与时俱进的学科，它的活的灵魂就是"近"。它必须回答现实所提出的一系列问题，这是不以任何人的意志为转移的。然而"近"也不是无限逼近，而是应该与"眼下"保持一定距离。在他看来，近代史应包括：清史（而不仅仅是晚清史）、中华民国史（1912～1949年）和（与眼下保持一定距离的）中华人民共和国史（1949年至今）。[④] 夏明方认为应以不断变动着的近代或当下为节点的通变史观，将历史时期的划分与历史视野的贯通结合起来，打破1840、1919、1949、1978、1989等年限，从历史的长时段探讨近代中国社会变迁的历程，着重解决历史的连续与断裂问题，即所谓研究时限的

① 参见张海鹏《关于中国近代史的分期及其"沉沦"与"上升"诸问题》，载《近代史研究》1998年第2期。

② 参见李良玉《关于中国近代史的分期问题》，载《福建论坛》2002年第1期。

③ 参见房德邻《中国近代史的含义究竟是什么》，载《近代史研究》2010年第2期。

④ 参见姜涛《近代史就是要近》，载《近代史研究》2010年第2期。

“历史化”。①

中国近代史分期问题上的分歧，主要是由于分期标准不一致引起的。实际上，中国近代史的阶段划分，有的是有明显界标的，而有的则是前后交叉的，因此应当把历史的横断面与历史的纵向发展联系起来，以展示中国近代史的概貌，并通过具体的历史阶段把握不同时期的历史特质，以便把握近代中国社会发展的基本脉络。

【导　读】

1. 胡绳：《从鸦片战争到五四运动》(上、下册)，人民出版社1981年版。该书以三次革命高潮说为基本线索，阐述了中国近代史的前期即从鸦片战争到五四运动期间的历史。该书由序言、绪论和五编内容组成。

2. 徐泰来主编：《中国近代史记》上册，湖南人民出版社1989年版。该书以近代化为线索对1840～1919年的中国近代史进行了阐述。周谷城在为该书所作的“序”中指出要“把中国近现代史的研究，放在世界现代化中去研究”，认为该书揭示了中国近代历史发展的基本线索，是独立的资本主义近代化。该书由绪论和六章内容构成。

3.《历史研究》编辑部编：《中国近代史分期问题讨论集》，三联书店1957年版。该书结集了1954～1957年参加讨论的许多著名学者的论文，是详细了解、掌握50年代中国近代史分期问题讨论高涨的重要文集。

4. 梁景和：《中国近代史基本线索的论辩》，百花洲文艺出版社2004年版。该书史料丰富，结构严谨，首次廓清了20世纪后半期中国近代史基本线索论辩的体系和脉络。书中的整体分析与个案点评以及研究思路的建议，具有重要的启发性与创新性。该书虽在近代史基本线索“现代化”等问题上似着力不足，但仍是继续探讨中国近代史基本线索及其论辩不可回避的重要学术著作。

5. 曾景忠：《中国近代史基本线索讨论述评》，载《近代史研究》1985年第5期。该文不仅对史学界50年代有关中国近代史分期讨论中涉及近代史基本问题的几种观点作了简要的回顾，而且重点就80年代初史学界所热烈讨论的中国近代史基本线索问题作了较为全面的综述与评价，并就有关问题提出了述评作者本人的观点。

6. 徐秀丽主编：《过去的经验与未来的可能走向——中国近代史研究三十年(1979—2009)》，社会科学文献出版社2010年版。该书是《近代史研究》编辑部于2009年10月召开的同名学术研讨会论文集，共分为范式与分期、视野与方

① 参见夏明方《中国近代历史研究方法的新陈代谢》，载《近代史研究》2010年第2期。

法、回顾与展望三大板块，邀集诸多当前中国近代史研究领域的重要学者撰文与会，不仅在于继承好的学术传统、总结过去、更在于揭示问题、开辟未来，以期深入分析改革开放以来中国近代史研究领域的经验教训，评估现状，探讨今后的发展方向。

7. 张海鹏：《关于中国近代史的分期及其“沉沦”与“上升”诸问题》，载《近代史研究》1998 年第 2 期。

8. 胡维革、程舒伟：《也谈 110 年中国近代史的分期问题》，载《东北师大学报》1991 年第 3 期。

9. 俞祖华、李永璞：《近代中国的“时代中心”与近代史的分期》，载《烟台大学学报》1995 年第 1 期。

【思考与讨论】

1. 三次革命高潮说与四个阶梯说的异同有哪些？
2. 中国近代化能否纳入中国近代史的基本线索？
3. 谈谈你对中国近代史基本线索的看法。
4. 你认为中国近代史应当怎样分期？

第二章 中国近代化与社会转型

中国近代化，亦称“中国早期现代化”或“现代化”，是指近代中国社会资本主义化的历史进程。由于中国的近代化是因为以工业文明为标志的西方资本主义对近代中国撞击而发生了从农业社会向近代工业社会的转型，也就是近代中国向资本主义近代化的转型，因此，通常所说中国近代化就是指这一社会的转型。

一、中国近代化发生的历史动因

关于西方资本主义崛起后世界近代化浪潮中的中国近代化进程的问题，可以从马克思主义理论的认识和讲解来分析认清这一问题的实质。马克思和恩格斯在《共产党宣言》中说：“资产阶级，由于一切生产工具的迅速改进，由于交通的极其便利，把一切民族甚至最野蛮的民族都卷到文明中来了。”“资产阶级在它的不到一百年的阶级统治中所创造的生产力，比过去一切世代创造的全部生产力还要多，还要大。”①可见，马克思和恩格斯肯定了资本主义产生后对社会生产力的巨大推动作用，同时也指明了世界一切民族都要卷入世界近代化的潮流中去。在如何深入理解外国资本主义对中国的侵略与中国近代社会转型问题上，马克思在《不列颠在印度的统治》中的见解颇有启发意义。马克思说：“不列颠侵略者打碎了印度的手织机，毁掉了它的手纺车……不列颠的蒸汽和不列颠的科学在印度斯坦全境把农业和手工业的结合彻底摧毁了。”“的确，英国在印度斯坦造成社会革命完全是被极卑鄙的利益驱使的，在谋取这些利益的方式上也很愚钝。但是问题不在这里。问题在于，如果亚洲的社会状况没有一个根本的革命，人类能不能完成自己的使命。如果不能，那末，英国不管是干出了多大的罪行，它在造成这个革命的时候毕竟是充当了历史的不自觉的工具。”②毛泽东在《中国革命和中国共产党》中指出：“帝国主义列强侵略中国，在一方面促使中国封建社会

① 《马克思恩格斯选集》第1卷，第255～256页。

② 《马克思恩格斯选集》第2卷，第65、68页。

解体,促使中国发生了资本主义因素,把一个封建社会变成了一个半封建的社会;但是在另一方面,它们又残酷地统治了中国,把一个独立的中国变成了一个半殖民地和殖民地的中国。"[1]从马克思和毛泽东的这些论述来看,西方工业国家对东方传统农业国家的侵略,尽管是被"极卑鄙的利益驱使的",但它毕竟促成了以农业和家庭手工业相结合的自然经济的解体,这对于东方国家来说,从传统农业社会向近代工业社会的转型,是一个历史的进步;同样,西方列强对东方的侵略,是要把东方国家变成它们的半殖民地和殖民地,破坏了东方国家的独立与主权,这种促进作用只是"充当了历史的不自觉的工具"。

马克思所说的"人类能不能完成自己的使命"问题,在古代中国向近代中国的转型之际,经世思想与经世派的崛起,开眼看世界思想与"师夷长技以制夷"主张的提出,确实成为中国的近代社会到来之际为迎合世界近代化的挑战所出现的能够去完成自己使命的一股新风。

经世,即治世,是中国传统思想的精华,其特点是在学风上力倡"经世致用"。19世纪20～40年代,清朝统治愈益显露出封建衰世的景象,西方侵略的步步进逼和不平等条约的签订,加速了"天朝上国"的衰落。于是,在清朝统治集团中,分化出了地主阶级的改革派,因他们主张经世致用,又称为"经世派"。经世派除提倡"学以致用"和关注河工、漕运、盐政"三大政"外,更重要的表现有两个方面:一是开始注视中国的海疆和开眼看世界。林则徐在广东的海防举措和组织力量编译《四洲志》,魏源编撰《海国图志》,夏燮著《中西纪事》,徐继畲撰写《瀛寰志略》,梁廷枏著《海国四说》,为国人打开了眺望世界的窗口。二是从力禁鸦片到加强海防和提出"师夷长技以制夷"的时代命题。龚自珍视"鸦片烟则食妖也",主张力禁,并强调防范英国的武装侵略,提出"火器宜讲求"的建议。林则徐不但领导了禁烟运动,在虎门销烟后写下"蛮烟一扫海如镜"的诗句,而且意识到"查办禁烟,武备尤其整肃",积极加强海防并抵御了英军的侵略;尤其是他提出"制炮必求极利,造船必求其坚"、"制炮造船,则制夷已可裕如"的主张,被魏源概括为"师夷长技以制夷"。魏源既痛感"鸦烟流毒为中国三千年未有之祸",又在鸦片战争后编有《圣武记》和《海国图志》,特别是在《海国图志》中强调了"师夷长技以制夷"。

经世派继承的是中国文化传统的"通经致用"精髓,因而就经世思想本身来说,它不属于近代思想的属性。然而经世派的崛起恰逢中国社会从传统社会向近代社会的转型之际,经世派能否适应这一转型,经世思想能不能够为近代思想的产生起到积极的助推与促进作用,这是考察经世派与近代社会早期转型之间

① 《毛泽东选集》第2卷,第630页。

关系的重要问题。其中着重要看经世派能不能够在西学东渐、西力东侵这个方面为中国近代社会提供新的思想意识。这样,关注时务、应付变局便成了当务之急。

在鸦片战争前后,怎样了解“夷情”、关注“瀛海故实”和如何寻求“御夷”“制夷”之方,是当时的两大“时务”。正是经世派主张“通经致用”,以此学风来对待西学东渐与西力东侵,才使得清朝统治者长期昧于世界大势的状况有所改观,不但有开眼看世界思想的涌动,而且由此形成的海防思潮,对于认识怎样御侮起到了重要的作用。因此,冯天瑜指出,鸦片战争前后的经世实学承袭着儒学经世的传统,同时又孕育着近代新学的某些开放、启蒙的因子。此时经世实学的这种双重性格,是由它得以产生的时代特征所决定的。经过鸦片战争的教训,经世派中一部分人变法图强的方略中,除“古时丹”之外,又加上了“外来药”。当然经世实学作为古学的一种新形态,也带着古学所固有的惰性,如经世派中不少人有轻视商品经济的倾向。然而,此时的经世实学又确乎是近代新学赖以产生的最直接的民族文化土壤,它是中国的“古学”通往“新学”的中介和桥梁。[①]

鸦片战争时期的善于开眼看世界的人物都是“经世致用”学风的倡导者,但也不是所有的经世派人物均能够开眼看世界,这是经世思想与开眼看世界思想的联系与区别。开眼看世界的思想以了解世界和学习西方为特质,它反映的是从传统的闭关心态向近代开放意识的递转,从对西方近代文明的排斥到主动加以吸收的心路变化,开眼看世界思想为中国近代化观念的产生与深化起到了前驱先路的作用,洋务运动正是在这一思想的影响下启动的。

二、中国近代化的内涵与类型

中国近代化就是中国的近代资本主义化。它的核心是工业化,同时它不仅是经济领域的近代化,还应包括政治、文化、教育、观念、军事、外交等社会诸领域的近代化。

当然史学界在有关“中国近代化内涵”及这一概念问题上是有不同意见的。徐泰来在其主编的《中国近代史记》中以近代化为线索描述了从鸦片战争到五四运动80年间的近代中国历史。徐泰来在该书“绪论”中指出,近代化是表示向近代文明变化、向近代文明过渡的概念。它是人类社会各个方面综合变化的历史过程,不能单纯把它理解为工业化。近代化的主要表现有三个方面:一是在生产力发展方面,即手工操作向机器生产的变化;二是在生产方式方面,由封建主义

① 参见冯天瑜《中国文化史断想》,华中理工大学出版社1989年版,第129~133页。

向资本主义的变化；三是在政治方面，由封建专制向资产阶级民主共和的变化。近代化标志着人类文明进入一个新的高度和变化。近代化的核心、本质是资本主义化。所以，近代化可以叫作“资本主义近代化”。苑书义通过对中国与英法等国近代化的比较，点明了中国近代化的特点，并把从鸦片战争到新中国成立前110年的中国近代化历程分为前、后两个时期以分别其各自内涵的不同。他指出，就英、法等西欧国家而言，所谓近代化就是使社会摆脱中世纪的封建形态而资本主义化。这是一个很长的历史过程，包括经济、政治、社会和思想等方面的变革。近代化是一个综合的概念，其核心是经济近代化。近代化是世界历史发展的必然趋势，但世界各国近代化的历程却不尽相同。和英、法等国近代化历程比较，半殖民地半封建中国的近代化道路具有明显的特色。英、法等国的近代化，主角是资产阶级，内涵是资本主义化。中国近代化却随着时代的变迁，而两易主角和内涵。前80年近代化的主角是民族资产阶级，内涵是资本主义化；后30年无产阶级跃居近代化主角，近代化的内涵也随之而变成为社会主义开辟道路的新民主主义化。①

罗荣渠在《现代化新论——世界与中国的现代化进程》一书中提出应先对“现代化”还是“近代化”正名，认为近年来我国报刊发表的论述西方国家从封建主义向资本主义过渡、工业革命、日本明治维新、中国洋务运动等问题的史学论著中，有人使用了“近代化”这个术语。其中有的用法显然是借自日本史，有的用法则是把西文的“现代化”误译为“近代化”，这是一个新的外来语译名尚未定型时常有的现象。他强调“近代化”概念不适用于中国史，应当统称为“现代化”。接着，罗荣渠对现代化的含义作了界定，概括为四个方面：(1)现代化是指在近代资本主义兴起后的特定国际关系格局下，经济上落后国家通过大搞技术革命，在经济和技术上赶上世界先进水平的历史过程；(2)现代化实质上就是工业化，更确切地说，是经济落后国家实现工业化的进程，即现代化就是指人类社会从传统的农业社会向现代工业社会转变的历史过程；(3)现代化是自科学革命以来人类急剧变动的过程的统称；(4)现代化主要是一种心理态度、价值观和生活方式的改变过程。②

针对罗荣渠的见解，乔志强、行龙认为，“现代”或“近代”总是相对于“传统”而言的。传统社会和现代社会是两种不同性质的社会，由传统社会向现代社会变迁的过程就是现代化的过程。就中国历史而言，1840年发生的鸦片战争可视为由传统社会向现代社会过渡的界标，因为自此以后传统受到了现实的严峻挑

① 参见苑书义《中国近代化历程述略》，载《近代史研究》1990年第3期。

② 参见罗荣渠《现代化新论——世界与中国的现代化进程》第1编第1章，北京大学出版社1993年版。

战,中国人对现代化的探索已开始,中国近代史上发生的现代化过程便可称之为近代化过程。因此,结合国内史学研究的实际情况,称之为"近代化"更为妥帖和符合实际。[①]

其实,在中国近代史研究领域,无论是使用"近代化"或"现代化"还是"早期现代化"的概念,其所揭示的内涵基本上是一致的。不少学者正是用了"近代化"或"现代化"等术语来探讨中国近代由传统农业社会向近代资本主义工业社会的转型这一近代化的过程,以至于有的学者在同一篇或不同的文章中交替使用"近代化"或"现代化"的概念,说明这两个概念的同一内涵是指中国近代的资本主义化。对此,许多学者提出了他们的见解。刘大年指出,近代化的核心是工业化。从落后的封建社会进到工业化,是与资本主义分不开的。中国封建经济相当发达,走向资本主义,实现近代化,是历史发展的一种趋势。[②] 林家有认为:中国的近代化,亦称之为"现代化",指从 1840～1949 年期间的资本主义现代化。无论是现代化还是近代化,归根到底是在近代中国决定承担近代化任务的主要载体都是中国的资产阶级,因此近代化实际上也是资本主义化。[③] 李文海指出,始于晚清的中国近代化,也称作"现代化",意思一样。近代化并不仅仅是一个经济问题,它从来就是一个经济、政治、思想、文化等各种因素综合作用的产物。从 19 世纪后期到 20 世纪初期的中国,近代化或现代化就是资本主义化,这无疑是对的。但资本主义化绝不是仅指资本主义经济的发展。经济的发展常常要政治等多种手段为其开辟道路。[④]

因此,"近代化"或"现代化"概念在这里所揭示的内涵就是近代的资本主义化。至于近代化的核心是经济问题或说工业化,还是把近代化视为经济、政治、思想、文化的综合产物,这只是学者们在对近代化所含内容与范围理解的不同。

世界的现代化是历史发展的必然趋势,但世界各国的现代化历程又不尽相同,类型也有区别。因此,许多学者开始注重对近代化或现代化类型的探讨,以求揭示中国近代化的自身特点,促使这个问题的研究向深层次拓展。许多学者把英法等国率先完成从农业社会向工业社会过渡,并通过建立资本主义制度的社会变革而逐步实现的现代化,称为"早发内生型现代化",把受到西方列强侵略,开始以西方资本主义为榜样而进行现代化探索的国家的现代化称为"后发外生型现代化",并认为中国的近代化或现代化属于后一种类型。

---

① 参见乔志强、行龙《中国近代社会史研究中的几个问题》,载《史林》1998 年第 3 期。

② 参见刘大年《当前近代史研究中的几个理论问题》,载 1997 年 1 月 11 日《人民日报》。

③ 参见林家有《孙中山的革命观——兼论辛亥革命对中国近代化的影响》,载《孙中山振兴中华思想研究》,广东人民出版社 1996 年版。

④ 参见李文海《对中国近代化历史进程的一点看法》,载《清史研究》1997 年第 1 期。

三、中国近代化的演进层次

在有关中国近代文化的演进层次方面，史学界流行着一种说法，即器物→制度→心性的三段式演化形式。这种观点对于理解西学东渐后中国人对西方文化的认识层面来说，是很有价值的。然而，中国近代化的演进层次却不尽如此。中国的近代化包括近代观念的转换、近代企业的创办和近代民主制度的吸纳三个方面的对近代文明的追求和实践活动。

第一，近代的转换主要指从传统闭关锁国心态向近代开放意识的递转，从对西方近代文明的排斥到主动加以吸收的心路变化。

清王朝长期的闭关锁国，使整个封建统治集团既昏庸又顽固，对世界大势的发展茫然无知。因而，直到鸦片战争爆发时的19世纪40年代，英国的工业革命已有八十多年的历史，世界近代化的进程业已席卷欧美，清王朝却仍然昧于世界大势，以致由于闭关锁国而沦落到落后挨打的境地。可见闭关锁国是导致中国未能跟上世界近代化运动的重要因素。正如邓小平在总结历史经验时所说："任何国家要发达起来，闭关自守都不可能。我们吃过这个苦头，我们的老祖宗吃过这个苦头。恐怕明朝明成祖时候，郑和下西洋还算是开放的。明成祖死后，明朝逐渐衰落。以后清朝康乾时代，不能说是开放。如果从康熙算起，也有近二百年。长期闭关自守，把中国搞得贫穷落后，愚昧无知。"[①]此论可谓远见卓识。从清朝的闭关锁国来看，它的确把中国搞得愚昧无知，远远落于世界大势发展之后。

因此，摈弃闭关心态而转向开放观念，已是近代社会到来之际的切实需要。林则徐成为中国近代开眼看世界第一人，魏源则成为海防思想的集大成者。他们的新见解率先突破了闭关社会心态的制约，以开放为特点的中国近代化思想由此发端。在太平天国农民起义营垒中也出现了近代化方案。洪仁玕的《资政新篇》可谓其代表作。洪仁玕不仅把诸如火车、火船、千里镜、量天尺、连环枪、天球、地球等物视为"正正堂堂之技"，称它们"皆有探造化之巧，足以广闻见之精"，而且强调应以开放来取代闭关。

第二，19世纪60年代，中国出现了洋务运动，其特点是观念的转换与近代企业的创办融为一体，通过"采西学，制洋器"的方式，经过"求强"与"求富"两个阶段，创办了近代军事工业和民用企业，把林则徐、魏源倡导的"师夷长技以制夷"的主张付诸实践，在中国近代化的起步上起到了积极的作用。

① 《邓小平文选》第3卷，人民出版社1993年版，第90页。

60年代创办的一批近代军事工业，标志着近代化的机器生产在中国开始出现。70年代兴办起来的民用企业，使中国的近代化运动向更深层次扩展。军事工业的创办，带有明确的求强目的。洋务派感到："不可不熟思所以自强之策"，"船坚炮利，外国之长技在此，其挟制我国亦在此"。民用企业的创办，则带有明显的求富目的。

19世纪60～90年代的洋务运动尽管没有使中国真正走上富强之路，但对它在促进中国的近代化和抵御外侮、挽回利权方面的积极作用应予以充分肯定。

第三，19世纪90年代至20世纪初，中国的近代化运动经戊戌变法、清末新政和辛亥革命，不仅使近代观念转换、近代企业创办都有了长足的进展，而且对近代民主制度的探索和吸纳使得近代化的层次大为提高。

戊戌变法时期，维新派认为仅从器物方面学习西方，而不采纳其政治制度，不能从根本上解决问题。因此，他们主张吸收西方资本主义制度文化中的长处，以君主立宪来替代君主专制。当然，戊戌新政的措施包括经济、文化教育、军事、政治等方面的改革。"百日维新"的诏令中设立农工商局，保护和鼓励发展农工商业，设立路矿总局，兴办铁路和矿业的措施有利于经济的近代化。裁汰冗员，取消重叠机构，允许官民上书言事的措施和设立制度局的构想促进了政治的近代化。

清末新政是继戊戌新政之后的又一次近代化运动，它同样包涵经济、文化教育、军事、政治等方面的改革。在形式上它同戊戌新政有相似之处，在内容上它超过了戊戌新政的改革力度。清廷在上谕中称："凡有能办农工商矿，或独立经营，或集合公司，其确有成效者，即各从优奖励。"清末新政在经济改革中的作用确实很明显。同时，清末新政在军事近代化和教育近代化的过程中，编练了新军和培养了一批知识分子。

辛亥革命则在政治近代化上以推翻清政府的专制统治和建立民主共和国为根本任务，特别是后者更能体现其政治革命的特质。孙中山说："讲到那政治革命的结果，是建立民主立宪政体。照现在这样的政治论起来，就算汉人为君主，也不能不革命。"这就给人们展示出了一种完全新型的理想与目标，对长久以来形成的且已根深蒂固的皇权主义思想予以全盘否定。辛亥革命在对近代民主制度的追求方面超过了此前的各种运动。辛亥革命后所建立的资产阶级共和国否定了君主专制制度，这无疑是中国政治近代化的一个丰硕收获。也正是由于辛亥革命以民主共和国为最高政治追求，它在思想领域内不仅批判了封建专制的毒素，而且扬弃了改良与君主立宪的政治方案，使得民主共和观念逐步深入人心且成为人们评判政权体制的尺度。辛亥革命后，凡有帝制自为者都受到了历史的唾弃，也说明了这一点。辛亥革命在促进经济、文化教育和社会的近代化方面同样起到重要作用。资产阶级革命派不仅以振兴实业相号召，而且在南京临时政府成立后颁布了一些保护工商业，奖励实业的法令和章程，以推动资本主义工商业的发展。

因此，中国近代化的发展层次，从拯衰于兴、转弱为强、摈弃闭关的心态而置换以开放的理智，到追求较高的政治目标，掀动兴办企业的浪潮，无疑使中国的政治、经济、文化教育、军事等方面的综合国力较鸦片战争以前有了根本的改观。

在有关近代化层次的研究方面，章开沅从对外反应与近代化的角度阐述了这一问题。他指出，人们常把中国先进知识分子对于近代化的认识过程区分为三个层次或三个阶段，即器物、制度、心性。这作为总体的大略勾画未尝不可，但如考察个别人物的思想与实践，则很难作如此简单明快的分割，即以魏源首倡的"师夷长技以制夷"而言，他所说的"技"并非仅限于器物，他也没有把"长技"狭隘地理解为单纯的技术或技巧。章开沅还指出，有些论者把戊戌变法与辛亥革命都列为追求制度变革的层次，这种说法有所依据但也不尽准确。诚然，戊戌维新要变的法确实是各种制度，包括与此相适应的一系列政策法令。然而，维新派同样重视物质文明与心性文明，并且理解物质、制度、心性之间的联系。这说明物质、制度、心性三种文明层次的勾画，在不同历史阶段虽然各有所侧重，但由于三者之间固有的密切联系，因此必然有互相交叉、重合、渗透之处。这说明社会变革或近代化乃是一个巨大的系统工程。①

从观念变迁的角度来看中国的近代化，愈益受到史学界的重视。李长莉通过对晚清社会风习与近代观念的演生的考察，在这个方面做了尝试。她指出，在世界现代化潮流中，中国作为一个具有古老文化传统的东方国家，在西方近代化文明的直接冲击下，与西方近代文明相会合，并在本民族文化精神的支配下，以自己特有的方式走上了独具特色的近代化发展道路。在19世纪后半叶的中国晚清时期，即西洋文明冲击中国社会的初期，出现了一些新的社会风习、新潮流、新时尚。例如洋货风行、经商热、拜金潮等等，反映了中国社会各个阶层在生活方式及思想观念上的变化，其中的"重商"、"商本"思想，成为中国早期近代化观念的主要内容。②

四、关于争取民族独立与近代化的关系

就争取民族独立和谋求近代化而言，前者是要反对外国资本主义对中国的

---

① 参见章开沅《愤悱·讲画·变力——对外反应与中国近代化》，载《历史研究》1991年第2期。

② 参见李长莉《晚清社会风习与近代观念的演生》，载《社会学研究》1993年第6期。

侵略,后者是要寻找中国人从传统社会向近代社会转型的途径;前者面对的是西方列强要把中国变成他们的半殖民地和殖民地,后者面对的是怎样把一个贫穷落后的中国通过近代化的过程转变成一个富强进步的中国。因此,近代中国的历史现状要求中国人民既要完成争取民族独立以阻止半殖民地化的过程,也要迎合世界历史的发展趋向在中国实施近代化的方案。争取民族独立和谋求近代化是相辅相成的。近代化的生产力和经济基础只会有助于民族独立,也就是说不可能设想依靠传统的刀矛弓箭能打败近代化的西方列强,也不可能设想没有资本主义经济的产生和发展,会有资产阶级维新派和革命派登上政治舞台。当然,近代中国由于遭受帝国主义的侵略变成了一个半殖民地国家,中国人民必须反对外来侵略以争取民族独立。同时,帝国主义对中国资本主义依然是打击迫害,中国要发展资本主义也需力挽利权。这样,中国近代化的进程也含有争取民族独立的成分。近代中国的发展趋向应当是一个独立、富强的中国,而不是一个只独立不富强的中国。也就是说不实现民族的独立不可能真正实现近代化,但不能说在没有完成国家独立的重任之前中国不可以有近代化。因此,争取民族独立与谋求近代化应当是紧密相关而非互相对立的。同样,在阐述近代化的历史进程时也不可忽视争取民族独立的斗争。

中国近代史上,中国人民要反对外国资本主义的侵略以争取民族独立;同时,中国近代社会也要顺应世界历史的发展潮流,走向近代化。问题是在外国资本主义侵略中国而使中国向半殖民地化演化的过程中,中国的近代化是否也带有半殖民地化的色彩,中国人民要争取民族独立和谋求近代化有没有一个先后顺序。围绕着这两个方面的问题史学界分歧意见较大。徐泰来认为,外国资本主义侵略和世界资本主义近代化潮流的冲击,激起了中华民族的觉醒和中国社会内部因素的资本主义近代化的要求。这是外部因素激发起来的中国社会内部资本主义近代化的主动因素。这种主动因素同中国社会内部的资本主义萌芽的近代化的自发因素汇合起来,就逐渐成了中国近代社会的主流。中国近代史的主题就是资本主义近代化以及围绕近代化所展开的一系列斗争。[①] 祁龙威则认为,鸦片战争开始的中国近代史充分证明,有两条互相对立的"近代化"道路:一条是爱国主义者走过的道路,先是资本主义化,最后转向社会主义;另一条是投降主义者走过的道路,表面是资本主义化,实质是半殖民地化,要区分这两种近代化。[②] 吴承明指出,在近代中国,不清除帝国主义的侵略势力和封建主义的束缚,要实现工业化只能是个幻想。但不是说,就应当否定当时人们的任何工业化

① 参见徐泰来《关于中国近代史体系问题》,载《湘潭大学学报》1988 年第 1 期。

② 参见祁龙威《试论从鸦片战争开始的中国近代化》,载《扬州师范学院学报》1990 年第 4 期。

的努力。因为如果没有一定的新式产业，没有中国的资产阶级和无产阶级，就不会有成功的反帝反封建的革命。当然，没有一个立足于本国大地、适应本国国情的发展战略，是不可能实现工业化的。[①] 刘大年认为，民族独立与近代化是两件事，不能互相代替。民族独立不能代替近代化，近代化也不能代替民族独立。它们紧密地连在一起，不是各自孤立的。没有民族独立，不能实现近代化；没有近代化，政治、经济、文化永远落后，不能实现真正的民族独立。中国人民百折不挠地追求民族独立，最终目的仍在追求国家的近代化。但是，民族独立与近代化毕竟是两个不同的问题，它们各有各的特定内容，民族独立是要改变国家民族被压迫的地位，推倒半殖民地半封建统治秩序，从根本上说是解决生产关系的问题。近代化则是要改变中国经济、文化落后的地位，要发展以近代工业生产力为主干的社会生产力。从根本上说是解决生产力的问题。[②] 龚书铎指出，中国近代社会的变革，实现近代化，走向繁荣富强，不能脱离近代中国的社会实际，必须与半殖民地半封建社会的实际密切联系起来，与帝国主义和封建统治的实际密切联系起来，不应当将近代化与反帝反封建斗争对立起来，更不应当否认这一斗争。帝国主义使中国沉沦为半殖民地化，又使中国停留在半封建状态。历史事实表明，帝国主义的入侵既没有使中国进入资本主义社会，也没有使中国实现资本主义近代化。认为西方列强赞成和帮助中国实现近代化，不反对帝国主义可以实现近代化，是不符合历史实际的。不进行反帝斗争，不改变半殖民地半封建的地位，不改变帝国主义在中国的压迫和掠夺，要实现中国近代化是不可能的。[③] 李文海、黄兴涛指出，在整个近代社会，中国民族面对着两大历史任务：一是争取民族独立和人民解放，一是实现国家繁荣富强和人民共同富裕。前一任务是为后一任务扫清障碍、创造必要的前提的。讲中国的近代化，不能无视或者脱离这两大历史任务。毋宁说，中国近代化的历史进程，正是围绕着这两大历史任务实现而不断前进的。在"后发外生型"近代化国家，其近代化的启动会较多地受到外来因素的影响，包括资本帝国主义侵略的客观刺激。但与此同时，后者也必然给这些民族和国家带来深重灾难，使得民族解放和国家独立，成为其近代化实践必不可少的重要组成部分，并构成其实现经济工业化和政治民主化的首要前提。[④]

近年来，学者们在一场关于中国近代史研究中的"革命范式"与"现代化范式"的讨论中，又对"民族独立与现代化关系"进行新的阐释。

---

① 参见吴承明《近代中国工业化的道路》，载《文史哲》1991年第6期。

② 参见刘大年《当前近代史研究中的几个理论问题》，载1997年1月11日《人民日报》。

③ 参见龚书铎《近代中国社会变革的思考》，载《历史教学》1997年第11期。

④ 参见李文海、黄兴涛《戊戌百年祭：一个近代化视角的思考》，载《文史知识》1998年第6期。

“范式”(Paradigm)一词，源于当代哲学家托马斯·库恩(T. Kuhn)的名著《科学革命的结构》，意指为某一科学家群体所认同并使用的理论、方法。他认为，科学的进步并不仅是量的积累，而是质的飞跃，不同的科学家群体有着不同的研究方法、研究重点、提问方式和理论体系，即不同的“范式”。科学的进步就是“范式”更迭，而且旧“范式”的衰退与新“范式”的涌现与当时的社会环境、社会实践和社会心理有着密切的关系。1995年，美国学者阿里夫·德里克(Arif Dirlik)率先提倡中国近代史研究中以“现代化范式”正式取代“革命史范式”，并将其称之为后革命时代的“范式危机(crisis of paradigm)”。[①] 但紧接着，中国学者提出不同看法，认为当时中国近现代史研究中的新进展就是在“革命”的传统范式之外出现了“现代化”这个新范式。现在还谈不上这个新范式已经取代了传统范式，只能说是出现了两种范式并存的局面，当时的主导范式依然是革命史范式。因此，彼时中国大陆学术界似乎还谈不上抛弃革命的“范式危机”。[②]

有学者认为，对近代中国百余年历史的重新认识与改革开放的“新时期”几乎同时起步不是偶然现象。改革开放后，“时代精神”已经由激烈的“革命”、“斗争”转向对现代化的追求，尽管为时嫌晚。这就为从“现代化”的角度来重新认识百余年中国的“新范式”的出现和影响的不断扩大提供了先决条件。这种新“范式”与旧“范式”的最大不同，在于前者更能主要从“现代化”的角度来看待、分析中国近代史，而不是把中国近代史仅仅看为一场“革命史”。但其在肯定新、旧“范式转换”的过程中强调：“以农民起义”为主线的“旧范式”，是以“革命”、“夺权”、“反抗”、“斗争”为“时代精神”的那一社会阶段的必然且合理的产物。[③]

所谓“革命范式”(旧范式)，就是“以马克思主义关于社会基本矛盾的学说为主要视角，来建构自己的理论框架”，“按照这一理论框架，中国近代半殖民地、半封建社会中，帝国主义与中华民族的矛盾，封建主义与人民大众的矛盾，乃是近代社会的两大基本矛盾，因此，争取民族独立以反对帝国主义，争取社会进步以反对封建主义，乃是近代社会发展的主要趋势，并以此作为评价历史事件、历史人物的主要标准和参照系”。在这一框架中，“阶级斗争、革命斗争诚然被给予更多的关注，但并不认为中国近代史‘仅仅是一场革命史’，更不是所谓以‘农民起

---

① 参见[美]德里克著，吴静研译(香港)《革命后的史学：中国近代史研究中当代危机》，载《中国社会科学辑刊》1995年春季卷。

② 参见罗荣渠《走向现代化的中国道路》，载《现代化新论续篇——东亚与中国的现代化进程》，第99页。

③ 参见雷颐《总序：为了前瞻的后顾》，载冯林主编《重新认识百年中国国——近代史热点问题研究与争鸣》，改革出版社1998年版，第2页。

义为主线'"。[①] 所谓"现代化范式"(新范式)是指:"以现代化为中心来研究中国近现代史,不同于以革命为中心来研究中国近现代史,必须重新建立一个包括革命在内而不是排斥革命的新的综合分析框架,必须以现代生产力、经济发展、政治民主、社会进步、国际性整合等因素标志对近一个半世纪的中国大变革给予新的客观定位。""九十年代以来,中国自己的现代化理论在历史唯物主义的基础上开始形成。理论的主要基点是:把以阶级斗争作为社会变革的根本动力转变为以生产力的发展作为社会变革的根本动力;现代化作为世界历史进程的中心内容是从前现代的传统农业社会向现代工业社会的大转变(或大过渡)。从这个新视角来看,鸦片战争以来中国发生的极为错综复杂的变革都是围绕着从传统向现代过渡这个中心主题进行的,这是不以人们意志为转移的历史大趋势。有了这个中心主题,纲举目张,就不难探索近百年中国巨变和把握中国近现代史的复杂线索。"[②]

新旧范式并非截然对立,其间亦存在某种联系。现代化范式丝毫没有贬低革命的意义,更不是要忽略对革命的研究,革命还有充当现代化加速器的重要作用,探求解决现代化问题的手段,应当包括革命和改革两种基本手段。[③]"现代化范式"中认为的"真正意义的现代化"包含四个方面的基本内容,即"民族化、民主化、工业化、理性化"。其中"民族化"就是"反抗帝国主义侵略以争取民族独立",即旧范式中的"帝国主义与中华民族的矛盾";"民主化"就是"反对封建专制以争取社会进步",也就是旧范式中"封建主义与人民大众的矛盾"。

在关于新旧范式的讨论过程中,学者周东华指出了现代化范式的真正立场:民族独立与现代化既有必然联系也无必然关系[④]。原因有以下两点:首先,现代化范式认为民族独立与现代化有必然联系,但是这种必然的联系绝非前提与结果的"条件"联系,而是刘大年先生所说的"不是各自孤立"、"不能互相代替"的关系。在民族尚不独立的前提下,近代中国不但存在着"连续的现代化运动",而且在此前提下,中国人也能自觉地探索"适合本国国情的现代化道路",从这个角度讲,民族独立与现代化无必然联系。其次,现代化范式把"民族独立"和"现代化"的关系具体归纳为"民族独立是现代化的一个重要方面,民族化本身就是现代化

① 吴剑杰:《关于近代史研究"新范式"的若干思考》,载《近代史研究》2001年第2期。

② 罗荣渠:《走向现代化的中国道路》,载《现代化新论续篇——东亚和中国的现代化进程》,第100、102页。

③ 参见周东华《中国近现代史研究的"现代化范式"——对两种批评意见的反批评》,载《学术界》2002年第5期。

④ 详见周东华《正确对待中国近代史研究的"现代化范式"和"革命范式"——与吴剑杰、龚书铎先生商榷》,载《社会科学论坛》2005年第5期。

过程的一个侧面”，用毛泽东的话说就是“肃清了资本主义发展道路上的障碍物”，用现代化范式使用者的话来说：“反帝、反封建的改革和革命既是现代化的一个组成部分和一种重要动力，也为现代化建设解决制度、道路问题，并扫清障碍。”[①]在民族尚未独立的前提下，虽然近代中国可以从事现代化运动，探索现代化的道路，但是正因为“民族不独立”，中国的现代化受到很大的冲击，中国的现代化始终未能在一个正常的环境下健康发展，因此，这就需要“革命”来充当“推动现代中国变革的加速器”[②]，也因此，“在中国的历史条件下，革命化不仅仅是中国巨变的四大趋向之一，而且是中国现代化的一种特殊表现形式”[③]。

五、关于社会转型与近代化的理论问题

近几年来，“社会转型”一词在史学界不仅颇为清新，而且相当流行。用社会转型来描述中国的近代化或现代化，已成为不少学者探讨中国近代化问题的一个新视角。

马敏指出，以近代西方工业文明的撞击而引起的中国近代社会变迁，本质上就是完成传统农业社会向现代工业社会的过渡或转型，也就是通常所说的现代化。所谓社会转型，实际上是一种整体性的社会结构变迁。它有两层最基本的含义：其一，社会转型是一种社会质变过程。作为一种社会质变，社会转型可以用革命的手段来实现，但更多地体现为量变的积聚过程，很大程度上是依靠不断的调整和改革来加以完成。其二，社会转型是一种特殊的结构性变动，与社会发展相联系。中国近代社会转型的困境实际上源于国家与社会两个方面，因困境的解决只能从“市民社会”营造或国家政权建设二者的互动关系中找一种平衡的解决方案。[④] 刘伟认为，近代中国的社会转型，从总体上看是从传统农业社会向近代工业社会的转变，伴随着这一转变的，是社会政治、经济、文化诸方面新旧结构的更替过程，呈现多层面的交错运动态势，表现为五种发展趋势：中央政府权威削弱及其衰败化；在西方列强侵略下国家地位的边缘化；传统政治体系向近代体系演化的民主化；社会经济演变的市场化；国家与社会结构的二元化。五种趋势构成中国近代化的阻力与推力，使近代中国既表现为从传统农业国向近代工业国的转型，但又无法完成这一转型。[⑤]

① 虞和平：《中国现代化历程》第1卷“绪论”，江苏人民出版社2001年版，第22页。

② 林被甸、董正华：《现代化研究在中国的兴起与发展》，载《历史研究》1998年第5期。

③ 罗荣渠：《走向现代化的中国道路》，载《现代化新论续篇——东亚和中国的现代化进程》，第115页。

④ 参见马敏《有关中国近代社会转型的几点思考》，载《天津社会科学》1997年第4期。

⑤ 参见刘伟《近代中国社会转型的发展趋势及其特征》，载《华中师范大学学报》1997年第1期。

与社会转型相联系的是有关对市民社会的研究，近几年有数篇论文问世，其中朱英就市民社会的作用及其与中国早期现代化的成败问题作了探索。朱英认为，市民社会指的是民间力量。在西方一些原生型现代化的国家中，市民社会更多的是发挥制衡国家的功能，与国家的对抗性也比较明显；而后发外生型现代化国家中的市民社会，虽也具有制衡国家的功能，但相对而言这方面的功能并不占主导地位，其更突出的作用是与国家的互补性，弥补国家在某些方面功能的欠缺和不足。从近代中国的具体情况看，在工业化启动阶段市民社会尚未萌发时，仅限于片面畸形地发展军事工业；而在市民社会的雏形初始形成的19世纪末、20世纪初，民营工业则获得了两次发展高潮而成为工业化的主导，同时还出现了振兴实业的热潮。这种情况，与马克思所说的西方国家市民社会的成长与资本主义经济发育成熟相同步也是十分吻合的，它说明近代中国市民社会的雏形同样也在经济现代化的过程中发挥了一定的作用。即如通过对商会这一近代中国的典型市民社会团体的分析，不仅可以看出市民社会自身为推动经济现代化发展所采取的一系列措施，并且说明了国家制定的许多经济改革措施及政策，也只有通过市民社会的经济团体发挥桥梁联结作用才能真正得到贯彻实施。由此表明，近代中国市民社会雏形萌生之后，也已成为经济现代化进程中不可或缺的一支重要力量。①

有的学者强调完善和规范近代化理论，并以戊戌变法为例，点明从社会转型的角度来扩大研究视野的重要性。李喜所指出，就近些年的中国近代史研究来讲，最重要的是系统、完善并规范近代化理论，或曰现代化理论。如果将一个半世纪的中国历史进程看作是由传统社会向现代社会的转型，那么近代化史观必须解决社会转型的一系列理论问题。社会转型包括政治、经济、思想、文化、学术、行为规范、风俗道德等许多方面，也涉及发展、改革、革命、社会稳定等一系列问题。例如戊戌变法，放在一百多年中国社会向现代化转变的整个过程中去研究，仅仅研究其社会背景、变法过程、主要人物的思想、失败原因、历史意义等就不够了，必须从整体的社会建构中去提出问题和研究问题。诸如戊戌变法时期的官僚队伍及其结构和政治倾向的分析，改良派的队伍及其素质的考察，文化启蒙及范围的研究，资本主义新经济发展程度的解析，各阶层生活水准的解剖，社会对改革承受力的分析，改革运作方式的研究，等等。如果从社会转型去着眼，则研究的问题更多，也更有意义。②

中国近代化也就是近代中国向资本主义化的社会转型，它包括的内容相当

① 参见朱英《市民社会的作用及其与中国早期现代化的成败》，载《天津社会科学》1998年第2期。

② 参见李喜所《戊戌变法百年再审视》，载《历史教学》1998年第7期。

广泛,几乎涉及中国近代史的各个领域。因此,从社会转型的视角来考察近代中国的发展过程,有助于全景式地把丰富多彩的近代历史展现出来,以便于把握其发展规律。

正是在史学界愈益重视对近代化问题研究的氛围中,胡绳呼吁"以现代化为主题来叙述和说明中国近代的历史",希望能有"以现代化为主题写出来的中国近代史"。他指出:"从1840年鸦片战争以后,几代中国人为实现现代化做过些什么努力,经历过怎样的过程,遇到过什么艰难,有过什么分歧、什么争论,这些是中国近代史中的重要题目。以此为主题来叙述中国近代历史显然是很有意义的。"[①]使中国近代史的研究再上一个新台阶,恰是史学工作者努力的目标。

【导　读】

1. 罗荣渠:《现代化新论——世界与中国的现代化进程》,北京大学出版社1993年版。该书分为"大转变时代的新历史观"、"现代世界发展趋势通论"、"转型期中国发展趋势通论"3编内容。第1编的第1章阐述了现代化理论与历史研究的关系,其中包括现代化的含义、现代化与马克思主义等问题。第3编以"中国走向现代化的艰难历程"、"中国近百年来现代化思潮演变的反思"两章内容论述了1949年前的中国现代化进程的有关问题;其中关于中国现代化进程的独特运动形式、近代世界发展大趋势与中国选择时机的自误、现代化意识的最初萌芽和明确显示等专题颇有新意。

2. 许纪霖、陈达凯主编:《中国现代化史》第1卷,上海三联书店1995年版。该书论及的时间范围为1800～1949年。该书"总论"部分涉及中国现代化的启动类型与反应性质、中国现代化的历史主题与运作背景等问题。在该书的22章中阐述了巨变前的社会经济景观、新思潮的萌动、危机中的政治嬗变、中国工业化的发轫、士大夫的流产变革、社会经济结构的二元化、世纪转折点上的文化思潮、清末新政——从传统向近代的过渡、新政的替代物——革命、从民主政治到权威政治、文化变迁与价值重建运动、北洋政府时期的经济、"五四"后的社会文化思潮、军绅政权和国民革命、国民政府权威的建立与困境、南京政府的十年经济、现代化变迁中的土地改革、主体文化与文化主体的颠覆、国民政府的战时集权、战时统制经济、文化的价值重建与政治抉择、国民党政权在大陆的衰败等问题。

3. 罗荣渠:《现代化新论续篇——东亚与中国的现代化进程》,北京大学出版社1997年版。该书在进一步阐发《现代化新论——世界与中国的现代化历

① 胡绳:《〈从鸦片战争到五四运动〉再版序言》,载《近代史研究》1996年第2期。

程》所提出的重要理论观点的基础上，从政治、经济和文化变革等不同角度着重探讨了东亚与中国的现代化进程。这两部书结构和内容有机地联系为一个整体，比照阅读，更能领会作者关于中国现代化理论的特色和深意。

4. 周积明、郭颖：《震荡与冲突——中国早期现代化进程中的思潮和社会》，商务印书馆2003年版。该书从晚清末年反传统思潮的崛起、农村的骚乱、工业化道路之争、帮会的蔓延等方面剖析了中国现代化之路上的震荡与冲突，并对中国早期现代化进程中的思潮和社会进行了深入分析。

5. [美]吉尔伯特·罗兹曼主编，国家社会科学基金“比较现代化”课题组译：《中国的现代化》，江苏人民出版社1998年版。该书是一批美国学者近年研究中国现代化事业的综合性著作。它从晚清中国与西方交手并着手现代化说起，一直写到十一届三中全会，从国际环境、政治结构、经济发展、社会整合和科技进步等五大方面，论述了中国现代化事业在晚清、民国初年、北京政府、国民党政府和建国后各个时期的起步、彷徨、动摇、发展、挫折、再发展的艰难历程。作者对中国国内问题的探讨，持论颇为客观。对于想了解国外如何看待中国现代化的读者来说，该书具有重要参考价值。

6. 章开沅、罗福惠主编：《比较中的审视——中国早期现代化研究》，浙江人民出版社1993年版。

7. 李文海：《对中国近代化历史进程的一点看法》，载《清史研究》1997年第1期。

【思考与讨论】

1. 怎样理解中国近代化的内涵？
2. 中国近代化与近代争取民族独立的斗争是什么样的关系？
3. 谈谈你对中国近代化进程的看法。

第三章 中国近代史上的爱国主义

爱国主义在中国源远流长，历久弥坚，内涵丰富。中国近代是落后挨打、备受欺凌的屈辱时代，同时也是爱国主义激发昂扬、异彩纷呈的时代。爱国主义成为纵贯中国近代史的一个主题，是学习和研究中国近代史的重要组成部分。新中国成立以来，史学工作者主要在爱国主义的表现形式和思想上展开了广泛深入的研究。近二十年来这方面发表的学术论文众多，其繁荣之势经久不衰，尤其在 1994 年 8 月 23 日中共中央关于印发《爱国主义教育实施纲要》的通知中明确指出："爱国主义历来是动员和鼓舞中国人民团结奋斗的一面旗帜，是推动我国社会历史前进的巨大力量，是全国各族人民共同的精神支柱。在新的历史条件下，加强爱国主义教育，继承和发扬爱国主义传统，对于振奋民族精神，增强民族凝聚力，团结全国各族人民自力更生，艰苦奋斗，具有重要的现实意义和深远的历史意义。"随后，在史学研究中再次掀起了一个研究爱国主义问题的高潮，取得了一批富有价值的研究成果，丰富和深化了中国近代史研究的内容。

一、近代爱国主义的内涵

爱国主义是一个内涵相当广泛的概念，凡是公民为维护祖国的尊严和利益所采取的一切行动，都可以说是爱国主义。列宁是这样表述的："爱国主义就是千百年来固定下来的对自己的祖国的一种最深厚的感情。"① 毛泽东则指出："爱国主义的具体内容，看在什么样的历史条件之下来决定。"② 江泽民明确指出："爱国主义是一个历史范畴，在社会发展的不同阶段、不同时期有不同的具体内容。我们所讲的爱国主义，作为一种体现人民群众对自己祖国深厚感情的崇高精神，是同促进历史发展密切联系在一起的，是同维护国家独立和广大人民的根本利益密切联系在一起的。"③

① 《列宁选集》第 3 卷，人民出版社 1972 年版，第 608 页。

② 《毛泽东选集》第 2 卷，第 520 页。

③ 江泽民：《爱国主义和我国知识分子的使命》，载 1990 年 5 月 4 日《人民日报》。

1. 近代爱国主义的历史范畴

从1840年鸦片战争开始，由于外来侵略的日益加深，中国逐渐变成了半殖民地半封建的畸形社会，这就迫使具有光荣斗争传统的中国人民，掀起了连绵不断的反抗斗争，并把争取民族的独立和国家的富强，作为开展爱国主义斗争的核心内容和根本目标。

综观旧民主主义革命八十年的历史，从林则徐到孙中山，近代爱国志士们掀起的斗争浪潮一浪高过一浪，其爱国主义内容始终围绕着争取民族独立和国家富强这一历史主题；从林则徐的“固疆强国”，到洪秀全的“革故鼎新”，从康有为的变法维新、救亡图存，到孙中山的“推覆专制，创建共和”，都深刻地反映出近代爱国主义斗争的具体内容是随着中国近代社会矛盾的不断激化和中华民族的日益觉醒而不断丰富发展的。

同时，我们再从不同的角度看旧民主主义革命八十年的历史。其间，既有像林则徐、邓廷桢、关天培、陈化成、葛云飞、王锡朋、郑国鸿、左宗棠、冯子材、刘永福、邓世昌、左宝贵等，为保卫祖国神圣领土，血洒战场，英勇抗击外国侵略者的民族英雄，也有像曾纪泽、薛福成、杨儒等，不畏强暴，通过外交手段，折冲樽俎，努力维护国家主权的使臣；既有如龚自珍、黄遵宪、丘逢甲等，用激越的诗文抨击黑暗现实、抒发爱国主义情怀的爱国诗人，也有如詹天佑、冯如、李善兰、徐寿、华蘅芳等，用智慧和才能献身学术，为中华民族争气、争光的优秀科学家；既有像魏源、冯桂芬、郑观应、王韬、马建忠等，探求“师夷长技以制夷”方略的爱国思想家，也有像洪秀全、杨秀清、陈玉成、余栋臣、曹福田、张德成等，率领农民群众向帝国主义或封建势力进行“武器的批判”的英雄汉；既有像康有为、梁启超、谭嗣同、严复等，倡导变法图存、激励民气的维新志士，更有像孙中山、黄兴、秋瑾、邹容等，敢于用革命手段向旧制度开战、为实现民主共和而英勇献身的革命英雄。如此庞大的爱国志士行列，不但来自不同的阶级、阶层，而且斗争涉及全社会各个领域。

综上所述，我们有理由认为，从鸦片战争以来，凡是围绕谋求祖国独立与富强、促进民族解放和社会进步的种种探索和努力，都应列入近代爱国主义的历史范畴，它应该包括以下几个方面：(1)反对外来侵略，捍卫祖国的领土、主权和民族的独立、尊严；(2)反对同列强勾结出卖祖国权益的反动统治阶级，为推翻腐朽黑暗的封建统治做出努力或贡献；(3)革除封建社会弊政，致力变法维新，为国家和民族的繁荣昌盛而做出不懈的努力；(4)反对分裂割据和民族压迫，为促进我们多民族国家的统一和强大而不懈奋斗；(5)不畏艰险，勇于探索，为建设中华民族的近代物质文明和精神文明而做出重要贡献。

2. 近代爱国主义思想的基本内容

在近代的爱国主义中，作为观念形态的爱国主义思想是其重要组成部分。

它主要有三个基本内容：

第一是反帝思想。在旧民主主义革命时期，帝国主义和中华民族的矛盾常常是中国社会的最主要矛盾。因此，在近代爱国主义思想中，反帝思想不但涵盖广泛，而且经久不衰。具体主要包括以下几个方面：(1)反抗帝国主义的军事侵略，包括“器良技熟，胆壮心齐”(林则徐)、“诱敌深入内河”(魏源)、“东则海防，西则塞防，二者并重”(左宗棠)、“筹款练兵，拒和迁都”(康有为)、“齐把刀子磨快，子药上足……万众直前，杀那洋鬼子”(陈天华)等思想，宗旨是保卫祖国的神圣领土。(2)反抗帝国主义的经济侵略，包括“禁烟”(林则徐)、“与洋人争利”(薛福成)、“裁厘加税”(马建忠)、“商战”(郑观应)等思想，目的是保卫祖国的利权。(3)反抗帝国主义的宗教侵略，包括《鬼叫(教)该死》、《棘手文章》、《擎天柱》、《灭鬼歌》、《谨遵圣谕辟邪》等歌谣以及义和团大量揭帖中反映出来的反洋教思想，锋芒直指帝国主义的宗教侵略势力。

第二是反封建思想。在中国近代史上，反帝是全民族的职责，反封建则主要是农民阶级和新兴资产阶级的任务，其物质载体相对窄小，但与反帝思想相比，反封建思想的丰富性和激越性毫不逊色。具体主要包括以下几个方面：(1)反对封建的政治制度，包括“打倒阎罗妖”、“乡官制度”(洪秀全)，“君民共主”(康有为)、“民权主义”、“五权宪法”(孙中山)，“建立中华共和国”(邹容)，“政党政治”(宋教仁)等思想，目的是建立理想的社会政治制度。(2)反对封建的经济制度，包括“凡天下田，天下人同耕”(洪秀全)，“重商兴工”(洪仁玕)，“富民说”(马建忠)，“导民生财”、“为民理财”(薛福成)，“废漕运，撤厘金，设商会”(康有为)，“平均地权”(孙中山)等思想，主旨是(洪秀全的除外)发展资本主义工商业。(3)反对封建的旧思想、旧道德、旧习俗，包括“天下婚姻不论财”(洪秀全)、“废穿耳、缠足、涂胭脂”(洪仁玕)、“鼓民力，开民智，新民德”(严复)、“冲决封建网罗”(谭嗣同)、“男女平均平权”(秋瑾)、“民主与科学”(陈独秀、李大钊)、“打倒孔家店”(吴虞)、“埋葬吃人的旧礼教”(鲁迅)等思想，目的是从意识形态领域里扫除封建的污泥浊水。

第三是建设祖国的思想。虽然反帝反封建与建设祖国的思想是密不可分的，但为了准确把握近代爱国主义思想的层次，仍可把它独列出来。大致包括以下几个方面：(1)“与天争胜”、“人定胜天”(严复)的民族自尊心和自信心；(2)“我自横刀向天笑”(谭嗣同)的献身精神；(3)“千秋鉴借吾妻镜，四壁图悬人境庐”(黄遵宪)的求索精神；(4)“心理建设，物质建设，社会建设”(孙中山)的建国构想；(5)“用机器殖财养民”(薛福成)的发展经济的思想；(6)“穷天地之理”(徐寿)的发展科学技术的思想；(7)“诗界革命”(黄遵宪)、“小说界革命”(梁启超)的繁荣文学艺术的思想；(8)“改良社会”(宋教仁)的易风移俗思想……旨在建设一个繁荣昌盛的新国家。

二、近代爱国主义的特点

每个时代的爱国主义总是和当时的历史使命紧紧结合在一起的，因而爱国主义既有共同性，又有明显的时代特征。中国近代爱国主义萌发于忧患意识，发展于救亡斗争，下迄于中华人民共和国，合着时代脉搏，具有一些显著的特点：(1)近代爱国主义的重要特点是和反抗外来侵略、救亡图存结合在一起的。主要表现为近代中国各阶层的志士仁人们，为捍卫民族独立和生存，为争取民族的富强和发展，都进行了不屈不挠的斗争。(2)近代爱国主义的另一个特点就是主张结合中国的实际情况学习外国的长处，为我所用。主要表现为近代中国人民打破了传统的封闭的狭隘爱国主义，提出了"向西方学习"探索富国强兵之路这一具有现代开放意识的新课题。

关于中国近代爱国主义的特点，史学工作者们还从不同的侧面、不同的角度进行了归纳。潘君祥认为，近代爱国主义具有过去所没有的三个特点："第一，近代我国的爱国主义比历史上其他时期更加显示出它的战斗救亡性质。第二，近代的爱国主义更多地带有资产阶级民主革命的进步性质。第三，近代的爱国主义比历史上其他时期更有广泛的群众性。"①丁凤麟则认为，近代爱国主义的三个特点是："为振兴中华而勤于向西方学习，为振兴中华而立志改革和革命，为振兴中华而勇于献身。"②庞士让认为，中国近代爱国主义的显著特点是：思想的起点高，参与的范围广，发展快。发展快表现在：一是斗争浪潮接替快，二是思想观念更新快。③ 有些学者还就近代某一阶级、某一形式的爱国主义进行了专门探讨，如崇汉玺就撰文论述了资产阶级爱国斗争的特色。他认为，在近代关系到民族存亡的斗争中，资产阶级尤其是资产阶级革命派，以民族主义理论指导反瓜分斗争，结成联合反帝阵线，这是资产阶级爱国斗争的特色之一。此外，爱国斗争阵线具有相当的广泛性，斗争以反对民族分裂、维护国家统一为准则等，也是其特点。④

---

① 潘君祥：《试论近代爱国主义的几个特点》，载《江淮论坛》1983年第2期。

② 丁凤麟：《论近代爱国主义的几个特点》，载《社会科学研究》1983年第4期。

③ 参见庞士让《中国近代爱国主义的基本特点》，载《求是》1993年第13期。

④ 参见崇汉玺《近代中国资产阶级的爱国斗争特色》，载《湘潭大学学报》1985年第1期。

三、近代爱国主义的发展阶段

1. 爱国主义表现形式的发展

近代爱国主义的发展，以爱国思潮、爱国运动和民主革命为主要表现形式，大体可分为三个阶段：

第一，爱国思潮的形成与涌起——从虎门销烟到中法战争期间。这个阶段的主要表现是：具有爱国思想的知识分子积极以言论鼓动、宣传，多方筹划抵抗外国侵略的途径和办法，并勇敢地投身到斗争实践中去。如林则徐说："苟利国家生死以，岂因祸福避趋之。"以虎门销烟、积极备战的实际行动坚决抗英。魏源则提出"师夷长技以制夷"的主张，以强国御侮，并愿意充当"创榛辟莽，前驱先路"的开拓者。他们的实际行动所表现出的爱国精神具有广泛的影响力和感召力，激发了民众的觉醒并产生了普遍的思想共鸣。同时，三元里人民自发的抗英斗争，表现出中国民众中蕴藏着巨大的反侵略力量。

第二，爱国运动的兴起和高涨——从甲午海战到义和团运动期间。这个阶段的主要表现是：一些军事将领成为爱国英雄人物，具有先进思想的维新派倡导者成为爱国运动的中坚，他们有思想、有理论、有誓言、有行动，不畏强敌，勇于为国牺牲，在民众中产生了巨大的影响力和号召力，为近代爱国主义谱写了可歌可泣的新篇章。如甲午海战中邓世昌说："设有不测，誓与日舰同沉！""吾辈从军为国，早置生死于度外。今日之事，有死而已！"率领受伤的"致远"号撞击敌舰，为国壮烈捐躯。维新变法失败后，谭嗣同表示："各国变法，无不从流血而成。今中国未闻有因变法而流血者，此国之所以不昌也。有之，请自嗣同始！"遂坦然与另外五位志士一起慷慨就义。临刑前，谭嗣同高诵："有心杀贼，无力回天。死得其所，快哉快哉！"义和团人民群众提出的口号始终坚持"灭洋"，表现出广大中国人民灭洋保国的反帝决心。

第三，爱国运动的高潮与民主革命的爆发——从辛亥革命到五四运动前。这个阶段的主要表现为：有具有先进思想的杰出领导人物，有组织和纲领，有不屈不挠、前仆后继的献身精神。他们的爱国壮举气壮山河，惊天地，泣鬼神，奏出了近代爱国主义悲壮豪迈的最强音。如革命宣传家章炳麟、邹容、陈天华先后提出："扫除数千年种种之专制政体！""要想拒洋人，只有讲革命独立，不能讲勤王。""国家的主人不是皇帝而是国民。"在资产阶级革命党人孙中山、黄兴、宋教仁等人的积极倡导下，相继成立了众多的资产阶级革命小团体，1905 年又成立统一的资产阶级革命政党——同盟会，其宗旨都是把矛头直指清朝封建统治。在资产阶级革命党人的领导下，发动了一系列旨在推翻清政府的武装起义，虽然屡次失败，但革命党人百折不挠、勇往直前，直至武昌起义成功，最终推翻了统治中国两千多年的封建帝制。

2. 爱国主义思想的发展

在近代爱国主义的发展中，作为观念形态的爱国主义思想也不例外地在发展、演进。围绕着对帝国主义的认识程度、爱什么国、怎样救国、靠谁救国、学习西方的什么等重大问题，近代爱国主义思想经历了一个由低到高的发展过程，其发展大体可分为三个阶段：(1)1840～1894 年为过渡阶段。这一时期的爱国主义思想家一方面提出学习西方，抵御外侮，另一方面又把国家与清王朝等同起来；一方面主张求富靠民，另一方面又希望洋务派领导改革。从魏源到郑观应等人的爱国主义思想具有明显的两面性，是封建士大夫的爱国主义思想转向资产阶级爱国主义思想的过渡形式。(2)第二阶段是资产阶级改良主义的爱国主义思想。资产阶级改良派以亡国灭种相告诫，以自强保种相号召，设计了资产阶级君民共治的救国方案，号召全国同胞参加救亡，对中国社会的觉醒起了较大的作用。但是，康有为等改良派在提出保种的同时，提出了保国和保教，后两者主要是保清王朝和孔孟之道，并依靠皇帝进行自上而下的改良，其软弱、妥协性较大。(3)第三阶段是资产阶级革命民主主义的爱国主义。以孙中山为首的资产阶级革命派提出了反清革命、建立共和国等主张，注意动员人民参加反清爱国救亡运动，这表明他们的爱国思想已具有资产阶级民主主义性质。但此阶段的爱国主义也有很大的局限性。他们号召广大群众参加革命，却又害怕其在反帝斗争中“过分”，强调所谓“秩序革命”；决心推翻“洋人的朝廷”，却对帝国主义已成为中国封建统治的后台缺少足够的认识，在一定程度上忽视了反帝斗争；把满族说成是外国，混淆了中华民族内部各族之间的矛盾和中华民族反对帝国主义的侵略；过分强调光复汉族，等等。

就近代中国的爱国主义思想而言，它既是中华民族传统的爱国主义的延伸，又具有近代特色，不是一成不变的，而是随着时代的发展、社会的进步而变化的。著名史学家陈旭麓先生从臣民与国君的关系上这样概述了近代中国爱国思想的发展，指出：古代的爱国一般与忠君相联系，而近代的爱国却日益与叛君相连，由忠君爱国，而抑君爱国，而叛君爱国，是近代的爱国思想迅速演进的轨迹。[①]

四、近代爱国主义与向西方学习的关系

在 19 世纪的历史条件下，出现了这么一种情况：西方列强既是侵略者，又是

① 参见陈旭麓《中国近代史上的爱国主义》，载《求索》1985 年第 3 期。

先进者;清王朝既是挨打者,又是落后者。落后的中国要捍卫国家的独立,振兴中华,必须既反对自己的对手,又要向自己的对手学习,这成为不可抗拒的历史逻辑。1996年10月10日,江泽民同志在中共十四届六中全会闭幕式的讲话中也曾这样说:“认真学习世界各民族的长处……这本身就是爱国主义的重要内容。”

在近代同外国人打交道的过程中,林则徐最早组织专人翻译外国书报,了解研究外情,成为近代中国“睁眼看世界的第一人”。鸦片战争中国的惨败,给当时爱国的封建士大夫以极大的震动和刺激,在图强御侮的爱国主义精神激励下,魏源发愤写出了《海国图志》,明确而系统地阐述了“师夷长技以制夷”的光辉思想,把向西方学习这个近代社会的重大课题,用简洁的语言作了高度概括,明确了学习敌人是为了战胜敌人的辩证关系。魏源的“师夷”、“制夷”思想丰富了近代中国爱国主义思想,其目的是要使中国面对现实,走向独立富强的道路;这一思想在近代中国思想史上是一块里程碑,它开辟了一个时代,影响了一代人。但由于历史的、阶级的和认识的局限,林、魏只能是站在维护清王朝封建统治的立场上,幻想清王朝能改弦易辙,依靠学习西方“长技”来使中国富强,这显然是行不通的。

在林、魏之后,太平天国后期的主要领导人洪仁玕写出了一部要开创“新天新地新世界”的著作——《资政新篇》,主张向西方学习,发展资本主义经济,并进行一些相应的上层建筑的改革。虽然《资政新篇》具有空想性,严酷的战争环境也使之无法付诸实行,但它却反映了农民革命领袖们要求改变中国落后面貌,向西方学习,寻求救国救民真理的美好、真诚的愿望。

19世纪60年代,在经历了两次鸦片战争的失败后,清王朝封建统治阶级中的一部分被称为“洋务派”的认为:“中国欲自强,则莫如学习外国利器。”于是,在“求强”、“求富”的口号下,引进西方先进的科学技术,创办了一批近代军事工业和民用企业,筹建了新式海军,编练了新式陆军,兴办了新式学堂,派遣了留学生。虽然洋务派的这些举动是为了维护清王朝的封建统治,爱的是“大清江山”,为的是忠君保皇,但在客观实际上也起到了一定的积极作用(见上编第三章)。

19世纪70年代,早期资产阶级改良思潮出现,王韬、马建忠、薛福成、郑观应为其主要代表。他们主张更多地向西方学习,不但要学习西方的科学技术,而且要学习西方的某些政治、经济制度,并提出“商战”,发展民族工商业与资本主义国家竞争。这些思想和主张比鸦片战争时期的林、魏前进了一大步,并且与洋务思想划清了界限,已明显地具有资产阶级性质。

19世纪末,康有为等人发动的戊戌变法运动更明确了学习西方的内容,并把变法与救亡图存相结合,具体措施包括政治、经济、军事、教育等方方面面,尤其是兴民权、设议院、实行君主立宪，更是把矛头直接指向了封建专制制度，使这一运动既是一场爱国救亡运动，又是一场思想解放运动，更是一场学习西方改变中国积贫积弱面貌的运动。

以孙中山为首的资产阶级革命派，在爱国主义热情的驱使下，进一步向西方学习，探求救国救民的真理，最终铲除了封建政权，建立了资产阶级民主共和国，实施了一系列有利于资本主义发展的政策法令，颁布了具有资产阶级共和国宪法性质的《临时约法》等等，使辛亥革命成为中国近代史上比较完全意义上的资产阶级民主革命。

总之，从鸦片战争中林、魏的开眼看世界到洋务运动中引进西方科学技术，从戊戌变法时期学习西方政治理论到辛亥革命实行民主共和，说明先进的中国人在与西方的对比中认识了自己的差距。他们“先从器物上感觉不足”，发展到“从制度上感觉不足”，直到新文化运动时期，进一步发展到“从文化根本上感觉不足”，最终找到了马克思主义。这既是中华民族觉醒的过程，也是爱国主义在新的历史条件下升华的过程。要不要“向西方学习”也就成了近代爱国主义中不可回避的问题。因此，近代爱国主义与向西方学习是紧密联系在一起的。

但是，我们也不能片面地把单纯向西方学习一概视为爱国主义的表现。既不能说凡是主张学习西方的都是爱国主义者，反之，也不能说凡是反对学习西方的就是爱国主义者。例如，洋奴、买办也讲学习西方，但他们并不是爱国者；顽固守旧派如倭仁、徐桐等反对学习西方，他们也绝不是真正的爱国者。

总之，在近代，一个清醒的、有远见的爱国主义者，一定是抵抗侵略与学习西方的统一者。大多数史学工作者也都认为，近代爱国主义不是愚昧落后、闭关自守的排外主义，也不是头脑僵化、夜郎自大的国粹主义，更不是崇洋媚外、卑躬屈膝的奴隶主义，只有那些坚决抵抗外国侵略，同时又善于学习一切国家、一切民族的长处，并用它来拯救和富强祖国的有识之士，才是真正的爱国主义者。所以，能把爱国与向西方学习结合起来，这种对外开放的爱国精神，才是科学的符合理性的爱国主义，因为这样做不仅能维护国家的独立与稳定，更能促使国家走向世界、参与竞争、推动整个民族的进步和发展。

【导　读】

1. 俞旦初：《爱国主义与中国近代史学》，中国社会科学出版社 1996 年版。该书以发扬爱国主义精神为主旨，刻意对近代爱国主义史学进行探索和总结，在详细、系统搜集资料的基础上，写出了一批很有科学价值和现实意义的文章。

2. 夏笠、丁凤麟：《略论近代爱国主义的范畴》，载《中国社会科学》1984 年第 5 期。

3. 李华兴、张国伟:《爱国主义与近代中国》,载《复旦学报》1984 年第 6 期。

4. 谢本书:《"救亡"是近代爱国主义的主旋律》,载 1991 年 1 月 2 日《光明日报》。

5. 苏双碧:《论近代中国的爱国主义》,载 1993 年 2 月 7 日《光明日报》。

6. 张海鹏:《中国近代爱国主义理性提升的历程》,载 2009 年 8 月 31 日《北京日报》。

7. 徐乘:《近代中国爱国主义的内容和特点》,载《南京政治学院学报》1990 年第 4 期。

【思考与讨论】

1. 试论近代爱国主义的特点。
2. 你认为近代爱国主义思想发展的轨迹如何?
3. 分析近代爱国主义与向西方学习的关系。

第四章 近代中国的改革与革命

在中国近代史上，依次发生和递进的改革与革命反映了近代中国前进的历史趋向。先是通过改革的道路，然后在这条道路难以行通的历史背景下，革命的日渐发生和成熟，展示的正是近代中国社会变迁的内在规律。一般说来，中国近代史上的改革是采取温和改良的方式，而革命则是采用暴力斗争的形式。洋务运动、戊戌维新和清末新政是晚清的三次改革事件，辛亥革命则名副其实地是一次资产阶级革命运动。对于改革与革命问题的学习和研究，有必要对晚清的三次改革事件即三个新政进行比较分析，对戊戌维新和辛亥革命这两个分别代表改革与革命的典型事件予以比较评价，然后才能从总体上把握改革与革命的关系问题。

一、晚清三次新政改革的比较分析

19世纪60～90年代，洋务新政、戊戌新政和清末新政作为近代史上三次改革事件依次出现。从三次新政的主要内容来看，它们均涉及经济、政治、文化教育、军事四个方面的改革，在不同程度上促进了中国的早期现代化，并且都是在重要的对外民族战争以后出现的，这是三次新政的共性所在。但是，这三次新政在其各自发生时的历史动因、在推行过程中的主观目的与客观效果、新政发动者与所处的时代中心等方面却显示出不同的特点，对此进行一些比较研究，有助于廓清各自的特质。

1. 关于三次新政发生的历史动因

从三次新政发生的历史背景来看，它们都是在重大的对外民族战争失败之后，为应付变局，调整清朝统治的运行机制而相继出台的。然而，就其各自发生的动因来看，有着明显的差别。

洋务新政是在第二次鸦片战争之后出现的，此时的清政府仍然面临着太平天国的军事压力，因此，清朝统治者是把太平天国视为“心腹之患”，把外国列强看作“肢体之患”来对待的。洋务新政的发轫具有对内镇压太平天国和对外抵御外侮的双重动因。即“托名学制以剿贼”,“有事可以御外侮”,表现出洋务新政启动时的两个目的。1860 年曾国藩首倡洋务之说的奏折名为《复陈洋人助剿及采米运津折》,表明“借师助剿”是清朝统治者优先考虑的,同时曾国藩还提出“将来师夷智以造炮制船,尤可期永远之利”的主张。到 1864 年太平天国运动失败后,洋务新政把“自强”放到了重要位置上。

戊戌新政发生在甲午战争以后民族危机加深、瓜分狂潮加剧之际,维新派以爱国相砥砺,以救亡为己任,力倡变法维新,并试图通过光绪皇帝进行自上而下的变法来扭转国家衰落的局面。由于日本逼签《马关条约》,于是有“公车上书”的发动和“拒和、迁都、变法”主张的提出,维新变法作为一场运动因此兴起;由于帝国主义掀起瓜分中国的狂潮,特别是德国侵占胶州湾事件,使康有为心怀“胶东之耻”写下《上清帝第五书》,痛陈“瓜分豆剖”的严重危局;也由于光绪皇帝不愿做亡国之君并想有所作为,便在维新运动高涨之际颁布了“明定国是”诏书,内称:“今日时局如此,国势如此……强弱相形,贫富悬绝,岂真能制梃以挞坚甲利兵乎?”可见,就连光绪皇帝对以往洋务新政着意讲求船坚炮利也不信任了,他的变法图强的愿望非常强烈。

清末新政于 1901 年 1 月拉开帷幕时,八国联军已侵占北京五个多月,此时清政府正忙于同列强谈判议和,围绕着于该年 9 月才订立的《辛丑条约》就惩办“祸首”及赔款等问题讨价还价,因此在推行变法新政的谕令中未见挽救民族危机的内容是很自然的。该谕称:“世有万祀不易之常经,无一成不变之治法”,“今者,恭承慈命,一意振兴,严祛新旧之名,浑融中外之迹”,“举凡朝章国故,吏治民生,学校科举,军政财政,当因当革,当省当并……各举所知,各抒所见”。看来清末新政尽管出现在八国联军侵华战争之后,但它兴起的原因不是要解决民族危机问题,而是在“严祛新旧之名”的前提下寻找改革弊政之方。而且当这个推行变法新政的谕令发布仅 16 天后,清廷就因“各国和议十二条大纲业已允准”而下了“罪己诏”,表示要“量中华之物力,结与国之欢心”,并剀切申谕应当“固邦交”、“保疆土,举贤才,开言路”。这后一句的 12 个字反映的恰是清末新政出台的动因。

2. 关于三次新政推行过程中的主观目的与客观效果

从三次新政各自演进的过程来看,它们都涉及经济、政治、文化教育、军事等内容的改革,并且有不少内容是前后因袭、不断深化的。但是,它们在主观目的与客观效果上也有不同之处。

洋务新政的主观目的是“自强”与“求富”,从军事工业到民用企业的创办是这个方面的最好体现。洋务派的“自强”观和“求富”观始终没有冲破“中体西用”的藩篱,尽量以“西用”来引进西学有助于摆脱顽固派的阻挠,却也限制了洋务新政的深化与发展。因此，维新派说洋务派只是“袭其皮毛”，只是“变事”而不是“变法”，这是有一定道理的。洋务新政的推行，启动了中国的早期现代化，并促进了中国资本主义的产生和发展，但它未能使中国真正走上富强之途。

戊戌新政不但把变法与救亡联系起来，要学习西方的科学技术，而且它的出台确实以逐步仿行日本明治维新为改革的目的。光绪皇帝所颁发的新政谕令，基本上采纳了康有为等维新派人士条陈中的建议。康有为向光绪皇帝陈请应取法日本明治维新，以“雷霆霹雳之气”，“成造天立地之功”，促成“革旧维新”的局面。后来梁启超在辩驳有人把戊戌新政称为“急激”之说时说：“试问非有此急激者，而日本能维新乎？”由于戊戌新政能动到守旧势力的根本利益，因此尽管有一道道新政谕令从紫禁城发出，却大都成为一纸空文，而且守旧势力很快便集结起来，通过戊戌政变把新政打翻在地。这样，戊戌新政所保留的成果除了京师大学堂外，就都被废除了。

清末新政强调的是“盖不易者三纲五常，昭然如日星之照世。而可变者令甲令乙，不妨如琴瑟之改弦”。因此，“以四书五经、纲常大义为主，以历代史鉴及中外政治艺学为辅”是清末新政推行者所不断坚持的论调。尽管如此，由于新政的推行，许多改革措施的结果却与清朝统治者的主观愿望背道而驰。新式学堂的创办和留学生的培养，出现的是新式的知识分子群体；设厂开矿的实业热潮，增添了资产阶级的力量，立宪运动和挽回利权运动彼此互应；清政府希望预备立宪能够使“皇位永固”、“内乱可弭”，进行了一系列的改制并有一定的实际成效，但清政府缺乏立宪的诚意，不仅使立宪派感到失望，而且又促成了革命风潮的高涨。清末新政的改革力度颇大，而且成效也颇显著，随着改革的深入，已突破了其出台之时只是“如琴瑟之改弦”的初衷。仅废止科举制度一项，就使一向被奉为入仕至宝的“四书”、“五经”处于尴尬的境地。

3. 关于三次新政的发动者与所处的时代中心问题

从时代中心的视角进行考察，有助于对历史事件的定位和总体评价。

洋务运动兴起之时，虽有鸦片战争时期开眼看世界的举动和“师夷长技以制夷”主张的提出，有太平天国政权后期《资政新篇》的颁布，但直到19世纪60年代并没有新的阶级力量足以在政治舞台上发挥作用。这样，作为地主阶级中的开明人士，洋务派“自强”与“求富”的主张与实践，洋务新政的推行，有着它的积极意义。

戊戌新政是在资本主义的初步发展与资产阶级力量不断壮大情况下出现的。甲午战争的结束证明了洋务运动的不成功，代之而起的维新运动成为时代的中心，从这个意义上说，洋务运动失败了。维新运动的倡导者是资产阶级维新派，他们主动与帝党官员联系并争取和鼓动光绪皇帝厉行变法维新，其影响是深远的。

清末新政推行的十年，也正是辛亥革命的前十年间。清朝统治集团试图通过推行新政来挽救和维护其自身的统治地位，在客观上却促进了中国近代化的进程。对于清政府进行的改革是应当肯定的，但就清政府在20世纪初面临着革命风潮迭起和人心向背的情况下仍然以皇朝自身的利益来确定改革的力度来说，清末新政缺乏能够实现真正的资本主义性质改革的阶级基础和政治力量。而辛亥革命则是以资本主义经济力量和资产阶级的阶级力量为基础，以三民主义为政治纲领，通过十余年的宣传和发动，终于有武昌起义和全国的响应，推翻了清王朝的封建统治，结束了两千余年的封建君主专制制度。因此，清末新政让位给辛亥革命成为历史的必然。

有关晚清三次新政的比较研究问题，史学界有不同的看法。张连起曾就洋务新政与清末新政进行了比较，认为这两次新政出现的时代背景非常相似，即都是在中国出现了严重的民族危机的总形势下发生的，这两次新政表面上不得不迎合帝国主义，而在实际上又都有抵抗外来侵略的目的，两次新政的宗旨与目的基本相同。但清末新政的主要内容有新的发展，清末新政有突出的超过洋务运动的客观作用。接着，他又对戊戌变法与清末新政进行了比较，认为两者发生的背景也很相似，它们的目的都是为了巩固皇权，变法图强，两者所推行的政策，基本上是相同或类似的。两者的不同突出表现在事件的领导者和各自的后果上。戊戌变法是资产阶级维新派同帝党相结合共同发动领导的，而清末新政则是以西太后为首的后党及清朝的皇室在洋务派官僚的支持下进行的；戊戌变法仅历时103天，政变发生后，其他措施几乎全部被取消，而清末新政历时10年，它同戊戌变法及其以前的历史相比较，成效显著。① 王守中认为，清末新政是清政府领导的一次具有近代化性质的全面改革运动，它的改革内容，不仅大大超过了洋务运动，而且也超过了戊戌维新运动，是晚清近代化运动中改革最为广泛深入的一次。② 孙占元把这三次新政均作为中国近代史上的三次改革事件予以评价，同时也从这三次新政的背景、内容、不同时期的主流与阶级状况等方面分析了其异同，认为尽管清末新政在改革的范围方面超过戊戌维新，但戊戌新政在中国近代史上的意义与影响却是超过了洋务新政和清末新政。③ 陈向阳也把洋务运动、戊戌变法和清末新政称作“晚清的三次社会变革运动”，认为三次变革时间先后相继，范围逐步扩大，程度不断加深，在三次变革的推动下，中国的现代化从初步产生到逐步扩大以至全面铺开。④

---

① 参见张连起《“戊戌变法”与“清末新政”异同辨析》，载《北方论丛》1986年第2期。

② 参见王守中《论晚清近代化的两个阶段——洋务运动和清末新政》，载《山东师大学报》1990年第5期。

③ 参见孙占元《论中国近代史上的三次新政》，载《东岳论丛》1988年第6期。

④ 参见陈向阳《晚清三次变革与中国现代化的产生》，载《社会科学研究》1996年第1期。

二、戊戌维新与辛亥革命的比较与评价

19世纪末与20世纪初，戊戌维新和辛亥革命两大运动前呼后应，此伏彼起，是为近代中国历史上颇为人所注目的两大事件。戊戌维新与辛亥革命在阶级基础、思想舆论准备、所要实现的目标以及性质方面既有相通之处，也存在明显的不同，对这些问题进行一些比较，会有助于廓清其各自的特质。

1. 戊戌维新与辛亥革命均是中国资本主义初步发展和进一步发展的产物，维新派和革命派的阶级基础是中国的民族资产阶级

甲午战争后在民族危机的刺激下，国内出现了一个短暂的举办资本主义企业的浪潮，为资产阶级变法维新提供了一定的物质条件和阶级基础。清政府在甲午战争后允许民间设厂，激发了一部分官僚、地主和商人投资新式企业的积极性。外国资本主义的经济侵略，中国的自然经济进一步解体，为民族资本主义工业提供了充足而廉价的劳动力。中国民族资本主义虽然在发展过程中遇到重重困难，但作为新的生产力的代表，它本身蕴含着不可遏制的生命力。甲午战争后出现的兴办实业热潮，使新兴资产阶级的力量有所增强，他们迫切要求挣脱帝国主义和封建势力的压迫和束缚，为在中国发展资本主义开辟道路，他们的政治代表资产阶级维新派因而有变革政治制度的要求和行动。甲午战争后严重的民族危机激发起的民族觉醒，使变法维新以救亡图存成为时代的最强音，而这一时期民族资本主义的发展又为即将到来的资产阶级维新运动提供了内在动力。资产阶级维新派的宣传鼓动，终于为一场旨在学习西方、变革政治制度、发展资本主义的变法维新运动拉开了帷幕。1900年义和团运动以后，苦难的中国并没有摆脱帝国主义的奴役和蹂躏，随着《辛丑条约》的签订，帝国主义列强更进一步在政治方面和经济方面加强了对中国的控制和掠夺。在严重的民族灾难的重压之下，中国民族资本主义近代工业仍然在艰难地向前发展着。由于资产阶级领导的抵制美货和收回利权运动的推动，民族工业出现了一个兴盛和发展的高潮期，商办民用企业的迅速发展成为这一时期的突出特色，随着民族资本主义的发展，民族资产阶级的力量和组织程度也开始加强。民族资产阶级知识分子倡导和组织民主革命，他们是民主革命的中坚力量。因此，史学界便把领导戊戌维新的康有为等人称作资产阶级维新派，把领导辛亥革命的孙中山等人视为资产阶级革命派。

2. 在思想舆论方面，无论是维新思想还是革命思想均涉及救亡与启蒙的历史课题

在近代中国，反对外来侵略以爱国救亡，反对封建主义以思想启蒙，是相辅

相成的。戊戌维新运动的兴起首先是从救亡开始的。1895 年的“公车上书”以“拒和、迁都、变法”相号召，康有为在《强学会叙》中痛切指出：“俄北瞰，英西睒，法南瞬，日东眈，处四强邻之中而为中国，岌岌哉！”维新派正是以爱国相砥砺，以救亡为己任，使戊戌维新运动以一次爱国救亡运动彪炳于史册。同时，维新派也以进化论、天赋人权为武器，对封建主义进行了相当猛烈的抨击。康有为的《新学伪经考》和《孔子改制考》以看似古色古香的“托古”理论，隐藏着否定君主专制制度的深意，其启蒙作用是巨大的。梁启超以《时务报》为阵地，用通俗、流畅的语言大力宣传民权，并以开民智为兴民权的第一步。严复作为近代精通西学第一人，其编译的《天演论》成为近代思想家批判封建主义最锐利的思想武器。他所写的《辟韩》一文，用社会契约的观点对韩愈为君主专制辩护的《原道》一文进行了批驳，论证了主权在民、立君为民、君仆民主的民主原理。谭嗣同是维新派中最激进的一员，他在《仁学》一书中，对封建君主专制理论支柱——三纲五常进行了猛烈的抨击。所以说，戊戌变法既是一场爱国救亡运动，又是一场思想启蒙运动。中国近代的救亡有两条道路：改良和革命。与此相适应，在中国近代，改良是一种启蒙，革命也是一种启蒙。对前者人们已有相当的认识，戊戌变法的启蒙意义得到了充分的肯定。而对后者，人们重视不够，甚至认为革命是一场疾风骤雨式的政治斗争，往往会忽视启蒙。其实，像辛亥革命这样的政治革命，其启蒙的意义与戊戌变法相比更大更深远。早在 1894 年兴中会成立之始，孙中山在《檀香山兴中会章程》中就明确指出：“方今强邻环列，虎视鹰瞵，久垂涎于中华五金之富、物产之饶。蚕食鲸吞，已效尤于接踵；瓜分豆剖，实堪虑于目前。有心人不禁大声疾呼，亟拯斯民于水火，切扶大厦之将倾。”由此可见，孙中山领导革命的初衷就是为了救亡。为了救亡，革命派在 20 世纪初进行了较为广泛的民主宣传。天赋人权、自由平等资产阶级民主思想成为革命派的思想武器。更为重要的是，辛亥革命推翻封建专制制度的伟大实践本身就是最大的思想启蒙，也极大地推动了中国的救亡运动。辛亥革命的特点就是不但掌握了批判的武器(即思想启蒙)，而且进行了武器的批判(即武装推翻清王朝的统治)。

3. 戊戌维新与辛亥革命的目的是改变君主专制制度

康有为撰写的一系列著作，通过借用孔子的名义，从资产阶级要求改革政治制度的愿望出发，通过“三世说”，宣扬君主立宪的主张。梁启超、谭嗣同和严复等也都从不同的方面和角度撰写文章，著书立说，宣传资产阶级的维新思想。戊戌维新运动的高涨和“百日维新”的出现，设制度局的建议和仿效日本明治维新的要求，表明戊戌变法的政治改革目的。以孙中山为首的资产阶级革命派则是在三民主义的旗帜下，主张推翻清朝的封建专制统治，建立起法美式的共和国。他们通过积极的宣传和深入的工作，使共和观念逐步深入人心。辛亥革命不但推翻了清王朝的统治，也推翻了长达两千余年的封建君主专制制度。

4. 有关戊戌维新与辛亥革命的性质评价问题

史学界在评价戊戌维新运动的性质时，一般认为它是一场爱国救亡运动、政治改革运动、思想解放运动和促进资本主义发展的近代化运动。这样来评价戊戌维新的性质，主要是为了说明戊戌维新涵盖的内容和特点，以避开把戊戌维新说成是一场改良主义运动。其实，就戊戌维新运动应该不应该称作改良主义的问题，史学界已有讨论。由于维新派依靠一个没有权力的皇帝，实行自上而下的变革。在光绪帝第一次召见康有为商讨和确定变法的步骤和措施时，康有为建议“就皇上现在权，行可变之事”。而变法的内容无论在政治方面、经济方面、文教方面、军事方面，都是在不动摇封建专制统治根本之基础上的改良和改革。因此，范文澜早在20世纪40年代在《中国近代史》（上册）中就称戊戌变法是第一次改良主义运动。80年代以来，仍有不少学者持这一看法。如汤志钧指出，康有为等人主张通过自上而下的改良方式，变半殖民地半封建社会为资本主义社会，走的是资产阶级改良道路。他们的理论体系属于改良主义性质。他们反对革命道路和实行民主共和政体，有一套资产阶级改良方案，可以称之为一次改良主义运动。[①] 邓广铭、张希清指出，戊戌变法虽不主张推翻地主阶级的清朝政权，但它代表资产阶级的要求，企图通过自上而下的政治和经济改良，发展资本主义，最后变封建社会为资本主义社会，这就超出了改良主义的范围，应把戊戌变法称为资产阶级的改良运动。[②] 李时岳指出，戊戌维新作为爱国救亡运动，具有反对帝国主义的性质，它的目标是把半殖民地半封建的中国，变为独立的、民主的、资本主义的中国，具有明显的反封建主义性质，属于资产阶级革命的性质。[③] 辛亥革命是近代历史上的一次伟大的资产阶级民主革命，是中国资产阶级革命派发动和领导的一次正规的资产阶级民主革命。资产阶级革命派建立了资产阶级的革命政党，颁布了三民主义政纲，组建了临时政府，推翻了清朝的统治，宣传了民主思想。因此，它既是一场革命运动，又是一次政治革新运动，同时也是一次思想解放运动。史学界在对辛亥革命运动性质的评价方面意见基本是一致的。这样，戊戌维新作为一次改良运动、辛亥革命作为一次革命运动，反映的正是这两个运动本身的特质。

---

① 参见汤志钧《戊戌变法与改良主义》，载《学术月刊》1982年第1期。

② 参见邓广铭、张希清《论改革、改良与改良主义的区别》，载1980年8月26日《光明日报》。

③ 参见李时岳《从洋务、维新到资产阶级革命》，载《历史研究》1980年第1期。

三、关于改良与革命的关系问题

改良与革命都是近代中国社会变革的基本形式，以往人们认为改良不如革命，因而在诸如评价戊戌维新的性质时常常寻找其革命性质的一面。随后，史学界又有人提出革命不如改良，应当“抛弃革命”的论点，来极力贬低革命运动。这种研究恰恰背离了中国近代历史的实际，同样是不可取的。正确的方法应当是在肯定革命运动的同时，应当充分认识改良在近代中国所起到的积极作用；当然，在实事求是地评价和提升改良运动作用的同时，也不应去否定革命运动。

就改良与革命的关系而言，两者是对立统一的，有矛盾的一面，但更多的是互补的一面。在此前提下，研究者们谈了自己的看法。夏林根认为，应具体分析改良和革命的关系。在中国近代史上，地主阶级改革派的改良主张，是地主阶级与农民阶级矛盾尖锐化的反映，是农民革命行将到来的征兆之一；戊戌变法是资产阶级革命高潮到来的必要准备；清末的立宪运动则为革命大风暴的到来起了动员和组织群众的作用。并指出尽管地主阶级当权派的改良在社会中起了一定的积极作用，但对革命来说是起了镇压和预防的作用。[①] 陈旭麓则分三种情况论述改良的历史作用及其与革命的关系：一是在帝国主义猖狂入侵、封建统治者顽固颟顸不知所措的年代，一些先进的中国人主张学习西方，改革中国的封建政治经济，无疑是推动历史前进的积极因素；二是在革命势力与反动统治的尖锐对峙中，改良派作为第三种政治势力出场，同革命势力和反动统治者都有矛盾，但不能因其不是一边倒向革命就全部否定，而要具体分析他们在左右开弓时起的作用；三是革命推翻旧政权，建立新政权后，采取改良步骤，恢复经济，变革旧制，以巩固新生的政权，为今后的发展打下基础，这样的改良是革命的延续和补充。[②] 徐梁伯认为，中国需要改良这种形式，但社会进步光靠改良还不行。旧制度对新事物的容忍是十分有限的。当改良的趋势达到一定的极限不能前进时，就需要用革命手段解决问题，推翻旧的专制统治，建立全新的社会制度。而那种不顾客观和可能，把革命当作唯一的至高无上的手段，贬低改良的观点是错误的。[③] 金冲及认为，一般说来，人们最初总是希望在现有社会秩序下进行温和的改革，孙中山即是如此。暴力革命并不是在任何时候都能够从根本上改造旧有的社会秩序，都能够取得成功，甚至未必都能在历史上发挥积极的作用。只有当

① 参见夏林根《怎样看待历史上的革命和改良》，载1980年7月8日《光明日报》。

② 参见陈旭麓《中国近代史上的革命与改良》，载《历史研究》1980年第6期。

③ 参见徐梁伯《改良·革命：中国近代化的双翼》，载《社会学研究》1991年第1期。

社会大变革的内在条件已经足够成熟的时候，暴力才能成为新社会诞生的助产婆。在近代中国，由于帝国主义的野蛮侵略和本国封建势力的黑暗统治，暴力革命是不可避免的，但仍然不能依靠暴力来解决一切问题。可以这样说：暴力革命是一种不得已的选择，决不能无休止地长期继续下去。①

但在 90 年代中期，有人提出了"告别革命"论，认为"革命只是一种破坏的力量"，强调"逐步改良可能成功，革命则一定失败"②，以这样的观点把改良与革命完全对立起来，并用改良来否定革命。对此史学工作者纷纷发表文章，针锋相对地进行了反驳。

第一，辛亥革命不是激进主义的产物，而是历史发展的必然。龚书铎、吴效马认为，辛亥革命绝非某种主观意愿和人为因素的结果，而是 19 世纪末 20 世纪初民族危机严重和社会矛盾极其尖锐的产物，是清政府十分腐朽、不愿意或没有能力抵御外国侵略和领导国内变革的结果。革命派起而推翻清政府，是代表了人民的意愿，顺应历史发展潮流的必然趋势，并不是激进主义的结果。事实上，辛亥革命的领导人孙中山和不少骨干分子并非从一开始就主张革命倒清的，而是经历了一条从改良到革命的道路。③ 安静波在分析了清末封建统治的没落性、改良力量的薄弱性、历史前进的特殊性后指出，资产阶级民主革命之所以蓬勃兴起并成为一股不可阻遏的洪流，是因为它不仅顺应了中国历史发展的客观趋势，也符合国人的普通要求，它并不是几个热血青年头脑发热的激进主义造出来的。④ 李文海、刘仰东指出，19 世纪末 20 世纪初，清政府的所作所为实际上都重复着一个真理：指望和依靠清政府去摆脱这个政权的体制本身所酿成的巨大危机，扫除弊政，革新陈规，去圆强国之梦，是一个永远达不到的目的。在非革命的或和平的方式彻底行不通之后，用暴力革命的方式推翻阻碍社会发展的腐朽政权，建立和建设一个全新的社会，就是一条别无其他选择的道路了。⑤

第二，辛亥革命推动了中国近代社会的进步和发展，功绩是主要的；军阀混战不是辛亥革命带来的，说革命是一种破坏力量也是不符合历史事实的。龚书铎、吴效马认为，辛亥革命的伟大历史功绩，恰恰是搞掉了清政府，结束了两千余年的君主专制。它带来的直接后果，至少有两点值得提出：一是给封建主义以致命的一击，使中国人民在思想上得到一次大解放，使民主观念深入人心。二是解

---

① 参见金冲及《中国近代的革命和改革》，载 1990 年 12 月 10 日《光明日报》。

② 李泽厚、刘再复：《告别革命》，香港天地图书有限公司 1995 年版，第 69～70 页。

③ 参见龚书铎、吴效马《革命是褒词还是贬词?》，载《求是》1996 年第 6 期。

④ 参见安静波《再论辛亥革命的历史意义》，载《学习与探索》1997 年第 1 期。

⑤ 参见李文海、刘仰东《辛亥时期志士仁人为什么选择了革命?》，载《中国人民大学学报》1997 年第 1 期。

放了清朝专制统治禁锢的生产力，为民国初年资本主义经济进入较大规模发展的"黄金时代"开辟了道路。民国年间出现的军阀混战，是袁世凯和其他军阀造成的，是帝国主义和封建主义造成的，而不是辛亥革命带来的。[①] 林华国也说，辛亥革命后的军阀混战，不是因为搞掉了清政府，其根本原因在于这次革命只推翻了清王朝，而没有打倒各地的封建势力，更没有赶走帝国主义的侵略势力。革命后，英、美、日等帝国主义各自在地方上扶植自己的代理人，通过他们展开激烈的权利争夺，这样就造成了军阀混战的局面。[②] 龚书铎还指出，那种认为革命只是一种破坏力量，它破坏了一种政治框架之后，并没有提供新的政治框架的说法，也是不符合历史实际和没有根据的。辛亥革命推翻了清政府，建立了资产阶级民主共和国即是明证。[③]

第三，清末改良之路走不通，应正确认识改良与革命的关系，笼统地说"改良比革命好"、"要改良不要革命"是错误的。许多研究者在考察了清政府实行新政和预备立宪的目的、过程和结局后指出，清末改良道路行不通，用改良的主张逼迫清政府走上现代化和救亡道路的论断，更是主观臆想。丁三青认为，清末新政对传统体制确实作了一些切痈割瘤的手术，但总体看，它很难说是真改革。清政府对宪政缺乏诚意，新政说到底是一个骗局，立宪计划如"一张悠长的不兑现的支票"。正是这场反动性、被动性、欺骗性的新政，把清政府推到了所有阶层的对立面，加速了其灭亡的进程。立宪派没有能力逼着清政府迈上现代化和救亡的道路，立宪运动也不可能真正导引出中国的政治现代化。[④] 胡绳武指出，20 世纪初年，立宪派也像李泽厚等人说的那样，想慢慢来，逼着清政府实行立宪，迈上现代化的道路。在 1910 年一年内，立宪派就连续三次发动了全国规模的速开国会、成立责任内阁的请愿运动，先后签名参加者达数十万。他们一次又一次地递交请愿书，声泪俱下，个别请愿者竟不惜断指割肉以示自己的忠诚，但仍被顽固的清政府拒绝。[⑤] 胡松则认为，清政府颁布新政和"立宪"并不是为了使中国走上民主和富强的道路，完全是为了适应外国侵略者和巩固自身统治的需要，其举措也不可能使中国走上民主、富强的道路。即使没有辛亥革命，清政府的垮台也是命中注定了的。延缓了中国现代化历史进程的不是辛亥革命，而恰恰是清政府和帝国主义。[⑥] 关于改良与革命的关系，龚书铎等人认为，革命与改良，既有

---

① 参见龚书铎、吴效马《革命是褒词还是贬词?》，载《求是》1996 年第 6 期。

② 参见林华国《正确认识中国近代史上的革命与改良》，载 1996 年 3 月 12 日《光明日报》。

③ 参见龚书铎《近代中国社会变革的思考》，载《历史教学》1997 年第 11 期。

④ 参见丁三青《辛亥革命与中国现代化》，载《史学月刊》1996 年第 5 期。

⑤ 参见胡绳武《正确认识中国近代史上的革命与改良》，载 1996 年 3 月 12 日《光明日报》。

⑥ 参见胡松《辛亥革命延缓了中国现代化的发展进程吗?》，载《真理的追求》1996 年第 5 期。

互相矛盾的一面，又有互相依存、补充的一面。在社会历史发展的过程中，革命是社会变革的动力，在一定条件下，改良也可以起到某种变革社会的作用。在某一个国家的近代化变革中，究竟是采取革命的方式，还是采取改良的方式，完全取决于这个国家的历史状况、社会政治经济状况、阶级状况等现实国情。也就是说，一切以时间、地点、条件为转移。一个国家内部如果必须以革命的方式才能解决问题，而革命的条件又已具备，在这种情况下鼓吹改良以抵制、反对革命，就应受到贬斥。反之，如果不需要以革命的方式来解决，且又不具备革命的条件，却硬要采取革命的方式，也是不可取的。对革命、改良的得失，必须作实事求是的具体分析，完全抹杀革命，一味颂扬改良，是错误的。[①] 这些观点对于正确评价改良与革命的关系是非常有益的。

【导 读】

1. 郭世佑：《晚清政治革命新论》，湖南人民出版社 1997 年版。作者既注意暴力革命的作用，也不把革命等同于暴力，而是从事物变革的方式、内容两个方面同时把握革命的内容，揭示近代政治革命的题中应有之意，从而以审慎的态度把梁启超、张謇等君主立宪派的活动也作为政治革命的一部分，而不是作为政治革命的对立面来批判，同时也不贬低民主革命。该书逻辑严密，思辨性强。

2. 国家教委高等学校社会科学发展研究中心组编：《走什么路——关于中国近代史上的若干重大是非问题》，山东人民出版社 1997 年版。

3. 孙玮、李宏生主编：《中国近代史参考》，青岛海洋大学出版社 1991 年版。

4. 苏双碧主编：《建国以来中国近代史若干问题讨论举要》，齐鲁书社 1985 年版。

5. 谢俊美：《政治制度与近代中国》，上海人民出版社 1995 年版。

6. 王晓秋、尚小明主编：《戊戌维新与清末新政——晚清改革史研究》，北京大学出版社 1998 年版。

【思考与讨论】

1. 试述洋务运动、戊戌变法与清末新政三次改革的异同。

2. 试对戊戌维新和辛亥革命进行比较分析。

3. 怎样理解和评价改良与革命的关系？

① 参见龚书铎《革命是褒词还是贬词?》，载《求是》1996 年第 6 期；《近代中国变革的思考》，载《历史教学》1997 年第 11 期。

第五章 外国传教士在近代中国的作用和近代教案问题

长期以来，国内对近代来华传教士的作用及中国近代教案史的研究，一直非常薄弱。新中国建立初，虽出现过小的研究高潮，但多限于揭露、批判传教士的罪行和颂扬中国人民的反洋教斗争精神，研究领域狭窄，缺乏对来华传教士活动史实的全面、系统的研究。直至20世纪80年代后，随着学术风气的开放，中国近代基督教史研究逐渐由“险学”演变为“显学”，研究成果逐渐增多，出现了一批数量可观、学术价值较高的论著。①

一、外国传教士在近代中国的主要活动

近代来华的外国传教士是一个特殊的群体，他们虽然总体上也是紧随西方列强的炮舰而来，以胜利者和文明使者的身份出现在中国城乡各地，但其中很多人“与谋逐一己之利的商人相比，他们的执意进取来自于内心的信仰”②。这些应是我们研究近代来华基督教传教士问题的基点。但是，出于众所周知的历史及历史遗留的原因，比如以十年“文革”时期为典型代表的极“左”思潮的影响，翻阅的史料大多为近代中国封建文化思想强固的士大夫所留下的文字，少有传教士本身留下的西文记述，而且仅从政治学角度进行定性研究，导致对大多数分散于城乡各地传教士的言行、事业缺乏深入全面的了解，简单结论性的研究多，具体史实考察叙述少，难以全面综合评判这一特殊群体的是是非非。尽管近年来中国近代基督教、传教士群体和个案及其事业研究逐渐成为学界热点，但整体说来，这一状况至今没有完全改观，许多观点水火不相容。

事实上，近代来华西方传教士，“他们的纯宗教性活动如果放在当时具体条件下去鉴别，可以说是非善非恶。任何宗教都具有迷信性质，这些洋教与中国民间流行的释、道、祖先乃至泛神崇拜相比，洵属难分轩轾。但他们中有些人干了

① 相关研究成果，可参见陶飞亚、杨卫华《改革开放以来的中国基督教史研究》，载《史学月刊》2010年第10期；杨卫华《港台中国基督教史研究60年》，载《安徽史学》2014年第1期。

② 引自杨国强为顾卫民著《基督教与近代中国社会》一书作的“序”，上海人民出版社1996年版。

一些无可争议的善行,例如救灾和施舍医药。西方近代医学,包括人体解剖学这些基础学科的传入,是与西方传教士密不可分的。与此同时,他们中的有些人则留下了难以磨灭的劣迹。例如,欺压民众,纵容教徒为非作歹,敲诈官府,等等。当西方侵略者大军压境之际,他们中有些人甚至提供情报,参与策划,不一而足,直接成了侵略军的一员"①。总的说来,这种看法并没有问题,问题是在近代来华西方传教士群体中,侵略分子和纯粹普通传教士各占多少比例,以及对传教士们的各类活动如何评价,在这方面我们还有许多工作要做。从截至目前学术界的研究情况看,近代来华西方传教士的活动,大致有以下几种:

1. 传播基督教

近代来华西方传教士,无论是天主教、基督教新教传教士,还是东正教传教士,其目的都是使中国基督教化,是要使中国人民了解、认识、理解基督教,并最终皈依上帝,成为基督教教徒。因此,各教派传教士在中国的主要活动,无一例外是传播基督教。

近代来华西方传教士的传教方式主要有两种:一是文字传教,即通过编译基督教经典、基督教神学论著和结合中国文化特别是儒学编写的有关基督教的诗歌、故事等传教;二是口头传教,即传教士在教堂、城乡集市街道及中国人家中口头布道。近代早期来华传教士大都徒步行走于中国城市和乡村之间,抓住一切机会传教。经过长期艰苦努力,到 20 世纪初,基督教作为异质文化,已渗透、融入中国文化,并成为中国宗教生活的一部分。

2. 参与西方列强殖民扩张活动

事实上,有的传教士是在英国的炮舰打开中国大门之前就来到了中国。在西方列强对华大肆扩张过程中,传教士特别是早期来华传教士,无论其出于何种动机,其中有些积极地参与了列强的对华扩张活动,给人们留下了"资本扩张,传教士先行"的强烈印象。例如,第一次鸦片战争时期,当时的著名传教士郭实腊、马礼逊、裨治文和伯驾等,或大肆刺探、搜集中国情报,为西方列强对华扩张服务;或直接为西方列强对华扩张出谋划策,充当谋士、翻译等。这种情形在第二次鸦片战后,随着中外交往的扩大,互通语言已不再是传教士的专利,了解中国各方面的情况已有使领机构等专门渠道,逐步发生了巨大变化。至于在义和团运动和随之而来的八国联军侵华过程中有些传教士的活动,则应放在当时的具体历史场景下进行深入细致的考察和分析。

3. 兴办教育

传教士在中国兴办教育的首要目的是传教。近代早期,来华传教士发现,中

① 袁伟时:《帝国落日——晚清大变局》,江西人民出版社 2003 年版,第 184 页。

国人特别是有文化的中国人，蔑视、排斥基督教，很难打开传教局面；同时他们也发现，中国人特别崇尚文化和教育。因此，传教士们便决定适应中国国情，兴办教育，“以获取中国受教育及有地位阶层的注意与尊敬”[①]，为传播基督教打开局面，同时培养为传教服务的中国人。正如他们自己所说的：“真正的教会学校，其作用并不单在传教，使学生受洗入教。他们看得更远，他们要进而给入教的学生以智慧和道德的训练，使之能成为社会上和教会中有影响的人物、教师及其他领域的领导者。……儒家思想教育出来的士大夫们是儒教的堡垒。如果我们要驱除中国人头脑中的儒家思想，夺取儒家思想教育出来的士大夫们占有的位置，就必须培养用基督教和科学教育的人才，这样的人才将胜过旧式士大夫。中国目前的情况为我们提供了极大的便利。西方科学正在并将继续获取日益增长的伟大声誉。任何精通西方科学并很好掌握中学的人，在中国任何职位上都将成为有影响的人。”[②]传教士也看到了在华开办教会学校的重要性，如有传教士指出：“我们的学校和大学是设在中国的西点军校。当有人问及美国的军事力量在哪里时，我们不仅是说我们有少量的常规军，而且提到西点军校，在那里训练着我们未来的军官和军人，准备担任领导人，在需要的时候激励和训练其他人。当被问及在哪里可以最清楚地看到中国传教事业的力量时，我们就不仅要列举有英勇但为数很少的中国和外国的布道师，而且要提到我们的教育机构，那里正在培育未来的领导者和指挥官，他们未来要对自己的同胞产生最伟大、最有力的影响。”[③]

传教士在中国兴办教育大致经过了四个阶段：第一次鸦片战争至第二次鸦片战争为第一阶段。在这一阶段，传教士主要在通商口岸和香港设立规模较小的小学，如香港英华书院、上海徐汇公学等。为吸引中国人上学，这时期的教会学校不仅免收学费，而且连生活费、住宿费、路费都由学校供给。第二次鸦片战争后至1870年为第二阶段。在这一阶段，教会学校的数量迅速增加，达到800多所，学生约20000人。比较著名的教会学校有：上海圣方济书院、山东登州文

---

① John J. Heeren, *On the Shantung Front: A History of the Presbyterian Church in U. S. A., 1861－1940*, New York: The Board of Foreign Mission of the Presbyterian Church in the United States of America(希尔恩:《在山东前线——美国(北)长老会山东差会史(1861～1940)》,纽约:美国长老会国外宣道部,1940年), p. 226.

② *Records of the General Conference of the Protestant Missionaries of China, held at Shanghai, May 7－20, 1890*, Shanghai: American Presbyterian Mission Press, 1890(《基督新教在华传教士全国大会记录,1890年5月7～20日于上海举行》,上海美华书馆1890年刊印), pp. 457-459.

③ *Records of the General Conference of the Protestant Missionaries of China, held at Shanghai, May 7－20, 1890*, Shanghai: American Presbyterian Mission Press, 1890(《基督新教在华传教士全国大会记录,1890年5月7～20日于上海举行》,上海美华书馆1890年刊印), p. 497.

会馆、北京崇实馆、上海培雅学堂、天津究真中学堂、上海度恩学堂、上海崇德女校、苏州存养书院、武昌文惠廉纪念学堂等。这一时期的学校仍以小学为主，但也开始办中学，中学数约占全部学校的 7%。同时，女子学校数有明显增加。18 世纪 70 年代至义和团运动前为第三阶段。教会学校增加到 2000 多所，在校学生数增加到 40000 多人，中学约占 10%，并兴办了一些大学。这一时期著名的教会学校有上海约翰书院、上海中西书院、广州格致书院等。这一时期教会学校不再免费招收贫苦孩子上学，而是收取较高的学费。义和团运动后为第四阶段。进入 20 世纪后，教会学校发展迅速，传教士除了利用赔款恢复原有学校外，在各省又新开了大量教会学校。到 1914 年，全国共有教会学校 12000 多所，学生近 25 万人。传教士尤其重视高等教育，相继建立了一些教会大学，著名的有震旦大学、圣约翰大学、之江大学、华西协和大学、华中大学、沪江大学、齐鲁大学、东吴大学、金陵大学、燕京大学等。

传教士在华创办教育事业，虽然主观目的是为传教服务，但客观上开创了中国教育近代化先河，在兴办现代学校、传授西方知识，以及推介现代教学方法、课程设置等方面都做了开创性工作，输入了适应时代发展需要的新知，促进了近代中国人的思想嬗变与近代社会的转型，培养了一大批掌握现代科学知识、具有现代观念的人才，尤其是为清末新政废除科举以后兴办新式学堂提供了大量急需的师资。

4. 出版书籍，创办报刊

近代来华传教士编译出版了许多中外书籍，并创办报纸杂志，在沟通中西文化方面做了大量工作。例如，马礼逊较早地将《新约全书》译成中文出版、发行，并编纂了《华英字典》；狄考文、富善则主持翻译了官话（即白话）和合本（“国语和合译本”）《圣经》；理雅各将中国的《论语》、《大学》、《中庸》、《孟子》、《春秋》、《礼记》、《尚书》、《孝经》、《易经》、《诗经》、《道德经》、《庄子》等陆续译成英文出版；李提摩太、丁韪良、傅兰雅等则大量翻译出版了《泰西新史揽要》、《万国公法》、《公法总论》、《西国近事汇编》、《佐治刍言》、《富国须知》等众多西方历史、国际法、经济学等书籍。传教士创办的报刊有《中国丛报》、《东西洋考每月统计传》、《先锋报》、《格致汇编》、《教务杂志》、《北华捷报》、《字林西报》、《万国公报》等。

天主教在中国主要的出版机构是上海的光启社，成立于 19 世纪 20 年代，编译出版了大量的天主教教理及教会内刊物、书报等。基督教新教各教派最大的出版机构则是在上海的广学会（1887 年成立时初名“同文书会”，1892 年改称“广学会”）。该机构拥有雄厚的资金支持，为近代中国最有影响的出版企业，曾在北京、沈阳、天津、西安、南京、烟台等地设立分支机构，编译出版大量书籍报刊，历年所出宣传神学及政法、史地、实业、理化等书达 2000 多种。此外，许多传教组织还办了自己的出版社，编印书籍，印刷宣传品。不可否认，教会在华出版书籍，印刷报刊，在西学东渐中具有重要影响，对近代中国知识分子具有启蒙作用。

5. 从事慈善事业

传教士从事的慈善事业主要有医疗事业、慈幼事业和救济事业等。

传教士从事慈善事业的目的也是传教，想以此来扩大基督教会在中国的影响，达到传教的目的。正如传教士自己所言："我们的慈善事业，应该以直接达到传播基督福音和开设教堂为目的。……因此，作为一种传教手段，慈善事业应以能被利用引人入教的影响和可能为前提。要举办些小型的慈善事业，以获得较大的传教效果，这要远比举办许多的慈善事业而只能收获微小的传教效果为佳。"[①]

最初在中国开办医院的是美国传教士伯驾。他在 1835 年设广州医局，利用医病的机会进行传教活动。办法是在为病人施行手术前把传教小册子送给患者，动完手术后继续向病人说教。实际上教会医院中的传教活动一直是医疗活动的轴心。为了吸引人们信教，传教士开办的医院开始一般不收费。传教方法非常多，除伯驾所用方法外，还有门诊传教、追踪访问(上病人家门传教)等。有人曾描述潍县教会医院的情形说："医院之工作可谓传道之无上法门，院中全体人员，上至医士管理，下至学生护士，无不以基督之精神，用力合作使病人得满意之治疗，故医院之景象，甚是发达。甚至连院中工友都是基督徒。经费亦甚充足。病人在院中养病，反不觉痛苦，终日高唱圣诗。此诗乃传道员所交给者，故唱来动听，不受拘束，甚至连大夫，看护士及苦力，亦合唱数首，使外人听之不像医院，直像礼拜堂。有许多病人在院中治病时，即已入教，回家之后恐所学不足，仍满处寻找传教之先生为之讲解圣经以补不足。医院中讲道者，不只牧师，凡是信主者到医院，皆有讲道机会。"[②]

1900 年以前，教会医院的规模一般都很小，数量也不多，通常都是附设在教堂里的诊疗所，即使是正规医院，收容能力也极为有限。进入 20 世纪后，传教士对医疗事业的传教作用有了更深刻的认识，因而更加注重发展医疗事业，除对原有的医院扩大规模外，又在中国各地新设了不少医院和诊所。但这时的教会医院一般都收费，有的收费甚至很高。传教士在中国举办医疗事业在客观上曾把西方的医术、西药以及近代医疗制度、医学教育传到了中国，为中国的医疗事业

① 《美国和加拿大基督教差会会议记录，1899 年》，第 47 页。转引自顾长声《传教士与近代中国》(增订本)，上海人民出版社 1991 年版，第 275 页。

② 连警斋:《郭显德牧师行传全集》，上海广学会 1940 年版，第 586 页。

的发展做出了贡献。

教会慈幼事业包括育婴堂、孤儿院、盲童学校、聋哑学校等慈幼机关，是传教士慈善事业的另一种形式，其目的也是博取中国人民的好感，扩大基督教的影响，发展教会势力。

相比而言，天主教比基督教更重视此类机构的建立。19 世纪末期，天主教会所办的慈幼机构已遍布各地，最著名的则是 1855 年成立的上海圣母院育婴堂；基督教慈幼机构规模相对较少，规模也较小，其中以英、美差会系统居多。1887 年，美国传教士汤普森与梅理士在山东烟台共同创办了中国近代历史上第一所专门教育和训练聋哑儿童的学校——登州启喑学馆。[①] 教会慈幼机构一般规模都不大，仅有数十名孤儿。他们在这里除了接受宗教知识和必要的识字教育外，一般还要参加力所能及的劳动，以培养孤儿及残疾儿童自立自救的能力。

此外，传教士还经常性地从事有计划、有组织的赈济救灾工作。传教士把这项工作看作“展示基督教教义的实际方面”，想以此赢得民心，扩大教会的社会影响，吸引中国人入教。李提摩太说：“因为我在灾民中发放赈款，对于广大民众是一个可以使他们信服的证据，证明我的宗教是好的。”[②]外国传教士对中国有计划的灾荒救济始于 19 世纪 70 年代，1876～1879 年华北“丁戊奇荒”期间，天主教各修会与基督教各差会都派出传教士前往灾区，调查受灾情况，赈济灾民，并于 1878 年成立了以传教士为主体的救济机构——“中国赈灾基金委员会”，从事募捐、发放赈灾物品等。此后，每当中国发生大的自然灾害，都可以发现传教士赈灾的身影。教会的赈济救灾工作，对于受灾的饥民与整个社会都是有益的，它改变了中国人对教会的偏见，的确为教会赢得了更多的信徒，也提高了教会在中国的地位。

6. 从事改良活动，参与维新变法

传教士从事的改良活动主要有：(1)对中国的发展提出建议。近代来华传教士出于种种目的对中国的发展提出了多种建议。他们针对当时中国的弊病，建议改良农业、兴建铁路、开发矿藏、兴办新式学堂等，以学习西方先进文明进行改革，并指出中国存在的问题及改变贫穷落后的面貌等建议。这些建议大多以西方资产阶级的价值观为坐标，在对中国现状进行剖析的基础上提出，往往比较深

---

① 关于该馆的详细情况，可参见郭大松、曹立前的《传教士与近代中国启喑教育》(载《近代史研究》1994 年第 6 期)一文。

② Timothy Richard, *Forty-Five Years in China: Reminiscences*, New York: Frederick A. Stokes Company, 1916, p. 105.(按，此书中译本《亲历晚清四十五年——李提摩太在华回忆录》，天津人民出版社 2005 年版。书名不确，因为李提摩太在晚清时期仅生活了 41 年，其他在中国的时间是民国时期。)

刻。如英国传教士法思远就“山东的问题和解决问题的建议”提出了几十条,不无启示之处。(2)主张改良社会风俗,主要是指改良那些不合乎基督教基本精神的社会习俗,主要有禁吸鸦片烟、禁缠足、禁止弃婴溺婴等。(3)引进国外新的植物品种,推广新工艺等,发展实业,创办博物馆、图书馆等文化机构,传播现代文明。

更重要的是,一些传教士直接参与了中国的维新变法运动。如林乐知和李提摩太俨然以中国维新派的老师自居,出版书籍,发表文章,提出建议,陈述主张,对中国的维新变法“指手画脚”。李提摩太不仅撰写了《时事新论》,向中国提出了政治、经济、文化等各方面的改革主张,而且直接参与了中国的维新变法运动。1895 年 10 月,他与维新派领袖康有为等接触,对康等施加影响,并同李佳白、白礼仁等传教士一起加入了维新派在北京成立的强学会。1898 年,光绪帝还批准了康有为等人的奏请,决定聘请李提摩太担任皇帝的顾问,但因慈禧太后发动政变,“百日维新”失败而流产。

此外,有些传教士还支持清政府的预备立宪,反对孙中山领导的资产阶级民主革命,支持袁世凯复辟帝制。这部分传教士恰恰是主张儒耶合流甚至高度赞赏儒家文化者,如美国北长老会传教士李佳白创办尚贤堂,以维护所谓“圣清”的封建专制统治为出发点,宣扬他的“孔子加耶稣”的说教,用儒家经典附会基督教义进行传教。此外,他还专门写了《筹华刍言》、《论调和新旧学界之法》等文章,为清政府的君主专制政体辩护,攻击孙中山宣传革命是“舍本求末”。

7. 促进近代妇女解放

在中国传统封建社会里,普通妇女无论在社会上还是家庭中,都处于卑微的地位,受严格的封建礼教束缚。西方传教士来华后,特别是新教传教士本着宗教普世主义、吸引妇女信教的目的,广泛开展了创办女子学校、提倡天足反对缠足、批判妇女陋俗、推行妇女卫生保健等活动。1844 年,传教士阿尔德赛女士在宁波建立第一所女校,为我国新女子教育之始。其后来华的传教士与教会在各地纷纷创办女学,推广女子教育。20 世纪后还成立了华北协和女大、福州华南女大、金陵女子文理学院等著名的女子大学。此外,他们还开办查经班,创办扫盲班等,帮助妇女认识汉字,通过培养女传道员激励和指导学识字的妇女。在反缠足上,传教士不仅通过报刊发表文章呼吁,还付诸实际行动。1872 年,在北京负责教会女校的波特和柏诺就将不缠足作为学生入学的条件。1874 年,厦门成立了第一个主张禁止缠足的传教士团体,试图改革陋习,规定妇女入教必须放足。1895 年,英国商人立德的夫人发起组织了天足会,在华传教士也积极参与该组织的活动,倡导天足运动,支持维新派反对缠足的主张。1896 年,该会还和国际妇女联合会共同向光绪皇帝递交了反缠足备忘录。

二、外国传教士在近代中国的作用

传教士在华活动众多，身份特殊，整体评价颇难，若取其一两面或几面研究，难免偏颇。建国以后，对传教士在近代中国的作用的评价也经历由单纯批判传教士侵华到客观评判其对中国近代社会发展作用的演变过程。

改革开放以前，受当时政治环境与革命史观的影响，研究者对传教士鼓吹、参与侵华，掠夺、奴役中国人民，干涉中国内政，支持清政府的"预备立宪"，反对民主革命，拥护袁世凯复辟帝制等罪行，进行了揭露和批判，认为传教士的罪恶活动加快了中国半殖民地化的进程。

改革开放后到90年代中期以前，学术界对传教士的评价仍没有摆脱文化侵略史观影响，对其在华作用多给予否定。如陈景磐认为，传教士在中国传教、创办医院和学校，都是帝国主义对中国进行文化侵略的手段，其目的是要使中国变为半殖民地和殖民地。当然，并不否认在传教士当中也有一些有真才实学、愿意帮助中国的文化教育工作者，但是他们又往往不知不觉地被帝国主义分子所利用，成为文化教育侵略的工具。传教士在向西方介绍中国文化时，则主要赞扬中国传统文化中落后的、唯心主义的一面，抹杀或歪曲中国文化中唯物主义的内容和优秀的科学、艺术等，否定了中国数千年来所创造的、对人类做过伟大贡献的灿烂的古代文化。[①] 张力、刘鉴唐认为，传教士来华的主要目的是为本国政治服务，是侵略中国的工具。但也应看到，传教士也曾在华出版书籍报刊、办学、兴医等，以传播西方科技、发展文化事业为招揽人心的手段，在客观上对中国也有一定的积极作用。并说，传教士办学的目的是想进一步从思想上控制中华民族，对中国人进行奴化教育。[②]

对于传教士在维新变法中的作用，顾长声认为，李提摩太等外国传教士在维新变法运动期间，不仅提出改良主张，企图影响维新派，而且直接干涉维新变法运动。他们提出的诸如修铁路、开矿藏、办学校、设报馆和革新政治、扩充贸易等改良主张，似乎和维新派提出的措施没有多大的区别，但所要达到的目标与维新派根本不同，两者是有原则区别的。传教士变革的目标是要把中国变为某一外国或数个外国的殖民地，是为了更加便利于外国对中国进行掠夺。[③]

对于传教士在近代从事的慈善事业，张力、刘鉴唐认为，本质上与中国封建

① 参见陈景磐《中国近代教育史》，人民教育出版社1983年版，第47、48、54、228～229页。

② 参见张力、刘鉴唐《中国教案史》，四川省社会科学院出版社1987年版，第267、681页。

③ 参见顾长声《传教士与近代中国》，上海人民出版社1991年版，第162、175页。

社会的赈济、施贫是一致的，是取之于民、用之于民的小恩小惠，只不过是组织形式新颖，一时能博得人们的好奇心罢了。其最终目的是奴化中国人民。再者，慈善机构并不慈善，一些传教士把中国人当临床实践的试验品，草菅人命；一些传教士不仅残害中国儿童，而且通过慈幼事业干涉中国内政。当然，也必须承认，传教士医生在客观上曾把西医的科学技术知识引入中国，也曾为中国训练出一大批西医及护士。[①]

90 年代中期以后，学术界开始从传教、教育、慈善、社会改良、妇女事业等方面全方位考察传教士在华活动，开始以现代化视角研究传教士对近代中国社会的作用，对其活动评价也趋于客观。

(1)对于传教士在中西文化交流中的作用，学者给予积极肯定。熊月之探讨了教会学校的贡献，认为教会学校在传播西学方面的作用不仅限于传播新的科学技术，也包括引进、示范西学的教学方法和管理方式。教会学校培养的学生不多，但论及近代科学知识的传播，却不容忽视和低估。它对西方科学技术传入中国，起了潜移默化的作用。毋庸讳言，教会学校培养了许多崇洋媚外、甘心为殖民主义者效劳的洋奴；但同时也培养过许许多多近代中国第一代懂得西方科技，知名或不知名的科学家、译员、教师、职员和工程技术人员。在晚清中国，报刊和新闻报道本身就是一种西学传播，其报道的内容对中国知识分子有开阔视野、增长见识的作用，并刺激中国知识分子对本国问题进行思考。[②] 王立新认为，近代英美传教士为了用西方基督教文化改造中国文化，实现中国基督化的目标，不仅热衷于传播西学，而且还从事了广义的中西文化融合与会通的工作，即对中西文化进行比较和批判，并在比较和批判基础上对中西文化进行调和与嫁接。为此他们还提出了种种处理中西文化关系的模式，如“救世教成全儒教说”、“中西并重说”、“综合融会说”和“鉴别吸收说”。尽管传教士的活动挟带着宗教的和种族的偏见，其设计的各种方案也不可能成为中国文化走向现代化的正确模式，但他们在比较中西文化时提出的一些思想为中国思想界所继承，为后人全面、正确地认识中西文化关系提供了有益的启示。[③] 罗志田则探讨了传教士与近代中西文化竞争的关系，考察传教士如何运用科学和出版物来证明西方文化的优越，以说服中国士人，以及后者对此的回应。他认为中国士人以科学反基督教固然有所谓“理性”的成分在，但潜意识中恐怕多少也有抗拒西方文化渗透的民族主义意识在起作用。传教士最热心传播的科学到后来竟成为抵制基督教

① 参见张力、刘鉴唐《中国教案史》，第 382、695～698 页。

② 参见熊月之《西学东渐与晚清社会》，上海人民出版社 1994 年版，第 285～286、297、414 页。

③ 参见王立新《英美传教士与中西文化会通》，载《世界宗教研究》1997 年第 2 期。

的最有力武器,这又是传教士所始料不及的。[①] 而对于传教士对中国文化的态度,王立新则认为19世纪的绝大多数传教士对中国文化抱着毫不妥协的态度,企图用基督教文明取代中国本土的信仰、伦理和价值观,即对中国进行文化征服。从20世纪初期开始,在理性主义、民族主义的冲击和一战的影响下,主流的传教团体开始倡导文化合作,提出基督教与其他宗教携手"共同追求真理",以及借鉴中国文化遗产以补充和丰富基督教传统的重要思想,对中国文化表现出高度的尊重与欣赏。这种思想改变了传教运动的面貌。[②]

(2)对传教士从事的慈善事业,学者也多有讨论,并重新认识。李传斌分析了教会医院的作用,认为教会医疗事业的慈善性质主要体现在教会医院上,正如教会中人所言:医院"为慈善动机之最明显的表示"。事实上,教会医院在近代中国的慈善医疗、社会救济和红十字救护等方面都起了重要作用。[③] 胡成则分析了医学传教士与地方民众的互动影响。他认为,传教士虽曾遇到当地士绅和官府的排斥,却也得到一些普通民众的热心帮助;随着熟悉和了解程度的加深,他们与中国地方社会、普通民众多能成为和睦相处乃至相扶相助的邻里和街坊。由于基督教医疗传教士在华的社会生活条件优于西方,医疗工作得到当地社会和普通民众的高度尊敬和慷慨捐助,致使他们很多人"心系中国"。[④] 任云兰认为,西方传教士在近代在中国举办的慈善事业,影响了中国近代慈善救济思想和实践。这些影响表现在:慈善与救济内容的扩大与对象的延伸;从重养轻教到教养并重的救济理念的变化;赈灾中从平均救济到选择性救济的变化。[⑤] 周秋光、曾桂林认为,作为传播基督教教义最有效的手段,教会医疗、育婴、赈济等各项教会慈善事业最初虽为传教而设,然而民国以后,基督教在华传播已无障碍,不再成为问题,教会慈善事业的宗教色彩遂日渐淡化而趋于世俗化,在客观上也对近代中国社会产生了较为明显的积极影响。因此,在评判教会慈善事业的功用时,我们不应再简单、划一地批判或指责其充当"殖民主义的警探和麻药",而要实事求是,从具体分析入手,进而整体把握,以免因噎废食。[⑥] 还有学者考察了近代来华医学传教士与中医的关系,如陶飞亚指出:鸦片战争后,教会医院兴起,医学传教士广泛批评中医医理,轻视中医业者,普遍质疑中医的价值。民国后,教会大学医学院为传教士深入研究中医提供了条件,中国西医对中医的

① 参见罗志田《传教士与近代中西文化竞争》,载《历史研究》1996年第6期。

② 参见王立新《美国传教士对中国文化态度的演变》,载《历史研究》2012年第2期。

③ 参见李传斌《教会医院与近代中国的慈善救济事业》,载《中国社会经济史研究》2006年第4期。

④ 参见胡成《何以心系中国:基督教医疗传教士与地方社会》,载《近代史研究》2010年第4期。

⑤ 参见任云兰《传教士与中国救济理念的近代化》,载《理论与现代化》2007年第2期。

⑥ 参见周秋光、曾桂林《近代西方教会在华慈善事业述论》,载《贵州师范大学学报》2008年第1期。

介绍也纠正了不少传教士对中医典籍的误读。尤其是一些医学传教士因在华日久并与中医同究医道,在互动中渐以“同情的眼光”认识中医理论、诊疗经验和中药的价值,开了西人理解和利用中医药的先例。[①]

(3)传教士在华妇女事业对近代中国社会的作用,日趋成为近年来学者研究关注的话题,很多学者在观点上多对其贡献给予肯定。如孙长来考察了西方来华基督教传教士在中国所从事的一些活动,包括创办女校,提倡天足,主张婚姻自由、教会妇女识字读经,传播西医等,认为这些活动虽然主观上是为了扩大教会势力,但客观上促进了近代中国妇女的觉醒。[②] 裔绍印认为,西方传教士开展的有关妇女的社会改良活动,主要是为了他们传教开辟道路,但这在一定程度上冲击了中国封建传统文化,客观上促进了中国妇女运动的开展与人们妇女观的改变。[③] 南治国在分析教会女学影响时认为,虽然在很长一段时间内,传教士都把教育视为传教活动的从属品,但我们也不应忽略教会学校对中国近代教育和文化思潮所产生的正面的和积极的影响。教会女学产生的影响,开始改变清末中国妇女的教育现状,并直接催生了中国近代的第一批女子学校,为中国近代教育提供了多层面的借鉴。教会女学对清末中国妇女的影响,显然已经超出了宗教范围。[④] 王海鹏在分析传教士介绍西方男女平等思想的作用时认为,在近代中国,男女平等思想的最早输入在很大程度上是通过基督教会和传教士进行的。传教士对男女平等思想的介绍与传播,在提高妇女地位方面做了不少开通风气的工作,影响了一部分先进的知识分子,对妇女风俗的改良和妇女地位的提高也产生了一定的影响,部分入教妇女在社会生活和社会地位方面的确发生了某些变化。但是,从整个社会的情况来看,中国妇女的变化并不大,传教士、基督教不能从根本上来改变中国妇女的处境。[⑤]

(4)西方传教士对中国早期现代化进程的作用,也为学者所关注,很多学者作出了理性的分析探讨。潘家德分析了传教士在戊戌变法中的作用,认为传教士在戊戌变法运动时期宣传变法思想,与维新派交往,参与维新运动,其目的与康有为等维新派所宣传和领导的维新变法是有本质区别的。他们提出改造中国社会,实际上是要使中国最终皈依基督教,实现以“十字架征服中国”的梦想。然而,从客观效果来看,传教士的活动却也从另一个方面竖起了一面“变革”的旗帜,为中国维新派从事改革注入了一些催化剂,从而推进了中国维新变法运动的

① 参见陶飞亚《传教士中医观的变迁》,载《历史研究》2010 年第 5 期。

② 参见孙长来《基督教传教士与近代中国的自觉》,载《广西社会科学》2008 年第 1 期。

③ 参见裔绍印《基督教和近代中国妇女运动》,载《上海师范大学学报》2000 年第 4 期。

④ 参见南治国《但开风气敢为先——基督教与清末女子教育》,载《北京大学学报》2002 年第 4 期。

⑤ 参见王海鹏《近代来华传教士的男女平等思想及其影响》,载《兰州学刊》2006 年第 3 期。

进程。[①] 龚淑林探讨了传教士对中国教育现代化的作用,认为传教士在客观上推动了中国近代教育的现代化进程。他们开创了具有西方近代教育性质的"教会学校"教育;促进了留学教育的兴起与发展;推动和协助中国创建新学,并且直接参与改革新学教育。[②] 王立新认为,传教士对中国社会的影响是双重的:就其在华活动的积极意义而言,传教士把基督教和西方社会具有近代意义的科学知识、价值观念和风俗规范传入中国,参与了中国的各项改革运动,从而构成了对中国传统文化的现代性挑战,诱发了近代中国人寻求变革的意识,刺激了改革派倡导者和现代化知识阶层的崛起,为近代中国的现代化运动提供了具有示范意义的参照模式,因而对晚清中国现代化运动特别是思想文化的变革产生重要影响。而就传教士在华活动的负面影响而言,则表现在:传教士按照教会和西方的意志来规范、干预和设计中国现代化的道路,企图让传教士担任中国改革运动的主角;他们传入的是在宗教世界观指导下被笼罩一层"圣光"的劣质西学,传教士的知识水平、宗教和种族偏见以及功利目标限制了他们的视野,降低了其活动的进步性、科学性和应有的价值;传教士鼓吹唯有基督教才能救中国,他们为中国改革设计的模式"造成对中国现代化的误导"。[③]

上文所涉及的论著多是从中西文化交流、现代化的视角解释传教士在华社会世俗事业,但两种范式对基督教的传教活动的阐释则不明显,也未能探到传教士在华活动的本质。故胡卫清又提出了"普遍主义论",认为近代中国的基督教历史是基督教普遍主义在中国推行的结果,而其与殖民主义的特殊关系又增添了教会在华活动的复杂性,不失为解释基督教在华教育的一种崭新视角。[④] 但普遍主义过于注重基督教在世界扩张的主动性,却忽略了中国本土化的语境。近年,吴梓明又提出研究教会大学的"全球地域化"范式,在探讨中西文化的互动过程中,既应有全球化的视野,又应有地域性的关怀。全球地域化的视角强调双向互动,可以帮助学者跳出以西方为中心的研究范式,在顾及"以中国为中心"的同时,关注地域化中属于中国的材料及中国人的观点。[⑤] 但由于近代来华基督教本身的复杂性及其活动的广泛性,上述范式并无法做到全面阐释基督教在华活动,以后仍需要学者进一步探索更加合适的研究路径。

---

① 参见潘家德《外国传教士与戊戌维新》,载《四川师范学院学报》1994 年第 4 期。

② 参见龚淑林《美国传教士与中国近代教育现代化》,载《南昌大学学报》1997 年第 1 期。

③ 参见王立新《美国传教士与晚清中国现代化》,天津人民出版社 1997 年版,第 513～514 页。

④ 参见胡卫清《普遍主义的挑战:近代中国基督教教育研究》,上海人民出版社 2000 年版。

⑤ 相关论述可参见吴梓明《全球地域化视角下的中国基督教大学》(香港中文大学出版社 2006 年版)及其文章《全球地域化:中国教会大学史研究的新视角》(载《历史研究》2007 年第 1 期)。

三、中国近代教案问题

近代教案也称作"反洋教斗争"或"反对外国教会侵略的斗争",指近代中国人民反对资本—帝国主义国家利用天主教、基督教新教、东正教侵略中国的斗争。但有的论者认为"反洋教斗争"的提法不确切。如徐梁伯认为,中国自古以来就是一个多神教国家,政府和人民对外来宗教一直采取比较宽容的态度。佛教、伊斯兰教传入中国即是明证。近代中国出现的所谓"反洋教斗争",实质上是中国人民反对西方殖民主义、帝国主义利用宗教加深对我国侵略和渗透的斗争,不是单纯地反对、排斥外来宗教,而是反对教会的侵略。因此,"反洋教斗争"的提法不确切,应予废弃,采用"教案"或"反对外国教会侵略"的提法为好。[①] 然而,多数论者认为"反洋教斗争"一词已被普遍使用,且有特定含义,可以与"教案"的提法通用。

近代教案始于1844年的浙江定海教案,止于1911年的山西长武教案,共发生教案1700余起,历时68年。以往的研究将其大致划分为如下四个时期:

1. 第一时期(1844~1860年)为始发和兴起时期

这时期的教案规模小,涉及范围小,仅及一城一县,多发生在东南沿海,数量不过数十起,发动者多为官绅;斗争目标是传教士、教民和教堂;目的是反教会压迫,维护礼教。引起的对外交涉也易于处理。典型教案有定海教案、青浦教案和西林教案等。

2. 第二时期(1861~1894年)为发展和扩大时期

这时期的教案规模较大,涉及范围广且遍布全国,社会各阶层参加者众多。典型教案有:贵阳教案、南昌教案、衡州教案、扬州教案、台湾凤山教案、安庆教案、天津教案、济南教案、呼兰教案、重庆教案、两次大足教案、镇江教案、芜湖教案、丹阳教案、无锡教案、宜昌教案、热河东部教案、成都教案等。在这三十多年的反洋教斗争中,人民群众已朦胧地感受到国家、民族处在危亡之中,模糊地意识到压迫他们的不仅有洋人,还有勾结洋人的清政府。斗争目标由洋教扩展到列强驻华领事馆、海关署、外国在华企业以及清军、团练;形式由自发的一哄而上到有组织的对抗;手段从低级到高级,直至诉诸武力,发展成为武装起义。随着斗争的深入,一些官僚、地主及其知识分子退出了反洋教斗争,并有一些成了反洋教斗争的反对者和镇压者,会党成了反洋教斗争的组织者和领导者。

---

① 参见徐梁伯《"反洋教斗争"的提法应当取消》,载《近代中国教案研究》,四川省社会科学院出版社1987年版。

3. 第三时期(1895～1900年)为高潮时期

中日甲午战争后,随着列强强占“租借地”和划分势力范围狂潮的兴起,中华民族面临着生存危机和信仰危机。中国社会各阶层皆感不安与愤恨,于是各地反洋教斗争蜂起,终于汇成了声势浩大的义和团反帝爱国运动。这一时期,民教械斗几成普遍现象,斗争呈现日趋激烈之势,许多封建官、绅、士则经过了由害怕退出转至拍手称快甚至加入斗争的过程。从地域范围上讲,北方教案多,南方教案少。典型教案有:巨野教案、第三次大足教案、冠县梨园屯教案、永安教案、南充教案、利川教案、沂州教案、即墨教案、海门教案、郯城神山教案、奉天教案、辽南辽东教案、内蒙古萨拉齐教案、衢州教案、诸暨教案、温州教案等。

4. 第四时期(1901～1911年)为反洋教的余波时期

经过义和团运动,外国教会势力遭到沉重打击。清政府则改变了对包括基督教在内的外来文化及外国人的政策,反洋教斗争总体呈迅速衰落态势。但由于各种历史与现实的矛盾,各地不时仍有人重新组合力量与洋教对抗,并把矛头指向了清政府,喊出了“扫清灭洋”、“反清灭洋”等口号,教案仍接连发生。典型教案有:广宗教案、辰州教案、宁海教案(王锡彤起义)、施南教案、雪山教案、巴塘教案、犍为教案、南昌教案、开县教案、大凉山教案、陕西长武教案等。应该指出的是,这一时期虽然清政府媚教卖国,镇压反洋教斗争,但官绅的态度却不尽一致:有媚教袒教的;有思想上仇教、暗中支持群众闹教的;也有在处理民教纠纷时能抗拒教会侵略势力的要求而努力维护百姓利益的;有的则直接参加了反洋教斗争,甚至打击清廷地方统治势力。这说明官绅并未完全退出反洋教队伍。

从1844年到1911年发生的教案,概括起来讲,有四个特点:(1)教案是官、绅、民联合发动的,而官员又是镇压教案者;(2)教案高潮与外国侵华联系紧密;(3)此起彼伏,时间长,次数多;(4)教案发生在天主教和基督教新教之间的次数不同:与天主教发生的教案占全部教案的3/4以上,与基督教新教发生的教案则不到全部教案的1/4。

史学界在近代教案的研究方面,上世纪80年代掀起高潮,曾召开多次会议,出版了一批富有价值的学术论著。① 主要就以下四个问题进行了讨论:

1. 近代教案的起因

在探讨近代教案发生的原因时,史学界分歧较大。有学者认为,教案是帝国主义与中华民族的矛盾和中西文化冲突的结果。王守中指出,统观近代中国的反洋教斗争可以看到,它始终贯穿着两种矛盾:一是帝国主义与中华民族的矛盾,二

---

① 相关成果还可参见苏全有、张超《对近代中国教案史的研究回顾与反思》,载《湖南工程学院学报》2013年第2期。

是基督教神学与中国封建礼俗政教的矛盾。正是这两种矛盾的斗争及其尖锐化，造成了日益发展的反洋教斗争。[①] 廖一中、李运华也持类似观点，认为产生教案的原因，概括起来主要有两点：一是教会的侵略性。近代早期，基督教主要是作为侵略工具出现的，宗教反而退居次要地位。因此，近代教案的出现，在很大程度上体现了侵略与反侵略的斗争。二是中西文化冲突。中国古代文明以传统的孔孟儒学为中心，在社会生活中已经根深蒂固。而基督教教义、宗教形式与中国传统思想文化存在着明显的抵触，这种矛盾势所必然地引起彼此的冲突与敌对。[②]

"中西文化冲突"起因论出现后，引起了许多论者的重视，很多学者纷纷撰文重申、论证这一观点。李伟对典型案例分析后指出，近代教案是无法用中西文化冲突来概括的，它只能是侵略和反侵略的产物。诚然，中学和西学是在不同土壤中发展起来的不同意识形态。中国封建社会思想文化的主流是儒家学说，它与西方教会的信仰、观念、社会习尚等都有不同。两相接触当然会发生矛盾和斗争。在反洋教斗争中，有的集体或个人打着尊孔读经、保卫道统的旗帜，有的甚至以封建迷信的思想，打着保风水、护族望的旗号进行反对洋教的某些宣传和活动。看来这是文化冲突，但都是表面现象，或者说是一些非本质的因素，而其背后是刀光剑影，存在着你死我活的斗争。[③] 赵润生、赵树好对近代教案的起因进行量化分析后指出，在能搞清原因的 1160 起教案中，因列强侵略引起的教案 717 起，因基督教与中国传统的儒家思想及宗教习俗的矛盾冲突引起的教案仅有 148 起。因此，近代教案发生的主要原因是列强侵略，而不是文化冲突。况且，在近代中国，基督教并不是作为一种单纯的西方文化和平地进入中国的，而是依仗强权闯入中国的。因而它与中国传统文化之间的冲突就不能不受这种因素的影响。[④]

路遥则认为，教案发生的根源在于损害中国主权的传教特权。他进一步指出，结合考察近代中国的一些重大教案可以看出，产生教案的原因虽然复杂，而其根由则在于外国教会势力的强行传教特权。所谓传教特权，是指"治外法权"，主要是领事裁判权。[⑤]

此外，也有不少学者从多角度探讨教案起因。孙江、黄东兰认为，近代来华基督教会在中国社会发挥着内在和外在两种功能。内在功能主要表现为对教士和教民的非强制性影响力，使中国教民因奉行基督教的伦理准则而脱离本国的

① 参见王守中《略论近代中国反洋教斗争的矛盾问题》，载《天津社会科学》1985 年第 5 期。

② 参见廖一中、李运华《论近代教案》，载《贵州社会科学》1993 年第 1 期。

③ 参见李伟《反洋教斗争与中西文化冲突》，载《山东师大学报》1994 年第 3 期。

④ 参见赵润生、赵树好《晚清教案起因的量化分析》，载《人文杂志》1996 年第 2 期。

⑤ 参见路遥《论近代中国甲午战前的教案与反洋教斗争》，载《山东大学学报》1990 年第 1 期。

文化和行为传统成为“化外”之民。外在功能主要表现为对其他社会组织的特权性影响力，如政治上能维护教会、教民利益和获得中国政府保护，文化上可办学、办报、译书和设立慈善机构，经济上置办了大量地产。这种权威结构的功能与中国宗法一体化结构的排他性必然发生激烈的矛盾，引起清廷与教会、地方官与传教士、士绅与教士、百姓与教民四个层面的冲突。这是反洋教事件背后的深刻动因。① 常则鲲、金飞飞认为，近代教案的发生既有历史的原因，又有文化和外交的原因。传教士依仗已订的不平等条约，霸占土地，干涉司法和内政，实质上是对当时羸弱的中国进行强权侵略，由此而引起的反抗、自卫必然导致教案的发生。信仰、风俗习惯以及法律与民情的冲突，究其根源就是依仗强权侵略的基督教文化与遭受强权侵略的儒家文化的冲突，亦成为近代中国教案风波的内在驱动力。外交从无到有，处于守势的清王朝无力彻底解决教案问题，也致使教案层出不穷。② 还有学者分析了谣言与晚清教案的关系，指出谣言为晚清地方社会反教的重要起因，其中以“折生采割”与“诱奸妇女”为最为常见的反教谣言，并探讨了官绅、游民、盗匪等反教谣言的制造者与传播者在反教中的作用。③

2. 近代教案的性质

关于这一问题，史学界也存在多种看法。牟安世指出，反洋教运动既具有反侵略性质，也具有农民革命性质。他认为，如果说外国教会确曾对中国进行过侵略，传教士确曾扮演过侵略者的角色，那么中国人民对他们的斗争就无可置疑地具有反侵略的性质。如果说外国教会对所在地区的中国人民确曾进行过统治，传教士也确曾扮演过统治者的角色，那么中国人民对他们的压迫和剥削所进行的斗争就具有农民革命的性质。④ 李时岳认为，反洋教运动具有反侵略性质，但不具有农民革命的性质。并针对牟安世关于反洋教斗争具有农民革命性质的论述，从外国教会在中国“统治”的对象，发动、领导和参加反洋教斗争的人员，中国近代民族民主革命的内涵及中国近代社会的主要矛盾等方面，进行了论证和驳斥。⑤

戚其章则指出，反洋教斗争是反帝爱国运动，近代反洋教斗争持续时间长，内容复杂，而且在各个不同的发展阶段有不同的表现，因此不能简单地说反洋教运动只反帝不反封建，也不能简单地说既反帝又反封建，因为这两种说法都不尽

---

① 参见孙江、黄东兰《论近代教会权威结构与宗法一体化结构的冲突》，载《南京大学学报》1989 年第 2 期。

② 参见常则鲲、金飞飞《论近代中国教案发生的原因》，载《北华大学学报》2004 年第 2 期。

③ 详情可参见苏萍《谣言与近代教案》，上海远东出版社 2001 年版。

④ 参见牟安世《中国人民反对外国教会侵略的斗争和中国近代史的主要线索》，载《社会科学研究》1985 年第 4 期。

⑤ 参见李时岳《反洋教斗争的性质及其他——答牟安世同志》，载《近代史研究》1986 年第 5 期。

符合史实。例如,金丹教起义以反对清朝封建统治为主。但从总体上看,仍然应该说近代反洋教斗争是反帝爱国运动。[①] 从曙光等则认为:尽管从表面上看,参加反洋教斗争的常常是成千上万的平民,但是真正的鼓动者与策划者,多半是封建士绅与官吏。也正是因为封建官绅一直是反洋教斗争的组织倡导者和支持者,所以在反教民众的心目中才产生了"扶清灭洋"的指导思想,使其不可能具有反封建斗争的性质,相反倒有保卫清朝统治的一面。不过因为参加反洋教的阶层十分广泛,有时可能在某一阶层中间存有反对媚外官吏的斗争,但这绝不能视为反封建的依据,却恰恰证明了这场运动的反侵略性。[②]

3. 近代教案的作用

传统观点充分肯定近代中国人民反洋教斗争的积极作用。张力、刘鉴唐认为,近代反洋教斗争打击了传教士的反动气焰,打击了帝国主义侵略势力,在一定程度上起了抵制帝国主义侵略势力向中国内部地区进行渗透的作用,表现了中国人民抵抗外族侵略的不屈不挠的英勇斗争精神。[③] 欧多恒指出,近代反洋教斗争沉重地打击了侵略势力,阻止了列强瓜分中国、把中国变成其共占殖民地的阴谋,显示了中华民族不屈的斗争精神和伟大的爱国主义,正是这种精神挽救了中华民族。[④]

近年来,有的论者提出了一些新观点。他们在承认反洋教斗争具有爱国、正义性的前提下,从正、反两个方面论述了反洋教斗争的作用。邱远猷认为,近代反洋教斗争是中国人民反帝爱国斗争的一个重要组成部分。它不仅显示了中国人民的强大力量,而且进一步激发了爱国热情;但也有局限性,带有封建色彩,对当时的社会进步有时产生过某些阻碍作用。[⑤] 熊宗仁认为,近代反洋教斗争的主流是爱国与反侵略的,但爱国与反侵略不同步,出现了矛盾和内耗,产生了一定的消极影响。教案中人民群众所迸发出来的爱国精神在许多场合是以盲目地保卫封建文化,笼统地排斥西方文化为其显著特点的:在很多教案中,人民群众的斗争基本上只反资本—帝国主义,而不反它的帮凶——中国封建主义。更有甚者,这种反侵略在很大程度上是以维护封建主义、保卫地主阶级的统治权益为前提的;而

① 参见戚其章《民间秘密结社与近代反洋教运动》,载《社会科学研究》1995年第4期。

② 参见丛曙光、孙长来《封建官绅与近代教案》,载《辽宁大学学报》2005年第4期。

③ 参见张力、刘鉴唐《中国教案史》,第463、461页。

④ 参见欧多恒《论西方基督教士在中国传教的目的和传教的方法》,载《贵州社会科学》1993年第4期。

⑤ 参见邱远猷《近代反教会侵略的斗争分期及其特点》,载《文史杂志》1993年第2期。

且,因为要反侵略,又陷入盲目排外和自我禁锢。[①]赵树好则从四方面分析了晚清教案交涉的影响,指出其加重了中国官、民的灾难,使清政府权威下降;破坏了中国的司法主权;迫使列强和教会改弦更张;促进了中国外交的近代化。[②]

4. 近代教案与义和团运动的关系

传统的做法是将教案与义和团运动分为两部分,认为义和团运动的范围和意义远远超出了反洋教斗争。近几年来,许多学者指出应当将教案的研究与义和团运动的研究联系起来,建立一个教案—义和团运动研究体系,并认为这样会推动义和团运动的研究工作。关于教案与义和团运动的关系问题,孙占元指出,19 世纪中国教案与义和团运动之间有着不可分割的密切联系,如果没有教案的层出不穷和数量的聚积,那么便不会有义和团运动的兴起。同样,如果不将教案的研究与义和团运动的研究联系在一起,那么许多问题就难以解释。实际上,反洋教斗争并没有因为义和团运动的兴起而终止,它贯穿于义和团运动的始终,只不过增加了攻打租界、阻止八国联军侵略、围攻外国使馆等新内容。义和团运动的失败,标志着反洋教高潮的结束。此外,从口号来看,反洋教中的"排斥异端"、"顺清灭洋"口号到义和团时期发展成为"扶清灭洋",也说明了两者的继承关系。[③] 戚其章指出,教案和义和团运动就其起因或根本性质来说,是一致的。教案能够发展为义和团运动,是由于具备了内、外部条件。但教案与义和团运动又各有其特殊性,二者既有联系又有区别,不可视同一律。[④] 廖一中、李运华认为,教案与义和团的关系是继承与发展、分散斗争汇集为比较集中斗争、个别反教发展为反帝爱国运动的关系。义和团运动是反洋教的高峰,是一起大教案。[⑤] 此外,还有中外学者从多角度关注到教案与义和团运动的起源的关系[⑥]。如周锡瑞认为鲁西北的社会结构、中西文化冲突和独特的社会文化心理间的"互动",最终导致义和团运动的爆发,特别强调巨野教案导致了中西冲突的持续与升级。

【导 读】

1. 顾长声:《传教士与近代中国》,上海人民出版社 2013 年版。该书系统地

---

① 参见熊宗仁《试论近代教案中的"爱国"与"反侵略"》,载《教案与近代中国——近代中国教案学术讨论会文集》,贵州人民出版社 1990 年版,第 77、65 页。

② 参见赵树好《晚清教案交涉研究》,人民出版社 2014 年版,第 180~181 页。

③ 参见孙占元《近代教案与义和团运动》,载《山东师大学报》1988 年第 2 期。

④ 参见戚其章《近代教案与义和拳运动的兴起》,载《贵州社会科学》1991 年第 4 期。

⑤ 参见廖一中、李运华《论近代教案》,载《贵州社会科学》1993 年第 1 期。

⑥ 可参见周锡瑞《义和团运动的起源》,江苏人民出版社 2010 年版;相蓝欣《义和团战争的起源:跨国研究》,华东师范大学出版社 2003 年版;[日]佐藤公彦著,宋军等译《义和团的起源及其运动》,中国社会科学出版社 2007 年版等。

叙述了自鸦片战争至1949年基督新教、天主教重要传教士在中国的主要活动，所用资料扎实，1981年出版后多次再版，虽然有些论述语言习惯受时代局限，但仍不失为研究中国基督教史的重要参考书。

2. 张力、刘鉴唐：《中国教案史》，四川省社会科学院出版社1987年版。本书论述了自唐至1949年基督教在华的传播史，其中教案着墨尤重。记述翔实，统计图表较多，是一部研究传教士在华活动和中国人民反洋教斗争的巨著。

3. 熊月之：《西学东渐与晚清社会》，中国人民大学出版社2011年版。

4. 董丛林：《龙与上帝——基督教与中国传统文化》，广西师范大学出版社2007年版。

5. 杨天宏：《基督教与近代中国》，人民出版社2005年版。

6. 顾长声：《从马礼逊到司徒雷登——来华新教传教士评传》，上海书店出版社2005年版。

7. 顾卫民：《基督教与近代中国社会》，上海人民出版社2010年版。

8. 王立新：《美国传教士与晚清中国现代化》，天津人民出版社2008年版。

9. 王立新：《“文化侵略”与“文化帝国主义”：美国传教士在华活动两种评价范式辨析》，载《历史研究》2002年第3期。

10. 段琦：《奋进的历程：中国基督教的本色化》，商务印书馆2004年版。

11. 王治心：《中国基督教史纲》，上海古籍出版社2007年版。

12. 刘家峰：《中国基督教乡村建设运动研究(1907～1950)》，天津人民出版社2008年版。

13. 陶飞亚、杨卫华：《基督教与中国社会研究入门》，复旦大学出版社2009年版。

14. 罗伟虹编：《中国基督教(新教)史》，上海世纪出版集团2014年版。

15. 姚伟钧、胡俊修编：《基督教与20世纪中国社会》，广西师范大学出版社2014年版。

【思考与讨论】

1. 如何看待西方传教士与近代中西文化交流的关系？
2. 结合事实评述传教士在中国早期现代化进程中的作用。
3. 简评传教士在华创办医疗慈善事业、教育事业、新闻出版的动因及发展历程。
4. 试析近代中国人民反洋教斗争分期的依据及各时期的特点，并客观评价反洋教斗争。
5. 试述太平天国运动和义和团运动对基督教的不同态度及其原因，阐述这两大运动对近代中国社会的影响。

6. 马神甫案件和巨野教案有何异同？它们对近代中外关系有何影响？
7. 试析近代中国基督教史研究中的“文化侵略”、“文化交流”、“现代化”三种研究范式。
8. 评述近代基督教在中国本土化探索的历程。